创业财务管理

扬州大学商学院

袁凤林　编著

机械工业出版社

本书是在国家实施"大众创业、万众创新"战略及高校将创新创业教育纳入所有专业人才培养方案的背景下，为培养满足创新创业教育需求和"互联网+""创青春"等国家级赛事人才需求而编写的教材。

本书系统、全面地阐述了创业企业各环节的财务管理内容，包括创业企业的财务管理环境、创业企业的组织形式选择、创业企业融资与投资决策、创业企业营运资金管理及创业企业利润分配等，同时详细剖析了创业企业应确立的时间价值观念、成本观念与风险管理观念，并以一个创业企业财务报表为例进行了财务分析，阐述其对创业企业的财务意义。

本书注重系统性、实践性与可操作性，力求语言通俗易懂，以实例深入浅出地讲述与创业企业财务管理相关的知识。学习本书有利于构建创业人员的财务管理体系与训练财务思维。本书旨在为推动我国创新创业人才的培养、促进人才素质的多元化及提高学生的创业能力做出一定的贡献。

本书既可作为普通高校经济管理类学生创新创业教育的教材，也可作为非经管类专业学生的创新创业教育教材以及全校通识课教材，还可作为社会创业人员提高财务素养的辅导用书。

图书在版编目（CIP）数据

创业财务管理/袁凤林编著. —北京：机械工业出版社，2020.10（2024.6重印）

ISBN 978-7-111-66602-8

Ⅰ. ①创… Ⅱ. ①袁… Ⅲ. ①企业管理—财务管理—教材 Ⅳ. ①F275

中国版本图书馆 CIP 数据核字（2020）第 181084 号

机械工业出版社（北京市百万庄大街22号 邮政编码100037）
策划编辑：刘鑫佳 裴 泱 责任编辑：刘鑫佳 裴 泱 刘 畅
责任校对：张艳霞 封面设计：陈 沛
责任印制：单爱军
北京虎彩文化传播有限公司印刷
2024年6月第1版第5次印刷
184mm×260mm · 17.25 印张 · 413 千字
标准书号：ISBN 978-7-111-66602-8
定价：48.00 元

电话服务 网络服务
客服电话：010-88361066 机 工 官 网：www.cmpbook.com
　　　　　010-88379833 机 工 官 博：weibo.com/cmp1952
　　　　　010-68326294 金 书 网：www.golden-book.com
封底无防伪标均为盗版 机工教育服务网：www.cmpedu.com

前　言

党的二十大报告指出，要"深入实施科教兴国战略、人才强国战略、创新驱动发展战略"，"培育创新文化，弘扬科学家精神，涵养优良学风，营造创新氛围"。纵深推进大众创业、万众创新是深入实施创新驱动发展战略的重要支撑。青年学生富有想象力和创造力，是创新创业的生力军，开展好面向青年学生的"双创"教育、助力其全面融入创新创业实践具有重要意义。

2017 年，国务院印发《关于强化实施创新驱动发展战略进一步推进大众创业万众创新深入发展的意见》，强调进一步系统性优化创新创业生态环境，强化政策供给，突破发展瓶颈，充分释放全社会创新创业潜能，在更大范围、更高层次、更深程度上推进大众创业、万众创新。在教育部下发的《教育部关于做好 2016 届全国普通高等学校毕业生就业创业工作的通知》中，要求从 2016 年起，所有高校都要设置创新创业教育课程，对全体学生开设创新创业教育必修课和选修课，并纳入学分管理。同时，由共青团中央、教育部、人社部、中国科协、全国学联自 2014 年发起设立的"创青春"全国大学生创业大赛，以及 2015 年教育部会同 12 个部委举办的中国国际"互联网+"大学生创新创业大赛，进一步推动了全国高校创新创业教育的发展。

在上述背景下，高校的创新创业教育及公共选修课都必须顺应时代要求，开设"创业财务管理"课程，为学生提供创新创业所必须掌握的财务知识，同时运用财务思维对新创企业进行有效的经营，做出准确的财务分析和科学的经营绩效评价，进而更好地创业就业。即使不进行创业就业，通过创业财务知识的学习，学生也可以了解创业财务运营过程。随着我国创业板、新三板与科创板资本市场的发展，运用创业财务知识也可以更好地帮助投资者分析创业企业的财务价值，为投资决策提供有价值的支撑。编写一本贴合当前情境的《创业财务管理》教材已成为时代的迫切需求。

本书共分十章，第一章主要介绍了创业财务管理的含义、创业企业组织形式与创业财务管理特点；第二章主要介绍了创业财务管理中的两个重要观念，即时间价值与风险价值；第三、四章主要介绍了创业筹资决策程序及创业资金的来源与运用，并介绍了筹资决策中的资本成本与资本结构知识；第五章从创业者角度分析了创业投资规划与投资决策的方法与应用；第六章介绍了创业企业营运资金管理的内容；第七章阐述了创业企业估值的原理与方法；第八章分析了创业企业风险表现与风险管理的方法；第九章内容为创业企业利润分配与资本退出；第十章介绍了创业企业财务报表分析的思路与方法。本书内容体现了创业企业财务运行的规律，以企业设立、运营、管理与评价等财务活动涉及的财务知识与原理为主线。

本书的主要特点表现在：第一，系统性。本书围绕创业企业创立、运营、估值到退出等一系列创业财务问题进行系统阐述与分析。第二，实践性。本书紧密联系创业企业财务管理所需要的知识，进行情境式讲解，将创业企业财务管理的实践性进行深入浅出的分析。第三，可操作性。一是本书通过案例讲述相关创业企业财务管理知识应如何运用，二是本书对需要掌握创业企业财务知识的创业者及需要运用这些创业财务管理知识参加相关大赛的参赛者具有一定的指导作用。

本书可作为高等学校本科生创新创业教育及大学生创新创业通识课教材，也可供致力于参加"创青春""互联网+""电子三创大赛"的大学生使用，可以帮助他们更好地撰写商业计划书。同时，本书也适用于有志于创新创业的青年，供他们学习创业财务管理知识。

本书在编写过程中参考了国内外具有代表性的相关著作、教材和科研成果，借鉴了许多宝贵的知识与观点，在此特做说明，并向所有的作者致以最诚挚的谢意！

尽管本书的撰写花费了较多的时间与精力，但囿于作者水平，书中难免存在疏漏或有不当之处，敬请各位读者批评、指正，以便本书再版时修改、补充和完善。

本书得到机械工业出版社编辑的鼎力支持，在此深表感谢！在本书的编写过程中，陈雪婷与曹倩两位同志帮助收集和整理了部分资料，在此一并表示感谢。

本书获得扬州大学重点教材立项，是扬州大学创新创业教育改革立项支持项目（编号：yzucx2017-2C）的研究成果，感谢扬州大学出版基金的支持。

袁凤林

目 录

前言

第1章 创业财务管理概述 ... 1
1.1 创业企业财务管理的含义 ... 1
1.2 企业组织形式与财务管理 ... 4
1.3 创业企业财务管理内容 ... 14
1.4 创业企业财务管理目标 ... 16
1.5 创业企业财务管理环境 ... 23
思考题 ... 30
案例分析题 ... 30

第2章 财务管理的价值观念 ... 31
2.1 货币时间价值 ... 31
2.2 风险价值 ... 39
思考题 ... 42
案例分析题 ... 43

第3章 创业企业资金筹集决策 ... 44
3.1 创业企业筹资概述 ... 44
3.2 创业资金预测 ... 55
3.3 创业企业筹资管理 ... 66
思考题 ... 79
案例分析题 ... 79

第4章 创业企业资本成本与资本结构 ... 81
4.1 创业企业资本成本 ... 81
4.2 创业企业资本结构 ... 91
4.3 杠杆效应 ... 99
4.4 资本结构决策的方法 ... 105
思考题 ... 107
案例分析题 ... 108

第5章 创业投资管理 ... 111
5.1 创业投资的含义 ... 111
5.2 创业企业投资的意义 ... 112
5.3 投资规划 ... 113

5.4	投资决策的基础指标	115
5.5	投资决策方法	119
5.6	创业投资的特殊性	121
思考题		122
案例分析题		123

第 6 章 创业企业营运资金管理 124

6.1	营运资金管理概述	124
6.2	创业流动资产管理	129
思考题		143
案例分析题		144

第 7 章 创业企业估值 145

7.1	估值相关概念	145
7.2	估值的目的	146
7.3	企业估值的对象	147
7.4	初创企业估值的特殊性	152
7.5	估值的影响因素	153
7.6	估值的方法	154
思考题		158
案例分析题		158

第 8 章 创业风险管理 160

8.1	创业风险管理概述	160
8.2	创业风险	163
8.3	创业风险的衡量	164
8.4	创业风险管理	168
8.5	创业风险分析	172
思考题		184
案例分析题		185

第 9 章 创业企业利润分配与创业资本退出 186

9.1	创业企业利润的形成	186
9.2	股利政策与企业价值	188
9.3	创业资本退出	197
思考题		203
案例分析题		203

第 10 章 创业企业财务报表与财务分析 204

10.1	创业企业财务报表概述	204
10.2	资产负债表：掌握财务状况	209

  10.3 利润表：管理利润 ·· 224
  10.4 现金流量表：现金流量的来源与去向 ·· 232
  10.5 财务报表分析 ·· 242
  思考题 ··· 257

附录 ··· 258
  附录 A 一元复利终值系数表 ·· 259
  附录 B 一元复利现值系数表 ·· 261
  附录 C 一元年金终值系数表 ·· 263
  附录 D 一元年金现值系数表 ·· 265

参考文献 ··· 267

第 1 章 创业财务管理概述

【学习目标】

通过学习创业财务管理概述方面的知识，了解创业财务管理的含义、企业组织形式及创业企业组织形式的选择。同时，帮助学生掌握创业企业财务管理的内容，学会分析创业企业财务管理环境。

1.1 创业企业财务管理的含义

财务，即理财的事务，或指企业、机关、事业单位和其他经济组织的资金及其运动。财务管理，本质上就是资金管理，是关于资金的筹集、运用和分配等所有管理工作的总称。从企业管理角度看，财务管理是指企业组织财务活动，处理财务关系的一项经济管理工作。因此，要理解财务管理的基本概念，必须先分析财务活动及财务关系。创业企业虽然创立时间不长，但同样离不开财务管理工作，也需要开展资金筹集、资金运用、资金投放及财务分配等各项财务活动，并在这些财务活动中处理财务关系。

1.1.1 企业财务活动

1. 筹资活动

企业组织商品运动必须以一定的资金为前提。也就是说，企业从各种渠道以各种形式筹集资金，是资金运动的起点。所谓筹资，是指企业为了满足投资和用资的需要，筹措和集中所需资金的过程。在筹资过程中，企业一方面要确定筹资的总规模，以保证投资所需要的资金；另一方面要通过筹资渠道、筹资方式或工具的选择，合理确定筹资结构，以降低筹资成本和风险。

整体上看，任何企业都可从两方面来筹资并形成两种性质的资金来源：一是企业自有资金，它是企业通过向投资者吸收直接投资、发行股票及企业内部留存收益等方式取得，其投资者包括国家、法人和个人等；二是企业债务资金，它是企业通过向银行借款、发行债券及应付款项等方式取得。企业筹集资金，表现为企业资金的流入；而企业偿还借款、支付利息、股利以及付出各种筹资费用等，则表现为企业资金的流出。这种因为资金筹集而产生的资金收支，便是由企业筹资引起的财务活动，是企业财务管理的主要内容之一。

2. 投资活动

企业取得资金后，必须将资金投入使用，以谋求最大的经济效益，否则筹资就失去了目的和效用。企业投资可分为广义投资和狭义投资两种。广义投资，是指企业将筹集的资金投入使用的过程，包括企业内部使用资金的过程（如购置流动资产、固定资产及无形资产等）以及对外投放资金的过程（如投资购买其他企业的股票、债券或与其他企业联营等）；狭义投资，仅指对外投资。无论企业购买内部所需资产，还是购买各种证券，都需支付资金。而当企业变卖其对内投资形成的各种资产或收回其对外投资时，则会产生资金的收入。

这种因企业投资而产生的资金的收付，便是由投资而引起的财务活动。

另外，在企业投资过程中，必须考虑投资的规模，也就是在怎样的投资规模下，企业的经济效益为最佳。同时，企业也必须通过投资方向和投资方式的选择，确定合理的投资结构，以提高投资效益、降低投资风险，这些投资活动都是财务管理的内容。

3. 资金营运活动

企业在日常生产经营过程中，会发生一系列的资金收付。首先，企业要采购材料或商品，以便从事生产和销售活动，同时还要支付员工工资和其他营业费用；其次，当企业把产品或商品售出后，便可取得收入，收回资金；最后，如果企业现有资金不能满足企业经营需要，那么要采取短期借款的方式来筹集所需资金。上述各方面都会产生企业资金的收付，这就是因企业经营而引起的财务活动，也称资金营运活动。

企业的营运资金主要是为了满足企业日常营业活动的需要而垫支的资金。营运资金的周转与生产经营周期具有一致性。在一定时期内，资金周转越快，就越是可以利用相同数量的资金生产出更多的产品，取得更多的收入，从而获得更多的利润。因此，如何加速资金周转、提高资金利用效率，也是财务管理的主要内容之一。

4. 分配活动

企业通过投资（或资金营运活动）应当取得收入，并相应实现资金的增值。分配总是作为投资的结果而出现，它是对投资成果的分配。投资成果表现为取得各种收入，并在扣除各种成本费用后获得利润。因此，广义地说，分配是指对投资收入（如销售收入）和利润进行分割和分派的过程；而狭义的分配则仅指对利润的分配。

企业通过投资取得的收入首先要用以弥补生产经营耗费和缴纳流转税，其余部分为企业的营业利润。营业利润和投资净收益、营业外收支净额等共同构成企业的利润总额。利润总额首先要按国家规定缴纳所得税，净利润要提取公积金，分别用于扩大积累、弥补亏损和改善职工集体福利设施等，其余利润作为投资者的收益分配给投资者或暂时留存企业，或作为投资者的追加投资。值得说明的是，企业筹集的资金归结为所有者权益和负债两个方面。在对这两种资金分配报酬时，前者通过利润分配的形式进行，属于税后分配；后者通过将利息等计入成本费用的形式进行分配，属于税前分配。

另外，随着分配过程的进行，资金或者退出或者留存企业，它必然会影响企业的资金运动，这不仅表现在资金运动的规模上，而且表现在资金运动的结构上，如筹资结构。因此，在依据一定的法律原则的情况下，如何合理确定分配规模和分配方式，以使企业的长期利益最大化，也是财务管理的主要内容之一。

上述财务活动的四个方面相互联系、相互依存。正是上述互相联系但又有一定区别的四个方面，构成了完整的企业财务活动，这四个方面就是企业财务管理的基本内容。

1.1.2　企业财务关系

企业的财务活动是以企业为主体来进行的，企业作为法人在组织财务活动的过程中，必然与企业内外部有关各方发生广泛的经济利益关系，这就是企业的财务关系。企业的财务关系可概括为以下七个方面：

1．企业与国家行政管理者之间的财务关系

国家的行政管理者——政府，担负着维护社会正常秩序、保卫国家安全、组织和管理社会活动等任务。政府为完成这一任务，必然会无偿参与到企业利润的分配中。企业必须按照国家税法规定缴纳各种税款，包括所得税、流转税和计入成本的税金。这种关系体现为一种强制和无偿的分配关系。

2．企业与投资者之间的财务关系

企业与投资者之间的财务关系主要是指企业的所有者向企业投入资本形成的所有权关系，企业的所有者主要有国家、个人和法人单位，具体表现为独资、控股和参股关系。企业作为独立的经营实体，独立经营，自负盈亏，实现所有者资本的保值与增值。所有者以出资人的身份，参与到企业税后利润的分配中，体现为所有权性质的投资与受资的关系。

3．企业与债权人之间的财务关系

企业与债权人之间的财务关系主要是指债权人向企业贷放资金，企业按借款合同的规定按时支付利息和归还本金所形成的经济关系，企业的债权人主要有金融机构、企业和个人。企业除利用权益资金进行经营活动外，还要借入一定数量的资金，以便扩大企业的经营规模，降低资金成本。企业同债权人的财务关系属于债务与债权关系。在这种关系中，债权人不像资本投资者那样有权直接参与到企业的经营管理中，对企业的重大活动不享有表决权，也不参与剩余收益的分配，但在企业破产清算时享有优先求偿权。因此，债权人投资的风险相对较小，收益也较低。

4．企业与受资者之间的财务关系

企业与受资者之间的财务关系主要是指企业以购买股票或直接投资的形式向其他企业投资所形成的经济关系。随着市场经济的不断发展，企业经营规模和经营范围不断扩大，这种关系也越来越广泛。企业与受资方的财务关系体现为所有权性质的投资与受资的关系。企业向其他单位投资，依其出资额，可形成独资、控股和参股的情况，并根据其出资份额参与受资方的重大决策和利润分配。企业投资的最终目的是取得收益，但也存在一定的投资风险。

5．企业与债务人之间的财务关系

企业与债务人之间的财务关系主要是指企业将资金以购买债券、提供借款或商业信用等形式出借给其他单位所形成的经济关系。企业将资金借出后，有权要求其债务人按约定的条件支付利息和归还本金。企业同其他债务人的关系体现为债权与债务关系。企业在提供信用的过程中，一方面会产生直接的信用收入；另一方面会发生相应的机会成本和坏账损失的风险，企业必须考虑两者的对称性。

6. 企业内部各单位之间的财务关系

企业内部各单位之间的财务关系主要是指企业内部各单位（部门）之间在生产经营各环节中相互提供产品或劳务所形成的经济关系。在企业内部实行责任预算、责任考核与评价的情况下，企业内部各责任中心之间相互提供产品与劳务，应以内部转移价格进行核算。这种在企业内部形成的资金结算关系，体现了企业内部各单位之间的利益均衡。

7. 企业与职工之间的财务关系

企业与职工之间的财务关系主要是指企业向职工支付劳动报酬过程中所形成的经济关系。职工是企业的劳动者，他们以自身提供的劳动作为参加企业分配的依据。企业根据劳动者的劳动情况，用其收入向职工支付工资、津贴和奖金，并按规定提取公益金等，体现着职工个人和集体在劳动成果上的分配关系。

1.2 企业组织形式与财务管理

1.2.1 企业的含义及功能

1. 企业的含义

著名管理学大师彼得·德鲁克认为："企业是社会的器官，商业企业及公共服务机构都是社会的重要器官，它们不仅仅是为了自身的目的而存在，而且为了某种特殊的社会目的。它们本身并不是目的，而是手段。任何一个组织机构都是为了某种特殊目的、使命和某种特殊的社会职能而存在的。无论是从心理、地理、文化的角度，还是从社会的角度来看，组织机构都必须是社会的一个组成部分，一个重要器官。企业得以生存，就是因为它满足了社会某一方面的需要，实现了某种特殊的社会目的"。

在我国，企业的定义一般为：依法设立的以营利为目的，运用各种生产要素（土地、劳动力、资本和技术等），向市场提供商品或服务，实行自主经营、自负盈亏、独立核算的法人或其他社会经济组织。简言之，企业就是指依法设立的，以营利为目的、从事商品的生产经营和服务活动的独立核算经济组织。不同学科维度对企业有不同的界定，经济学认为企业是创造经济利润的机器和工具；社会学认为企业是人的集合；法学认为企业是一组契约关系；商科与管理学认为企业是一类组织、一种商业模式。

企业的目标是创造财富（或价值）。企业在创造财富（或价值）的过程中必须承担相应的社会责任。传统的企业大多是劳动密集型，现代的高科技企业大多是知识型创造企业，中国的企业正在向知识经济转型。随着我国"大众创业、万众创新"战略的实施，一大批科技企业应运而生。

2. 企业的功能

当今社会，企业作为国民经济细胞，发挥着越来越重要的功能，主要表现在以下三个方面。

（1）企业是市场经济活动的主要参与者。市场经济活动的顺利进行离不开企业的生产和销售活动。创造价值是企业经营行为动机的内在要求，企业的生产状况和经济效益直接影响社会经济实力的增长和人民物质生活水平的提高。只有培育大量充满生机与活力的企业，才能吸纳社会成员参加生产经营活动，获得就业机会，社会才能和谐、稳定、健康地发展，才能更好地满足人们对美好生活的向往。

（2）企业是社会生产和服务的主要承担者。社会经济活动的主要过程即生产和服务过程，大多由企业来承担和完成。许多企业要组织社会生产，劳动者将生产资料（劳动工具等）作用于劳动对象，从而生产出商品，这个过程就是企业组织社会生产的过程，所以企业是社会生产的直接承担者。企业在组织社会生产过程中，必然要在社会上购买其他企业的商品，再把本企业的产品销售出去，形成了服务（包括商品流通）的过程。离开了企业的生产和服务活动，社会经济活动就会中断或停止。

（3）企业是经济社会发展的重要推动力量。企业为了在竞争中立于不败之地，就需要不断积极采用先进技术，这在客观上必将推动整个社会经济技术的进步。企业的发展对整个社会的经济技术进步有着不可替代的作用。加快企业技术进步、加速科技成果产业化和培育发展创新型企业，是企业发展壮大的重要途径。由于信息技术的快速发展，一批以人工智能、大数据、云计算、5G及区块链等新科技发展与应用为代表的企业得以发展壮大，如大疆无人机、科大讯飞和百度大脑等，这些企业更好地推动了经济发展，正逐渐改变人们的生产、生活方式。

1.2.2 企业的组织形式

按照国际惯例，典型的企业组织形式有三种：个人独资企业、合伙企业以及公司制企业。

1. 个人独资企业

根据《中华人民共和国个人独资企业法》，个人独资企业是指在中国境内设立，由一个自然人投资，全部资产为投资人个人所有，全部债务由投资人个人承担的经营实体。个人独资企业是最古老而又最常见的企业法律组织形式，又称为个人业主制企业。

个人独资企业具有创立容易、经营管理灵活自由且不需缴纳企业所得税等优点。但对于个人独资企业业主而言：①需要业主对企业债务承担无限责任，当企业的损失超过业主最初对企业的投资时，需要用业主个人的其他财产偿债；②难以从外部获得大量资金用于经营；③个人独资企业所有权的转移比较困难；④企业的生命有限，将随着业主的死亡而自动消亡。

2. 合伙企业

根据《中华人民共和国合伙企业法》，合伙企业是指在中国境内设立的，由各合伙人遵循自愿、平等、公平、诚实信用原则订立合伙协议，共同出资、合伙经营、共享收益、共担风险的并对合伙企业债务承担无限连带责任的营利性组织。

合伙企业分为普通合伙企业和有限合伙企业。**普通合伙企业**由普通合伙人组成，合伙人对合伙企业债务承担无限连带责任。依照《中华人民共和国合伙企业法》的规定，国有独资公司、国有企业、上市公司以及公益性的事业单位、社会团体不得成为普通合伙人。

以专业知识和专门技能为客户提供有偿服务的专业服务机构，可以设立为特殊的普通合伙企业。一个合伙人或者数个合伙人在执业活动中因故意或者重大过失造成合伙企业债务的，应当承担无限责任或者无限连带责任，其他合伙人以其在合伙企业中的财产份额为限承担责任。合伙人在执业活动中非因故意或者重大过失造成的合伙企业债务以及合伙企业的其他债务，由全体合伙人承担无限连带责任。合伙人执业活动中因故意或者重大过失造成的合伙企业债务，以合伙企业财产对外承担责任后，该合伙人应当按照合伙协议的约定对给合伙企业造成的损失承担赔偿责任。

有限合伙企业由普通合伙人和有限合伙人组成，普通合伙人对合伙企业债务承担无限连带责任，有限合伙人以其认缴的出资额为限对合伙企业债务承担责任。有限合伙企业至少应当有一个普通合伙人，由普通合伙人执行合伙事务。有限合伙人不执行合伙事务，不得对外代表有限合伙企业。有限合伙人的下列行为，不视为执行合伙事务：①参与决定普通合伙人入伙、退伙；②对企业的经营管理提出建议；③参与选择承办有限合伙企业审计业务的会计师事务所；④获取经审计的有限合伙企业财务会计报告；⑤对涉及自身利益的情况，查阅有限合伙企业财务会计账簿等财务资料；⑥当有限合伙企业中的利益受到侵害时，向有责任的合伙人主张权利或者提起诉讼；⑦执行事务合伙人怠于行使权利时，督促其行使权利或者为了本企业的利益以自己的名义提起诉讼；⑧依法为本企业提供担保。有限合伙人转变为普通合伙人的，对其作为有限合伙人期间有限合伙企业发生的债务承担无限连带责任。普通合伙人转变为有限合伙人的，对其作为普通合伙人期间合伙企业发生的债务承担无限连带责任。

合伙企业的生产经营所得和其他所得，按照国家有关税收规定，由合伙人分别缴纳所得税。

除业主不止一人外，合伙企业的优点和缺点与个人独资企业类似。此外，《中华人民共和国合伙企业法》规定，普通合伙人对企业债务须承担无限连带责任。如果一个合伙人没有能力偿还其应分担的债务，那么其他合伙人须承担连带责任，即有责任替其偿还债务。法律还规定合伙人转让其所有权时需要取得其他合伙人的同意，有时甚至还需要修改合伙协议。

普通合伙企业与有限合伙企业最大的区别在于后者有两种不同的所有者，即普通合伙人与有限合伙人。其中，普通合伙人对合伙企业的债务和义务负责，而有限合伙人则以投资额为限承担有限责任，但后者一般不享有对组织的控制权。此外，普通合伙企业合伙人可以用货币、实物、知识产权、土地使用权或其他财产权利出资，也可以劳务出资；但有限合伙企业的有限合伙人不得以劳务出资。

由于合伙企业与个人独资企业存在着共同缺陷，一些企业尽管在刚成立时以独资或合伙的形式出现，但是在发展到某一阶段后都将转换为公司制的形式。

3. 公司制企业

公司（或称公司制企业）是现代社会中最主要的企业形式，是指以营利为目的，由股东出资形成，拥有独立的财产、享有法人财产权、独立从事生产经营活动、依法享有民事权利、承担民事责任，并以其全部财产对企业的债务承担责任的自主经营、自负盈亏的企业法人。所有权与经营权分离，是公司制的重要产权基础。

公司是经政府注册的营利性法人组织，并且独立于所有者和经营者。根据中国现行的《公司法》，其形式分为有限责任公司和股份有限公司两种。

有限责任公司简称"有限公司",是指股东以其认缴的出资额为限对公司承担责任,公司以其全部财产为限对公司的债务承担责任的企业法人。根据《公司法》的规定,有限责任公司必须在公司名称中标明"有限责任公司"或者"有限公司"字样。其中,国有独资公司是有限责任公司的一种特殊形式,具体是指由国家单独出资、由国务院或者地方人民政府授权本级人民政府国有资产监督管理机构履行出资人职责的有限责任公司。国有独资公司的公司章程由国有资产监督管理机构制定,或者由董事会制定,报国有资产监督管理机构批准。我国国有独资公司不设股东会,由国有资产监督管理机构行使股东会职权。国有资产监督管理机构可以授权公司董事会行使股东会的部分职权,决定公司的重大事项,但公司的合并、分立、解散、增加或者减少注册资本和发行公司债券,必须由国有资产监督管理机构决定。

股份有限公司简称"股份公司",是指其全部资本分为等额股份,股东以其所持股份为限对公司承担责任,公司以其全部财产对公司的债务承担责任的企业法人。

有限责任公司和股份有限公司的区别表现在:①公司设立时对股东人数要求不同。设立有限责任公司的股东人数可以为 1 人或 50 人以下;设立股份有限公司,应当有 2 人以上 200 人以下为发起人。②股东的股权表现形式不同。有限责任公司的权益总额不做等额划分,股东的股权是通过投资人所拥有的比例来表示的;股份有限公司的权益总额平均划分为相等的股份,股东的股权用持有多少股份来表示。③股份转让限制不同。有限责任公司不发行股票,对股东只发放一张出资证明书,股东转让出资需要由股东会或董事会讨论通过;股份有限公司可以发行股票,股票可以依法转让。

公司制企业的优点主要有:①容易转让所有权。公司的所有者权益被划分为若干股权份额,每个份额可以单独转让。②有限债务责任。公司债务是法人的债务,不是所有者的债务。所有者对公司承担的责任以其出资额为限。当公司资产不足以偿还其所欠债务时,股东无须承担连带清偿责任。③公司制企业可以无限存续,一个公司在最初的所有者和经营者退出后仍然可以继续存在。④公司制企业融资渠道较多,更容易筹集所需资金。

公司制企业的缺点主要有:①组建公司的成本高。公司法对于设立公司的要求比设立独资或合伙企业复杂,并且需要提交一系列的法律文件,花费的时间较长。公司成立后,政府对其监管比较严格,需要定期提交各种报告。②存在代理问题。所有者和经营者分开以后,所有者成为委托人,经营者成为代理人,代理人可能为了自身利益而伤害委托人利益。③双重课税。公司作为独立法人,其利润需缴纳企业所得税,当企业利润分配给股东后,股东还需缴纳个人所得税。

在以上三种形式的企业组织中,个人独资企业占企业总数的比重很大,但是绝大部分的商业资金由公司制企业控制。因此,一般企业财务管理通常把公司理财作为讨论的重点。除非特别指明,本教材讨论的财务管理均指创业企业的财务管理。

1.2.3 创业企业组织形式的选择

1. 企业组织形式的比较

企业组织形式反映了企业的性质、地位和作用,它表明了一个企业的财产构成、内部关系以及与外部经济组织之间的联系方式。随着我国市场经济体制的不断完善,我国企业组织形式也呈现多元化发展的趋势，就目前而言，较为常见的企业组织形式有公司制企业、合伙企业和个人独资企业三大类别，而公司制企业又细分为有限责任公司与股份有限公司两种类型。为了使创业者能够清晰地了解上述几种企业组织形式的不同之处，表 1-1 从法律依据、法律基础、法律地位、责任形式、投资者要求、投资者人数、注册资本、出资方式等多个方面对其进行对比分析。

表 1-1　不同企业组织形式的比较

项　目	公司制企业		合伙企业	个人独资企业
	有限责任公司	股份有限公司		
法律依据	《公司法》（自 1994 年 7 月 1 日起施行，最新修订版自 2014 年 3 月 1 日起施行）		《合伙企业法》（自 1997 年 8 月 1 日起施行，最新修订版自 2007 年 6 月 1 日起施行）	《个人独资企业法》（自 2000 年 1 月 1 日起施行）
法律基础	公司章程		合伙协议	无章程或协议
法律地位	企业法人		非法人营利性组织	非法人经营主体
责任形式	股东以其认缴的出资额对公司承担有限责任	股东以其认购的股份为限对公司承担有限责任	普通合伙人承担无限连带责任；特殊的普通合伙人因故意或者重大过失造成的合伙企业债务按照约定承担赔偿责任；有限合伙人承担有限责任	无限责任
投资者要求	无特别要求，法人、自然人皆可（法律、行政法规禁止从事营利性活动的人除外，此外，境内自然人不能与外商及港、澳、台的居民、企业设立合资公司）	发起人须半数以上在中国境内有住所，法律、行政法规禁止从事营利性活动的人不能作为发起人	自然人、法人和其他组织，但是国有独资公司、国有企业、上市公司以及公益性的事业单位、社会团体不得成为普通合伙人。法律、行政法规禁止从事营利性活动的人不能作为合伙人	完全民事行为能力的自然人，法律、行政法规禁止从事营利性活动的人除外
投资者人数	由 50 个以下股东出资设立	应当有 2 人以上 200 人以下的发起人股东，人数无限制	2 人以上	1 人
注册资本	无	无	协议约定	投资者申报
出资方式	法定：货币以及实物、知识产权、土地使用权等，可以用货币估价并可以依法转让的非货币财产		约定：货币、实物、土地使用权、知识产权或者其他财产权利、劳务（但有限合伙人不得以劳务出资）	投资者决定
出资评估	对作为出资的非货币财产应当评估作价		以实物、土地使用权、知识产权或者其他财产权利出资，可由全体合伙人协商确定或评估，也可由全体合伙人委托法定评估机构评估；以劳务出资，由全体合伙人协商确定或评估	投资者决定
成立日期	营业执照签发日期			
章程或协议生效条件	公司成立，但对创始股东或发起人而言，自章程签署时生效		合伙人签章	无
财产权性质	法人财产权（即公司所有）		合伙人共有	投资者个人所有

（续）

项　目	公司制企业		合伙企业	个人独资企业
	有限责任公司	股份有限公司		
财产管理使用	公司机关		全体合伙人或执行合伙人	投资者
出资转让	股东之间可以相互转让其全部或者部分股权；股东向股东以外的人转让股权，应当经其他股东过半数同意。经股东同意转让的股权，在同等条件下，其他股东有优先购买权。两个以上股东主张行使优先购买权的，协商确定各自的购买比例；协商不成的，按照转让时各自的出资比例行使优先购买权	股东可以依法转让其股份，但应在证券交易所进行或通过其他合法方式进行。发起人持有的本公司股份，自公司成立之日起一年内不得转让。公司公开发行股份前已发行的股份，自公司股票在证券交易所上市交易之日起一年内不得转让	除合伙协议另有约定外，合伙人向合伙人以外的人转让其在合伙企业中的财产份额时，须经其他合伙人一致同意。合伙人之间转让在合伙企业中的财产份额时，应当通知其他合伙人；普通合伙中合伙人向合伙人以外的人转让其在合伙企业中的财产份额的，在同等条件下，其他合伙人有优先购买权；但是，合伙协议另有约定的除外；有限合伙人可以按照合伙协议的约定向合伙人以外的人转让其在有限合伙企业中的财产份额，但应当提前三十日通知其他合伙人	投资人对本企业财产所享有的财产权可以转让和继承
经营主体	股东不一定参加经营		普通合伙人共同经营或者委托执行合伙人经营	投资者及其委托人
事务决定权	股东会	股东大会、董事会	有约定按约定；未约定或约定不明确，除法定须由全体合伙人一致同意的事务外，实行合伙人一人一票并经全体合伙人过半数通过决定	投资者个人
事务执行	董事会、总经理等公司机关		普通合伙人权利同等，可委托一个或数个普通合伙人执行事务；作为合伙人的法人、其他组织执行合伙事务的，由其委派的代表执行；有限合伙人无权执行事务；不执行事务的合伙人有权监督执行	投资者或其委托人
利亏分担	按投资比例，但有约定从约定	按股东认购的股比例分配	有约定从约定；未约定协商决定；协商不成按实缴出资比例分配、分担；无法确定比例则平均分配、分担；除另有约定，有限合伙企业不得将全部利润分配给部分合伙人	投资者个人
解散程序	清算、注销并公告		清算、注销	注销
解散后义务	无		原普通合伙人对合伙企业存续期间的债务仍承担无限连带责任	原投资人对个人独资企业存续期间的债务仍应承担偿还责任，但债权人在五年内未向债务人提出的除外

2. 创业企业组织形式的选择

新企业（或者创业企业）是指创业者利用商业机会并通过整合资源所创建的一个新的具有法人资格的实体，它能够提供产品和服务，时间为从成立后至成熟前的早期成长阶段。新企业成立意味着以组织身份参与市场活动，并开始实现创业机会价值。但有关新企业成立的标准，目前学术界和实业界并没有统一的界定，根据相关文献整理，目前关于新企业成立标准判定的流派主要有三个，即产业组织学派、种群生态学派及劳动力市场参与学派。综合三个流派的观点，一般从三个维度衡量新企业的成立，即存在雇用性质的员工关系、产生第一笔销售和注册登记成为合法实体。

创业伊始，创业者不但需要了解我国现有企业制度中可以选择的各种投资、创业形式，还应当了解每一种形式的优劣，从而选择一种合适的企业组织形式。通常而言，决定企业组织形式时应考虑以下五个方面的因素：

（1）拟投资的行业。对于一些特殊的行业，法律规定只能采用特殊的组织形式，比如律师事务所只能采用合伙形式而不能采用公司制企业形式。而对于银行、保险等金融行业，法律则要求必须采用公司制形式。因此，根据拟投资的行业来确定可以采取的企业组织形式是应当首先考虑的因素。对于法律有强制性规定的行业，只能按照法律的要求办理，对于法律没有强制性要求的，则需要根据实务中通常的做法以及创业者的特殊要求来确定组织形式。例如，近几年间在创业投资领域内非常热门的私募股权基金（Private Equity，简称"PE"），法律允许采用的组织形式包括公司制和合伙制，但随着《中华人民共和国合伙企业法》的修改，越来越多的私募股权基金采取了发达国家最为流行的做法，即有限合伙制的组织形式。

（2）创业者的风险承担能力。对于创业者而言，其风险承担能力是其创业前必须考虑的重要因素之一。商业环境中存在各种各样的经营风险，而企业组织形式如何与创业者日后所需承担的责任大小息息相关。公司制企业的股东仅以其出资额为限对公司承担责任，公司以其全部资产对公司的债务承担责任，因此公司制企业的有限责任制度对于风险控制具有重要的意义；而对于普通合伙企业以及个人独资企业，合伙人或者投资人则需要对企业承担无限责任，如果选择这两种组织形式，那么创业者所必须承担的风险不仅限于目前的投资额度，还包括全部个人财产，因此，采用后两种组织形式进行创业的风险相对较大。

（3）税务因素。由于不同的企业组织形式所缴纳的税不同，选择企业组织形式，必须考虑税赋的问题。根据我国相关税法的规定，对个人独资企业和合伙企业的生产经营所得计征个人所得税，其中，合伙企业的投资者将全部生产经营所得按合伙协议约定的分配比例，确定各自的应纳税所得额，分别缴纳个人所得税。而对于公司制企业，既要就经营所得缴纳企业所得税，又要在向股东分配利润时为股东代扣代缴个人所得税，即按照20%的税率缴纳个人所得税。因此，从税赋筹划的角度而言，选择合伙企业以及个人独资企业，通常所需要缴纳的税赋较公司制企业更低。但是这并不能一概而论，对于一些特殊的行业，如高新技术企业和小微企业，由于我国政府对其采取税收优惠政策，在享受税收优惠政策的情况下，公司制企业或许更加节税。

（4）未来融资的需要。企业组织形式对于未来的融资也具有较大的影响。如果创业者自身资本充足，拟投资的事业所需资金要求也不大，则采用合伙制或者有限责任公司的形式均可；但如果日后发展业务所需的资金规模非常大，则建议设立股份有限公司。

（5）关于经营期间的考量。对于个人独资企业，一旦投资人死亡且无继承人或者继承人决定放弃继承，则企业必须解散；合伙企业由合伙人组成，一旦合伙人死亡，除非不断吸收新合伙人，否则合伙企业的寿命也是有限的。因此，无论是合伙企业还是个人独资企业，通常的经营期限都不会很长，很难持续发展下去。但公司制企业却不同，除出现法定解散事由或者股东决议解散外，原则上，公司制企业可能永远存在。因此，创业者在创业时可以根据拟经营的期限来选择企业组织形式，若希望将该企业不断经营下去，则更建议采取公司制企业形式。

当然，除了上述因素之外，还可以从投资权益的自由流通度、经营管理的需要等多个方面就企业组织形式的优劣进行分析与比较。总之，企业组织形式没有最好，只有最适合，创业者只有对自己的实际需要有充分了解，才能选择出最合适的企业组织形式。

3. 不同企业组织形式的创办流程与手续

（1）个体工商户。个体工商户需准备的材料有：经营者签署的个体工商户注册登记申请书；委托代理人办理的，还应当提交经营者签署的《委托代理人证明》及委托代理人身份证明；经营者身份证明；经营场所证明；《个体工商户名称预先核准通知书》（设立申请前已经办理名称预先核准的须提交）；申请登记的经营范围中有法律、行政法规和国务院决定规定必须在登记前报经批准的项目，应当提交有关许可证书或者批准文件；申请登记为家庭经营的，以主持经营者作为经营者登记，由全体参加经营家庭成员在《个体工商户开业登记申请书》经营者签名栏中签字予以确认。提交居民户口簿或者结婚证复印件作为家庭成员亲属关系证明，同时提交其他参加经营家庭成员的身份证复印件；国家工商行政管理总局规定提交的其他文件。

个体工商户办理流程为：①申请：申请人或者委托的代理人可以直接到经营场所所在地登记机关登记。登记机关委托其下属工商所办理个体工商户登记的，到经营场所所在地工商所登记。申请人或者其委托的代理人可以通过邮寄、传真、电子数据交换及电子邮件等方式向经营场所所在地登记机关提交申请。通过传真、电子数据交换及电子邮件等方式提交申请的，应当提供申请人或者其代理人的联络方式及通讯地址。对登记机关予以受理的申请，申请人应当自收到受理通知书之日起 5 日内，提交与传真、电子数据交换及电子邮件内容一致的申请材料原件。②受理：对于申请材料齐全、符合法定形式的，登记机关应当受理。对申请材料不齐全或者不符合法定形式的，登记机关应当当场告知申请人需要补正的全部内容，申请人按照要求提交全部补正申请材料的，登记机关应当受理。申请材料存在可以当场更正的错误的，登记机关应当允许申请人当场更正。登记机关受理登记申请，除当场予以登记的外，应当发给申请人受理通知书。对于不符合受理条件的登记申请，登记机关不予受理，并发给申请人不予受理通知书。申请事项依法不属于个体工商户登记范畴的，登记机关应当即时决定不予受理，并向申请人说明理由。③审查和决定：登记机关对决定予以受理的登记申请，根据下列情况分别做出是否准予登记的决定：申请人提交的申请材料齐全、符合法定形式的，登记机关应当当场予以登记，并发给申请人准予登记通知书。根据法定条件和程序，需要对申请材料的实质性内容进行核实的，登记机关应当指派两名以上工作人员进行核查，并填写申请材料核查情况报告书。登记机关应当自受理登记申请之日起 15 日内做出是否准予登记的决定。对于以邮寄、传真、电子数据交换及电子邮件等方式提出申请并经登记机关受理的，登记机关应当自受理登记申请之日起 15 日内做出是否准予登记的决定。登记机关做出准予登记决定的，应当发给申请人准予个体工商户登记通知书，并在 10 日内发给申请人营业执照。不予登记的，应当发给申请人个体工商户登记驳回通知书。

（2）个人独资企业。设立个人独资企业需要准备的材料有：①投资人签署的《个人独资企业登记（备案）申请书》；②投资人身份证明；③投资人委托代理人的，应当提交投资人的委托书原件和代理人的身份证明或资格证明复印件（核对原件）；④企业住所证明；⑤《名称预先核准通知书》（设立申请前已经办理名称预先核准的须提交）；⑥从事法律、行政法规规定须报经有关部门审批的业务的，应当提交有关部门的批准文件。⑦国家工商行政管理总局规定提交的其他文件。

个人独资企业办理流程包括：①申请：由投资人或者其委托的代理人向个人独资企业所在地登记机关申请设立登记。②受理、审查和决定：登记机关应当在收到全部文件之日起 15 日内做出核准登记或者不予登记的决定。予以核准的发给营业执照；不予核准的，发给企业登记驳回通知书。

（3）合伙企业。合伙企业需准备的材料有：全体合伙人签署的《合伙企业登记（备案）申请书》；全体合伙人的主体资格证明或者自然人的身份证明；全体合伙人指定代表或者共同委托代理人的委托书；全体合伙人签署的合伙协议；全体合伙人签署的对各合伙人缴付出资的确认书；主要经营场所证明；《名称预先核准通知书》（设立申请前已经办理名称预先核准的须提交）；全体合伙人签署的委托执行事务合伙人的委托书；执行事务合伙人是法人或其他组织的，还应当提交其委派代表的委托书和身份证明复印件（核对原件）；以非货币形式出资的，提交全体合伙人签署的协商作价确认书或者经全体合伙人委托的法定评估机构出具的评估作价证明；法律、行政法规或者国务院规定设立合伙企业须经批准的，或者从事法律、行政法规或者国务院决定规定在登记前须经批准的经营项目，须提交有关批准文件；法律、行政法规规定设立特殊的普通合伙企业需要提交合伙人的职业资格证明的，应提交相应证明；国家工商行政管理总局规定提交的其他文件。

合伙企业办理流程包括：①申请：由全体合伙人指定的代表或者共同委托的代理人向企业登记机关申请设立登记。②受理、审查和决定：申请人提交的登记申请材料齐全、符合法定形式，企业登记机关能够当场登记的，应予当场登记，发给合伙企业营业执照。除前款规定情形外，企业登记机关应当自受理申请之日起 20 日内，做出是否登记的决定。予以登记的，发给合伙企业营业执照；不予登记的，应当给予书面答复，并说明理由。

（4）农民专业合作社。农民专业合作社需准备的材料有：《农民专业合作社登记（备案）申请书》；全体设立人签名、盖章的设立大会纪要；全体设立人签名、盖章的章程；法定代表人、理事的任职文件和身份证明；载明成员的姓名或者名称、出资方式、出资额以及成员出资总额，并经全体出资成员签名、盖章予以确认的出资清单；载明成员的姓名或者名称、公民身份号码或者登记证书号码和住所的成员名册，以及成员身份证明；能够证明农民专业合作社对其住所享有使用权的住所使用证明；全体设立人指定代表或者委托代理人的证明;《名称预先核准通知书》(设立申请前已经办理名称预先核准的须提交);农民专业合作社的业务范围有属于法律、行政法规或者国务院规定在登记前须经批准的项目的,应当提交有关批准文件;法律、行政法规规定的其他文件。

农民专业合作社办理流程包括:①申请:由全体设立人指定的代表或者委托的代理人向登记机关申请设立登记。②受理、审查和决定:申请人提交的登记申请材料齐全、符合法定形式,登记机关能够当场登记的,应予当场登记,发给营业执照。除前款规定的情形外,登记机关应当自受理申请之日起 20 日内,做出是否登记的决定。予以登记的,发给营业执照;不予登记的,应当给予书面答复,并说明理由。

(5)有限责任公司。有限责任公司需准备的材料有:公司法定代表人签署的设立登记申请书;全体股东指定代表或者共同委托代理人的证明;公司章程;股东的主体资格证明或者自然人身份证明;载明公司董事、监事、经理的姓名、住所的文件以及有关委派、选举或者聘用的证明;公司法定代表人任职文件和身份证明;公司名称预先核准通知书;公司住所证明;国家工商行政管理总局规定要求提交的其他文件。法律、行政法规或者国务院决定规定设立有限责任公司必须报经批准的,还应提交批准文件。

有限责任公司办理流程包括:①申请:由全体股东指定的代表或者共同委托的代理人向公司登记机关申请设立登记。②受理:公司登记机关根据下列情况分别做出是否受理的决定。申请文件、材料齐全,符合法定形式的,或者申请人按照公司登记机关的要求提交全部补正申请文件、材料的,决定予以受理。申请文件、材料齐全,符合法定形式,但公司登记机关认为申请文件、材料需要核实的,决定予以受理,同时书面告知申请人需要核实的事项、理由以及时间。申请文件、材料存在可以当场更正的错误的,允许申请人当场予以更正,由申请人在更正处签名或者盖章,注明更正日期;经确认申请文件、材料齐全,符合法定形式的,决定予以受理。申请文件、材料不齐全或者不符合法定形式的,当场或者在 5 日内一次告知申请人需要补全、改正的全部内容;当场告知时,将申请文件、材料退回申请人;属于 5 日内告知的,收取申请文件、材料并出具收到申请文件、材料的凭据,逾期不告知的,自收到申请文件、材料之日起即为受理。不属于公司登记范畴或者不属于本机关登记管辖范围的事项,即时决定不予受理,并告知申请人向有关行政机关申请。公司登记机关对通过信函、电报、电传、传真、电子数据交换和电子邮件等方式提出申请的,自收到申请文件、材料之日起 5 日内做出是否受理的决定。③审查和决定:公司登记机关对决定予以受理的登记申请,分别情况在规定的期限内做出是否准予登记的决定。A.对申请人到公司登记机关提出的申请予以受理的,当场做出准予登记的决定。B.对申请人通过信函方式提交的申请予以受理的,自受理之日起 15 日内做出准予登记的决定。C.通过电报、电传、传真、电子数据交换和电子邮件等方式提交申请的,申请人应当自收到《受理通知书》之日起 15 日内,提交与电报、电传、传真、电子数据交换和电子邮件等内容一致并符合法定形式的申请文件、材料原件;申请人到公司登记机关提交申请文件、材料原件的,当场做出准予登记的决定;申请人通过信函方式提交申请文件、材料原件的,自受理之日起 15 日内做出准予登记的决定。D.公司登记机关自发出《受理通知书》之日起 60 日内,未收到申请文件、材料原件,或者申请文件、材料原件与公司登记机关所受理的申请文件、材料不一致的,做出不予登记的决定。公司登记机关需要对申请文件、材料核实的，自受理之日起 15 日内做出是否准予登记的决定。④发照：公司登记机关做出准予公司设立登记决定的，出具《准予设立登记通知书》，告知申请人自决定之日起 10 日内，领取营业执照。公司登记机关做出不予登记决定的，出具《登记驳回通知书》，说明不予登记的理由，并告知申请人享有依法申请行政复议或者提起行政诉讼的权利。

1.3 创业企业财务管理内容

1.3.1 一般企业财务管理内容

企业的基本活动可以分为投资、筹资、营运和分配活动四个方面，对于生产企业而言，还需进行有关生产成本的管理与控制。从财务管理角度看，投资可以分为长期投资和短期投资，筹资也可以分为长期筹资和短期筹资。短期投资、短期筹资和营业现金流管理有着密切关系，通常合并在一起讨论，称为营运资金管理，因此，此处对投资、筹资、营运资金、成本、收入与分配管理等五个方面对财务管理进行介绍。

1. 投资管理

投资是企业生存、发展及进一步获取利润的基本前提。企业在取得资金后，必须将其投入使用，以谋求取得良好的经济效益。在进行投资管理活动时，企业必须考虑投资规模，同时还必须通过投资方向和投资方式的选择来确定合适的投资结构，提高投资效益，降低投资风险。不同的投资项目，对企业价值和财务风险的影响程度不同。企业的投资，有对内投资和对外投资之分。对内投资是指企业把筹集到的资金用于本企业的资产上，如购置固定资产和无形资产等，企业把筹集到的资金用于购买股票、债券、出资组建新企业或与其他企业联营等，便形成了对外投资。如果投资决策不科学、投资结构不合理，那么投资项目往往不能达到预期效益，会影响企业的盈利水平和偿债能力，从而产生财务风险。因此，企业对待投资管理要格外慎重。

2. 筹资管理

企业要根据其生产经营、发展战略、投资和资本结构等的需要，通过筹资渠道和资本市场，运用筹资方式，依法、经济有效地筹集企业所需资金，进行筹资管理。无论是建立新企业，还是经营现有企业，都需要筹措一定数量的资金。在进行筹资活动时，企业一方面要科学预测筹资的总规模，以保证所需资金；另一方面要通过筹资渠道和筹资方式的选择，确定合理的筹资结构，降低资本成本，增加企业的利益，控制相关的风险。筹集资金管理是企业财务管理的一项重要内容。

3. 营运资金管理

企业在日常的生产经营活动中，会发生一系列流动资产和流动负债资金的收付。企业的营运资金在全部资金中占有较大的比重，是企业财务管理工作的一项重要内容。企业的营运资金主要涉及现金持有计划的确定，应收账款的信用标准、信用条件和收款政策的确定，存货周期、存货数量、订货计划的确定，短期借款计划、商业信用筹资计划的确定等。如何节约资金成本，提高资金使用效率，进行流动资产的投融资，以及如何管理流动负债，这些都需要企业提前做好规划。

4．成本管理

成本管理是企业日常经营管理的一项中心工作。企业在竞争中需要努力开源节流，控制成本耗费，从而增加企业收益。通过量本利分析，运用于经营决策；通过标准成本控制与分析，满足有效经营条件下所能达到的目标成本；通过作业成本管理，对传统成本管理模式进行变革，应用到价值链领域，为企业战略管理提供基础；责任成本的管理，则是通过责任中心，明确责任成本，从而界定责、权、利关系考核工作业绩。成本管理涉及从成本规划、成本核算、成本控制、成本分析到成本考核的全部过程。

5．收入与分配管理

收入与分配管理是对企业收入与分配活动及其形成的财务关系的组织与调节，是企业进行销售预测和定价管理，并将一定时期内所创造的经营成果合理地在企业内、外部各利益相关者之间进行有效分配的过程。收入反映的是企业经济利益的来源，而分配反映的则是企业经济利益的去向，两者共同构成了企业经济利益流动的完整链条。收入的初次分配是对成本费用的弥补，这一过程会随着再生产的进行而自然完成，而利润分配则是对收入初次分配的结果进行再分配。根据投资者的意愿和企业生产经营的需要，企业实现的净利润可以作为投资收益分配给投资者，也可以暂时留存企业形成未分配利润，或者作为投资者的追加投资。企业的财务人员要合理确定分配的规模和结构，确保企业取得最大的长期利益。

企业财务管理的上述五部分内容相互联系、相互制约。筹资是基础，离开企业生产经营所需的资金筹措，企业就不能生存与发展；而且企业筹资数量还制约着企业投资的规模。企业所筹措的资金只有有效地投放出去，才能实现筹资的目的，并不断增值与发展；而投资反过来又决定了企业需要筹资的规模和时间。投资和筹资的成果都需要依赖资金的营运才能实现，筹资和投资在一定程度上决定了企业日常经营活动的特点和方式；但企业日常活动还需要对营运资金进行合理管理与控制，努力提高营运资金的使用效率与效果。成本管理则贯穿于投资、筹资和营运活动的全过程，渗透在财务管理的每个环节之中。收入与分配影响着筹资、投资、营运资金和成本管理的各个方面，收入与分配的来源是企业上述各方面共同作用的结果，同时又会对上述各方面产生反作用。因此，投资管理、筹资管理、营运资金管理、成本管理和收入与分配管理都是企业价值创造的必要环节，是保障企业健康发展、实现可持续增长的重要内容。

1.3.2 创业企业财务管理的特点

1. 建立健全创业企业财务管理制度是创业企业财务管理的基础

企业财务管理是否规范，是创业企业能否健康成长的主要因素，设计企业的治理制度，构建财务框架，建立财务制度及编制财务报表等是创业企业财务管理的基础，也是创业企业能够健康成长、可持续发展的必要条件。

2. 财务规划是创业企业财务管理的起点

凡事预则立，不预则废。企业的创立和发展需要在财务上进行事先的规划，包括投资规划、资本需求规划、成本规划和利润规划等创业企业财务管理的重要环节，也是创业企业财务管理目标的具体体现。

3. 融资管理是创业企业财务管理的重点

创业企业初期面临的最大问题就是资本短缺。资本短缺是创业企业成长中的瓶颈，融资难、融资贵也是创业企业遇到的普遍问题，任何一个创业者都需要处理好融资问题的方式与方法，因此融资管理是创业企业财务管理中最重要的问题之一。

1.4 创业企业财务管理目标

1.4.1 一般企业财务管理目标

企业创立是一项系统工程，系统论认为，目标是系统希望实现的结果，企业创立与运行总是围绕特定的目标而进行的，财务管理的目标就是企业财务活动希望实现的结果，是评价企业财务活动是否合理的基本标准。财务管理目标制约着财务运行的基本特征和发展方向，是财务运行的驱动力，不同的财务管理目标会产生不同的财务管理运行机制，科学地确定企业财务管理目标对于优化企业财务行为，实现企业财务管理的良性循环具有重要的意义。

企业财务管理是企业管理的重要组成部分，企业财务管理的目标应该与企业的总体目标保持一致。从根本上讲，企业的目标就是通过生产经营活动创造更多的财富，不断增加企业价值。一般而言，企业财务管理的目标就是为实现企业创造财富或价值这一目标服务。鉴于财务活动直接从价值方面反映企业的商品或者服务提供过程，因而财务管理可为企业的价值创造发挥重要作用。值得说明的是，不同国家的企业所面临的财务管理环境不同，企业的财务管理目标就可能存在差异。即便是同一国家的企业，企业发展战略不同，企业生命周期不同，企业治理结构不同，财务管理目标在体现根本目标的同时也会有不同的表现形式。综观各类财务管理文献，财务管理目标有利润最大化、股东财富最大化、企业价值最大化及相关者利益最大化几种，下面对其分别进行阐述。

1. 利润最大化

利润最大化是西方微观经济学的理论基础，就是假定企业财务管理以实现利润最大化为目标。以利润最大化作为财务管理目标，其主要原因有三：一是人类从事生产经营活动的目的就是为了创造更多的剩余产品，在市场经济条件下，剩余产品的多少可以用利润这个指标来衡量；二是在自由竞争的资本市场中，资本的使用权最终属于获利最多的企业；三是只有每个企业都最大限度地创造利润，整个社会的财富才可能实现最大化，从而带来社会的进步和发展。持这种观点的学者认为，利润代表了企业新创造的财富，利润越多，企业财富增加得越快，就越接近企业的目标。从会计角度来看，利润额是企业在一定期间经营收入和经营费用的差额，是按照收入费用配比原则加以计算的，反映了当期正常经营活动中投入与产出对比的结果。利润是股东价值的来源，是企业财富增长的源泉。

利润最大化目标的主要优点是，企业追求利润最大化，就必须讲求经济核算，加强管理，改进技术，提高劳动生产率，降低产品成本。这些措施都有利于企业资源的合理配置，有利于企业整体经济效益的提高。

由于利润目标作为会计核算的成果具有比较简单的特点，我国在许多情况下评判企业的业绩仍以利润为基础，如企业增资扩股时，要考察企业近三年的盈利情况；在确定企业经理人员的业绩时，通常也以利润为主。但在西方财务管理理论发展的演变和长期经营管理的实践中，以利润最大化为财务管理目标越来越暴露出以下缺陷：

（1）没有考虑利润实现时间和资金时间价值。比如，今年100万元的利润和10年以后同等数量的利润其实际价值是不一样的，10年间还会有时间价值的增加，而且这一数值会随着贴现率的不同而有所不同。再如，有A、B两个项目，其利润都是90万元，如果不考虑资金的时间价值，那么无法判断哪一个更符合企业的目标。

（2）没有考虑风险问题。不同行业具有不同的风险，同等利润值在不同行业中的意义也不同，比如，风险比较高的高科技企业和风险相对较小的制造业企业就无法进行简单比较。另一方面，类似上面事例中的A、B两个项目，都于当年赚取了90万元的利润，但A项目的利润全部是现金收入，而B项目的收入全部是应收账款，显然B项目的应收账款存在不能收回的风险，因此，在这种意义上，A项目更好一些。

（3）没有考虑利润与投入资本之间的关系。如A、B两个项目都在今年取得了90万元利润，并且取得的都是现金收入，但如果A项目只需投资90万元，而B项目需投资300万元，显然两个项目相比之后，A项目更好一些。如果只从利润指标来判断，则不能反映出这一点。

（4）利润最大化目标可能会导致企业短期财务的决策倾向，影响企业的长远发展。如企业可能通过减少产品开发、人员培训、技术装备等方面的支出来提高当年利润，从而对企业的长期发展不利。

（5）利润是企业经营成果的会计度量。对同一经济问题的会计处理方法的多样性和灵活性可以使利润并不反映企业的真实情况，比如有些企业通过出售资产增加现金收入，表面上利润增加了，但实际上企业的财富并没有增加，其他会计政策的选择也可能会影响企业的利润。

利润最大化的另一种表现方式是每股收益最大化。每股收益最大化的观点认为，应当把企业的利润和股东投入的资本联系起来考察，用每股收益来反映企业的财务目标。

除了反映所创造利润与投入资本之间的关系外，每股收益最大化与利润最大化目标的缺陷基本相同。但如果风险相同、每股收益时间相同，则每股收益的最大化也是衡量企业业绩的一个重要指标。事实上，许多投资人都把每股收益作为评价企业业绩的重要标准之一。

2. 股东财富最大化

股东财富最大化是指通过财务上的合理运营为股东创造更多的财富。在上市公司中，股东财富是由其所拥有的股票数量和股票市场价格两方面决定的。在股票数量一定时，股票价格达到最高，股东财富也就达到最大。股东财富最大化演变为股票价格最大化。这种观点是以资本市场有效假设为前提的，在有效资本市场中，证券价格能迅速、全面地反映所有有关价格的信息，证券价格就是其价值的最好反映，此时股东财富最大化目标可以用股票价格最大化来替代。

与利润最大化相比，股东财富最大化的主要优点是：

（1）考虑了风险因素，因为通常股价会对风险做出较敏感的反应。

（2）在一定程度上能避免企业的短期行为，因为不仅目前的利润会影响股票价格，而且预期未来的利润同样也会对股价产生重要影响。

（3）对上市公司而言，股东财富最大化目标比较容易量化，便于考核和奖惩。

以股东财富最大化作为财务管理目标也存在以下缺点：

（1）通常只适用于上市公司，非上市公司难以应用，因为非上市公司无法像上市公司一样随时准确获得公司股价。

（2）股价受众多因素影响，特别是企业外部的因素，有些还可能是非正常因素。股价不能完全准确地反映企业财务管理的状况，如有的上市公司正处于破产的边缘，但由于可能存在某些机会，其股票市价可能还在走高。

（3）它强调得更多是股东利益，而对其他相关者的利益重视不够。

3. 企业价值最大化

企业价值最大化是指企业财务管理行为以实现企业的价值最大为目标。企业价值可以理解为企业所有者权益和债权人权益的市场价值，或者是企业所能创造的预计未来现金流量的现值。未来现金流量这一概念，包含了资金的时间价值和风险价值两个方面的因素。因为未来现金流量的预测包含了不确定性和风险因素，而现金流量的现值是以资金的时间价值为基础对现金流量进行折现计算得出的。企业价值是股东价值、社会价值、顾客价值和员工价值的集合，是企业潜在获利能力的体现。

企业价值最大化就是通过企业财务上的合理运营，使企业价值达到最大。企业价值最大化目标要求企业通过采用最优的财务政策，充分考虑资金的时间价值和风险与报酬的关系，在保证企业长期稳定发展的基础上使企业总价值达到最大。企业价值的计量有许多方法，创业企业的估值方法详见本书第7章7.6小节的内容。

以企业价值最大化作为财务管理目标，具有以下优点：

（1）考虑了取得报酬的时间，并用时间价值的原理进行了计量。

（2）考虑了风险与报酬的关系。

（3）将企业长期、稳定的发展和持续的获利能力放在首位，能克服企业在追求利润上的短期行为。

（4）用价值代替价格，避免了过多外界市场因素的干扰，有效地规避了企业的短期行为。

但是，以企业价值最大化作为财务管理目标过于理论化，不易操作。再者对于非上市公司而言，只有对企业进行专门的评估才能确定其价值，而在评估企业的资产时，由于受评估标准和评估方式的影响，很难做到客观和准确。

4. 相关者利益最大化

在现代企业是多边契约关系的总和的前提下，要确立科学的财务管理目标，需要考虑有哪些利益关系会影响企业发展。在市场经济中，企业的理财主体更加细化和多元化。股东作为企业的所有者，在企业中拥有最高的权力，并承担着最大的义务和风险，但是债权人、员工、企业经营者、客户、供应商和政府也为企业承担着风险。因此，企业的利益相关者不仅包括股东,还包括债权人、企业经营者、客户、供应商、员工和政府等。在确定企业财务管理目标时,不能忽视这些相关利益群体的利益。

相关者利益最大化目标的具体内容包括如下几个方面:

(1) 强调风险与报酬的均衡,将风险限制在企业可以承受的范围内。

(2) 强调股东的首要地位,并强调企业与股东之间的协调关系。

(3) 强调对代理人即企业经营者的监督和控制,建立有效的激励机制以便企业战略目标的顺利实施。

(4) 关心本企业普通职工的利益,创造优美和谐的工作环境和提供合理恰当的福利待遇,培养职工长期努力为企业工作。

(5) 不断加强与债权人的关系,培养可靠的资金供应者。

(6) 关心客户的长期利益,以便保持销售收入的长期稳定增长。

(7) 加强与供应商的协作,共同面对市场竞争,并注重企业形象的宣传,遵守承诺,讲究信誉。

(8) 保持与政府部门的良好关系。

以相关者利益最大化为财务管理目标,具有以下优点:

(1) 有利于企业长期稳定发展。这一目标注重企业在发展过程中考虑并满足各利益相关者的利益关系。在追求长期稳定发展的过程中,站在企业的角度上进行投资研究,可以避免只站在股东的角度进行投资可能导致的一系列问题。

(2) 体现了合作共赢的价值理念,有利于实现企业经济效益和社会效益的统一。由于兼顾了企业、股东、政府和客户等的利益,企业就不仅仅是一个单纯牟利的组织,还承担了一定的社会责任。企业在寻求其自身的发展和利益最大化的过程中,由于需维护客户及其他利益相关者的利益,就会依法经营、依法管理,正确处理各种财务关系,自觉维护和切实保障国家、集体和社会公众的合法权益。

(3) 这一目标本身是一个多元化、多层次的目标体系,较好地兼顾了各利益主体的利益。这一目标可使企业各利益主体相互作用、相互协调,并在使企业利益、股东利益达到最大化的同时,也使其他利益相关者的利益达到最大化。也就是将企业财富这块"蛋糕"做到最大的同时,保证了每个利益主体所得的"蛋糕"更多。

(4) 体现了前瞻性和现实性的统一。比如,企业作为利益相关者之一,有其一套评价指标,如未来企业报酬贴现值;股东的评价指标可以使用股票市价;债权人可以寻求风险最小、利息最大;工人可以确保工资福利;政府可考虑社会效益等。不同的利益相关者有各自的指标,只要合理合法、互利互惠、相互协调,就可以实现所有相关者利益最大化。

5. **各种财务管理目标之间的关系**

上述各种财务管理目标,都以股东财富最大化为基础。原因是:①企业是市场经济的主要参与者,企业的创立和发展都必须以股东的投入为基础,离开了股东的投入,企业就不复存在;②在企业的日常经营过程中,作为所有者的股东在企业中承担着最大的义务和风险,相应地也需享有最高的报酬,即股东财富最大化,否则就难以为市场经济的持续发展提供动力。

当然,在以股东财富最大化为核心和基础的同时,还应考虑利益相关者的利益。各国公司法都规定，股东权益是剩余权益，只有在满足了其他方面的利益之后才会有股东的利益。企业必须缴税、给职工发工资、给顾客提供他们满意的产品和服务，然后才能获得税后收益。可见，其他利益相关者的要求先于股东被满足，因此这种满足必须是有限度的。如果对其他利益相关者的要求不加限制，那么股东就不会有"剩余"了。因此，除非股东确信投资会带来满意的回报，否则股东不会出资。没有股东财富最大化的目标，利润最大化、企业价值最大化以及相关者利益最大化的目标也就无法实现。因此，在强调企业承担应尽的社会责任的前提下，应当允许企业以股东财富最大化为目标。

6. 利益冲突与协调

协调相关者的利益冲突要把握的原则是：尽可能使企业相关者的利益分配在数量上和时间上达到动态的协调平衡。而在所有的利益冲突协调中，所有者与经营者、所有者与债权人的利益冲突与协调至关重要。

（1）所有者和经营者利益冲突与协调。在现代企业中，经营者一般不拥有占支配地位的股权，他们只是所有者的代理人。所有者期望经营者代表他们的利益工作，实现所有者财富最大化，而经营者则有其自身的利益考虑，二者的目标经常会不一致。通常而言，所有者支付给经营者报酬的多少，取决于经营者能够为所有者创造多少财富。经营者和所有者的主要利益冲突是经营者希望在创造财富的同时，能够获取更多的报酬，并避免各种风险；而所有者则希望以较小的代价（支付较少报酬）实现更多的财富。为了协调这一利益冲突，通常可采取以下方式解决：

1）解聘。这是一种通过所有者约束经营者的办法。所有者对经营者予以监督，如果经营者绩效不佳，就解聘经营者；经营者为了不被解聘就需要努力工作，为实现财务管理目标服务。

2）接收。这是一种通过市场约束经营者的办法。如果经营者决策失误，经营不力，绩效不佳，该企业就可能被其他企业强行接收或吞并，相应经营者也会被解聘。经营者为了避免这种接收，就必须努力实现财务管理目标。

3）激励。激励就是将经营者的报酬与其绩效直接挂钩，以使经营者自觉采取能提高所有者财富的措施。激励通常有两种方式：①股票期权。它是允许经营者以约定的价格购买一定数量的本企业股票，股票的市场价格高于约定价格的部分就是经营者所得的报酬。经营者为了获得更大的股票涨价益处，就必然会主动采取能够提高股价的行动，从而增加所有者财富。②绩效股。它是企业运用每股收益、资产收益率等指标来评价经营者绩效，并视其绩效大小给予经营者数量不等的股票作为报酬。如果经营者绩效未能达到规定目标，那么经营者将丧失原来持有的部分绩效股。这种方式使经营者不仅为了多得绩效股而不断采取措施提高经营绩效，而且为了使每股市价最大化，也会采取各种措施使股票市价稳定上升，从而增加所有者财富。即使由于客观原因股价并未提高，经营者也会因为获取绩效股而获利。

（2）所有者和债权人的利益冲突与协调。所有者的目标可能与债权人期望实现的目标发生矛盾。首先，所有者可能要求经营者改变举债资金的原定用途，将其用于风险更高的项目，这会增大偿债风险，债权人的负债价值也必然会降低，造成债权人风险与收益的不对称。因为高风险的项目一旦成功，额外的利润就会被所有者独享；但若失败，债权人却要与所有者共同负担由此而造成的损失。其次，所有者可能在未征得现有债权人同意的情况下，要求经营者举借新债，因为偿债风险相应增大，从而使原有债权的价值降低。

所有者与债权人的上述利益冲突，可以通过以下方式解决：

1）限制性借债。债权人通过事先规定借债用途限制、借债担保条款和借债信用条件，使所有者不能通过以上两种方式削弱债权人的债权价值。

2）收回借款或停止借款。当债权人发现企业有侵蚀其债权价值的意图时，采取收回债权或不再给予新的借款的措施，从而保护自身权益。

7. 企业的社会责任

企业的社会责任是指企业在谋求所有者或股东权益最大化之外所负有的维护和增进社会利益的义务。具体来说，企业社会责任主要包括以下内容：

（1）对员工的责任。企业除了承担向员工支付报酬的法律责任外，还负有为员工提供安全的工作环境、职业教育等保障员工利益的责任。按我国《公司法》的规定，企业对员工承担的社会责任有：①按时足额发放劳动报酬，并根据社会发展逐步提高工资水平。②提供安全健康的工作环境，加强劳动保护，实现安全生产，积极预防职业病。③建立企业职工的职业教育和岗位培训制度，不断提高职工的素质和能力。④完善工会、职工董事和职工监事制度，培育良好的企业文化。

（2）对债权人的责任。债权人是企业的重要利益相关者，企业应依据合同的约定以及法律的规定对债权人承担相应的义务，保障债权人的合法权益。这种义务既是企业的民事义务，也可视为企业应承担的社会责任。企业对债权人承担的社会责任主要有：①按照法律、法规和企业章程的规定，真实、准确、完整、及时地披露企业信息。②诚实守信，不滥用企业人格。③主动偿债，不无故拖欠。④确保交易安全，切实履行合法订立的合同。

（3）对消费者的责任。企业的价值实现，很大程度上取决于消费者的选择，企业理应重视对消费者承担的社会责任。企业对消费者承担的社会责任主要有：①确保产品质量，保障消费安全。②诚实守信，确保消费者的知情权。③提供完善的售后服务，及时为消费者排忧解难。

（4）对社会公益的责任。企业对社会公益的责任主要涉及慈善、社区等。企业对慈善事业的社会责任是指承担扶贫济困和发展慈善事业的责任，表现为企业对不确定的社会群体（尤指弱势群体）进行帮助。捐赠是其最主要的表现形式，受捐赠的对象主要有社会福利院、医疗服务机构、教育事业、贫困地区及特殊困难人群等。此外，还包括招聘残疾人、生活困难的人、缺乏就业竞争力的人到企业工作，以及举办与企业营业范围有关的各种公益性的社会教育宣传活动等。

（5）对环境和资源的责任。企业对环境和资源的社会责任可以概括为两大方面：一是承担可持续发展与节约资源的责任；二是承担保护环境和维护自然和谐的责任。

此外，企业还有责任和义务遵从政府的管理、接受政府的监督。企业要在政府的指引下合法经营、自觉履行法律规定的义务，同时应尽可能地为政府献计献策、分担社会压力、支持政府的各项事业。

一般而言，对一个利润或投资报酬率处于较低水平的企业，在激烈竞争的环境下，难以承担额外增加其成本的社会责任。而对于那些利润超常的企业，它们可以适当地承担而且有的企业也确已承担一定的社会责任。因为对利润超常的企业来说，适当地从事一些社会公益活动，有助于提高企业的知名度，促进其业务活动的开展，进而使股价升高。但不管怎样，任何企业都无法长期单独地负担因承担社会责任而增加的成本。过分地强调社会责任而使企业价值减少，就可能导致整个社会资金运用的次优化，从而使社会经济发展步伐减缓。事实上，大多数社会责任都必须通过立法以强制的方式让每一个企业平均负担。然而，企业是社会的经济细胞，其理应关注并自觉改善自身的生态环境，重视履行对员工、消费者、环境和社区等利益相关方的责任，重视其生产行为可能对未来环境的影响，特别是在员工健康与安全、废弃物处理及污染等方面应尽早采取相应的措施，减少企业在这些方面可能会遭遇的各种困扰，从而促进企业可持续发展。

1.4.2　创业企业财务管理目标

1. 创业企业财务管理目标的选择

综合相关文献与学者的研究，充分考虑到前文所述的企业价值最大化的财务管理目标的优点及其他财务管理目标的不足，结合我国创业企业的实际，本教材认为创业企业的财务管理目标为企业价值最大化。

2. 创业企业财务管理目标实现条件

按照格雷纳的企业成长模型，企业成长可以分为四个阶段，即创业阶段、成长阶段、成熟阶段和再生/衰老阶段。创业阶段是企业的生存危机期，此时企业的资本缺乏，管理不规范，在管理的时候应节省一切开支，尽快取得市场认可。因此，创业的目的是为了企业的长期生存发展，企业通过财务运营使企业顺利度过生存危机期，为此，创业企业的财务管理要充分考虑以下两个条件，才能促使财务管理目标的实现。

（1）充分体现生存发展大计。创办企业的过程是一个从无到有、从0到1的过程，在这个过程中，不确定性很大，包括国家的政策、资金短缺、技术进步及市场竞争等方面的不确定性，企业随时可能会面临破产清算的风险。因此，如何生存下来便是每一个创业者每天要思考的问题。企业的一切活动要围绕生存发展进行，任何导致危机的做法都应该避免。为此，企业应尽量做到以收抵支、及时偿债，强化财务管理，以产品或服务销售取得的现金抵补日常的经营支出，并且及时偿还到期债务。

（2）充分重视现金流的管理。根据企业生命周期理论，一方面，创业初期需要较多的现金，现金流出通常比现金流入多，即净现金流为负，同时企业经营面临的较高不确定性，也给初创企业带来高风险。另一方面，创业企业缺乏相应可抵押资产的状况，使得创业企业从外界取得债权资金比较困难。另外，初创企业的估值与既有企业相比难度较大，缺乏可供参考的经营信息和投资报酬率，外部的股权融资一般也难以取得。因此，创业企业只能依靠企业自身创造现金流，靠独特产品或优质服务的销售产生现金流入。创业初期各种现金的需求较多，如产品研发、市场开拓、员工培训和大量维持企业正常运转的日常开支等。因此，要将从有限来源获得的资金与无限支出需要的现金进行匹配，就需要充分重视对现金流的管理。

1.5 创业企业财务管理环境

任何事物总是与一定的环境相联系而产生、存在和发展的,财务管理也不例外。财务管理的环境又称为理财环境,是指对企业财务活动和财务管理产生影响的企业外部条件的总和。不同国家、不同时期、不同领域的财务管理需要面对不同的理财环境。企业在许多方面如同生物体一样,如果不能适应周围的环境,就不能生存。环境的变化可能会给企业理财带来困难,但企业的财务人员若能合理预测其发展状况并能采取措施应对环境的变化,就会使财务效果更加理想。

财务管理的环境涉及范围很广,比如国家的政治、经济形势、国家经济法规的完善程度、企业所面临的市场状况及企业的生产条件等。此处主要讨论企业面临的几种重要环境,即经济环境、法律环境、金融市场环境和社会文化环境。

1.5.1 经济环境

财务管理的经济环境是影响企业财务管理的各种经济因素,如经济管理体制、经济周期、经济发展水平、经济结构、通货膨胀状况和经济政策。

1. 经济管理体制

经济管理体制是指在一定的社会制度下生产关系的具体形式以及组织、管理和调节国民经济的体系、制度、方式和方法的总称。它分为宏观经济管理体制和微观经济管理体制两类。宏观经济管理体制是指整个国家宏观经济的基本经济制度,而微观经济管理体制则是指一国的企业体制及企业与政府、企业与所有者的关系。宏观经济体制对企业财务行为的影响主要体现在:企业必须服从和服务于宏观经济管理体制,在财务管理的目标、财务主体、财务管理的手段与方法等方面与宏观经济管理体制的要求相一致。微观经济管理体制对企业财务行为的影响与宏观经济体制相联系,主要体现在如何处理企业与政府、企业与所有者之间的财务关系。

2. 经济周期

在市场经济条件下,经济发展通常带有一定的波动性,大体上经历复苏、繁荣、衰退和萧条几个阶段的循环,这种循环叫作经济周期。

我国的经济发展与运行也呈现出特有的周期特征,存在一定的经济波动。改革开放 40 多年来,我国经济发展取得了举世瞩目的成就,GDP 平均每年大约以 9%的增长率增长,期间曾多次出现经济超高速增长,发展过快,而不得不进行治理整顿或宏观调控的情况。由于经济周期影响的重要性,财务学者探讨了企业在经济周期中的经营理财策略。

一般而言,在经济复苏阶段,社会购买力逐步提高,企业应及时确定合适的投资机会,开发新产品,采取扩大存货和放松信用的应收账款管理政策等理财策略,为企业今后的发展奠定基础。在经济繁荣阶段,市场需求旺盛,企业应采取扩张的策略,如扩大生产规模,增加投资,增添机器设备、存货和劳动力,这就要求财务人员迅速筹集所需要的资金。在衰退阶段,企业应收缩规模,减少风险投资,投资无风险资产,以获得稳定的收益。在萧条阶段,企业应维持现有的规模,并设置新的投资标准,适当考虑一些低风险的投资机会。总之,面对周期性经济波动,财务人员必须预测经济变化情况,适当调整财务政策。

3. 经济发展水平

经济发展水平是一个相对概念,在世界范围内说明各个国家所处的经济发展阶段及其目前的经济发展水平很困难。所以,我们也只能按照通常的标准把不同的国家分别归于发达国家、发展中国家和不发达国家三大群组,并以此来说明经济发展水平对财务管理的影响。

发达国家经历了较长时间的经济发展历程,资本的集中和垄断已达到了相当高的程度,经济发展水平处于世界领先地位,这些国家的财务管理水平比较高。原因有:①高度发达的经济水平必然要求进行完善的、科学的财务管理,这就决定了随着经济发展水平的提高,必然会创造出越来越先进的理财方法;②经济生活中许多新的内容、更复杂的经济关系以及更完善的生产方式,也往往首先出现于这些国家,这就决定了发达国家的财务管理内容要不断创新;③随着经济的发展,更新的计算、通信设备的不断涌现,为财务管理采用更复杂的数学方法创造了条件。

发展中国家的经济发展水平不是很高,其经济状况一般呈现出以下特征:经济基础较薄弱,但发展速度较快、经济政策变更频繁、国际交往日益增多。这些因素决定了发展中国家的财务管理具有以下特征:①财务管理的总体发展水平在世界处于中间地位,但发展比较快;②与财务管理有关的法律法规政策频繁变更,给企业理财造成了一定困难;③财务管理实践中还存在着财务目标不明、财务管理方法简单等不尽如人意之处。

不发达国家是属于经济发展水平很低的那一部分国家群组,这些国家的共同特征一般表现为以农业为主要经济部门,工业特别是加工工业不发达,企业规模小、组织结构简单,这就决定了这些国家的财务管理呈现水平低、发展慢等特征。

4. 经济结构

经济结构一般是指从各个角度考查社会生产和再生产的构成。它包括产业结构、地区结构、分配结构及技术结构等。经济结构对企业财务行为的影响主要体现在产业结构上。一方面,产业结构会在一定程度上影响甚至决定财务管理的性质,因为不同产业所要求的资金规模或投资规模不同,所以不同产业所要求的资本结构也不一样;另一方面,产业结构的调整和变动要求财务管理做出相应的调整和变动,否则企业日常财务运作艰难,财务目标就难以实现。

进入 21 世纪以来,我国区域差距问题仍然突出,东部大城市迅速膨胀,而东北老工业基地却呈现衰退迹象,中西部地区仍较为落后,区域经济不协调、不均衡发展影响了国民经济的良性运行。从近十余年的三次产业空间转移情况来看,2005—2016 年,第一产业呈现出从东部、中部向西部和东北部转移的趋势;第二产业和第三产业则减少了在东部和东北部的分布,增加了在中部和西部的比重。从各地区三次产业占比看,东部、中部地区第一、第二产业的比重降低,第三产业比重增加,东部地区 2016 年第三产业占比超过 50%;西部地区第一产业占比降低,二、三产业比重增加;东北地区第一产业占比基本保持稳定,第三产业得到较大发展,第二产业不断收缩。

5. 通货膨胀状况

通货膨胀不仅降低了消费者的购买力,也给企业理财带来了很大困难。通货膨胀对企业财务活动的影响通常表现在以下几个方面:①引起资金占用的大量增加,从而增加企业的资金需求;②引起企业的利润虚增;③引起利率上升,加大企业的资金成本;④引起有价证券价格下降;⑤引起资金供应紧张,增加企业的筹资困难。

企业对通货膨胀本身无能为力,只有政府才能控制通货膨胀的速度。鉴于上述因素,财务人员需要分析通货膨胀对资金成本的影响以及对投资报酬率的影响。为了实现预期的报酬率,企业应该调整收入和成本。同时,使用套期保值等办法尽量减少损失,如买进现货、卖出期货或相反的办法等。

6. 经济政策

一个国家的经济政策,如经济的发展计划、国家的产业政策、财税政策、金融政策、外汇政策、外贸政策、货币政策以及政府的行政法规等,对企业的理财活动都有重大影响。顺应经济政策的导向,会给企业带来一些经济利益,因此财务人员应该认真研究政府的经济政策,按照政策导向行事,这样就能趋利除弊。当然,政府的经济政策可能会因经济状况的变化而变化,因此企业在进行财务决策时,也要为这种变化留有余地,甚至预见到政策的变化趋势,以更好地实现企业的理财目标。

1.5.2 法律环境

财务管理的法律环境是指企业和外部发生经济关系时所应遵守的各种法律、法规和规章。在市场经济条件下,企业总是在一定的法律前提下从事各项业务活动。一方面,法律提出了企业从事各项业务活动必须遵守的规范或前提条件,从而对企业行为进行约束;另一方面,法律也为企业依法从事各项业务活动提供了保护。

在市场经济中,通常要建立一个完整的法律体系来维护市场秩序。从企业的角度来看,这个法律体系涉及企业的设立、运转、合并和分立及破产清理。其中,企业运转又分为对企业从事生产经营活动的法律规定和企业从事财务活动的法律规定。一般而言,企业设立、合并和分立是通过《中华人民共和国公司法》(以下简称《公司法》)和《中华人民共和国企业法》(以下简称《企业法》)进行规范的;企业破产清理是通过《中华人民共和国破产法》(以下简称《破产法》)进行规范的;企业生产经营活动主要通过《经济合同法》《产品质量监督条例》《技术监督条例》《消费者权益保护法》《环境保护法》《反暴利法》《反垄断法》等进行规范的。企业财务活动是通过《税法》《证券法》《票据法》《结算法》《银行法》《会计法》《财务通则》等进行规范的。

另外,在企业设立、合并、分立及破产的有关法律规定中,其主要内容都直接与财务活动相联系。将这些内容与对财务活动运行过程进行规定的法律结合起来,就形成了一个完整的有关财务活动的法律体系,它对财务管理会产生直接的影响和制约作用,而有关企业生产经营活动的法律规定也会对财务管理产生间接的影响和制约作用。可将法律环境对财务管理的影响和制约概括为以下四个方面:

1）在企业筹资活动中，国家通过法律规定了筹资的最低规模和结构，规定了筹资的前提条件和基本程序。

2）在企业投资活动中，国家通过法律规定了投资的基本前提、投资的基本程序和应履行的手续。

3）在企业经营活动中，国家规定的各项法律也会引起财务安排的变动，或者说在财务活动中必须予以考虑。

4）在企业分配活动中，国家通过法律规定了企业分配的类型和结构、分配的方式和程序、分配过程中应履行的手续以及分配的数量。

总之，财务管理的法律环境比较复杂，财务人员应熟悉相关法律规范，在守法的前提下完成财务管理职能，实现企业的财务管理目标。前面在讨论企业的理财目标时，曾经提到企业的目标有时与其利益相关者的目标存在矛盾，这时政府将通过法律手段来规范企业的行为，如政府通过制定环境保护法与税法来约束企业由于生产而污染环境的行为。当然，企业财务活动作为一种社会行为，即使不是由于上述原因，也会在很多方面受到法律规范的约束和保护。

1. 企业组织法规

企业组织必须依法成立，不同类型的企业在组建过程中适用于不同的法律。在我国，这些法律包括《公司法》《个人独资企业法》《合伙企业法》《中外合资经营企业法》《中外合作经营企业法》《外资企业法》等。这些法规详细规定了不同类型的企业组织设立的条件、设立的程序、组织机构、组织变更及终止的条件和程序等。例如，企业的组建要遵循《公司法》中规定的条件和程序，企业成立后，其经营活动包括财务活动，都要按照《公司法》的规定来进行。因此，《公司法》是约束企业财务管理最重要的法规，企业的财务活动不能违反该法律。

从财务管理的角度来看，非公司制企业与公司制企业有很大的不同。例如，个人独资企业和合伙企业都属于非公司制企业，企业主承担的是无限责任，也就是说，一旦这样的企业经营失败，其个人的财产也将纳入偿债范围。而公司制企业的股东承担的是有限责任，当企业经营失败时，仅以股东的出资额为限来偿债。

2. 财务会计法规

财务会计法规主要包括《企业财务通则》《企业会计准则》《企业会计制度》。

《企业财务通则》是各类企业进行财务活动、实施财务管理的基本规范。我国第一版《企业财务通则》于1994年7月1日起施行。随着经济环境的不断发展，2005年我国重新修订了财务通则，新的《企业财务通则》于2007年1月1日起开始实施。新通则围绕企业财务管理环节，明确了资金筹集、资产营运、成本控制、收益分配、信息管理和财务监督六大财务管理要素，并结合不同财务管理要素，对财务管理方法和政策要求做出了规范。

《企业会计准则》是针对所有企业制定的会计核算规则，分为基本准则和具体准则，实施范围是大中型企业，自2007年1月1日起在上市公司中实施，2008年1月1日起在国有大中型企业实施。为规范小企业会计行为，财政部颁发了《小企业会计制度》，自2005年1月1日起在全国小企业范围内实施。

除了上述法规，与企业财务管理有关的经济法规还包括证券法规和结算法规等。财务人员要在守法的前提下完成财务管理的职能，实现企业的理财目标。

3．税法

税法是国家制定的用以调整国家与纳税人之间在征纳税方面权利义务的法律规范的总称。税法是国家法律的重要组成部分，是保障国家和纳税人合法权益的法律规范。税法按征收对象的不同可以分为：①对流转额课税的税法，以企业的销售所得为征税对象。主要包括增值税、消费税和进出口关税。②对所得额课税的税法，包括企业所得税和个人所得税。其中，企业所得税适用于在中华人民共和国境内的企业和其他取得收入的组织（不包括个人独资企业和合伙企业），上述企业在我国境内和境外的生产、经营所得和其他所得为应纳税所得额，按 25%的税率计算缴纳税款。③对自然资源课税的税法，目前主要以矿产资源和土地资源为征税对象，包括资源税和城镇土地使用税等。④对财产课税的税法，以纳税人所拥有的财产为征税对象，主要有房产税。⑤对行为课税的税法，以纳税人的某种特定行为为征税对象，主要有印花税和城市维护建设税等。

企业在经营过程中有依法纳税的义务。税负是企业的一种支出，因此企业都希望在不违反税法的前提下减少税负。税负的减少只能靠财务人员在理财活动中精心安排、仔细筹划，而不能通过偷逃税款的方式来取得，因此就要求财务人员熟悉并精通税法，为理财目标服务。

1.5.3　金融市场环境

企业总是需要资金来从事投资和经营活动，而资金的取得，除了自有资金外，主要从金融机构和金融市场取得。金融政策的变化必然会影响企业的筹资、投资和资金运营活动。所以，金融环境是企业最主要的环境因素之一。

金融市场对企业财务活动的影响主要体现在：①为企业筹资和投资提供场所。金融市场上存在多种多样方便灵活的筹资方式，当企业需要资金时，可以到金融市场上选择合适的筹资方式筹集所需资金，以保证生产经营的顺利进行；当企业有多余的资金时，又可以到金融市场上选择灵活多样的投资方式，为资金寻找出路。②企业可通过金融市场实现长短期资金的互相转化。当企业持有的是长期债券和股票等长期资产时，可以在金融市场转手变现，成为短期资金，而远期票据也可以通过贴现变为现金；与此相反，短期资金也可以在金融市场上转变为股票和长期债券等长期资产。③金融市场为企业理财提供了相关信息。金融市场的利率变动和各种金融性资产的价格变动，都反映了资金的供求状况、宏观经济状况甚至是发行股票及债券企业的经营状况和盈利水平。这些信息是企业进行财务管理的重要依据，财务人员应随时关注。

影响财务管理的金融环境因素主要有四个，即金融机构、金融工具、金融市场和利率。

1．金融机构

社会资金从资金供应者手中转移到资金需求者手中，往往要通过金融机构。金融机构包括银行金融机构和其他金融机构。银行金融机构是指经营存款、放款、汇兑和储蓄等金融业务，承担信用中介的金融机构，其主要职能是充当信用中介、充当企业之间的支付中介、提供信用工具、充当投资手段和充当国民经济的宏观调控手段。我国银行机构主要包括中央银行、各种商业银行及政策性银行。其中，商业银行包括国有商业银行（如中国工商银行、中国农业银行、中国银行和中国建设银行）和其他商业银行（如交通银行、广东发展银行、招商银行、光大银行）；政策性银行包括中国进出口银行、国家开发银行和中国农业发展银行。其他金融机构主要包括金融资产管理公司、信托投资公司、财务公司和金融租赁公司等。

2. 金融工具

金融工具是能够证明债权债务关系或所有权关系并据以进行货币资金交易的合法凭证，如各种票据、证券等，它对于交易双方所应承担的义务与享有的权利均具有法律效力。

金融工具一般具有期限性、流动性、风险性和收益性四个基本特征。期限性，是指金融工具一般规定了偿还期，即规定债务人必须全部归还本金之前所经历的时间。流动性，是指金融工具在必要时迅速转变为现金而不致遭受损失的能力。风险性，是指购买金融工具的本金和预定收益遭受损失的可能性，一般包括信用风险和市场风险两方面。收益性，是指持有金融工具所能带来的一定收益。

按期限不同可将金融工具分为货币市场工具和资本市场工具两类，前者主要包括商业票据、国库券、可转让大额定期存单和回购协议等；后者主要包括股票和债券等。不同金融工具用于不同的资金供求场合，具有不同的法律效力和流通功能。企业为不同金融工具而承担的风险和要付出的成本不同，必须选择适合自身情况的金融工具进行资金交易，以相对降低风险和成本。

3. 金融市场

金融市场是指资金供应者和资金需求者双方通过某种形式融通资金的场所，是政府进行金融宏观调控的对象。金融市场的构成如图 1-1 所示。

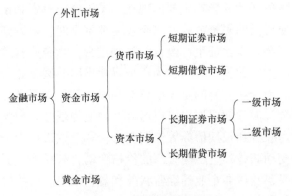

图 1-1　金融市场的构成

市场主体、金融工具、交易价格和组织方式是构成金融市场的四要素。其中，市场主体，即参与金融市场交易活动而形成买卖双方的各经济单位；金融工具，即借以进行金融交易的工具；交易价格，反映的是在一定时期内转让货币资金使用权的报酬；组织方式，即金融市场的交易采用的方式。

金融市场的功能主要有五项：①转化储蓄为投资；②改善社会经济福利；③提供多种

金融工具并加速流动，使中短期资金凝结为长期资金；④提高金融体系竞争性和效率；⑤引导资金流向。

从总体上看，建立金融市场，有利于广泛地积聚社会资金，有利于促进地区间的资金协作，有利于开展资金融通方面的竞争、提高资金使用效益，有利于国家调控信贷规模和调节货币流通。从企业财务管理角度来看，金融市场作为资金融通的场所，是企业向社会筹集资金必不可少的条件。财务管理人员必须熟悉金融市场的各种类型和管理规则，有效地利用金融市场来组织资金的筹措和进行资本投资等活动。

4．利率

利率，也称利息率，是利息占本金的百分比指标，是衡量资金增值程度的数量指标。从资金的借贷关系来看，利率是一定时期内运用资金资源的交易价格。资金作为一种特殊的商品，以利率作为价格标准，实质上是资源通过利率实行的再分配。离开了利率因素，就无法正确做出筹资决策和投资决策。所以，利率在资金分配及企业财务决策中起着重要作用。例如，一个企业拥有投资利润率很高的投资机会，就可以发行较高利率的债券以吸引资金，投资者把过去投资的利率较低的债券卖掉，来购买这种利率较高的债券，这样，资金将从低利的投资项目不断向高利的投资项目转移。因此，在发达的市场经济条件下，资金从高收益项目到低收益项目的依次分配，是由市场机制通过资金的价格——利率的差异来决定的。一般而言，金融市场上资金的购买价格，可用下面的公式来表示：

$$利率=纯粹利率+通货膨胀附加率+风险附加率$$

其中，纯粹利率是指在没有风险和通货膨胀情况下的平均利率，一般将无通货膨胀时的国库券的利率视为纯粹利率。通货膨胀附加率，是指由于持续的通货膨胀会不断降低货币的实际购买力，为补偿其购买力损失而要求提高的利率，又称通货膨胀贴水。风险附加率，是指投资者因为冒风险而获得的超过时间价值率的那部分额外报酬率，又称风险报酬率或风险收益率。风险收益率又包括违约风险收益率、流动性风险收益率和期限风险收益率三种。违约风险收益率，是指为了弥补因债务人无法按时还本付息而带来的风险，由债权人要求提高的利率；流动性风险收益率，是指为了弥补因债务人资产流动性不好而带来的风险，由债权人要求提高的利率；期限风险收益率，是指为了弥补因偿债期长而带来的风险，由债权人要求提高的利率。

1.5.4 社会文化环境

社会文化环境包括教育、科学、文学、艺术、新闻出版、广播电视、卫生体育、世界观、理想、信念、道德、习俗，以及同社会制度相适应的权利义务观念、道德观念、组织纪律观念、价值观念和劳动态度等。企业的财务活动不可避免地受到社会文化的影响。但是，社会文化的各方面对财务管理的影响程度不尽相同，有的具有直接影响，有的只有间接影响，有的影响比较明显，有的影响却微乎其微。

例如，随着财务管理工作内容越来越丰富，社会整体的教育水平将显得非常重要。事实表明，在教育落后的情况下，为提高财务管理水平所做的努力往往收效甚微。再比如，科学的发展对财务管理理论的完善也起着至关重要的作用。经济学、数学、统计学和计算机科学等诸多学科的发展，都在一定程度上促进了财务管理理论的发展。另外，像社会的资信程度等,也在一定程度上影响着财务管理活动。当社会资信程度较高时,企业间的信用往来会加强,会促进彼此之间的合作,并减少企业的坏账损失。

同时,在不同的文化背景中做生意的企业,需要对现有员工进行文化差异方面的培训,并且在可能的情况下雇用文化方面的专家。忽视社会文化对企业财务活动的影响,将给企业的财务管理带来意想不到的问题。

进入 21 世纪以来,信息技术发展十分迅速,以大数据、人工智能、云计算、移动互联网、5G、物联网和区块链等为代表的新信息技术对会计与财务管理的影响广泛而深远,财务管理工作的技术环境发生了重大变化,财务管理人员必须顺应新技术革命,以实现财务转型、业财融合,从而促进价值创造,这样财务管理工作才更具时代意义。

【思考题】

1. 企业的财务活动有哪些?相互之间的关系如何?
2. 企业的财务关系主要表现为哪些关系?
3. 创业企业应如何选择组织形式?
4. 创业企业的财务管理环境应从哪些方面来考虑?

【案例分析题】

钱先生为何体会到"不懂财务就做不好管理"

钱先生投资食品批发行业成立了 F 公司,他认为熟悉业务、懂市场、会营销和善交际是创业成功的关键。他觉得谈一笔生意,赔赚一目了然,至于财务管理,是请财务专业的会计、出纳就可以搞定的事情,用不着自己操心。F 公司在成立之初,凭着钱先生对食品批发行业的熟悉,以其信息灵、渠道短和高效率等优势占得一方市场,曾经有一段时间非常红火,市场发展迅速,销售情况良好。然而,在企业稍具规模后,由于管理不善,内控不严,效率变低,严重影响了企业的后劲。这种状态持续了一段时间后,该公司发生了一些事件,使公司内外交困,业绩大幅下滑,令人担忧。其中有两件事让钱先生意识到,创业企业老板实际扮演的角色不应是高级采购员、营销员和公关先生,而应是一个管理者,但不懂基本的财务知识就做不好管理。第一件事是公司的收入被业务员截流,这对公司是很大的损失。贷款转账没有正常的、规范化的业务流程,对业务员的贷款没有监控,这样就给投机的人提供了机会。第二件事是赊销业务没有控制。为了扩大市场占有率,赊销没有门槛,导致账面上的销售收入和会计利润看上去很不错,但现金却极其短缺,不但影响到正常的借贷,甚至影响到工资的按时发放。

讨论题:
你认为钱先生作为创业者是否应懂得财务管理?试运用所学知识进行分析。

第 2 章

财务管理的价值观念

【学习目标】

理解货币时间价值、风险价值的基本含义；熟悉货币时间价值的表示方法以及风险价值的应用；掌握货币时间价值的计算和风险计量的思路与方法；能够运用货币时间价值原理和风险理论解决创业中的相关问题。

2.1 货币时间价值

货币时间价值观念是现代财务管理的基础观念之一，它揭示了不同时点上资金之间的换算关系，是财务决策的基本依据。为此，创业者必须了解货币时间价值的概念和计算方法。

任何企业的财务活动都是在特定的时空中进行的，创业企业也不例外，这就需要创业者在进行决策时考虑货币的时间价值。一方面，离开了时间价值因素，就无法正确计算不同时期的财务收支，也就无法正确评价企业盈亏。另一方面，创业企业财务活动的开展与财务决策都面临一定的风险，因此创业企业的财务管理在考虑资金时间价值的同时，还需要考虑风险价值。

2.1.1 货币时间价值的内涵

货币的时间价值是一定量的货币在不同时点上的价值量的差额。对于货币时间价值概念与产生的原因，人们的认识并不完全一致。西方传统观念认为：在没有风险和通货膨胀的条件下，今天的 1 元钱的价值大于一年以后的 1 元钱的价值，因为投资 1 元钱，就失去了当时使用或消费这 1 元钱的效用，则应为投资者推迟消费的耐心给予补偿，并且这种补偿的量应与推迟消费的时间成正比。这种观点似乎认为"时间""耐心"能创造价值，但实质上并不科学，其说明了时间价值的表现，却并没有说明时间价值的本质。试想，若货币所有者把钱埋入地下保存能否得到补偿呢？显然不能。并不是所有货币都有时间价值，只有把货币作为资本投入经营的过程才能产生时间价值。

相比之下,马克思关于资本运动的理论则更好地解释了这一问题。马克思认为,货币本身不能带来价值,只有投入到生产领域转化为劳动资料、劳动对象,再与一定的劳动相结合才能产生价值,这些价值最终还需在流通中才能实现。这一运动过程可表示为:$G—W \cdots P \cdots W'—G'$。$G'=G+\Delta G$,$\Delta G$ 表示新增的价值。马克思认为,新增的价值是工人创造的,一部分作为工资支付给了工人,剩余的部分则归各类资本所有者所有。马克思在《资本论》中论述了剩余价值转化为利润、社会平均利润的过程。最后,在不考虑风险的情况下,投资于不同行业的资金会获得大体相当的投资报酬率。这揭示了货币时间价值的本质是资金周转使用而产生的增值额,是劳动者创造的剩余价值的一部分这一道理。

此外,通货膨胀也会影响货币的实际购买力,资金的供应者在通货膨胀的情况下,必须索取更高的报酬以补偿其购买力损失,这部分补偿被称为通货膨胀贴水。可见,货币在生产经营过程中产生的报酬还包括货币资金提供者要求的风险报酬和通货膨胀贴水。因此,本书认为:货币时间价值是扣除风险报酬和通货膨胀贴水后的社会平均利润率。

货币时间价值有相对数和绝对数两种表达形式。相对数形式即时间价值率,是扣除风险报酬和通货膨胀贴水后的社会平均利润率;绝对数形式即时间价值额,是指资金在使用过程中产生的真实增值额,是资金与时间价值率的乘积,在实际操作中,用相对数表达的情况较多一些。银行存款利率、贷款利率和股利率等各种投资报酬率与时间价值在形式上没有区别,但实质上,这些投资报酬率只有在没有风险和通货膨胀的情况下才与货币时间价值相等。一般来说,一个政治、经济稳定的国家的国债利率可以近似地认为是没有风险的投资报酬率。

为了分层次、由简单到复杂地研究问题,本章在论述货币时间价值时采用抽象分析法,一般假定在没有风险和通货膨胀情况下的利率代表了时间价值率。

2.1.2 现金流量时间线

货币时间价值是指货币经过一定时间的投资和再投资所增加的价值。货币时间价值来源于其在再生产过程中的运动和转化,货币时间价值的本质是资本投入周转使用而形成的增值。为了计算货币时间价值,我们需要清楚资金运动发生的时间和方向,了解现金流量的时间线。现金流量时间线是反映每笔资金流入和流出方向及其时点的工具,如图 2-1 所示。

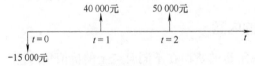

图 2-1 现金流量时间线

现金流量时间轴是计算货币资金时间价值的一个重要工具,它可以直观、便捷地反映资金运动发生的时间和方向。在图 2-1 中横轴为时间轴,箭头所指的方向表示时间的增加,横轴上的坐标代表各个时点。$t=0$ 表示现在,$t=1,2,\cdots$ 分别表示从现在开始的第一期期末、从现在开始的第二期期末,以此类推。当每期时间间隔为 1 年时,则 $t=1$ 还可以表示从现在起第 1 年年末,$t=2$ 表示从现在起第 2 年年末,同时 $t=1$ 也表示第二年年初。现金流为正数,表示有现金流入;现金流为负数,表示有现金流出。时间点 0 时的价值,通常被称为现值(Present Value,PV),是指未来时点收到或支付的现金在当前的价值,又称为本金。时间点 n 时的价值通常被称为终值(Future Value,FV),是指当前的某笔资金在若干期后所具有的价值。

图 2-1 的现金流量时间线表示在 $t=0$ 的时刻有 15 000 的现金流出,在 $t=1$ 和 $t=2$ 的时刻分别有 40 000 元和 50 000 元的现金流入。图 2-1 的现金流量时间线能帮助我们更好地理解和计算货币时间价值。

2.1.3 货币时间价值计算的相关概念

货币时间价值的计算要涉及若干基本概念,包括本金、利率、终值、现值、年金、单利制及复利制等。

1. 本金
本金是指能够带来时间价值的资金投入,即投资额。本金是产生时间价值的基础。

2. 利率
利率是指本金在一定时期内的价值增值额占本金的百分比。

3. 终值
终值是指本金在若干期末加上所计算利息的总数,又称"本利和"。

4. 现值
现值是指将来一笔资金按规定利率折算成的现在价值。折算现值的过程称为"贴现",贴现所运用的利率称为"贴现率"。

5. 年金
年金是指在连续若干个时期内,每隔相同时间收入或支出的等额款项。在经济活动中有多种形式的年金,如定期收付的利息、租金、保险费、等额回收的投资收益和按直线法计算的折旧额等。

按收付款项的时间不同,年金可分为几种形式:凡收入和支出发生在每期期末的年金,称为普通年金或后付年金;凡收入和支出发生在每期期初的年金,称为预付年金或即付年金;凡收入和支出发生在第一期期末以后的某一时间的年金,称为递延年金或延期年金;凡无限期继续收入或支出的年金称为永续年金。

6. 单利制和复利制
单利制和复利制是计算时间价值的两种方法(制度)。单利制是仅就本金计算利息,本金于每期所产生的利息不再加入本金计算下一期的利息。复利制是不仅本金要计算利息,利息也要计算利息,即将每一期的利息加入本金并计算下一期的利息,又称"利滚利"。复利制的运用较为广泛,货币时间价值的计算一般都按复利的方式进行。

2.1.4 单利的终值和现值

为便于加深创业者对复利的理解,这里先介绍单利的有关计算。为计算方便,先设定如下符号标识：I 为利息；PV 为现值；FV 为终值；i 为每一利息期的利率（折现率）；n 为计算利息的期数。复利计算的符号标识相同。

按照单利的计算法则，利息的计算公式为：

$$I = PV \times i \times n \tag{2-1}$$

【例 2.1】 某创业者持有一张带息票据，面额为 10 000 元，票面利率 6%，出票日期为 8 月 12 日，到期日为 11 月 10 日（90 天）。则该持有者到期可得利息为：

$$I = 10\,000 \times 6\% \times 90/360 = 150（元）$$

在计算利息时，除非特别指明，一般给出的利率均为年利率，对于不足一年的利息，以一年等于 360 天来折算。

单利终值的计算公式如下：

$$FV = PV + PV \times i \times n = PV(1 + i \times n) \tag{2-2}$$

单利现值的计算与单利终值的计算是互逆的，由终值计算现值的过程称为折现。单利现值的计算公式为：

$$PV = \frac{FV}{1 + i \times n} \tag{2-3}$$

【例 2.2】 某创业者希望在 5 年后取得本利和 30 000 元，用以支付一笔款项。则在利率为 10%，单利方式计算条件下，此人现在需存入银行的资金为：

$$PV = 30\,000/(1 + 10\% \times 5) = 20\,000（元）$$

2.1.5 复利终值和复利现值

为了更好地计算货币时间价值，创业者需要了解利息的计算方法，以及不同现金流量时间价值的计算方法。

1. 利息计算方法

利息计算方法有单利和复利两种。一般来说，复利的概念更能充分体现资金时间价值的含义，因此在讨论资金时间价值时，一般均按复利计算。

2. 复利终值

终值（Future Value，FV）是指当前的一笔资金在若干期后所具有的价值。其计算公式为

$$FV = PV(1 + i)^n \tag{2-4}$$

其中，FV 为复利终值；PV 为复利现值（资金当前的价值）；i 为利息率；n 为计息期数。$(1+i)^n$ 称为复利终值系数（Future Value Interest Factor，FVIF），可以表示为 $(F/P, i, n)$，于是，复利终值的计算公式还可以表示为：

$$FV = PV(1 + i)^n = PV \times FVIF_{i,n} = PV \times (F/P, i, n) \tag{2-5}$$

3. 复利现值

现值（Present Value，PV）是指未来年份的现金流量在当前的价值。已知终值求现值称为折现，折现时使用的利率叫作折现率。复利现值的计算公式为：

$$PV = \frac{FV}{(1+i)^n} = FV \times \frac{1}{(1+i)^n} = FV \times (1+i)^{-n} \qquad (2\text{-}6)$$

式中，$(1+i)^{-n}$ 称为复利现值系数（Present Value Interest Factor，PVIF）或折现系数，可以表示为 $(P/F, i, n)$。于是，复利现值的计算公式还可以表示为：

$$PV = FV_n \times PVIF_{i,n} = FV_n \times (P/F, i, n) \qquad (2\text{-}7)$$

【例 2.3】 创业者王某投入资金 20 000 元，其要求的报酬率为 10%，求 2 年后应该收回多少资金才能实现自己的投资初衷？

$$FV_2 = PV \times (1+i)^2 = 20\,000 \times (1+10\%)^2 = 20\,000 \times 1.21 = 24\,200 \text{（元）}$$

【例 2.4】 创业者王某希望 5 年后收回 20 000 元资金，其要求的报酬率为 14%，请问现在应该投入多少资金？

$$PV = FV_5 \times (1+14\%)^{-5} = 20\,000 \times 0.519 = 10\,380 \text{（元）}$$

2.1.6 年金终值和年金现值

年金（Annuity）是指一定时期内每期相等金额的款项收付。固定资产折旧、借款利息、租金和保险费等均表现为年金的形式。年金按照收付款方式的不同，可分为后付年金（普通年金）、先付年金、递延年金和永续年金。

1. 后付年金终值和后付年金现值

（1）后付年金终值。后付年金是指一定时期内每期期末等额收付款的年金。现实社会中这种年金最为常见，所以也被称为普通年金。

后付年金终值是一定时期内每期期末等额收付款项的复利终值之和。其计算公式为：

$$FVA_n = A \times \sum_{t=1}^{n}(1+i)^{t-1} \qquad (2\text{-}8)$$

式中，$\sum_{t=1}^{n}(1+i)^{t-1}$ 称为年金终值系数，通常写作 $FVIFA_{i,n}$ 或者 $(F/A, i, n)$，A 是年金，其他符号的含义同上。因此，年金终值的计算公式还可以表示为：

$$FVA_n = A \times FVIFA_{i,n} = A \times (F/A, i, n) \qquad (2\text{-}9)$$

式中的符号含义同前。为了便于计算，书后附有年金终值系数表，表中各期年金终值系数可按照下列公式计算：

$$FVIFA_{i,n} = \frac{(1+i)^n - 1}{i} \qquad (2\text{-}10)$$

（2）后付年金现值。后付年金现值是一定时期内每期期末等额收付款项的复利现值之和。其计算公式为：

$$PVA_n = A \times \sum_{t=1}^{n} \frac{1}{(1+i)^t} \qquad (2\text{-}11)$$

式中，$\sum_{t=1}^{n} \frac{1}{(1+i)^t}$ 称为年金现值系数，通常写作 $PVIFA_{i,n}$ 或者 $(P/A, i, n)$，其他符号含义同前。因此，年金现值的计算公式还可以表示为：

$$PVA_n = A \times PVIFA_{i,n} = A \times (P/A, i, n) \quad (2\text{-}12)$$

式中的符号含义同前。为了便于计算，可直接查取书后系数表中有关系数，表中各期年金现值系数可按照下列公式计算：

$$PVIFA_{i,n} = \frac{(1+i)^n - 1}{i(1+i)^n} = \frac{1-(1+i)^{-n}}{i} \quad (2\text{-}13)$$

【例 2.5】 为了保证项目成功开发，创业者李某希望在未来的 3 年内每年年末投入 50 000 元资金，要求的报酬率为 15%，项目如果成功，则第 3 年年末投资价值是多少？

$$FVA_3 = A \times (F/A, 15\%, 3) = 50\,000 \times 3.473 = 173\,650 \text{（元）}$$

【例 2.6】 为了保证项目成功开发，创业者李某希望在以后的 3 年内每年年末投入 30 000 元资金，要求的报酬率为 15%，求相当于在创业开始投入了多少资金？

$$PVA_3 = A \times (P/A, 15\%, 3) = 30\,000 \times 2.283 = 68\,490 \text{（元）}$$

2. 先付年金终值与先付年金现值

先付年金是指在一定时期内，每期期初等额收付的系列款项。其与后付年金的区别仅仅是付款时间的不同，所以其终值和现值可以根据后付年金计算。

n 期先付年金和 n 期后付年金的付款次数相同，但是付款时间不同，在计算终值时，由于每一期首付款项均比后付年金多计算一期利息，因此，先付年金终值可以在后付年金终值的基础上再乘以 $(1+i)$ 计算求得，其计算公式为：

$$XFVA_n = A \times FVIFA_{i,n} \times (1+i) \quad (2\text{-}14)$$

在计算现值时，其每一期收付款项均比后付年金少计算一期利息，因此，先付年金现值可以在后付年金现值的基础上再乘以 $(1+i)$ 计算求得，其计算公式为：

$$XPVA_n = A \times PVIFA_{i,n} \times (1+i) \quad (2\text{-}15)$$

【例 2.7】 改变【例 2.5】和【例 2.6】的投资收付款项日期为每年年初，分别计算其在第三年年末时的投资价值以及相当于期初一次性投入的资金金额。

$$XFVA_3 = A \times FVIFA_{i,n} \times (1+i) = 50\,000 \times 3.473 \times (1+15\%) = 199\,697.5 \text{（元）}$$

$$XPVA_3 = A \times PVIFA_{i,n} \times (1+i) = 30\,000 \times 2.283 \times (1+15\%) = 78\,763.5 \text{（元）}$$

3. 递延年金现值

递延年金又称延期年金，是指前面若干期没有收付款项，后面若干期有定期等额收付款项的年金。假定最初 m 期没有收付款项，后面 n 期有定期等额系列首付款项，则该年金的终值即为 n 期年金的终值；但该年金的现值，却相当于后 n 期年金先折现至 m 期期末后，再折现至第一期期初的现值，如图 2-2 所示。

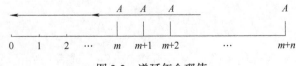

图 2-2 递延年金现值

从图 2-2 中可以看出，先求出递延年金在 n 期期初（m 期期末）的现值，再将其作为终值折现至 m 期的第一期期初，便可求出递延年金的现值。其计算公式为：

$$V_0 = A \times \text{PVIFA}_{i,n} \times \text{PVIF}_{i,m} \quad (2\text{-}16)$$

式中，V_0 表示递延年金的现值，其他符号含义同前。

【例 2.8】 假设某创业公司打算在年初存入一笔资金，从第 4 年起每年年末取出 100 元，至第九年年末取完，在年利率为 10% 的情况下，问该创业公司最初一次应该存入多少钱？

$$V_0 = A \times \text{PVIFA}_{i,n} \times \text{PVIF}_{i,m} = 100 \times 4.355 \times 0.751 = 327.06 \text{（元）}$$

4．永续年金现值

永续年金是指期限为无穷的年金。永续年金因为没有到期日，所以不用计算终值。现值的计算公式为：

$$V_0 = \frac{A}{i} \quad (2\text{-}17)$$

式中，V_0 表示永续年金的现值，其他符号含义同前。

绝大多数优先股因为有固定的股利但没有到期日，其股利可以视为永续年金。

【例 2.9】 创业企业在接受风险投资机构投资时，约定其投入资金为优先股，每年可以得到 50 000 元的现金股利，若风险投资机构要求的报酬率为 15%，求这笔投资的市场价值。

$$V_0 = \frac{A}{i} = \frac{50\,000}{15\%} = 333333.33 \text{（元）}$$

2.1.7 时间价值计算中的特殊问题

以上介绍的是计算时间价值的基本原理，但在计算时间价值时还有一些特殊问题需要处理，主要包括：不等额现金流量的现值计算、计息期短于一年时的现值和终值的计算、贴现率的确定等。

1．不等额现金流量的现值

前面讲的年金是指每次收入或付出的款项都相等，但在经济生活中，更多的情况是每次收入或付出的款项并不相等。在财务管理中，也经常需要计算这些不等额现金流入量或流出量的现值之和。

假设：A_0——第 0 年年末的付款；

A_1——第 1 年年末的付款；

A_2——第 2 年年末的付款；

⋮

A_n——第 n 年年末的付款

其现值可用下列公式计算：

$$P = A_0 \times \frac{1}{(1+i)^0} + A_1 \times \frac{1}{(1+i)^1} + A_2 \times \frac{1}{(1+i)^2} + \cdots + A_n \times \frac{1}{(1+i)^n} \quad (2\text{-}18)$$

【例 2.10】 某项目的现金流量如表 2-1 所示，年利率为 10%，试计算该项目现金流量的现值。

表 2-1　某项目的现金流量

时间（年）	0	1	2	3	4
现金流量（元）	1 000	1 500	2 000	2 500	3 000

$$P = 1\,000 \times (1+10\%)^0 + 1\,500 \times (1+10\%)^{-1} + 2\,000 \times (1+10\%)^{-2} + 2\,500 \times (1+10\%)^{-3} + 3\,000 \times (1+10\%)^{-4}$$

$$= 1\,000 \times 1 + 1\,500 \times 0.909 + 2\,000 \times 0.826 + 2\,500 \times 0.751 + 3\,000 \times 0.683 = 7\,942（元）$$

2. 计息期短于一年时的现值和终值的计算

时间价值计算中的计息期数，按照国际惯例，如没有特别说明，通常是指年。n 指计息年数，i 指年利率。在实际经济活动中，计息期也可能短于一年，即每年复利一次以上，如每半年复利一次或每季度、每月份复利一次。当计息期短于一年时，计算资金的时间价值就不能用给定的年利率直接计算，此时就产生了名义利率和有效年利率之间的差异。不考虑年内复利效果的年利率称为名义利率，考虑年内复利效果的年利率称为有效年利率。在进行计息期短于一年的年金时间价值时，应先将名义年利率折算为有效年利率。若计息期 n 为季数，则 i 就是季利率；若计息期 n 为月数，则 i 就是月利率。如果所运用的利率是年利率，那么 i 和 n 应进行换算，换算时，只要将计算公式中的利率除以复利次数，年份乘以复利次数即可，换算复利终值的公式如下：

$$F = P \times (1 + i/m)^{n \cdot m} \qquad (2\text{-}19)$$

式中　F——复利终值；

　　　P——本金；

　　　i——年利率；

　　　n——期数（年数）；

　　　m——年复利次数。

有效年利率 $= (1 + i/m)^m - 1$

【例 2.11】 存入银行 10 000 元，年利率 16%，按季复利计算，两年的本金和利息共为：

$$F = 10\,000 \times (1 + 16\%/4)^{4 \times 2}$$

查复利终值表，$(1+4\%)^8 = 1.368$

$$F = 10\,000 \times 1.368 = 13\,680（元）$$

与复利终值的计算一样，复利现值、年金终值和年金现值的计算，均可以采取利率除以复利次数，年份乘以复利次数的方法来进行换算。

3. 贴现率的确定

在前面的计算中，我们假定贴现率是既定的，但在财务管理中，往往需要根据已知的计息期数、终值和现值来测算贴现率。为了求贴现率 i 要先求出换算系数。根据复利终值、复利现值、普通年金终值和普通年金现值的计算公式，可得出计算各系数的公式如下：

$$(F/P, i, n) = F/P$$
$$(P/F, i, n) = P/F$$
$$(F/A, i, n) = F/A$$
$$(P/A, i, n) = P/A$$

计算出换算系数后,可以从有关的系数表中查出与 n 相对应的贴现率。

【例 2.12】 在利率为多少时,现在存入 10 000 元,三年以后可获得 15 000 元?

$$(F/P,i,3)=15\ 000/10\ 000=1.5$$

查复利终值表,凡期数为 3 的各系数中,利率为 14%的系数 1.482 最为相近。因此,当利率大约为 14%时,三年后可获得 15 000 元。

以上确定的贴现率只是近似值,如果想要确定一个相对精确的贴现率,则可采用插值法计算。

先确定所求贴现率的范围,从附表财务系数表中可以查出,当利率为 14%时,系数为 1.482;当利率为 15%时,系数为 1.521。因此,贴现率应在 14%~15%之间,假设 x 为超过 14%的值,则:

```
    14%           x=?            15%
    ├─────────────┼─────────────┤
   1.482          1.5           1.521
```

$$x=\frac{1.5-1.482}{1.521-1.482}\times(15\%-14\%)$$
$$=0.46\%$$

所以,相对精确的贴现率为:

$$i=14\%+0.46\%=14.46\%$$

同理,复利现值、年金终值和年金现值也可按此方法计算确定贴现率。期间 n 的推算,其原理和步骤同折现率(利息率)i 的推算类似。

2.2 风险价值

对大多数投资者而言,其投入资金的目的都是获利。投资者考虑投资国库券或是一家刚成立的高科技企业,显然后者面临的风险更大。因为国库券的报酬率已知,而投资创业企业的报酬却无法明确估计,也就是说投资是有风险的,尤其对于创业投资而言。因此,在进行投资决策时还需要考虑风险的价值。

企业的财务决策几乎都是在包含风险和不确定性的情况下做出的。风险是客观存在的,离开了风险,就无法正确评价企业投资报酬的高低。

2.2.1 风险价值的概念

财务管理中的风险是指发生财物损失的可能性。风险可以用不同结果出现的概率来描述。结果可能是好的也可能是坏的,坏结果出现的概率越大,风险也越大。

在投资组合理论出现之后,风险常指投资组合的系统风险,即来自整个经济系统的、影响企业经营的、没有有效方法可以消除的且影响所有资产的风险。创业企业在进行投资时,可以根据企业的实际情况,在做好主业的同时,适量进行相关多元化投资,分散非系统风险。

2.2.2 风险的分类

在风险管理中，一般会根据风险的不同特征对其进行分类。按风险能否分散，分为系统风险和非系统风险；按风险形成的来源，分为经营风险和财务风险。

1. 系统风险和非系统风险

系统风险，又称市场风险、不可分散风险，是指由于企业外部不在企业预计范围内的原因和控制因素造成的风险，其由综合因素导致，只要进入市场就不可避免地存在系统风险，不能通过投资组合进行分散。常见的系统风险有：国家宏观经济政策风险、利率和汇率风险、信用交易风险和所有制改造风险等。

非系统风险，又称公司特有风险、可分散风险，是指由企业自身的某种原因而引起证券价格下跌的可能性，只存在于相对独立的范围，或者是个别行业中，因为发生概率不确定，所以非系统风险可以通过投资组合进行分散。常见的非系统风险有：企业道德风险、流动性风险、交易风险和证券投资价值风险等。

2. 经营风险和财务风险

经营风险，是指企业的决策人员和管理人员在经营管理中出现失误而导致企业盈利水平变化，从而产生投资者预期收益下降的风险或由于汇率的变动而导致未来收益下降和成本增加的风险。通常采用息税前利润的变动程度（标准差、经营杠杆等）来描述经营风险的大小。这种风险主要源于客观经济环境的不确定性，如市场供求和价格的变化、税收政策等外部因素和企业自身技术研发能力及产品结构的变化等。

财务风险，是指企业财务结构不合理、融资不当使企业可能丧失偿债能力而导致投资者预期收益下降的风险。通常采用净资产收益率（ROE）或每股收益（EPS）的变动（标准差、财务杠杆等）来描述财务风险的大小。这种风险主要来源于利率和汇率的不确定性和企业负债比重的变化，是客观存在的，企业管理者对财务风险只有采取有效措施来将其降低至一定程度，而不可能完全消除风险。

对创业企业来说，其在成长过程中需要承担的风险可以分为管理风险、技术风险、市场风险、财务风险和环境风险五大类。其中，管理风险具体指管理层的综合素质风险、决策风险、组织风险和股本结构风险等；技术风险则与技术的成功性、效果、发展前景及可替代性等息息相关；市场风险则是与市场接受能力和时间、竞争优势等相互联系；创业企业的财务风险具体包括融资方资金是否能按期到位的风险、产品成本提高与销售价格降低的风险及通货膨胀的风险等；环境风险则包括国家产业政策风险、社会服务环境风险和社会文化风险。创业企业在成长中需要充分考虑各种可能的风险并提前做好准备，迎接挑战。

2.2.3 收益与风险的关系

在历史上，收益这个概念最早出现在经济学当中。亚当·斯密在《国富论》中，将收益定义为"那部分不侵蚀资本的可予消费的数额"，把收益看成是财富的增加。1946年，英国著名经济学家J.R.希克斯在《价值与资本》中提出，"在期末、期初保持同等富裕程度的前提下，一个人可以在该时期消费的最大金额"，将收益概念发展成为一般性的经济收益概念。

希克斯的定义是针对个体收益而言的，如果站在企业的角度来看，我们可以将企业收益理解为：在期末和期初拥有同样多资本的前提下，企业成本核算期内可以分配的最大金额。由此得知，企业收益就是企业在一定时期内创造的最终经营成果，是反映和衡量企业经营绩效的主要标准之一，更是企业分配的对象。企业获取收益的能力，是衡量企业财务状况是否健全的重要标准。企业收益包括企业营业收益、投资收益及营业外收支净额。

对创业企业而言，其收益是投资者关注的重点，在创业初期，大部分企业可能不会进行大规模的投资，其主要收益多为企业营业收益和部分营业外收益。等创业企业不断成熟并积累了一定的资产资本后，会考虑向对自己有利的上游企业项目或者其他想扩展企业业务的项目等进行投资，其收益也就逐渐包括了投资收益。

总体上说，风险和收益是一对矛盾的统一体，亏损和收益的减少源于风险，超额收益也源于高风险的报酬。风险和收益二者间的关系主要体现在以下三个方面。

（1）风险和收益具有对称性。在完全竞争市场中，通常情况下，风险和收益同方向变化，即风险高的投资收益率也较高。而高收益低风险的投资必然会吸引更多的投资者进入市场，从而逐渐降低收益，达到均衡。

（2）风险与收益的方向在现实市场中存在背离。由于市场信息不对称性和垄断的存在，会出现以下四种情况：高风险低收益（赌博）、高风险高收益、低风险低收益和低风险高收益（机遇）。其中，高风险高收益和低风险低收益是市场常见的两种状态，即高风险所获得的额外收益实际上是投资者承担了更多的风险后获得的额外报酬。

（3）不同投资者存在不同的风险偏好。在收益相同的情况下，投资者希望承担最小的风险。只有在投资收益率提高到能够补偿投资者承受的风险的情况下，投资者才会进行承担较高风险的投资。这一假设是研究马科维茨（1952）模型的重要前提，由此我们引出了资本资产定价模型（CAPM），更加深入地说明风险与收益的关系。

2.2.4 资本资产定价模型

现代投资组合理论的奠基人马科维茨（Markowitz）于1952年建立了现代投资组合选择理论，其核心内容就是在投资组合的预期收益一定的情况下，使投资风险最小。马科维茨提出投资组合理论的12年后，夏普（William Sharpe）、林特纳（John Lintner）等经济学家将其发展为资本资产定价模型（Capital Asset Pricing Model，CAPM），CAPM是现代金融市场价格理论的支柱，广泛应用于投资决策和公司理财领域。在资本资产定价模型中，所谓资本资产主要指的是股票资产，而定价则试图解释资本市场如何决定股票收益率，进而决定股票价格。

资本资产定价模型是基于风险资产期望收益均衡基础上的预测模型，其基本模型的一些简单化的假设如下：

（1）投资者希望财富越多越好，效用是财富的函数，财富又是投资收益率的函数，因此可以认为效用是收益率的函数。

（2）投资者都是理性的，追求资产组合的方差最小化。这表明他们都会按照马科维茨模型的规则进行多样化的投资。

（3）所有投资者对证券收益率概率分布的看法一致，市场上的效率边界只有一条。

（4）所有投资者都具有一个相同的投资期限，这种行为是短视的。
（5）不存在证券交易费用和赋税。
（6）投资者的投资范围仅限于市场上公开交易的金融资产。

根据资本资产定价模型，每一证券的期望收益率应等于无风险利率加上该证券由 β 系数测定的风险溢价，其基本公式为

$$R_i = R_f + \beta_i(R_M - R_f) \tag{2-20}$$

即

某证券的期望收益=无风险利率+该证券的贝塔系数×市场风险溢价

式中　　R_i——资产 i 的预期回报率；

R_f——无风险利率；

β_i（β 系数）——资产 i 的系统性风险，$\beta_i = \dfrac{\mathrm{Cov}(r_i, r_M)}{\sigma_M^2}$ 是资产平均或期望超额收益；

R_M——市场 M 的预期市场回报率。

我们可以将这个期望收益—贝塔关系等式视为收益—风险等式，证券的贝塔值之所以可以作为测量证券风险的适当目标，是因为贝塔值与该证券对最优风险组合风险的贡献度成正比。

2.2.5 风险价值的应用

因为风险是客观存在的，所以创业者在进行筹资、投资及生产经营决策时均不应该忽略风险对于决策的影响。

（1）筹资时应关注财务风险。财务风险是债务资金可能给企业带来的无法按时还本付息的风险，创业企业可以通过合理安排企业长短期债务资金的结构来控制财务风险。如果企业要引进外部的风险投资，那么需要根据自身风险的大小确定合适的折现率来对企业进行估值。

（2）投资时要考虑风险对投资项目必要报酬率的影响。投资项目的风险越大，企业要求的报酬率越高，对于项目未来现金流量折现时的折现率也会相应提高，折现率须将风险价值包括在内。

（3）做出生产经营决策时需关注不同的资产结构对企业流动性的影响。一般来说，流动资产流动性较好，风险较低，同时收益性会较差；长期资产的收益性较好，但是由于其流动性差，变现风险也较大；企业需要根据自身的资金来源状况来合理配置资产。

综上所述，货币的时间价值和风险价值是财务决策的基础，创业者一定要对其有所了解，充分考虑其对企业创办及未来经营活动的影响，以取得相应的风险报酬。

【思考题】

1. 什么是货币时间价值？它对现实企业财务管理有何意义？
2. 什么是复利？复利与单利有何区别？

3. 什么是年金？生活中有哪些年金现象？
4. 什么是风险？风险与收益之间是什么关系？

【案例分析题】

田纳西镇的巨额账单

如果你突然收到一张事先不知道的 1 260 亿美元的账单，你一定会大吃一惊，而这样的事件却发生在瑞士的田纳西镇的居民身上。纽约布鲁克林法院判决田纳西镇应向美国某一投资者支付这笔钱。最初，田纳西镇的居民以为这是一件小事，但当他们收到账单时，却被这张巨额账单吓呆了。他们的律师指出，若高级法院支持这一判决，为偿还债务，所有田纳西镇的居民在其余生中不得不靠吃麦当劳等廉价快餐度日。田纳西镇的问题源于 1966 年的一笔存款。斯兰黑不动产公司在内部交换银行（田纳西镇的一家银行）存入了一笔 6 亿美元的存款。存款协议要求银行按每周 1%的利率（复利）付息。1994 年，纽约布鲁克林法院做出判决：从存款日到田纳西镇对该银行进行清算的 7 年中，这笔存款应按每周 1%的复利计算，而在银行清算后的 21 年中，每年按 8.54%的复利计息。

讨论题：

1. 1 260 亿美元是如何计算出来的？
2. 如果利率为每周 1%，那么按复利计算，从 6 亿美元增加到 12 亿美元需要多长时间？

第 3 章

创业企业资金筹集决策

【学习目标】

通过本章的学习,了解创业企业的筹资意义,掌握创业企业筹资的过程,了解创业企业与一般企业筹资的不同之处,掌握对创业企业资金需要量的预测,理解创业企业筹资的渠道与筹资方式的不同之处。

3.1 创业企业筹资概述

3.1.1 创业企业筹资的重要性

企业融资是指企业从自身生产经营现状及资金运用情况出发,根据企业未来经营与发展策略的要求,通过一定的渠道和方式,利用内部积累或者向企业的投资者及债权人筹集生产经营所需资金的一种经济活动。融资方式是指企业筹集资金所采用的具体形式。了解融资方式的种类及特点,有利于企业选择适宜的融资方式并有效进行融资组合,从而降低融资成本,提高融资效益。

创业融资是创业者为了将某种创意转化为商业现实,通过不同渠道,采用不同的方式筹集资金以建立企业的过程。由于创业企业缺少市场经历,可供抵押的资产较少,同时创业企业尚不知名,前途未卜,融资难是创业企业面临的普遍问题。因而,多数创业企业不得不使用自有资金,或者向自己的朋友和家人寻求资金的支持。

任何企业的生产经营活动都需要资金的支撑,尤其是对于新创企业,在企业的销售活动能够产生现金流之前,企业需要技术开发,为购买生产所需存货支付资金,进行广告宣传,支付员工薪酬以及对员工进行培训。此外,为了实现规模经济效应,企业需要持续地进行资本投资,加上产品服务的开发周期一般比较漫长,使得创业企业在初创期需要筹集大量资金。

根据 Bruce R. Barringe 和 R. Duane Ireland 的观点,多数新企业在生命早期就需要融资,主要有三个方面的原因,即现金流、资本投资和漫长的产品开发周期。

1. 现金流

企业成长的过程中，需要不断地增加现金投入量，以更好地服务顾客。通常情况下，在销售产生现金之前，企业要建设工厂、购买设备、购买存货、培训员工并支付薪酬、做广告、建立品牌等。从花费金钱到赚取收入，存在时间滞延，该滞延必然会导致现金流相关问题，小企业和快速成长的企业尤甚。如果企业亏损经营，那么负的实时现金流（通常按月计算）被称为烧钱率。尽管负的现金流在企业早期有时是合理的，但是如果企业在有盈利前花掉所有资本，那么通常会导致企业失败。为防止企业资金用尽，大多数创业者需要投入资本或银行贷款来解决现金流短缺，直到他们的企业开始赚钱为止，但是由于新创企业通常很难从银行获得贷款，它们通常会寻求投资资本或者是其他渠道融资。

2. 资本投资

当创业企业开始购买资产、营造建筑物、购置设备和投资于其他资本项目时，这些行为往往超越了自己提供资金的能力，于是在其发展的早期，许多企业可以通过租赁厂房空间或利用联盟伙伴的资源来延迟和避免这些开销，但是在企业成长周期的某个时点，企业的需要变得足够专门化时，企业必须购买资本资产，而不是租赁和租借，这便产生费用支出。

3. 漫长的产品研发周期

有些产品需要开发很多年才能产生效益，例如在生物科技产业，获得新药批准，经常需要花费 8~14 年，企业常常无法依靠自有资金来支付漫长的产品开发周期的前期成本，因而需要融资。

因此，对于创业者而言，获得融资的重要性主要表现在以下三个方面：①资金是企业的血液，资金不仅是企业生产经营过程的起点，更是企业生存发展的基础，资金链的断裂是对企业致命的威胁；②合理融资有利于降低创业风险，创业企业使用的资金是从各种渠道借来的资金，都具有一定的资本成本，因此，合理选择融资渠道和融资方式有利于降低资金成本，将创业企业的财务风险控制在一定范围内；③科学的融资决策有利于企业可持续发展，为创业企业植入健康的基因，保证创业企业可持续发展。

需要特别强调的是，尽管在创业期或者是成长期，大多数新创企业都需要融资，但过多的资金也不一定是件好事，过度融资会导致新企业花钱无度、过度扩张，最终导致长期亏损。相比之下，如果新企业有着严格的资金预算，就会学会如何更有效地花钱，进而赢得其生存与发展的空间。

3.1.2 创业筹资战略

1. 筹资战略的内涵

筹资战略就是根据企业内外环境的现状与发展趋势，适应企业整体战略与投资战略的要求，对企业的筹资目标、原则、结构、渠道与方式等重大问题进行长期、系统的谋划。筹资目标是企业在一定的战略期间内所要完成的筹资总任务，是筹资工作的行动指南，既涵盖了筹资数量的要求，又关注筹资质量；既要筹集企业维持正常生产经营活动及发展所需资金，又要保证稳定的资金来源，增强筹资灵活性，努力降低资金成本与筹资风险，不断增强筹资竞争力。

筹资战略决定了筹资渠道和筹资方式,而筹资渠道和筹资方式的不同又决定了财务风险和资本成本,所以企业在不同的生命周期阶段,应根据财务风险和资本成本来综合考虑,选择不同的筹资战略,以提高企业的筹资灵活性。

2. 筹资战略的作用

(1)筹资战略可有效支持企业投资战略目标的实现。企业要实现投资战略目标,首先离不开资本的投入。筹资规模、筹资时机、筹资成本和筹资风险等都会直接影响投资战略的实施及效果。因此,正确选择筹资战略对投资战略目标的实现和企业整体战略目标的实现都至关重要。

(2)筹资战略的选择可直接影响企业的获利能力。筹资战略对企业获利能力的影响可体现在以下几个方面:①筹资战略通过筹资成本的降低,既可直接减少资本支出增加企业价值,也可间接通过投资决策时折现率等的改变来提高企业盈利水平;②筹资战略可通过对资本结构的优化来降低成本、应对风险、完善管理,促进企业盈利能力的提高;③筹资战略还可以通过筹资方式、分配方式等的变化向市场传递利好消息,提升企业的价值。

(3)筹资战略还会影响企业的偿债能力和财务风险。筹资战略通过对筹资方式和筹资结构等的选择,直接影响企业的偿债能力和财务风险。筹资战略的选择可反映管理者的经营理念及对风险的偏好和态度。如何利用财务杠杆进行负债经营与资本经营,与筹资战略选择紧密相关。企业经营管理者应权衡收益与风险,充分利用筹资战略应对风险,为企业创造更多价值。

3. 筹资战略选择

筹资战略选择主要解决如何筹集资金以满足生产经营和投资项目的需要,债务筹资和权益筹资方式的选择及其结构比率的确定等问题。企业在进行筹资战略选择时,要根据最优资本结构的要求,合理权衡负债筹资比率和权益筹资比率,权衡筹资收益与筹资风险的关系。

(1)筹资战略选择的原则。企业应当根据战略需求不断拓宽筹资渠道,对筹资进行合理配置,采用不同的筹资方式进行最佳组合,以构筑既体现战略要求又适应外部环境变化的筹资战略。筹资战略选择应遵循的原则包括筹资低成本原则、筹资规模适度原则、筹资结构优化原则、筹资时机最佳原则和筹资风险可控原则。

1)筹资低成本原则。企业筹资成本是影响企业筹资效率的决定性因素,对于企业选择哪种筹资方式有着重要意义。由于筹资成本的计算涉及很多因素,具体运用时有一定的难度。一般情况下,企业应按照筹资来源划分各种主要筹资方式的筹资成本高低,根据企业筹资的需要及条件选择低成本的筹资方式。

2)筹资规模适度原则。确定企业的筹资规模在企业筹资过程中非常重要。筹资过多,可能会造成资金闲置浪费,增加筹资成本,也可能导致企业负债过多,无法承受,偿还困难,增加经营风险。而如果企业筹资不足,又会影响企业投资计划及投资业务的开展。因此,企业在选择筹资战略时,要根据企业对资金的需要、企业自身的实际条件以及筹资的难易程度和成本情况,量力而行来确定企业合理的筹资规模。

3）筹资结构优化原则。当企业筹资时，资本结构决策应体现理财的终极目标，即追求企业价值最大化。在假定企业持续经营的情况下，企业价值可根据未来若干期限预期收益的现值来确定。虽然企业预期收益受多种因素制约，折现率也会因企业所承受的各种风险水平不同而变化，但从筹资环节看，如果资本结构安排合理，不仅能直接提高筹资效益，而且对折现率的高低也会起到一定的调节作用，因为折现率的确定需要充分考虑企业加权平均资本成本和筹资风险水平。

4）筹资时机最佳原则。筹资时机是指由有利于企业筹资的一系列因素所构成的有利的筹资环境和时机。企业选择筹资时机的过程，就是企业寻求与企业内部条件相适应的外部环境的过程。从企业内部来讲，过早筹资会造成资金闲置，过晚筹资又会造成投资机会的丧失；从企业外部来讲，由于经济形势瞬息万变，这些变化又将直接影响中小企业筹资的难度和成本。因此，企业若能抓住企业内外部变化提供的有利时机进行筹资，会使企业比较容易地获得成本较低的资金。

5）筹资风险可控原则。筹资风险是指筹资活动中由于筹资战略规划而引起收益变动的风险。筹资风险受经营风险和财务风险的双重影响，具体涉及信用风险、市场风险、金融风险和政治风险等各种类型的风险。企业筹资战略选择必须遵循风险的可控性原则，一方面要加强筹资目标、筹资过程的控制；另一方面要搞好筹资危机管理，即搞好筹资风险评估、预警和应对。

（2）筹资战略的类型选择。筹资战略的类型可从三方面来进行选择，即基于筹资方式的战略选择、基于资本结构优化的战略选择以及基于投资战略的战略选择。

1）基于筹资方式的战略选择。一般来说，企业的筹资方式有：内部筹资、债权筹资、股权筹资和销售资产筹资。因此，基于筹资方式的筹资战略有四种，即内部筹资战略、股权筹资战略、债权筹资战略和销售资产筹资战略。

第一，内部筹资战略。企业可以选择使用内部留存利润进行再投资。留存利润是指企业分配给股东红利后剩余的利润，这种筹资方式是企业最普遍采用的方式。但在企业快速扩张的阶段，仅依靠内部筹资远远不够，还需其他资金来源。内部筹资的优点在于管理层在做此筹资决策时不需要向外部披露企业的信息，不需要像债权筹资那样向银行披露自身的战略计划或者像股权筹资那样向资本市场披露相关信息，从而可以有效保护企业的商业秘密；缺点在于股东会根据企业的留存利润预估下一期或将来的红利，这就要求企业有足够的盈利能力，而对于那些陷入财务危机的企业来说压力很大，因而这些企业就没有太大的内部筹资空间。

第二，股权筹资战略。股权筹资是指企业为了新的项目而向现有股东和新股东发行股票来筹集资金。这种筹资经常面对的是企业现有股东，按照现有股东的投票权比例进行新股发行，新股发行的成功与否取决于现有股东是否对企业前景有较好预期。股权筹资的优点在于当企业需要的资金量较大时（比如并购），股权筹资就占很大优势，因为它不像债权筹资那样需要定期支付利息和本金，而仅仅需要在企业盈利时向股东支付股利。这种筹资方式也有其不足之处，比如股份容易被恶意收购从而引起控制权的变更，并且股权筹资方式的成本也比较高。

内部筹资战略和股权筹资战略将面临股利支付的困境。如果企业向股东分配较多的股利，那么企业留存的利润就较少，进行内部筹资的空间也会相应缩小。理论上讲，股利支付水平与留存利润之间应该是比较稳定的关系。然而，实际上企业经常会选择平稳增长的股利支付政策，这样会增强股东对企业的信心，从而起到稳定股价的作用。而且，留存利润也是属于股东的，只是暂时没有分配给股东而要继续为股东增值。但是，较稳定的股利政策也有其不足之处，与债权筹资的思路类似，如果股利支付是稳定的，那么利润的波动就完全反映在留存利润上，不稳定的留存利润不利于企业做出精准的战略决策。同样，企业也会权衡利弊做出最优的股利支付决策。

第三，债权筹资战略。债权筹资主要分为贷款和租赁两类。

贷款又可分为短期贷款与长期贷款。现实中短期贷款利率高于长期贷款利率或者低于长期贷款利率的情况都可能发生。理论上说，完全预期理论认为对未来短期利率的完全预期是形成长期利率的基础，如果预期未来短期利率趋于上升，则长期利率高于短期利率；反之则长期利率低于短期利率。而流动贴水理论则认为，长期利率水平高于短期利率，其原因在于利率必须对流动性和风险加以补偿。在实践中，不同的经济环境下，长期利率与短期利率水平并不完全确定。债务筹资方式与股权筹资相比，筹资成本较低、筹资的速度较快，并且方式也较为隐蔽。而不足之处是，当企业陷入财务危机或者企业的战略不具竞争优势时，还款的压力就会增加企业的经营风险。

租赁是指企业租用资产形成债务。与一般租赁不同的是，这类租赁的资产在租用一段时期之后，企业可能拥有在期末的购买期权。比如，运输行业比较倾向于租赁运输工具而不是购买。租赁的优点在于企业可以不需要为购买运输工具进行筹资，从而缓解资金压力，并可在一定程度上避免长期资产的无形损耗。此外，租赁很有可能使企业享有更多的税收优惠。不足之处在于，企业使用租赁资产的权利有限，因为资产的所有权不属于企业。

第四，销售资产筹资战略。企业还可以选择销售其部分有价值的资产进行筹资，这也被证明是企业进行筹资的主要战略。从资源观的角度来讲，这种筹资方式显然会给企业带来许多切实的利益。销售资产的优点是简单易行，并且不用稀释股东权益；不足之处在于，这种筹资方式比较激进，一旦操作了就无回旋余地，而且如果销售的时机选择不准，那么资产销售的价值就会低于资产本身的价值。

2）基于资本结构优化的战略选择。资本结构优化从狭义上讲是指债务筹资与股权筹资的结构优化。广义上讲，资本结构优化除包括债权筹资与股权筹资结构的优化外，还包括内部筹资与外部筹资结构的优化、短期筹资与长期筹资结构的优化等。

决定企业资本结构优化战略的基本因素是资本成本水平及风险承受水平。具体应考虑的因素包括企业的举债能力、管理层对企业的控制能力、企业的资产结构、增长率、盈利能力以及有关的税收成本等。此外，还有一些比较难以量化的因素，主要包括企业未来战略的经营风险；企业对风险的态度；企业所处行业的风险；竞争对手的资本成本与资本结构（竞争对手可能有更低的筹资成本以及对风险的不同态度）；影响利率的潜在因素，比如整个国家的经济状况等。

3）基于投资战略的战略选择。筹资战略应适应投资战略的要求，一般而言，增长型传统行业可以考虑使用更多的负债筹资，而高科技企业和新兴行业更多地采用股权筹资。紧缩性企业通常处于行业衰退期，适应衰退期的风险特征，应采用防御性筹资战略，企业在该阶段仍可保持较高的负债水平。一方面，衰退期既是企业的夕阳期，也是新活力的孕育期；另一方面，衰退期的企业财务实力依然较强，以现有产业做后盾，高负债筹资战略对企业自身而言具有一定的可行性。

快速增长和保守筹资战略。对于快速增长型企业来说，创造价值最好的方法是新增投资，而不是仅仅考虑可能伴随着负债筹资的税收减免所带来的杠杆效应。因此，最恰当的筹资战略是那种最能促进增长的策略。在选择筹资工具时，可以采用以下方法：①维持一个保守的财务杠杆比率，它具有可以保证企业持续进入金融市场的充足借贷能力。②采取一个恰当的、能够让企业为绝大部分内部增长提供资金的股利支付比率。③把现金、短期投资和未使用的借贷能力用作暂时的流动性缓冲品，以便在那些投资需要超过内部资金来源的年份里提供资金。④如果必须采用外部筹资，那么企业应选择举债的方式，除非由此导致的财务杠杆比率会威胁到财务灵活性和稳健性。⑤当上述方法都不可行时，采用增发股票筹资或者减缓增长。

低增长和积极筹资战略。对于低增长型企业，通常没有足够好的投资机会，在这种情况下，出于利用负债筹资为股东创造价值的动机，企业可以尽可能多地借入资金，并进而利用这些资金回购自己的股票，从而实现股东权益的最大化。这些筹资战略为股东创造价值的方法通常包括：①通过负债筹资增加利息支出获取相应的所得税利益，从而增加股东财富。②通过股票回购向市场传递积极信号，从而推高股价。③在财务风险可控的情况下，高财务杠杆比率可以提高管理人员的积极性，促进其创造足够的利润以支付高额利息。

3.1.3 创业企业筹资的过程

创业筹资不仅仅是一个技术问题，还是一个社会问题。创业者需要熟悉创业筹资过程，以顺利筹集资金。

1. 做好筹资前的准备

（1）准备文件。在准备和创业投资人洽谈融资事宜之前，创业者应准备四份主要文件，提前递交《创业计划书》，并争取得到创业投资人外延网络的推荐，这通常是使本企业的《创业计划书》得到认真考虑的重要一步。在大多数情况下，能够承担这种推荐任务的可以是律师、会计师和其他网络成员。

创业融资需要准备的四份文件有：①投资建议书。投资建议书对创业企业的管理状况、利润情况和战略地位等做出了概要描述。②创业计划书。创业计划书对创业企业的业务发展战略、市场推广计划、财务状况和竞争地位等做出了详细描述。③尽职调查报告。尽职调查报告是对创业企业的背景情况、财务稳健程度、管理队伍和行业做出深入细致调研后形成的书面文件。④营销材料。营销材料是所有直接或间接与创业企业产品或服务销售有关的文件材料。

（2）做好心理准备。在和创业投资人正式讨论投资计划之前，创业企业家还需做好以下四方面的心理准备。①准备应对提问，以考查投资项目潜在的收益和风险。一般来说，创业投资人所提的大多数问题都应该在一份详尽而又精心准备的创业计划书中有了答案，值得注意的是一些企业通常会认为自己对所从事的业务非常清楚，并认为自己的资历很好，这样的错误务必避免，否则会让你非常失望，企业家可以请一名无须担心伤害自己的专业顾问来模拟这种提问过程。②准备应对创业投资人对管理的查验。企业家千万不要认为这种查验是对管理层或者个人的侮辱，比如虽然你10年以来所取得的成就让你自豪，但创业投资基金的经理依然可能会问你，你既没有进过商学院，又不是律师或会计师，也没有毕业文凭，你凭什么认为你可以将这项业务开展得合乎我们所设想的目标？这已构成了创业投资人对创业企业管理进行查验的一部分，因此需要提前做好准备。③放弃部分业务。在某些情况下，创业投资人可能会要求创业者放弃一部分原有业务，以使其投资目标得以实现。放弃部分业务对那些业务分散的创业企业来说，既现实又必要，因为在投入资本有限的情况下，企业只有集中资源才能在竞争中立于不败之地。④准备做出妥协。从一开始创业者就应该明白自己的目标和创业投资者的目标不可能完全相同，因此在正式谈判前，企业家要做的第一个也是最重要的一个决策就是确定为了满足创业投资者的要求，企业家自身能做出多大的妥协，一般来说，由于创业资本不愁找不到项目来投资，寄希望于创意投资人来做出这种妥协并不现实。

（3）人脉资源和个人信用准备。尽管创业企业筹资较为困难，但创业筹资却是创业企业顺利成长的关键。因此，创业者一定要在筹资之前做好充分的准备工作；对筹资过程有一定了解，建立和经营个人信用，积累自己的人脉资源，学习估算创业所需资金的方法，知晓筹资的渠道，熟悉创业计划书的结构和编写策略以及提高自己的谈判技巧等，以提高筹资成功的概率。

人脉资源是一种潜在的无形资产，是永不破产的银行。很多成功的商界人士都深深意识到人脉资源对自己事业成功的重要性。斯坦福大学研究中心的一份调查显示：一个人赚的钱，12.5%来自知识，87.5%来自人脉关系——基于正常社会经历建立的关系。在投资界中，95%的企业都是别人介绍来的，而不是自己仅凭运气。由此可见，积累和经营人脉对创业成功的重要性。

个人信用是指基于信任、通过一定的协议或契约提供给自然人及其家庭的信用，使接受信用的个人不用付现就可以获得商品或服务。它不仅包括用作个人或家庭消费用途的信用交易，也包括用作个人投资、创业及生产经营的信用。个人信用记录包括以下四个方面的内容：①个人的基本信息，包括姓名、婚姻及家庭成员状况、收入状况、职业和学历等；②信用记录，包括信用卡及消费信贷的还款记录，商业银行的个人贷款及偿还记录；③社会公共信息记录，包括个人纳税、参加社会保险、通信缴费、公共事业缴费及个人财产状况变动等记录；④特别记录，包括有可能影响个人信用状况的涉及民事、刑事、行政诉讼和行政处罚的特别记录。在中国，通过信用卡的方法建立信用也是有效积累个人信用的主要方式。

（4）其他准备。创业者还要树立正确的融资观念，融资观念决定着一个企业能走多远。融资是一项严肃认真的财务活动，涉及企业经营管理的方方面面。此外，创业者还要认清内外融资环境、写好商业计划书、选择一个合格的财务顾问及做好融资诊断与评估，这样创业融资才能做到知己知彼。

2. 计算创业所需资金

资金的使用都是有成本的，但是这并不意味着所需资金越少越好。企业需要恰当数量的资金来维持企业日常运转，否则企业就会面临资金链的断裂，进而导致资金断流。同时，超过必要需求的资金又会增加使用成本，降低企业收益。这就要求创业者运用科学的方法来准确估算资金的需求数量。

3．编写商业计划书

商业计划，又称创业计划，它描绘了企业的愿景和目标以及为了实现愿景和目标所采用的战略和策略，为企业的运营和管理控制提供基础。好的商业计划书能帮助创业者理清项目的发展思路，还能帮助创业者把计划中的初创企业推销给天使投资人、风险投资人或其他投资人，筹集到所需资金，寻找到合作伙伴。好的商业计划书简洁清晰，简短有力；重视摘要，前三页就讲清楚；重视团队的经历而不是学历；讲清楚怎么赚钱；展示自己的优势和特色；有合理的成长路线图；告知优势，也要告诉不足。

4．确定融资来源

创业者需要根据需要的资金数额了解可能的融资渠道以及不同融资渠道的优缺点，结合创业企业自身的特征，创业企业所处的生命周期阶段等，充分权衡利弊。

5．进行融资谈判

确定融资渠道后，创业者需要和潜在的投资者进行谈判。为了提高获胜的概率，投资者首先应对自己的创业项目非常熟悉，充满信心，并对潜在投资者可能提出的问题做出猜想，事先准备相应的答案。另外在谈判时，创业者要抓住时机陈述要点，做到条理清晰；如果可能的话，向有经验的人士进行咨询，提高谈判成功的概率。

3.1.4 创业企业的成长周期与融资特征

创业企业是指那些以技术创新为主要特征的科技型企业，是经济发展的领头企业和基本力量。创业企业由于其"三高"的特性——高科技、高成长、高风险，从创办到成熟，往往需要经历四个固定的阶段，即种子期、发展期、扩张期和成熟期。而初创企业最难生存的即为所谓的"死亡谷"时期——种子期，这是创业企业发展过程中最困难的阶段，极易因资金短缺而夭折。在不同时期创业企业所依靠的融资方式会发生变化，这是由企业的资金需求以及客观情况决定的。只有当创业企业一步步完成各个阶段的融资任务后，企业才能够向着成熟、稳定的方向发展。

资金在实现成功创业、二次创业的过程中，是产品研制、投产和生产规模化等一系列环节的基本保障。新创企业的发展，一般要经过开创、成长和成熟等几个阶段。在每个阶段，资金的需求和风险程度都有所不同。在开创期，资金主要用于产品的研制和投入生产，由于技术、市场等不确定性较高，资金的风险很大，但这一时期的资金需求数量相对较少。进入成长期后，企业扩大生产规模，需要更多的资金投入，但企业的不确定性程度逐渐降低，风险也随之减少。进入成熟期后，企业经营业绩较稳定，风险也降到最小，此时资金的需求速度放慢。由于不同动机的需要，创业者自身资金的有限性使融资活动显得尤为重要。下面按创业企业成长的四个时期分别阐述其融资特征。

1．种子期

种子期是创业企业发展的第一阶段，这时创业者基本上有了一个创业的想法，正在组建团队，渴望获取外界对自己项目的看法。由于种子期的创业企业只有一些创新的点子，存在较多风险与未知因素，极难吸引到除亲人、朋友以外的资金来源。在创业企业发展的种子期，其主要的资金来源是"3F"（Family，Friends，Founders）。这也就意味着，创业之初所依靠的资金主要来源于创业者自身以及平时积累的人脉资源。据美国相关统计数据，在创业之初获得的融资总额当中，"3F"所占比例接近80%。这也说明创始人平日的资金积累以及人脉积累在初创企业时十分重要，企业的第一笔启动资金，直接决定了其能否得以生存。另外，如果项目在投资人眼里确实非常出彩，抑或创业团队在外人看来非常具有潜力，那么获得一定金额的天使投资或是创业投资也是有可能的。由于种子期的创业企业具有高风险、高成长性，这就更考验投资者的直觉与市场敏锐度，这些对某些创业投资家可能有着极高的吸引力。少数的创业企业选择国家鼓励大力发展的行业与方向，也可能会获得一笔政府的资助作为初始成长基金。

对创业企业来说，种子资金是供初始研发使用的资金，创业企业在种子期的主要任务是研发高新技术及产品、验证发明创造的可行性。这一时期存在的主要风险是机会风险、技术风险和替代风险。机会风险是发现并不存在显著市场或者已有竞争者掌握的关键技术。技术风险即并不存在足够的资金使技术成熟转化的风险。替代风险即费时费力研发出的技术被竞争对手轻易模仿的风险。

2. 发展期

在发展期阶段，企业实体已经存在，而且也开展了一些业务，有了一定的收入，但要从创业企业的雏形再到初具规模，还需要创始团队的不断努力，此时各项费用的增长也非常迅速，此阶段依靠的融资方式和种子期差别不大，仍为"3F"、天使投资和创业投资等。由于没有强大的盈利数据、企业规模来支撑整个项目的融资，创业投资者对此阶段创业企业的判断依旧充满主观性，往往需要根据丰富的市场经验与敏锐的市场感知才能做出准确的判断。当创意逐渐显现出价值，团队的关键成员到位且大部分研发风险被解决时，企业就可以开始关注如何打开市场这一问题，此时市场的资金主要用于生产成型产品，促进销售。

3. 扩张期

扩张期的企业往往具有一定的业绩，正在逐渐拓展市场，调整企业的发展方向，创新型中小企业不同于一般的中小企业，传统行业的中小企业可一直保持着小规模，而创新型中小企业则必须发展壮大，以跟上市场的发展步伐，在新的市场中扩大份额并生产多样化的产品，掌握新的技术和管理技能，因而进入这一阶段的创业企业对资金的需求度很高，以满足其日常运转以及扩大规模的消耗。从这一阶段开始，创业企业的资产逐步雄厚起来，也就有了向银行举债的基础，也可向其他金融机构贷款，对于出让股权则要慎重考虑。

同时，这一时期的创业资本也进入平稳阶段，因为企业已经开始步入正轨，财务逐渐规范，业务逐渐明晰，创业投资家们可以据此对是否投资进行更加准确的判断，若企业具有发展前景则不吝投资，若觉得企业发展将陷入困境就选择放弃。而在此阶段的创业企业投资，同样也是高风险与高收益并存。

在扩张期发展并购重组也较为常见，因为创业企业的发展越来越受人关注，行业中原有的巨头们可能也希望趁其尚未成熟将之并购，这有时也是一种双赢的情况。值得一提的是，虽然这个阶段的创业企业通常很难符合在主板上市的要求，但由于中国政府对科技型创业企业的重视，推出了新三板、创业板，并于 2019 年在上海推出了科创板，帮助创业企业融资。扩张期是创业企业发展最为迅速的阶段，苹果公司也正是在这一阶段开始成为世界的焦点。

4．成熟期

处于成熟期的企业具有稳定的收入、生产、研发及现金流。具备一定盈利能力的创业企业，在社会上也有了一定的知名度，规模得到扩张的同时需要更多的现金流来维持运转。早期的"3F"、天使投资远远不能满足此阶段企业的资金需求，创业投资或者银行贷款也只是暂时性解决需要，这时企业往往需要通过并购重组、公开上市发行股票和债券等多种方式进行新一轮的融资，这些资金需要往往数额巨大、来源广泛，为创业投资家的退出创造了条件，但是所有成熟期的创业企业都必须上市吗？答案是否定的。上市的目的是筹得更多的资金，而如果创业企业本身发展就能获得足够的利润或能从其他途径筹集到维持发展所必需的资金，那么是否上市也就值得商榷了，因为在巨大公众资金的背后也隐藏着很多不利因素。苹果公司在进入成熟期后，在资金的强烈需求驱动下选择了上市，从公开市场中募集资金，并推动了苹果公司的快速发展。

3.1.5 新创企业融资与一般企业融资的差异

新创企业与成熟企业不同，融资对于创业企业特别重要，创业融资是企业在设立与发展期间重要的财务活动，企业在不同的组织形式下、不同的成长期内其融资渠道与方式选择也存在差异。一般企业融资比创业企业融资更加容易并具有一定优势，一般成熟的企业可以通过资本市场融资，并有较多的融资渠道。而新创企业融资，可能只是一个创意，没有形成产品，由于存在较大的技术风险与不确定性，融资来源、融资数量、融资方式、融资难易程度及资金回报率等方面都与一般成熟企业存在较大的不同，如表 3-1 所示。

表 3-1 新创企业与成熟企业融资差异对比

指标	创业企业	成熟企业
融资来源	资金来源少、无法通过资本市场融资	资金来源较多，可以和成熟资本市场直接对接
融资数量	相对较小	一般较大
资金用途	用于解决威胁企业生存的急需问题	用于解决企业持续、快速发展的一般问题
融资方式	融资方式单一	融资方式较多，可以组合融资
融资难易程度	较难	相对容易
资金风险	相对较大	适中
资金回报率	可能较大	适中

创业企业在融资需求上也有别于其他企业。第一，融资市场化。在企业创业初期，自我积累的资金有限，不可能满足技术创新的高投入需求，必须从外部市场进行广泛的融资。第二，融资多元化。为了满足技术创新的融资需求，创业企业需要多渠道筹集资金，建立完善的融资体系。第三，融资组合化。创业企业技术创新的风险产生于研究与开发活

动的不确定性。这种风险的初始值最大，随着技术创新各阶段的依次顺利发展而逐渐减少。在一个技术创新过程中，技术风险和投资风险的最大值分别出现在创新过程的初期和中前期，中后期的风险逐步减少。根据技术创新风险收益的阶段性特征，创业企业在融资过程中应当实施有效的组合，合理、有效的融资组合不但能够分散、转移风险，而且能够降低企业的融资成本和债务负担。第四，融资社会化。融资社会化是指创业企业的融资需要社会各方面的力量，特别是需要政府的引导和扶持。

3.1.6 创业企业融资难的原因

创业企业从设立到持续发展都需要不少资金，然而创业融资难是创业者面临的挑战，大量的调查表明，新创企业的不确定性大、信息不对称、资本市场欠发达、缺少相应的抵押和担保、资金安全性难以评估及创业者人力资本定价难等方面是创业企业融资难的原因，下面着重介绍前三个方面。

1. 创业企业不确定性大

相对于成熟的企业，新创企业在资产、销售和雇员等方面处于弱势，存在高度的不确定性。不确定性客观上反映了企业技术、产品或商业模式成功的可能性，进而影响风险投资者提供资本的意愿和方式（无论是一次性全部提供还是分阶段注入）；而且，不确定性还使创业企业与外部投资者签订依赖特定条件或状态的合同变得困难，进而增加了外部融资的成本。所以，创业活动本身的不确定性，使得外部投资者难以判断商业机会的真实价值和创业者把握机会的实际能力。

2. 创业者和资金提供者之间的信息不对称

新创企业在融资过程中创业者和资金提供者之间的信息不对称主要表现在以下三方面：

（1）创业者处于信息优势。创业融资中的信息不对称表现为创业者比投资者对创业活动的创意、技术、商业模式、自身能力、团队素质、产品或服务、企业的创新能力和市场前景等方面了解更多，从而使创业者处于信息优势，投资者处于信息的劣势。

（2）创业者倾向于对创业信息进行保密。创业者在融资时，出于担心商业机密泄露的考虑，往往倾向于保护自己的商业机密及其开发方法，特别是进入门槛低的行业的创业。因此，创业者对创业信息的隐藏会增加投资者对信息甄别的时间和成本，使其在有限信息的条件下难以判断项目优劣，而影响其投资决策。

（3）新创企业的经营和财务信息具有非公开性。新创企业或者处于筹建期，或者开办时间较短，缺乏或只有较少的经营记录，企业规模一般也较小，经营活动透明度较差，财务信息具有非公开性，这些特征使得潜在投资者很难了解和把握创业者和创业企业的有关信息。

3. 资本市场欠发达

与发达国家相比，我国虽然建立了主板、创业板、中小板、新三板和科创板组成的多层次资本市场，但仍很不完善，上市门槛高，缺少擅长从事中小企业融资的金融机构和针对创业企业特点的融资产品，产权交易市场不够发达，高素质的投资者群体尚未形成，导致创业企业融资受到一定的限制。

3.2 创业资金预测

3.2.1 创业资金分类

由于创立企业的目的不同，规模不同，所在的行业不同，创业所需要的资金数量也不同。不同创业企业对于资金需求的数量、时间和方式等会有很大差异，但从财务管理的角度来看，不同类型不同成长期的企业对所需资金的预测却有着其相似的内在规律性。创业者应该首先了解资金的分类及预测资金需求的方法，之后才可以较为科学地预测创办并运营企业所需要的资金数量，规避资金不足而导致清算的风险。创业资金按照不同的标准可以进行分类，对于创业资金不同种类的认识有利于创业者在估算创业资金时充分考虑所有可能的资金需求，有利于更好地利用资金，提高资金的使用效率。

1．按照资金的占用形态和流动性分类

按照资金的占用形态和流动性，可以将其分为流动资金和非流动资金。占用在原材料、在制品、库存商品等流动资产以及用于支付工资和各种日常支出的资金，称为流动资金；用于购买机器设备、建造房屋建筑物、购置无形资产等的资金，称为非流动资金。流动资金的流动性较好，极易使用和变现，一般可在一个营业周期内收回或耗用，属于短期资金的范畴，创业者在估算创业资金需求时需考虑其持续投入的特性，选择短期筹资的方式筹集相应的资金；非流动资金占用的期限较长，不能在短期内回收，具有长期资金的性质，能够在 1 年以上的经营过程中给企业带来经济利益的流入，创业者在进行创业资金估算时，往往将其作为一次性资金需求对待，通过长期筹资的方式筹集相应资金。

2．按照资金投入企业的时间分类

资金按照其投入企业的时间可分为投资资金和营运资金。投资资金发生在企业开业之前，是企业在筹办期间发生各种支出所需要的资金。投资资金包括企业在筹建期间为取得原材料、库存商品等流动资产投入的流动资金；购建房屋建筑物、机器设备等固定资产、购买或研发专利权、商标权、版权等无形资产投入的非流动资金；在筹建期间发生的人员工资、办公费、培训费、差旅费、印刷费、注册登记费、营业执照费、市场调查费、咨询费和技术资料费等开办费用所需资金。营运资金是从企业开始经营之日起到企业能够做到资金收支平衡为止的期间内，企业发生各种支出所需要的资金，是投资者在开业后需要继续向企业追加投入的资金。企业从开始经营到能够做到资金收支平衡为止的期间叫作营运前期，营运前期的资本投入一般主要是流动资金，既包括投资在流动资产上的资金，也包括用于日常开支的费用性支出所需资金。

在创业企业开办之初，企业的产品或服务很难在短期内得到消费者的认同，企业的市场份额较小且不稳定，难以在企业开业之时就形成一定规模的销售额；而且，在商业信用极其发达的今天，很多企业会采用商业信用的方式开展销售和采购业务。赊销业务的存在，使企业实现的销售收入的一部分无法在当期收到现金，从而现金流入并不会像预测的销售收入一样多。规模较小且不稳定的销售额，以及赊销导致的应收款项的存在，往往使销售过程中形成的现金流入在企业开业后相当长的一段时间内，无法满足日常的生产经营需要，从而要求创业者追加对企业的投资，形成大量的营运资金。

营运前期的时间跨度往往依企业的性质不同而不同。一般来说，贸易类企业可能会短于一个月，制造类企业则包括从开始生产之日到销售收入到账这段时间，可能要持续几个月甚至几年；不同的服务类企业其营运前期的时间会有所不同，可能会短于1年，也可能会长于1年。在很多行业，对营运资金的需求要远远大于对投资资金的需求。对营运资金重要性的认识，有利于充分估计创业所需资金的数量，从而及时地筹集足额资金。

3．按照资金的来源分类

按照资金的来源，创业资金可以分为股权资金和债权资金。股权资金是投资者投入企业的资金；债权资金则是从各种渠道借入的资金。股权资金和债权资金对企业权益的要求权不同，其筹资比例的设定便会影响企业以后的经营决策。因此，创业者一定要理解两种资金的区别，以便做出合理的筹资决策。

3.2.2 创业资金的计算

创业融资需求测算可以分为启动资金测算和营运资金测算。营运资金测算是指开业后维持创业企业营运所需的资金投入。

1．启动资金测算

启动资金，是在筹办期间发生的各种支出所需资金的总和，主要包括以下分类：

（1）流动资金是企业在筹建期间为取得原材料，库存商品等流动资产的资金投入。在计算资金需求时需考虑持续投入的问题。

（2）非流动资金包括购建房屋建筑物，机器设备等固定资产，购买研发专利权、商标权及版权等无形资产。它可以看作是创业时的一次性资金需求。

（3）开办费用包括筹建期间发生的人员工资、办公费、培训费、差旅费、印刷费、注册登记费用、营业执照费用、市场调研费用、咨询费用及技术资料费等，具体如表3-2所示。

表3-2 筹建期间的支出表

行次	项目	数量	金额
1	房屋、建筑物		
2	设备		
3	办公家具		
4	办公用品		
5	人员工资		
6	创业者工资		
7	业务开拓费		
8	房屋租金		
9	存货购置支出		
10	广告费		
11	水电费		
12	通信费		
13	保险费		

（续）

行　次	项　　目	数　　量	金　　额
14	设备维护费		
15	软件费		
16	开办费		
⋮	⋮		
n	合计		

表 3-2 列出了启动资金的各个投资项目。其中，第 1~3 行投资资金的支出属于非流动资金支出，一般在计算创业资金时作为一次性资金需求予以考虑。房屋及建筑物的支出包括厂房的装修费用，若企业准备在租来的房屋中办公，则将相应的支出填写在第 8 行 "房屋租金" 中，而且企业应关注房租的支付形式，房屋租金可能采用押一付三的方式，也可能采用押一付一的方式，但基本上都是采用先付租金的形式，这样房屋租金的支出起码应相当于 4 个月或 2 个月的租金数额；若房租支付采用按半年付费或按年付费的方式，则房屋租金的支出会更多；机器设备的支出包括机器设备的购置费用和安装调试费用，而且企业应该考虑安装测试的时间对企业生产经营的影响。

表 3-2 中第 4~15 行投资资金的支出属于流动资金支出，在计算创业资金时需要考虑其后期持续性投入问题，这将在下文估算营运资金时讲到。创业者在估算投资资金时，一定不要忽略了其自身的工资支出、业务开拓费和设备维护费等项目。

表 3-2 中的第 16 行是创业企业的开办费用，开办费用是企业自筹建之日起到开始生产、经营（包括试生产、试营业）之日止的期间（即筹建期）内发生的费用支出，包括筹建期间人员的工资、办公费、培训费、差旅费、印刷费、注册登记费以及不计入固定资产和无形资产等购建成本的汇兑损益和利息支出。开办费用的发生不形成特定资产，企业可以在开始经营之日的当年一次性从利润中扣除，也可以在一定的期间内分期摊销，计入不同期间的利润之中。不同行业所需要的开办费用不同，如高科技行业在筹建期间员工的工资和人员的培训费可能较高，有较高进入门槛的行业筹建期间可能较长等。最后，不同行业所需要的资本支出不同，创业者应通过市场调查将本行业资本支出项目予以补充，并填写在表格第 17 行及以下的行中。并在最后一行计算所需要的投资资金的合计数。如创业项目需要特定技术的话则要支付购买技术的费用，若采用加盟的方式进行创业，则需要支付加盟费用。

需要说明的是，创业者在估算投资资金时，一方面要尽可能考虑所需要的各种支出，避免漏掉一些必须执行的项目；另一方面，由于创业资金筹集的难获取性及创业初期资金需求的迫切性，创业者应想方设法节省开支，减少投资资金的花费，如采用租赁厂房、采购二手设备等方法来节约资金。

固定资产是企业赖以生存与发展的物质基础，特别是制造性企业的创立，也是启动资金中所占比例比较大的一笔开支。固定资产需要量的预测是指根据创业构想的生产经营发展方向、需求预期和产能标准，测定经营期内固定资产正常合理的需要数量。固定资产需要量预测是资金需要分析的重要依据，是一项综合性很强的财务工作。它与创业企业的生产经营发展方向、生产规模、市场状况及协作关系等方面有密切的联系。固定资产需要量

预测方法主要有直接查定法与固定资产占用额法两种,分述如下:

(1) 直接查定法。直接查定法是指在查定固定资产实物需要量的基础上,进一步测算固定资产价值量的方法。

1) 单台设备年生产能力,即单台设备年产量。可以用台时量表示,也可以用实物量表示。

如果单台设备年生产能力用台时量表示,那么其计算公式为:

单台设备预计年度生产能力=全年有效工作日数×每日开工班次×每班工作台时

式中　全年有效工作日数——一般非连续作业的设备按全年日历天数 365 天减去法定节假日 114 天,再减去设备检修停机日数,连续作业的设备按日历天数计算,不分班次;

每日开工班次——每天开几班;

每班工作台时——每日各班工作时数的平均数,即 8 小时工作时间减去非工作时间。

如果单台设备年生产能力按实物量计算,那么其计算公式为:

单台设备年生产能力=单台设备全年有效工作日数×每日开工班次×台班产量

2) 预计年度总产量。预计年度总产量是测算完成预计生产任务所需固定资产数量的重要依据。

用实物量表示时,可按下列公式计算:

预计年度总产量=∑(某种产品的预计产量×该产品的换算系数)

当企业生产的产品品种单一时,可直接以生产计划规定的预计产量为预计生产任务。如果企业生产的品种较多,那么其预计总产量应按上述公式计算。换算系数的公式为:

$$某产品换算系数=\frac{某产品单位定额台时}{代表产品单位定额台时}$$

若生产的产品品种多且差异大,则预计任务不宜用实物量表示,而应用台时数表示,计算公式为:

预计年度总产量=∑(预计产量×单位产品定额台时×定额改进系数)

其中,单位产品定额台时是指现行定额;定额改进系数是指预计新定额占现行定额的百分比。定额改进系数的大小标志着预计年度采用技术措施使企业劳动生产率可能提高的程度。

$$定额改进系数=\frac{预计年度新定额台时}{现行规定定额台时}\times 100\%$$

3) 预计年度生产设备需用量。预测方法是将预计年度总产量(预计生产任务)与生产能力进行比较,即在测定企业生产能力的基础上,与生产任务相平衡来测算需用量。其计算公式为:

$$某种生产设备需用量=\frac{预计年度总产量}{单台设备生产能力}$$

【例 3.1】 某企业全年有效工作日数为 250 天,设备检修停机日数为 10 天,实行每天两班制,平均每班 7.5 小时,该企业预计生产甲、乙、丙三种产品,预计产量及相关指标如表 3-3 所示。

表 3-3 某企业预计产量及相关指标

产品名称	甲产品	乙产品	丙产品	预计年度定额改革系数
预计产量	5 000 件	4 000 件	3 500 件	
设备名称	单位产品定额工时（台时）			
冲床	120	100	90	90%
铣床	110	90	80	95%

要求：1）计算单台设备年生产能力；2）计算预计年度生产任务定额台时总数；3）预测冲床和铣床的需要量。

计算过程如下：

1）单台设备年生产能力=(250−10)×7.5×2=3 600（台时）

2）冲床：(5 000×120+4 000×100+3 500×90)×90%=1 183 500（台时）

　　铣床：(5 000×110+4 000×90+3 500×80)×95%=1 130 500（台时）

3）冲床：1 183 500/3 600=328.75≈329（台）

　　铣床：1 130 500/3 600=314.03≈315（台）

（2）固定资产占用额法。固定资产占用额法是在固定资产一般占用率基础上，结合预测期生产任务预测情况，并考虑改进固定资产利用效果的各项措施，通过调整来确定预测期固定资产占用额的方法。计算公式为：

预计年度固定资产占用额=预计年度工业总产值×一般固定资产占用率×(1−预计年度固定资产节约率)

2. 营运资金测算

营运资金需求主要是指对流动资金的需求，企业创设之后需要经营运转一段时间才能通过销售产品或提供服务形成收入。制造性企业在销售之前必须先购买材料生产产品；服务性企业在开始提供服务之前要购买材料和办公用品；零售商和批发商在卖货之前必须先买货，所有企业在为顾客提供产品或服务之前，都必须先花时间和费用进行促销。总之，所有企业都需要流动资金支付包括购买并储存原材料、成品，促销费用、工资、租金、保险和其他费用的开销。一般而言，创业者必须准备足够的流动资金来维持企业的正常运转，不同类型的企业对流动资金数量要求不同，一些企业需要足够的流动资金来支付 6 个月的全部费用，还有一些企业只需要支付 3 个月的费用，创业者必须预测在获得销售收入之前，企业能够支撑多久。

营运资金需求的测算以财务预测为前提。主要包括：①营业收入测算。它是制定财务计划和编制财务报表的基础。②营业成本预测。成本预测是利润预测的基础。③利润预测。即在收入和成本预测的基础上完成利润预测。④现金流分析。现金流是创业企业能否生产和发展的关键。⑤目标现金余额确定。持有过多现金的机会成本和过少现金的交易成本之间存在权衡关系，应根据企业特征确定目标现金余额。⑥营运资金的融资需求。根据企业预测现金流和目标现金余额，计算企业因营运所需的融资金额。⑦创业企业综合融资需求。根据创业企业启动资金需求和营运资金需求，计算创业企业的综合融资需求。

（1）新创企业营业收入预测。营业收入是指企业在从事销售商品、提供劳务和让渡资产使用权等日常经营业务过程中所形成的经济利益的总流入。对于新创企业来说，营业收入的测算是制定财务计划和编制预计财务报表的基础，也是估算营运资金的第一步，在进行营业收入测算时，创业者应立足于对市场的研究和对行业盈利状况的分析，根据其试销经验和市场调查资料，利用推销人员意见，综合专家咨询、使用时间序列分析等方法，以预测的业务量和市场售价为基础，估计每个会计期间的营业收入。营业收入的预测可以通过表3-4来进行。

表3-4 营业收入的预测　　　　　　　　　　　　　　　　　（单位：元）

产　品	项　目	1	2	3	4	5	6	7	8	…	n
甲产品	销售数量										
	平均单价										
	销售收入										
乙产品	销售数量										
	平均单价										
	销售收入										
⋮	⋮										
合计	销售收入										

（2）营业成本预测。随着生产日益社会化和现代化，企业规模不断扩大，工艺过程也愈加复杂。一旦生产过程中某一环节或者是某一短暂时期内的生产耗费失去控制，都有可能给企业造成无可挽回的经济损失。鉴于此，为了防止成本费用管理失控，企业首先必须科学地预见生产耗费的趋势和程度，以便在此基础上采取有效措施，从而搞好成本管理工作。

在现代成本管理中，成本预测采用了一系列科学缜密的程序与方法，基本上能够把握成本变化的规律性。因此，成本预测的结果比较可靠。但是，由于是根据历史资料来推测未来，成本预测具有不可避免的局限性，这种局限性主要体现在不准确及近似这一点上。可靠性与近似性的对立统一是成本预测的显著特点。成本预测具有以下三个方面的作用。

1）成本预测是组织成本决策和编制成本计划的前提。通过成本预测，管理者可以掌握未来的成本水平及其变动趋势，把未知因素转化为已知因素，帮助管理者提高自觉性，减少盲目性。同时，可以做出生产经营活动中所可能出现的有利与不利情况的全面和系统分析，还可避免成本决策的片面性和局限性。有了科学的成本决策，就可以编制出正确的成本计划；而且，成本预测的过程，同时也是为成本计划提供系统的客观资料的过程，这一点足以使成本计划建立在客观实际的基础之上。如果将成本预测与成本决策和成本计划联系起来看的话，其关系是：预测是决策与计划的基础和前提条件，决策和计划则是预测的产物。

2）成本预测是加强企业全面成本管理的首要环节。伴随社会主义市场经济的进一步发展，企业的成本管理工作水平也不断提高。单靠事后的计算分析已经远远不能适应客观的需要。成本工作的重点必须相应地转到事前控制上。这一观念的形成将对促进企业合理降低成本、提高经济效益起到非常重要的作用。

3）成本预测为降低产品成本指明了方向和奋斗的目标。企业在做好市场预测、利润预测之后，能否提高经济效益以及能够提高多少，完全取决于成本降低了多少。为了降低成本，企业必须根据实际情况组织全面预测，寻找方向和途径，并由此力求实现预期的奋斗目标，降低产品成本。

营业成本的预测可用表 3-5 所示格式进行。

表 3-5　营业成本的预测　　　　　　　　　　　　　　（单位：元）

产品	项目	1	2	3	4	5	6	7	8	…	n
甲产品	销售数量										
	单位成本										
	销售成本										
乙产品	销售数量										
	单位成本										
	销售成本										
⋮	⋮										
合计	销售成本										

（3）编制预计的利润表。利润反映了企业一定时期的经营成果。利润表是用来反映企业在某一会计期间经营成果的财务报表。它是根据"收入-费用=利润"的会计等式，按营业利润、利润总额、净利润的顺序编制而成，是一个时期的、动态的报表。创业者在编制预计利润表时，应根据测算营业收入时预计的业务量对营业成本进行测算，根据拟采用的营销组合对销售费用进行测算，根据市场调查阶段确定的业务规模和企业战略，对新创企业经营过程中可能发生的管理费用进行测算，根据预计采用的筹资渠道和相应的筹资成本对财务费用进行测算，根据行业的税费标准对可能发生的税费进行测算，以此计算新创企业每个会计期间的预计利润。预计利润表的格式如表 3-6 所示。

表 3-6　预计利润表　　　　　　　　　　　　　　　　（单位：元）

项目	1	2	3	4	5	6	…	n
一、营业收入								
减：营业成本								
税金及附加								
销售费用								
管理费用								
财务费用								
二、营业利润（损失以"-"号填列）								
加：营业外收入								
减：营业外支出								
三、利润总额（损失以"-"号填列）								
减：所得税费用								
四、净利润（损失以"-"号填列）								

单位成本根据创业企业存货的计价办法确定，可以采用先进先出法、移动加权平均法、月末一次加权平均法等方法对销售产品的成本进行计量。

由于新创企业在起步阶段业务量不稳定，在市场上默默无闻，营业收入和为了推动营业收入增长所付出的成本之间一般不成比例变化,因此,对于新创企业初期营业收入、营业成本及各项费用的估算应按月进行,并按期预估企业的利润状况。通常来说,在企业实现收支平衡之前,企业的预计利润表均应按月编制;在达到收支平衡之后,可以按季、按半年或者按年度来编制。

(4)编制预计资产负债表。资产负债表是总括反映企业在某一特定日期全部资产、负债和所有者权益状况的报表。资产负债表是根据"资产=负债+所有者权益"这一会计基本等式,依照流动资产和非流动资产、流动负债和非流动负债大类列示,并按照一定要求编制的,是一张时点的、静态的会计报表。创业者在编制预计资产负债表时,应根据测算的营业收入金额和企业的信用政策确定在营业收入中回收的货币资金及形成的应收款项,根据材料或产品的进、销、存情况确定存货状况,根据投资资本估算时确定的非流动资金数额和选择采用的折旧政策计算固定资产的期末价值,根据行业状况和企业拟采用的信用政策计算确定应付款项,根据估算的收入和行业税费比例测算应交税费,根据预计利润表中的利润金额确定每期的所有者权益,并可据此确定需要的外部筹资数额。预计资产负债表的格式如表 3-7 所示。

表 3-7　预计资产负债表　　　　　　　　　　　　(单位:元)

项　目	1	2	3	4	5	6	…	n
一、流动资产								
货币资金								
应收账款								
存货								
其他流动资产								
流动资产合计								
二、非流动资产								
固定资产								
无形资产								
非流动资产合计								
资产合计								
三、流动负债								
短期借款								
应付账款								
应交税费								
其他应付款								
流动负债合计								
四、非流动负债								
长期借款								
其他非流动负债								
非流动负债合计								
负债合计								
五、所有者权益								
实收资本								

（续）

项　　目	1	2	3	4	5	6	…	n
资本公积								
盈余公积								
未分配利润								
负债和所有者权益合计								
六、外部筹资额								

与预计利润表相同的道理，一般来说，预计资产负债表在企业实现收支平衡之前应该按月编制；在实现收支平衡之后可以按季度、按半年或者按年来编制。企业在经营过程中增加的留存收益是资金的一种来源方式，属于内部融资的范畴，留存收益取决于企业当期实现的利润和利润留存的比例。一般来说，初创期的企业为筹集企业发展所需要的资金，利润分配率会很低，甚至为 0，于是企业实现利润的大部分都能够留存下来构成企业资金来源的一部分，当留存收益增加的资金无法满足企业经营发展所需要的资金时，就需要从外部筹集资金。外部融资额=资产合计-负债和所有者权益合计。

（5）编制预计现金流量表。大量的企业生产经营实践表明，现金流量是新创企业面临的主要问题之一，一个可以盈利的企业也会因为现金的短缺而破产。因此，对于新创企业来说，逐月预估现金流量非常重要。现金流量预计表中的数据来自预计利润表，但要根据现金可能变化的时间进行适当调整。假设某企业估计每月收入的 60%将使用现金支付，剩下的 40%将延期一个月收款，则本月的现金收入包括 60%的本月销售收入和 40%的上月销售收入。如果在某个时间出现现金支出大于现金流入，那么创业者就需要借入资金或保证银行账户中有足够的现金，以保证冲销高出的支付额。任何时候出现的正现金流都需要进行短期投资或存入银行，以防将来出现现金入不敷出的情况。

与预计净利润表一样，如何精确地算出现金流量表中的项目是一个难题。为此，在预计财务报表时需要假设各种情境，比如最乐观的估计、最悲观的估计及现实情况估计。这样的预测既有助于潜在投资者更好地了解创业者如何应对不同的环境，也能使创业者熟悉经营的各种因素，防止企业陷入可能的灾难。

【案例分析】

连锁美容公司

小王了解到其所在城市消费水平正不断提高，美容美发需求持续上升；所在城市常住人口为 500 万人。他的初创期目标是开设 10 家连锁美容店，每家会员 1 000 人，会员年均消费 3 000 元；之后每年增长 5 家连锁店。之后两年每家连锁店的营业收入争取以每年 20%的速度增长，具体数据如表 3-8 所示。

表 3-8 营业收入测算表　　　　　　　　　　（单位：元）

年　　份	第一年	第二年	第三年
连锁店数量	10	15	20
每家店会员数量	1 000	1 200	1 440

（续）

年　份	第一年	第二年	第三年
人均年消费	3 000	3 000	3 000
单店营业收入	3 000 000	3 600 000	4 320 000
营业总收入	30 000 000	54 000 000	86 400 000

营业成本测算。根据行业特征使用销售百分比法。营业成本主要包括人工和材料，占营业收入的40%；管理费用主要包括租金、行政开支、办公费用及培训费用等，占营业收入的10%；销售费用包括广告和促销费用等，占营业收入的10%；财务费用包括利息、融资费用等，占营业收入的2%；服务类增值税简易征收及附加，占营业收入的3%×（1+12%）。具体营业成本测算如表3-9所示。

表3-9　营业成本测算表　　　　　　　　　　　　　　　　（单位：元）

年　份	第一年	第二年	第三年
营业成本	12 000 000	21 600 000	34 560 000
税金及附加	1 008 000	1 814 400	2 903 040
销售费用	3 000 000	5 400 000	8 640 000
管理费用	3 000 000	5 400 000	8 640 000
财务费用	600 000	1 080 000	1 728 000
营业总成本	19 608 000	35 294 400	56 471 040

创业企业利润预测。利润预测表在营业收入和营业成本预测的基础上，反映公司在一段时间内，从事经营活动所产生的净利润或者净亏损。一方面，创业企业初期业务不稳定，营业成本与营业收入之间的比例关系不稳定，最好按月预估利润状况；另一方面，企业在初创期和成长期都有可能为了扩张而大量投入成本，导致净亏损，这种情况下是否亏损不应该作为企业是否有投资价值的判断依据。具体营业利润如表3-10所示。真正决定企业生存和发展所需资金的关键因素是现金流。现金流是指企业在一定会计期间内按照现金收付实现制，通过一定经济活动而产生的现金流入、现金流出及其总量情况的总称，即企业一定时期的现金和现金等价物的流入和流出的数量。

表3-10　利润预测表　　　　　　　　　　　　　　　　（单位：元）

年　份	第一年	第二年	第三年
一、营业总收入	30 000 000	54 000 000	86 400 000
二、营业总成本	19 608 000	35 294 400	56 471 040
其中：营业成本	12 000 000	21 600 000	34 560 000
税金及附加	1 008 000	1 814 400	2 903 040
销售费用	3 000 000	5 400 000	8 640 000
管理费用	3 000 000	5 400 000	8 640 000
财务费用	600 000	1 080 000	1 728 000
三、营业利润	10 392 000	18 705 600	29 928 960
加：营业外收入	—	—	—

(续)

年　份	第一年	第二年	第三年
减：营业利润外支出	—	—	—
四、利润总额	10 392 000	18 705 600	29 928 960
减：所得税费用	2 598 000	4 676 400	7 482 240
五、净利润	7 794 000	14 029 200	22 446 720

投资活动现金流以及筹资活动现金流。经营活动现金流包含支付费用、支付税金、支付货款、支付工资、预付账款、销售商品、提供劳务和税费返还等；投资活动现金流包含购建固定资产、购买无形资产、对外投资、取得投资收益、收回投资及处置资产等；筹资活动现金流包括支付利息、偿还贷款、吸收投资和取得借款等。

现金流与净利润有关，但是并不等于净利润。一些影响利润的项目，并不影响现金流，比如折旧摊销；一些不影响利润的项目，却会严重影响现金流，比如应收账款变化、应付账款变化及银行借款增减等，现金流量表如表3-11所示。

表3-11　现金流量表　　　　　　　　　　　　　　　　　（单位：元）

年　份	第一年	第二年	第三年
一、经营活动产生的现金流量：			
销售产成品、商品、提供劳务收到的现金（+）	30 000 000	54 000 000	86 400 000
收到其他与经营活动有关的现金（+）	0	0	0
购买原材料、商品、接受劳务支付的现金（-）	6 000 000	10 800 000	17 280 000
支付的职工薪酬（-）	6 000 000	10 800 000	17 280 000
支付的税费（-）	3 606 000	6 490 800	10 385 280
支付其他与经营活动有关的现金（-）	6 000 000	10 800 000	17 280 000
经营活动产生的现金流量净额	8 394 000	15 109 200	24 174 720
二、投资活动产生的现金流量：			
收回短期投资、长期债券投资和长期股权投资收到的现金（+）	0	0	0
取得投资收益收到的现金（+）	0	0	0
处置固定资产、无形资产和其他非流动资产收回的现金净额（+）	0	0	0
短期投资、长期债券投资和长期股权投资支付的现金（-）	0	0	0
购建固定资产、无形资产和其他非流动资产支付的现金（-）	10 000 000	5 000 000	5 000 000
投资活动产生的现金流量净额	-10 000 000	-5 000 000	-5 000 000
三、筹资活动产生的现金流量：			
取得借款收到的现金（+）	0	0	0
吸收投资者投资收到的现金（+）	0	0	0
偿还借款本金支付的现金（-）	0	0	0
偿还借款利息支付的现金（-）	600 000	1 080 000	1 728 000
分配利润支付的现金（-）	2 338 200	4 208 760	6 734 016
筹资活动产生的现金流量净额	-2 938 200	-5 288 760	-8 462 016
四、现金净增加额	-4 544 200	4 820 440	10 712 704

(续)

年　　份	第一年	第二年	第三年
企业现金净增加额	-4 544 200	4 820 440	10 712 704
（+）期初现金余额	1 000 000	6 500 000	7 000 000
（-）最低现金余额	6 500 000	7 000 000	1 500 000
融资需求	-10 044 200	4 320 440	16 212 704

期初现金余额为企业启动之时为营运活动留下的资金。按照每家店至少需要 100 000 元现金余额的要求，第一年 10 家店共需现金 1 000 000 元；期末现金余额是企业为下一年的扩张和运营应该准备的资金。由于下一年要新增加 5 家连锁店，每家的基本装修费用为 1 000 000 元，则需投入 5 000 000 元；再加上每家店至少要保持 100 000 元的现金余额，第二年 15 家店需现金 1 500 000 元；所以期末最低现金余额为 6 500 000 元。

3.3　创业企业筹资管理

3.3.1　融资渠道与融资方式

1. 融资渠道

融资渠道是指企业获取资金的来源方向与通道。我国企业主要的融资渠道包括：

（1）财政资金。政府对企业的直接投资是国有企业最主要的资金来源渠道，特别是国有独资企业，其资本全部由国家投资形成。在现有国有企业的资金来源中，其资本部分大多是由国家财政以直接拨款方式形成的。除此以外，地方政府根据当地的发展战略，往往会在不同时期运用财政资金对一些企业进行扶持。不管是何种形式形成的，从产权关系上看，它们都属于财政投入的资金。2011 年，财政部、国家发展改革委员会印发《新兴产业创投计划参股创业投资基金管理暂行办法》明确了中央财政资金可以直投创业企业。

（2）银行信贷资金。银行对企业的各种贷款，是我国目前各类企业最为重要的资金来源。我国银行分为商业性银行和政策性银行两种。商业性银行是以盈利为目的、从事信贷资金投放的金融机构，它主要为企业提供各种商业贷款。政策性银行是为特定企业提供政策性贷款。

（3）非银行金融机构资金。非银行金融机构主要指保险公司、租赁公司、证券公司及企业集团所属的财务公司等。它们所提供的各种金融服务，既包括信贷资金投放，也包括物资的融通，还包括为企业承销证券等金融服务。

（4）其他企业资金。企业在生产经营过程中，往往会形成部分暂时闲置的资金，并为一定的目的而进行相互投资；另外，企业间的购销业务可以通过商业信用方式来完成，从而形成企业间的债权债务关系，形成债务人对债权人的短期资金占用。企业间的相互投资和商业信用的存在，使其他企业资金也成为企业资金的重要来源。

（5）居民个人资金。企业职工和居民个人的结余货币，作为"游离"于银行及非银行金融机构等之外的个人资金，可用于对企业进行投资，形成民间资金来源渠道，从而为企业所用。

（6）企业自留资金。它是指企业内部形成的资金，也称企业内部资金，主要包括提取公积金和未分配利润等。这些资金的重要特征之一是，它们无须企业通过一定的方式去筹集，而是直接由企业内部自动生成或转移。

各种融资渠道在体现资金供应量的多少时，存在着较大的差别。有些渠道的资金供应量多，如银行信贷资金和非银行金融机构资金等；而有些则相对较少，如企业自留资金等。这种资金供应量的多少，在一定程度上取决于财务管理环境的变化，特别是宏观经济体制、银行体制和金融市场发展速度等因素。企业必须认真分析各种渠道的资金存量和流量，哪些渠道对企业适用，企业已经开通了哪些渠道，还可以利用哪些渠道，都应纳入综合考虑。

2. 融资方式

融资方式是指企业获取资金的具体方式。我国企业目前融资方式主要有以下几种：吸收直接投资、发行股票、银行借款、发行债券、商业信用、融资租赁及项目融资等。

研究筹资方式主要是分析企业可以采取哪些方式筹集资金，各种方式的成本有多高，企业已经采取了哪些方式，还可以采取哪些方式。

3. 融资渠道与融资方式的配合

企业的融资渠道与融资方式有着密切的关系，一定的融资方式可能适用于某一种或几种融资渠道。因此，企业在筹集资金时，必须实现两者的合理配合。融资渠道与融资方式的配合情况如表 3-12 所示。

表 3-12　融资渠道与融资方式的配合

融资渠道	融资方式						
	吸收直接投资	发行股票	银行借款	商业信用	发行债券	融资租赁	利润留用
财政资金	√	√					
银行信贷资金			√				
非银行金融机构资金	√	√			√	√	
其他企业资金	√	√		√	√	√	
民间资金	√	√			√		
企业自留资金	√						√

3.3.2　创业企业融资渠道与融资方式

创业企业的融资渠道主要包括私人融资、机构融资、风险投资、政府扶持基金及知识产权融资。

1. 私人融资

私人资本包括创业者的个人积蓄、亲友资金和天使投资等。

2017 年，由麦可思研究院撰写、社会科学文献出版社出版的《2016 年中国本科生（大学生）就业报告》在北京发布。报告追踪了 25 万名 2015 年大学毕业生的就业情况来进行分析，报告显示，2015 年毕业的大学生半年后的就业率为 91.7%，与往年持平。大学生得以就业稳定，自主创业是原因之一。2012 年毕业的大学生毕业时创业比例为 2%，其中毕业时创业三年后还存活的仅剩 1 个百分点，也就是说，存活率仅为一半左右。研究显示，大学毕业生自主创业在过去 3 年持续提升，2015 年毕业的大学生选择创业的比率达 3%。

在创业资金来源方面，报告指出，2015 年毕业的大学生自主创业资金主要依靠父母、亲友投资或借贷和个人积蓄，比例约为 78%；来自商业性风险投资、政府资助的比例均较小，还不到 5%。报告也对大学生创业的结构进行分析，2015 年毕业的大学生半年后自主创业主要集中在教育产业（21.1%），其次是零售商业（12.8%）、媒体资讯及通信产业（11.6%）。

可见，私人资本在创业融资中具有不可替代的作用。

（1）个人积蓄。创业企业资金来源于创业者个人资金（个人积蓄）是几乎所有新创企业成立之初最根本的融资渠道。从资金成本的角度或企业控制权角度来看，个人资金成本最为低廉，且创业者也可以用个人较少的资金发挥杠杆作用，表明创业者本人对所创企业充满自信，也更有利于说服外部投资者投入更多资金。当然，从另一角度来看，如果没有创业者自己投入资金到新创企业中，那么外部投资者投入资金的意愿就会受到影响，通常创业者在试图引入外部资金时，外部投资者一般也会要求创业者个人投入一部分资金。

个人积蓄投入到新创企业，对于创业企业融资意义重大。首先，创业者个人资金的投入表明了创业者对于创业项目前景的看法，只有当创业者对未来的项目充满信心时，他才会毫无保留地向企业中投入自己的资金；其次，将个人资金投入企业是创业者日后继续向企业投入时间和精力的保障，创业者投入的个人资金越多，创业者就越会在日后的生产经营过程中对企业更加关注；再次，个人资金的投入是对债权人债权的保障，因为在企业破产清算时，债权人的权益先于投资者的权益，所以企业能够融到的债务资金，一般以投资者的投入为限，创业者投入企业的初始资金是对债权人债权的基本保障；最后，个人资金的投入有利于创业者分享投资成功的喜悦。因此，准备创业的人应从自我做起，较早将自己收入的一部分储蓄起来，作为创业储备资金。

创业者可以通过转让部分股权的方式，从合伙人处取得创业资金，创办合伙企业或通过公开或私募股权的方式，从更多的投资者手中获得创业资金，成立公司制企业。合伙人或股东纳入自己的创业团队，利用团队成员的个人资金是创业者最常用的融资方式之一。

从我国现状来看，家庭作为市场经济的三大主体之一，在创业中起到重要的支持作用，以家庭为中心形成的亲缘、地缘和商缘等互为经纬的社会网络关系，对包括创业投资在内的许多创业活动产生了重要影响，因此创业者及其团队成员的家庭储蓄一般归入个人资金的范畴。对于许多创业者来说，个人资金的投入虽然是新企业投资的一种途径，但并不是根本性的解决方案，一般来说，创业者的个人资金对新创企业而言十分有限，特别是对新创办的规模较大的企业和资本密集型的企业来说，几乎是杯水车薪。

从企业成长周期来看，处于种子期的企业，创业者的资金一般来源于个人存款和个人固定利率的借贷资金和信用卡透支。一般来说，几个合伙人各拿出一定的资金作为企业的注册资本，再商定一下股权比例、企业名称和主营业务等就可去工商局登记注册企业。自 2014 年 3 月 1 日起，我国修正的《公司法》取消了注册资本的下限，同时由实缴制改为了认缴制。即在创办企业的时候，不一定缴纳相应的注册资本，而可以等到企业章程中规定的认缴期限到期时再进行缴纳，比如，如果在企业章程中规定注册资本为 200 万元，认缴时间为 2022 年，那么创办企业领取营业执照时，创业者可以不缴纳任何资金，等到 2022

年再向企业基本银行账户存入 200 万元，拿到入资单，办理验资报告再到工商局网站上申报入资信息即可。新《公司法》的修订大大降低了创办企业的准入门槛，尽管自筹资金在早期的发展阶段能起到短期满足资金需求的作用，但是不可能作为持久融资的渠道。创业企业经营不久，企业就需要借助外部的融资方式来生存。

（2）亲友资金。对于初创期的企业来说，资金支持是创业成功的重要保障，初期资金除了个人积蓄的资金外，创业者身边亲朋好友的资金也是最常见的资金来源。基于亲朋好友与创业者个人的关系以及对创业者本人的了解深度，他们愿意向其创业企业投入一定量的资金以帮助创业者创立企业。因此，亲友资金是创业者经常获取资金的渠道之一。

从亲友处筹集的资金可能是借入的资金即债权资金，也可能是入股的权益资金，即股权资金。创业者根据提供资金的亲友的想法以及资金筹集过程中的谈判结果，无论筹集资金的性质如何，在向亲友筹资时，创业者必须用现代市场经济的企业契约原则、游戏规则和法律形式来规范筹资行为，保障各方权益，减少不必要的纠纷，做到"亲兄弟，明算账"。首先，创业者一定要明确所筹集资金的性质，即明晰是借入的资金还是投入的资金，据此确定彼此的权利和义务。首先，由于股权资本自身的特性，创业者对于亲友投入的资金可以约定其在创业企业所占股权及收益权比例，不必承诺日后经营过程中形成利润的分配比例和具体的分红时间；但对于从亲友处借入的款项，一定要明确约定借款的利率和具体的还款时间。其次，无论是借款还是投资款项，创业者最好要通过书面的方式将融资行为确定下来，以避免将来可能的矛盾。

除此之外，创业者还要按照市场经济下企业创立与运营的规则，理解亲友作为债权人或股东的利益诉求，并保证亲友资金提供者的权益不受侵犯。因此，在向亲友筹资之前，创业者应仔细考虑这一行为对亲友关系的影响，尤其是创业失败后的艰难困苦。要将日后可能产生的有利和不利情况告诉亲友，尤其是创业风险，以便将未来出现问题时对亲友的不利影响降到最低。

（3）天使投资。"天使"指既有雄厚的资金实力，又有管理经验的个人。他们看准了投资机会后，就用自己的钱加上自己的管理经验，参与到企业从小到大的成长过程中，是最早的和最具备典型特征的风险投资家。天使投资是权益资本投资的一种形式。此词源于纽约百老汇，1978 年在美国首次使用，指具有一定净财富的人士，对具有巨大发展潜力的高风险的初创企业进行早期的直接投资，属于自发而又分散的民间投资方式。这些进行投资的人被称为"投资天使"，用于投资的资本则称为"天使资本"。

天使投资是自由投资者或非正式风险投资机构对原创项目构思或小型初创企业进行的一次性前期投资，天使投资是风险投资的一种，是一种非组织化的创业投资形式。

天使投资是风险投资的先锋。当创业设想还停留在创业者的笔记本上或脑海中时，风险投资很难眷顾它们。此时，一些个体投资人如同双肩插上翅膀的天使，飞来飞去为这些企业"接生"。投资专家有个比喻，好比对一个学生投资，风险投资公司着眼大学生，机构投资商青睐中学生，而天使投资者则培育萌芽阶段的小学生。

天使投资被引申为一种对高风险、高收益的新兴企业的早期投资。天使资本主要有三个来源，即曾经的创业者、传统意义上的富翁和大型高科技企业或跨国公司的高级管理者。在部分经济发展良好的国家中，政府也代表了天使投资人的角色。

根据威廉·韦策尔介绍，美国有25万或以上位天使投资者，其中有10万人在积极投资，他们每年在2万~3万家公司投资50亿~100亿美元。每次投资在2万~5万美元之间。这些投资者主要是美国自主创业造就的富翁，有扎实的商业与财务经验，大体在40~50岁，受过良好的教育，95%的人持有学士学位，51%的人拥有硕士学位。

在我国，随着社会主义市场经济的发展以及中产阶层的崛起，一部分富人在希望自己越来越富的同时也在寻求投资机会，开始充当天使投资者。由《创业家》杂志发起并主办的"最受尊敬的创业天使"评选活动，自2007年开创以来，到2013年已经连续举办了7届。该评选旨在进一步推广"创业天使"的概念，发现并鼓励那些为创业者和创业企业的发展起推动作用、为创业环境营造良好氛围的机构和个人。"2013年度最佳天使投资人"由真格基金创始人徐小平先生获得。虽然我国的天使投资者近年有了较快增长，但和西方资本市场发达的国家相比，我国的天使投资仍有较大发展空间。

天使投资严格意义上是高财富净值的个人对于种子期和初创期的企业（项目）进行权益投资的行为。它具备以下特征：单笔投资额度小，因为天使投资是一种分散的、个体的、小规模的投资模式，偏好风险较高的种子期和初创期企业，这两个阶段的企业单笔投资额较小，但投资风险较大，高风险意味着高潜在收益。天使投资一旦成功，收益一般可达数十数百倍；投资决策快，天使投资人对自有资金的使用不存在委托代理问题。投后干预和增值服务较多，天使投资人会与创业者保持紧密联系，以随时了解企业进展，同时提供各方面的增值服务，帮助企业渡过难关；偏爱本地化投资，由于天使投资人需要经常与创业者会面和保持高度的监管，天使投资一般只做本地企业的投资，这一特征使得构建天使投资网络环境成为区域创新创业吸引力的标志。

2. 机构融资

和私人资金相比，机构拥有的资金数量较大，挑选被投资对象的程序比较正规，获得机构融资一般会提升企业的社会地位，给人以企业很正规的印象。创业者可以通过银行贷款、非银行金融机构贷款、交易信贷和租赁等方式来筹集资金。

（1）银行贷款。2006年，孟加拉国格莱珉银行的创立者穆罕默德·尤努斯因以银行贷款的方式帮助穷人创业而获得诺贝尔和平奖。我国也有很多银行推出了支持个人创业的贷款产品。2003年8月，中国银行、光大银行、广东发展银行和中信银行等金融机构相继推出"个人创业贷款"项目。而中国农业银行早在2002年就推出了《个人生产经营贷款管理办法》，并一直在运行中，比较适合创业者的银行贷款形式主要有抵押贷款和担保贷款两种。

1）抵押贷款。抵押贷款指借款人以其所拥有的财产作抵押，作为获得银行贷款的担保。在抵押期间，借款人可以继续使用其用于抵押的财产。抵押贷款有以下几种：①不动产抵押贷款。不动产抵押贷款是指创业者可以土地、房屋等不动产作抵押，从银行获取贷款。②动产抵押贷款。动产抵押贷款是指创业者可以用机器设备、股票、债券和定期存单等银行承认的有价证券，以及金银珠宝首饰等动产作抵押，从银行获取贷款。③无形资产抵押贷款。无形资产抵押贷款是一种创新的抵押贷款形式，适用于拥有专利技术、专利产品的创业者，创业者可以用专利权、著作权等无形资产向银行作抵押或质押获取贷款。

2）担保贷款。担保贷款指借款方向银行提供符合法定条件的第三方保证人作为还款保证的借款方式。当借款方不能履约还款时，银行有权按照约定要求保证人履行或承担清偿贷款连带责任。其中，较适合创业者的担保贷款形式有：①自然人担保贷款。自然人担保贷款是指经由自然人担保提供的贷款。可采取抵押、权利质押和抵押加保证三种方式。②专业担保公司担保贷款。目前，各地有许多由政府或民间组织的专业担保公司，可以为包括初创企业在内的中小企业提供融资担保，如北京中关村担保公司和首创担保公司等，其他省市也有很多此类性质的担保机构为中小企业提供融资担保服务。这些担保机构大多属于公共服务性非营利组织，创业者可以通过申请，由这些机构担保向银行借款。

3）信用卡透支贷款。创业者可以采用两种方式取得信用卡透支贷款。一种方式是信用卡取现；另一种方式是透支消费。信用卡取现是银行为持卡人提供的小额现金贷款，在创业者急需资金时可以帮助其解决临时的融资困难。创业者可以持信用卡通过银行柜台或是 ATM 提取现金灵活使用。透支取现的额度视信用卡情况设定，不同银行的取现标准不同，最低的是不超过信用额度的 30%，最高的可以将信用额度的 100% 都取出来；另外，除取现手续费外（各银行取现手续费不一），境内外透支取现还须支付利息，不享受免息待遇。创业者还可以利用信用卡进行透支消费，购置企业急需的财产物资。

4）政府无偿贷款担保。根据国家及地方政府的有关规定，很多地方政府都为当地的创业人员提供无偿贷款担保。如上海、青岛、南昌及合肥等地的应届大学毕业生创业可享受无偿贷款担保的优惠政策，自主创业的大学生向银行申请开业贷款的，担保额度最高可为 100 万元，并享受贷款贴息。

5）中小企业间互助机构贷款。中小企业间的互助机构是指中小企业在向银行融通资金的过程中，根据合同约定，由依法设立的担保机构以保证的方式为债务人提供担保，在债务人不能依约履行债务时，由担保机构承担合同约定的偿还责任，从而保障银行债权实现的一种金融支持制度。信用担保可以为中小企业的创业和融资提供便利，分散金融机构的信贷风险，推进银企合作。从 20 世纪 20 年代起，许多国家为支持中小企业发展，先后成立了为中小企业提供融资担保的信用机构。目前，全世界已有 48% 的国家和地区建立了中小企业信用担保体系。我国从 1999 年开始，已经形成了以中小企业信用担保为主体的担保业和多层次中小企业信用担保体系，各类担保机构资本金稳步增长。

6）其他贷款。创业者可以灵活地将个人消费贷款用于创业，如因创业需要购置沿街商业房，可以用拟购置房子作抵押，向银行申请商用房贷款；若创业需要购置轿车、卡车、客车和微型车等，还可以办理汽车消费贷款。除此之外，可供创业者选择的银行贷款方式还有托管担保贷款、买方贷款、项目开发贷款、出口创汇贷款及票据贴现贷款等。

尽管银行贷款需要创业者提供相关的抵押、担保或保证，对于白手起家的创业者来说条件有些苛刻，但如果创业者能够提供银行规定的资料并提供合适的抵押，得到贷款并不困难。

（2）非银行金融机构贷款。非银行金融机构指以发行股票、债券、接受信用委托及提供保险等形式筹集资金，并将所筹资金运用于长期性投资的金融机构。根据法律规定，非银行金融机构包括经中国银行监督管理委员会批准设立的信托公司、企业集团财务公司、金融租赁公司、汽车金融公司、货币经纪公司、境外非银行金融机构驻华代表处、农村和城市信用合作社、典当行、保险公司及小额贷款公司等机构。创业者可以从这些非银行金融机构取得借款，筹集生产经营所需资金。

1）保单质押贷款。保险公司为了提高竞争力，为保险人提供保单质押贷款。保单质押贷款最高限额不超过保单保费积累的 70%，贷款利率按同档次银行贷款利率计息。如中国人寿保险公司的"国寿千禧理财两全保险"就具有保单质押贷款的功能。

2）实物质押典当贷款。当前，有许多典当行推出了个人典当贷款业务，借款人只要将有较高价值的物品质押在典当行就能取得一定数额的贷款。尽管典当费率要高于银行同期贷款利率，但对于急于筹集资金的创业者来说，不失为一个比较方便的筹资渠道。贷款数额一般是质押品价值的 50%~80%。

3）小额贷款公司。小额贷款公司是由自然人、企业法人与其他社会组织投资设立，不吸收公众存款，经营小额贷款业务的有限责任公司或股份有限公司，发放贷款坚持"小额、分散"的原则。小额贷款公司发放贷款时手续简单、办理便捷，当天申请基本当天就可以放款，可以快速地解决初创企业的资金需求。央行发布的最新数据显示，截至 2018 年年底，全国共有小额贷款公司 8 133 家，从业人员 90 839 人，实收资本 8 363.2 亿元，贷款余额 9 550.44 亿元。

（3）交易信贷。交易信贷指企业在正常的经营活动和商品交易中由于延期付款或预收货款所形成的企业间常见的信贷关系。企业在筹办期以及生产经营过程中，均可通过商业信用的方式筹集部分资金。如企业在购置设备或原材料、商品过程中，可以通过延期付款的方式，在一定期限内免费使用供应商所提供的部分资金；在销售商品或服务时采用预收账款的方式，免费使用客户的资金等。

（4）租赁。创业者也可以通过融资租赁的方式筹集购置设备等长期性资产所急需的资金。融资租赁是指实质上转移与资产所有权有关的全部或绝大部分风险和报酬的租赁。资产的所有权最终可以转移，也可以不转移。融资租赁是集融资与融物、贸易与技术更新于一体的新型金融业务。由于其融资与融物相结合的特点，出现问题时租赁公司可以回收、处理租赁物，在办理融资时对企业资信和担保的要求不高，非常适合中小企业融资。此外，融资租赁属于表外融资，不体现在企业财务报表的负债项目中，不影响企业的资信状况，对需要多渠道融资的中小企业非常有利。据统计，西方发达国家 25%的固定资产都来自于租赁。企业在筹建期，通过融资租赁的方式取得急需设备的使用权，解决部分资金需求，获得相当于租赁资产全部价值的债务信用，一方面可以使企业按期开业，顺利开始生产经营活动，另一方面可以解决创业初期资金紧张的局面，节约创业初期的资金支出，将用于购买设备的资金用于主营业务的经营，提高企业现金流量的创造能力；同时融资租赁分期付款的性质可以使企业保持较高的偿付能力，维持财务信誉。

（5）从其他企业融资。尽管在大多数情况下，企业是资金的需求者而不是提供者，但是对于不同行业的企业，或者在企业发展的不同时期，部分企业会有暂时的闲置资金可以对外提供，尤其是一些从事公用事业业务的企业，或者已经发展到成熟期的企业，现金流一般会比较充裕，甚至会有大量资金需要通过对外投资的方式以实现较高收益。对于有闲置资金的企业，创业者可以吸收其资金作为股权资本，也可以向这些企业借款，形成债权资本。

3. 风险投资

（1）风险投资的含义。风险投资又称为创业投资、或称风险资本，是伴随着高新技术产业的发展和创新创业活动产生的。风险投资是指将资本投入到那些具有巨大潜力和广阔市场前景的企业或机构，并承担巨大风险的活动。根据全美风险投资协会的定义，风险资本是由职业金融家投入到新兴的、迅速发展的、有巨大竞争潜力的企业中的一种权益资本，其本质内涵是"投资于创新创业企业，并通过资本经营服务培育和辅导创新创业企业，以期分享其高增长带来的长期资本增值"。风险投资以承担风险为前提，以获得最大资本增值为目的。它的目的不是对被投资企业股份的占有和控制，而是在投入的资本获得理想的增值后转让其产权并撤出该企业，进行其他的投资。

（2）风险投资的特点。风险投资的特点如下：

1）风险投资是没有担保的投资。它是以创意为基础，而不是以总资产为基础。换句话说，风险投资的基础不是货币，而是对未来的判断。风险投资就是经营想法，通过经营知识和信息引导资金流向，向未来索要财富。美国风险投资家一般着重从"市场吸引力、产品新颖性、管理能力、环境阻碍和企业家能力"五个方面进行评估，尤其要考核创业者是否具有管理水平和创业精神，考核的是高科技的未来市场。

2）风险投资是高附加值投资。风险投资是一种长期性股本投资，这种投资可以充实企业资本金，改善企业的资产负债结构。它不谋取分红，以便企业能够迅速积累资本，也不谋求控制企业。由于风险投资家自身利益和企业利益息息相关，使其不仅参与企业长期或短期发展规划、企业生产目标的测定、企业营销方案的建立，还参与企业的资本运营过程，甚至参与企业重要人员的雇佣、解聘过程，并利用他们长期积累的经验、知识和信息网络参与企业管理，为企业提供咨询服务。总之，风险投资能为企业带来比其投资的货币价值大得多的价值，即所谓增值的投资。

3）风险投资是高风险与高收益并举的投资。风险投资和传统投资不同，风险投资重点投资于高科技的种子技术、尚未起步的小企业，因而具有极大的风险性，一般有市场风险、技术风险、管理风险和财务风险四大风险。风险投资家志在管理风险、驾驭风险、追逐高风险后隐藏的高收益，虽然成功率极低，但一旦成功，则收益丰厚。

4）风险投资是以高科技中小企业为主要服务对象的投资。高新技术中小企业资金力量单薄，又无法得到银行贷款，它们十分需要资金的支持。从投资项目上讲，高科技项目是一国生产力发展、经济结构升级换代的关键。同时，由于中小企业数量巨大，其在吸纳就业、满足市场需求及繁荣一国经济方面的作用举足轻重。

在新经济时代，企业在形式上没有大和小的绝对区别，有道乃大，无道乃小。风险投资家深知，假若预见到知识经济的规律，小的会变强；逆知识经济而动，大的会变弱。因此，风险投资家判断一个企业是否有前途，首先看它是否顺应潮流。中小企业凭借自身机制的灵活性，往往能在竞争中获得先机，赢得主动，也因此易得到风险投资的关注。

5）风险投资是一种流动性小、周期长的投资。风险投资参股企业，以不流动性为特征，在相对不流动中寻求增长。从投资周期看，风险投资历时较长，且具有明显的周期性。风险投资在企业创始阶段开始投资，当新产品进入成熟期，企业经营稳定时，投资者就开始清理资产，通过股票上市和股份转让撤出投资，开始新的项目。风险投资是一种长期的流动性低的权益资本。一般情况下，风险投资不会一次性全部投入风险企业，而是随着企业的成长不断地、分期分批地投入资金。这样既可以减少风险又有助于资金周转。

6）风险投资是以"三位一体"为运作方式的投资。无论是哪个阶段的风险投资，一般都包含三方当事人,分别是投资者、风险投资公司和风险企业。资金从投资者流向风险投资公司,经过风险投资公司的筛选决策,再流向风险企业,通过风险企业的运作,资本得到增值,再回流至风险投资公司,风险投资公司再将收益回馈给投资者,构成一个资金循环。

风险资本来源于各种基金、富有的家庭和个人、银行及保险公司等,投资者本着对风险投资家个人的信赖投出资金,而这种信赖无形中会给风险投资家带来巨大压力。他们深知,一旦投资失误,再融资的可能性将趋近于零。

风险投资是以融资为首的投资与融资的有机结合,融资中有投资,投资中有融资,没有一定的投资目标或投资方向很难融到资金,很多时候,投资方向的选定是能否融到资金的关键。同样,投资当中有融资,投资的过程往往会伴随着第二轮或第三轮的融资,融资、投资机构和风险企业一道构成了不可分割的有机整体。

7)风险投资是一种与科技紧密结合在一起的投资。高科技和风险投资作为知识经济中的两大支柱产业,存在着紧密的相互推动,相互促进关系。风险投资本身即是与科技相结合的融资、投资机制。在美国,高达70%的风险资本投向高科技,尤其是信息和通信领域。风险投资为美国高科技取代传统周期性产业和经济增长做出了巨大贡献。

8)风险投资是不以经营获利而以股份转让为最终目的的投资。风险投资家的最终目的是带着丰厚的利润和显赫的功绩从风险企业退出。退出政策是风险投资公司规划中至关重要的一部分。

(3)风险投资的过程。风险投资一般有四个过程,包括融资、投资、管理和退出。首先,风投资金的来源有许多渠道,包括养老基金、保险公司、商业银行、投资银行、大公司及大学捐赠基金等。投资过程的任务就是找到一家合适的富有潜力的企业,并把融到的资金投进去。投资完成以后,风投机构就要考虑如何使其价值增值了。它提供各种服务,包括帮助被投资企业完善商业计划、公司治理结构以及帮助其获得后续融资。积极参与企业的投后管理是风险投资区别于其他投资的重要方面。而最后的退出阶段则是收益如何实现的过程。一般来说,创业资金退出创业企业有三种方式:IPO、股权转让和破产清算,前两者通常可以实现投资收益,而破产清算则是一种迫于无奈,被动形式的退出。

由于投资企业处于初级阶段,盈利能力弱,初具规模,往往难以判断其今后的发展走向,这就带来了极大的风险。通常来说,投资成功率不会超过10%。但是,一旦所投资的企业幸存下来并且持续扩大化发展,那么其带来的收益会非常诱人。盛大网络当初获得的来自软银亚洲的创业投资就是非常成功的一个例子。表3-13展示了一些国内知名风投机构。

表3-13 国内知名风投机构

机构名称	机构简介	网 址
IDG资本	IDG技术创业投资基金:最早引入中国的VC,也是迄今国内投资案例最多的VC,成功投资过腾讯、搜狐等公司。投资领域集中于软件产业、电信通信、信息电子、半导体芯片、生物科技和保健养生等	http://www.idgvc.cn
摩根士丹利	世界著名财团,投资过蒙牛等公司	http://www.morganstanley.com
软银中国创业投资有限公司	日本孙正义资本,投资过阿里巴巴、盛大等公司。投资领域集中为IT服务、软件产业、硬件产业等	http://www.sbcvc.com
高盛亚洲	著名券商,引领世界IPO潮流,投资过双汇集团等	http://www.gs.com

（4）创业者寻求风险投资的渠道。创业者获得风险投资的渠道主要有以下四种：给投资人发邮件、参加相关行业的会议或者创业训练营、请朋友帮忙介绍以及聘用投行帮助做融资。

1）给投资人发邮件。想获得风险投资最简单的方法就是给投资人发邮件，一般的风险投资机构都有自己的网站，上面有公布自己的邮箱，创业者可以将自己的创业想法或者商业计划书发到公开的邮箱中，期待能够得到投资者的关注，并最终获得投资。采用这种方式的成本最低，但效率也最低；虽然风险投资者会关注投到邮箱的邮件，但是那些递交给投资机构的商业计划书，成功融资的只有1%。

2）参加相关行业的会议或者创业训练营。这些会议或训练营中会有很多投资人，创业者可以利用茶歇或者休息的时间尽可能接触较多的风险投资者，或者接触自己感兴趣的投资者。这种方式的优点是在短时间内能够见到很多的投资者，但由于时间短，不一定有机会结识他们，另外，这种场合对创业者的说服能力要求较高。

3）请朋友帮忙介绍。如果有朋友做过融资的，或者已经得到风险投资的，可以请他们帮忙介绍，这种方式较前两者成功的概率稍大，毕竟接受过风险投资并且取得经营成功的人的介绍本身就是一种名片，投资者可以借由介绍人的介绍对创业者或创业项目有一定了解，通过对介绍人的了解对创业者给予初步的肯定。但是，这种方式接触的面可能较窄，朋友认识的投资者可能并不是我们需要的类型。

4）聘用投行帮助做融资。通过投行或融资中介的帮助寻找风险投资的成功率较高，一是它们对中国活跃的投资人很了解，能帮助创业者和投资者进行沟通；二是信誉高的投行本身就为投资者的项目成功性增加了筹码；三是投行会运用自身的经验帮助创业者挑选更合适的投资人，但是采用这种方式的成本也较高。

4．政府扶持基金

在高科技企业的创业过程中，政府会给予其一定的政策倾斜，帮助他们度过创业初期的难关，逐步发展壮大。而其中政府的帮助主要表现在对特殊企业的直接资金支持，鼓励孵化器的发展，进而为创业企业提供更好的服务。

近年来我国设置了各种资金有针对性地帮助创业企业缓解融资压力。伴随着《中小企业促进法》的出台，各级政府还专门设立了中小企业发展基金，用于中小企业创业，支持技术创新，鼓励专业化发展以及开拓国际市场等。国家扶持资金的特点是利息低，甚至免利息，偿还时间长，甚至免偿还，但是申请资金需要满足相应的条件。因此，为了成功获得该资金，创业者需要认真学习相关产业扶持政策，完善项目或者企业的整体策划方案。北、上、深、杭四市创业氛围浓厚，表3-14展示了这四个城市2017年的扶持政策。

表3-14 北、上、深、杭四市2017年创业扶持政策

城市	政 策 概 要
北京	《北京高校大学生就业创业项目管理办法》：每个创业企业支持额度不超过20万元的标准补助
	海淀区全方位的创新创业支持：符合条件的"海英人才"给予最高30万元（团队最高50万元）的奖励，连续实施三年
	东城区文化人才示范区+文化创科基金：东城区经认定的行业领军人才，每人可以获得1万~50万元的奖金奖励，还设立了6 000万元规模的文化创科基金

（续）

城市	政策概要
上海	上海市大学生创业企业信用担保基金项目：单笔担保贷款范围是 50 万元以内，期限为一年以内的流动资金贷款
	科技型中小企业技术创新基金大学生创业项目：创业基金以无偿资助的方式支持立项项目，资助额度为每个项目 20 万～40 万元
	上海市青年创业小额贷款项目：其单笔贷款金额原则上为 100 万～500 万元，贷款期限一般不超过 2 年，采用当期贷款基准利率
深圳	创业担保贷款：自主创业人员在本市的初创企业可申请创业担保贷款，个人最高贷款额度为 20 万元；合伙经营或创办的初创企业，按照每人不超过 20 万，总额不超过 200 万的额度实行"捆绑性"贷款
	初创企业补贴：按每名合伙人计发 5 000 元，合计不超过 5 万元标准给予企业初创补贴
	创业带动就业补贴：招用 3 人（含 3 人）以下的按照每人 2 000 元给予补贴；招用 3 人以上的，每增加一人给予 3 000 元补贴，总额不超过 3 万元
杭州	大学生创业无偿资助：资助毕业 5 年之内，在杭州创业的全日制高校毕业生；或者在杭州高校读书的全日制高校生 2 万～20 万元
	科技计划项目无偿资助：预算总经费 300 万，采取事前资助的方式。资助额度：8 万～20 万元
	留学生无偿资助：资助在杭州注册创业的回国留学生，最高不超过 100 万元
	"青蓝"计划项目无偿资助：在杭州注册成立的，高校、科研院所教师参与入股的科技类创业项目，不超过 100 万元

商业孵化器是由政府、大学或者其他科研机构支持的，帮助创新企业完成成果转化的一种组织形式。一般以科技园区、创业园区的形式存在，通过利用国家各项促进创新企业的政策，降低运营费用，为创新企业提供所需的服务。据相关数据显示，中国科技企业孵化器自 1987 年创办以来快速发展，尤其在 2005 年以后呈现加速发展趋势，孵化器数量由 2005 年的 500 多家增至 2017 年的 4 069 家，预计到 2020 年年底，中国的孵化器将接近 5 000 家。我国的孵化器可分为高新区系列、科技系统系列、大学科技园系列、民营孵化器系列和留学生创业园系列。想要让自己的项目入驻孵化器，首先创业者需要准备好一份精彩的商业计划书，能够将自己的创业想法准确表达出来。再重点选择几家适合自己的孵化器，不断地和孵化器负责人进行沟通，向他们展示你的创业热情、创业项目和创业团队，争取得到认可。

5. 知识产权融资

知识产权融资是一种面向高科技企业的融资方式，源自日本，在我国起步较晚，包括知识产权作价入股、知识产权抵押入股、知识产权信托和知识产权证券化等方式。

新《公司法》的修订取消了对企业设立时股东的首次出资比例以及货币出资比例的限制，使创业者知识产权筹资的比例进一步增大。用知识产权入股，首先需要对其价值进行评估，然后根据企业章程进行知识产权转移。

知识产权质押贷款是指以合法拥有的专利权、商标权、著作权中的财产权，经评估后向银行申请筹资，是商业银行积极探索的中小企业筹资途径。知识产权质押贷款仅限于借款人在生产经营中的正常资金需求，贷款期限一般为 1 年，最长不得超过 3 年；贷款额度一般控制在 1 000 万元以内，最高 5 000 万元。

知识产权信托是指以知识产权为标的的信托，知识产权权利人为了使自己所拥有的知识产权产业化、商品化，将知识产权转移给信托投资公司，由其代为经营管理，知识产权权利人获取收益的一种法律关系。

知识产权资产证券化是指发起人将能够产生可预见的稳定现金流的知识产权，通过一定的金融工具，对其中风险与收益要素进行分离和重组，进而转化为在金融市场上可以出售的流通证券的过程。

6. 企业内部资金

企业内部资金主要包括计提的折旧、提取的公积金和未分配利润等。这是企业通过经营自己形成的资本积累，其资金数额的大小取决于企业的盈利能力及利润分配政策，是企业保持持续增长能力的一种主要资金来源。通常情况下，处于种子期的企业刚刚起步，经营收入规模不大，即使收入较多，利润分配率也会比较低，甚至为零，所以，企业实现的利润大部分能留存下来，构成初创期企业资金来源的一部分，留存收益也是企业的重要筹资渠道之一。

7. 融资渠道的创新

随着社会的发展，人们不满足于传统的融资方式，做出了很多新的尝试。以下列举了几种新型的融资方式，倘若在法律允许的范围内运用得当，能够产生非常高效的融资成果。

（1）P2P。P2P（Peer to Peer）是指个人对个人之间的小额贷款，一般通过借助电子商务的专业网络平台实现。借款者通过在特定的网站上发布所需的金额、利息、还款方式及借款时间等信息，实现自助式借款，而债权人无须与债务人直接接触或有社会关系，直接根据其信用等级与相关关系进行判断是否出借资金，因而贷款效率高，无须经过繁杂的手续，准入门槛低。据浙大 AIF P2P 网贷研究组统计，截至 2015 年 12 月底，全国共有 P2P 网贷平台 3 330 家，相比于 2010 年年底的 16 家增长了 200 多倍。2015 年 12 月 28 日，银保监会连同工业和信息化部、公安部、国家互联网信息办公室等部门研究起草的《网络借贷信息中介机构活动管理暂行办法（征求意见稿）》正式发布，强调了 P2P 网贷的信息中介定位，并提出了包括不得吸收公众存款、不得设立资金池等十二项禁止性行为，意味着 P2P 行业将面临大洗牌。

P2P 融资没有地域限制，没有资金限制，债权人与债务人之间可以是完全陌生的关系，因而极大地扩大了资金的来源渠道。同时，类似于完全竞争市场，投资人可以权衡在 P2P 平台上发布的信息，做出最为明智的选择。为了吸引投资人，一般借款利率比其他方式要高。而且借款人的门槛比较低，无须大额的抵押即可实现，同时融资灵活性较高，可以在短期内迅速贷到所需金额，满足融资需求。

但同样由于缺乏监管，这一新兴的借贷方式存在诸多的风险。P2P 中的很多细节缺乏明确的法律规范。由于互联网平台可能存在遇到黑客攻击和其他网络问题，P2P 平台必然也存在风险。近年来，许多 P2P 平台的所有者将投资人的资金席卷而空，这也给 P2P 网贷行业造成了极差的声誉，导致这个行业的生存遭到了挤压。

2018 年以来，防范与化解金融风险成为"三大攻坚"任务的重要内容，P2P 作为整治的重要领域，截至 2019 年 4 月底，P2P 网贷行业正常运营平台数量下降至 973 家。

（2）众筹。众筹（Crowdfunding）具有低门槛、多样性、依靠大众力量和注重创意的特征，是指一种向群众募资以支持发起个人或组织的行为。一般是通过网络平台连接赞助者与提案者。需求方通过在社交媒体上表达自己的融资需求，吸引大众投入资金帮助企业。当然，众筹不是捐款，投入的资金一定要设有相关的回报。筹资项目必须在预设时间内筹得所需资金才算成功，否则须将所筹得的资金返还给支持者。

由于门槛低，从项目的发起来看，众筹基本没有或者只有很低的要求，只要是有想法、有创造力的项目都可以通过众筹发起筹资。另外，众筹涉及的风险基本上可以忽略，既不会有还款压力，也不会出让股权，并且众筹本身就是营销手段，可提高企业的知名度，建立人际网络。

如果觉得自己的项目足够好，能够吸引公众的注意，那么尝试一下众筹可能会有意外的收获。当然如果创业者的筹资量过大，又或者从发起到回报收益的时间过长，那么很可能无法吸引到资金。

在现实运用中，众筹一共分为四种，即公益众筹、奖励众筹、债权众筹及股权众筹。公益众筹是不要求物质回报的，以精神回报为主，比如一个项目是为了传承被人们遗忘的非物质文化遗产的，那么很多人会出于情怀而为其投资；奖励众筹的回报形式以实物、服务为主；债权众筹则是把收集到的资金当作贷款，并提供比较高的利率水平；股权众筹是以资金换股数，从而获得长期收益。由于众筹近年来才进入人们的视野，这也使众筹领域尚无明确的界定和规范。尽管股权众筹十分火热，但相关的法律、法规尚未完善，极易触碰法律的"红线"。

（3）创投租赁。创投租赁，是债权融资和股权融资的有机组合，是租赁公司以租金和认股权作为投资回报，为处在初创期和成长期的企业提供租赁服务的一种创新形式。在满足科技企业融资需求的同时，不会过分稀释创业团队的权益。鉴于我国目前的融资租赁行业，主流模式还是以信贷理念为导向，这样的理念无法满足成长型企业的融资需要，导致大量处于创业期的科技企业得不到发展初期所需的资产，形成市场上的资产错配。于是，在2016年年初的银保监会工作会议上，投贷联动被列为银保监会支持创新创业的一项重要举措。2016年4月21日，银保监会、科技部和央行三部委联合印发《关于支持银行业金融机构加大创新力度开展科创企业投贷联动试点的指导意见》，明确投贷联动业务将在全国10家银行中进行小范围试点。

目前，市场上已经探索出的一些创投租赁模式有认股权模式、"租赁+股权"模式、租赁公司和投资机构联合的创投模式等。

（4）双创债。为了完善多层次资本市场，为科技类创新创业及绿色环保类公司提供多渠道融资工具，证监会大力支持推动"双创债、绿色债"。2016年3月，在中国证监会的指导下，上海证券交易所挂牌发行了全国首批创新创业公司债券，发行人分别为方林科技、金宏气体及普滤得（三家企业进入新三板创新层），由东吴证券承销发行，债券规模分别为2 000万元、3 000万元和1 000万元，期限均为一年，发行利率为5.35%。这三只公司债券的发行，打响了创新创业公司债券的第一枪。2017年2月，北京广厦网络技术股份公司创新创业公司债券（17广厦债）在上交所成功发行，成为中关村首支试点债券。

由于双创公司债仍处于试点阶段，首批试点区域只包括国家级自主创新示范区和"双创区"区域示范基地。

综上所述，企业的融资渠道可以分为内源融资与外源融资两种。内源融资主要依靠企业内部产生的现金流量来满足企业生产经营、投资活动的新增资金需求，以企业留存的税后利润和计提折旧形成的资金作为资金来源，也包括企业内部资源从低效率部门向高效率部门的重新配置。内源融资一般在企业内部进行，对企业资本的形成具有原始性、自主性、低成本性和低风险性，是企业生存和发展的重要组成部分。内源融资不需要实际对外支付利息和股息，不发生融资费用，不减少企业的现金流量，使得内源融资的成本远远低于外源融资，因此是企业首选的一种融资方式。企业内源融资能力的大小取决于企业的利润水平、净资产规模和投资者预期等因素，只有当内源融资无法满足企业资金需要时，企业才会转向外源融资。外源融资是指从企业外部获得资金，即通过一定方式向企业之外的其他经济主体筹集资金。我国企业外源融资的主要方式有吸收直接投资、发行股票、向银行借款、利用商业信用、发行公司债券、融资租赁及杠杆收购等。其中，利用前两种方式筹集的资金为权益资金，利用后五种方式融集的资金为负债资金。外源融资具有高效性、有偿性、高风险性及不稳定性等特点。

【思考题】

1. 如何理解创业企业筹资的重要性？
2. 请简要说明创业企业筹资的过程。
3. 融资渠道与融资方式各有哪些？两者之间是什么关系？

【案例分析题】

3W 咖啡——会籍式众筹

互联网分析师许单单这两年风光无限，从分析师转型成为知名创投平台 3W 咖啡的创始人。3W 咖啡采用的是众筹模式，向社会公众进行资金募集，每人 10 股，每股 6 000 元，相当于每人 6 万元。那时正是微博最火热的时候，很快 3W 咖啡汇集了很多知名投资人、创业者及企业高级管理人员，其中包括沈南鹏、徐小平及曾李青等数百位知名人士，股东阵容堪称华丽，3W 咖啡引爆了中国众筹式创业咖啡在 2012 年的流行。

几乎每个城市都出现了众筹式的 3W 咖啡。3W 很快以创业咖啡为契机，将品牌衍生到了创业孵化器等领域。

3W 的游戏规则很简单，不是所有人都可以成为 3W 的股东，也就是说不是你有 6 万元就可以参与投资，股东必须符合一定的条件。3W 强调的是互联网创业和投资圈的顶级圈子。而没有人是会为了 6 万元未来可以带来的分红来投资的，3W 给股东的价值回报更多是圈子和人脉价值。创业者花 6 万元就可以认识大批同样优秀的创业者和投资人，既有人脉价值，也有学习价值。很多顶级企业家和投资人的智慧不是区区 6 万元就可以买到的。

其实会籍式众筹股权俱乐部在英国的 M1NT Club 也表现得淋漓精致。M1NT 在英国有很多明星股东会员，并且设立了诸多门槛，曾经拒绝过著名球星贝克汉姆，理由是当初小贝在皇马踢球，常驻西班牙，不常驻英国。后来 M1NT 在上海开办了俱乐部，也吸引了上海地区的 500 位富豪股东。

讨论题：

1．什么是众筹？
2．众筹融资有何风险？
3．3W 咖啡的众筹成功说明了什么？

第 4 章

创业企业资本成本与资本结构

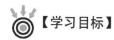
【学习目标】

通过本章的学习,了解企业资本成本的涵义与作用,掌握创业企业资本成本的特点;学会资本成本的计算与应用;理解资本结构理论,掌握资本结构的决策原理与应用。

4.1 创业企业资本成本

资本成本是企业融资管理的重要依据,也是企业资本结构决策的基本因素之一。创业企业的资金来源受到企业不同生命周期与发展阶段的影响,不同的生命周期融资成本不同,资本结构也存在差异,本章在描述通用资本成本及资本结构相关理论与原理的基础上结合创业企业的实际,分析创业企业资本成本与资本结构的特点。

4.1.1 资本成本的概念和内容

1. 资本成本的概念

资本成本是企业为筹集和使用资本而承付的代价,如筹资企业向银行支付的借款利息和向股东支付的股利等。这里的资本是指企业筹集的长期资本,包括股权资本和长期债务资本。从投资者的角度看,资本成本也是投资者要求的必要报酬或最低报酬。在市场经济条件下,资本是一种特殊的商品,企业通过各种筹资渠道,采用各种筹资方式获得的资本往往是有偿的,需要承担一定的成本。

2. 资本成本的内容

资本成本从绝对量的构成来看,包括筹资费用和用资费用两部分。筹资费用是指企业在筹集资本活动中为获得资本而付出的费用,如向银行支付的借款手续费,因发行股票、债券而支付的发行费用等。与用资费用不同,筹资费用通常在筹资时一次性全部支付,在获得资本后的用资过程中不再发生,因而属于固定性资本成本,可视为对筹资额的一项扣除。用资费用是指企业在生产经营和对外投资活动中因使用资本而承付的费用,如向债权人支付的利息，向股东分配的股利等。用资费用是资本成本的主要部分。长期资本的用资费用是经常性的，并随使用资本数量的多少和时期的长短而变动，因而属于变动性资本成本。

资金成本可以用绝对数表示，也可以用相对数来表示，后者为使用费用与筹得的资本之间的比率。其计算公式表示为：

$$K = \frac{D}{P-F} \tag{4-1}$$

或

$$K = \frac{D}{P(1-f)} \tag{4-2}$$

式中　K——资金成本，以百分率表示；
　　　D——使用费用或用资费用；
　　　P——筹资数额；
　　　F——筹资费用；
　　　f——筹资费用率，即筹资费用与筹资数额的比率。

式（4-1）中，分母"$P-F$"至少有三层含义：

（1）筹资费用属一次性费用，不同于经常性的用资费用，因而不能用$(D+F)/P$来代替$D/(P-F)$。

（2）筹资费用是在筹资时支付的，可视作筹资数量的扣除额，即筹资净额为"$P-F$"。

（3）用分式$D/(P-F)$而不用D/P，表明资金成本同利息率或股利率在含义上和在数量上的差别。

资本成本有多种形式：在比较各种筹资方式时，使用个别资本成本，例如长期借款成本、债券成本、股票成本等；在企业全部资本结构决策时，使用综合资本成本；在追加筹资决策时，还可以使用边际资本成本。

4.1.2　资本成本的作用

资本成本是企业财务管理的一个重要概念，国际上将其列为一项"财务标准"。资本成本在许多方面都可加以应用，主要用于筹资决策和投资决策。

1. 资本成本在企业筹资决策中的作用

资本成本是企业选择资金来源、拟定筹资方案的依据。不同的资金来源，具有不同的成本。为了以较少的支出取得企业所需资金，就必须分析各种资本成本的高低，并加以合理配置。资本成本对企业筹资决策的影响主要有以下几个方面：

（1）资本成本是影响企业筹资总额的重要因素。随着筹资数额的增加，资本成本不断变化。当企业筹资数额很大，资金的边际成本超过企业承受能力时，企业便不能再增加筹资数额。因此，资本成本是限制企业筹资数额的一个重要因素。

（2）资本成本是企业选择资金来源的基本依据。企业的资金可以从许多方面来筹集，就长期借款来说，可以向商业银行借款，也可向保险公司或其他金融机构借款，还可向政府申请借款。企业究竟选用哪种来源，首先要考虑的因素就是资金成本的高低。

（3）资本成本是企业选用筹资方式的参考标准。企业可以利用的筹资方式是多种多样的，企业在选用筹资方式时，需要考虑的因素很多，但必须考虑资本成本这一经济标准。

（4）资本成本是确定最优资金结构的主要参数。不同的资金结构，会给企业带来不同的风险和成本，从而引起股票价格的变动。在确定最优资金结构时，企业考虑的因素主要有资本成本和财务风险。

资本成本并不是企业筹资决策中所要考虑的唯一因素。企业筹资还要考虑财务风险、资金期限、偿还方式、限制条件等。但资本成本作为一项重要的因素，直接关系到企业的经济效益，是筹资决策时需要考虑的一个首要问题。

2．资本成本在企业投资决策中的作用

资本成本是评价投资项目、比较投资方案和做出追加投资决策的主要经济指标，在企业评价投资项目的可行性、选择投资方案时有着重要作用。

（1）在计算投资评价指标净现值指标时，常以资本成本作折现率。当净现值为正时，投资项目可行；反之，则该项目不可行。因此，采用净现值指标评价投资项目时，离不开资本成本。

（2）在利用内部收益率指标进行项目可行性评价时，一般以资本成本作为基准收益率。即只有当投资项目的内部收益率高于资本成本时，投资项目才可行；反之，投资项目不可行。因此，国际上通常将资本成本视为投资项目的"最低收益率"或是否采用投资项目的取舍率，是比较、选择投资方案的主要标准。

4.1.3 影响资本成本高低的因素

1．资金时间价值

资金时间价值是资金成本的一个重要组成部分。资金所有者从资金使用者（企业）处所获得的报酬中包含资金的时间价值，企业使用资金获得的报酬至少应能补偿资金的时间价值。一般而言，使用资金的时间越长，时间价值越大，资金成本也就越高。

2．风险价值

风险价值是资金成本的另一重要组成部分。资金使用者信用的好坏、运用资金投资的项目的风险大小等直接影响到资金所有者的风险，因而其要求的风险报酬高低直接影响到企业使用资金的成本。一般认为，信用等级越高，信誉越好的企业的风险越小，投资者所要求的风险报酬也越小，从而会降低企业的资本成本。

3．通货膨胀水平

物价上涨会影响到利率水平，从而增加资金所有者对报酬的期望，进而直接影响到资本成本的高低。一般情况下，通货膨胀率越高，则资本成本就越高。

4．所得税率高低

由于债务的利息可以在税前列支，因而所得税率的高低直接影响运用负债筹资的企业的资本成本大小。所得税率高，企业负担的资本成本就低；反之，如果所得税率较低，则企业实际负担的资本成本就高。

5．信息的不完全和不对称性

资本成本中筹集资金的成本与使用资金的成本在个别资金成本中的比例与经济的市场

化程度有密切的关系。在市场经济不发达、金融市场发育不成熟时,由于信息的不完全(收集信息本身需要付代价)和不对称性,信息成本和交易成本会上升,从而资金成本中的筹资成本会较高。相反,如果市场经济特别是金融市场,信息传递相当发达时,则筹资成本中的信息成本和交易成本会有所下降。

4.1.4 个别资本成本的计算

个别资本成本是指各种不同形态的长期资金的成本,如长期借款成本、公司债券成本、留存收益成本、优先股成本和普通股成本等。前两者可统称为负债资本成本,后三者统称为股权资本成本。

1. 长期借款成本

长期借款成本包括借款利息和筹资费用。由于借款利息计入税前成本费用,可以起到抵税的作用,因此,一次还本、分期付息的借款成本可用下列公式计算:

$$K_L = \frac{I_t(1-T)}{L(1-F_L)} \tag{4-3}$$

式中 K_L——长期借款成本;
I_t——长期借款年利息;
T——所得税率;
L——长期借款筹资额;
F_L——长期借款筹资费率。

上式也可以改写为:

$$K_L = \frac{R_L(1-T)}{1-F_L} \tag{4-4}$$

式中 R_L——长期借款的利率。

当长期借款的筹资费(主要是借款的手续费)很小时,也可忽略不计。即:

$$K_L = R_L(1-T) \tag{4-5}$$

【例 4.1】某创业企业取得 8 年期的长期借款 1 000 万元,年利率为 12%,每年付息一次,到期一次还本,筹资费率为 0.5%,企业所得税率为 25%。则该项长期借款的资本成本为:

$$K_L = \frac{1\,000 \times 12\% \times (1-25\%)}{1\,000 \times (1-0.5\%)} = 9.47\%$$

上述计算长期借款资本成本的方法比较简单,但没有考虑货币的时间价值,实务中还有根据现金流量计算长期借款成本的,其公式为:

$$L(1-F_L) = \sum_{t=1}^{n} \frac{I_t}{(1+K)^t} + \frac{P}{(1+K)^n} \tag{4-6}$$

$$K_L = K(1-T) \tag{4-7}$$

式中 P——第 n 年年末偿还的本金;
K——所得税前的长期借款资金成本;
K_L——所得税后的长期借款资金成本。

式（4-6）中等号左边是借款的实际现金流入，等号右边是借款引起的未来现金流出的现值总额，由各年利息支出的年金现值之和加上到期本金的复利现值而得。这实际上是将长期借款的资金成本看成是使用这一借款的现金流入等于其现金流出的贴现率。具体运用时，先通过式（4-6），采用内插法求出借款的税前资金成本，再通过式（4-7）将借款的税前资本成本调整为税后资本成本。

【例 4.2】 仍用上例资料，使用考虑货币时间价值的方法，该项借款的资本成本计算如下：

根据式（4-6）先计算税前借款成本：

$$1\,000 \times (1-0.5\%) = \sum_{t=1}^{n} \frac{1\,000 \times 12\%}{(1+K)^t} + \frac{1\,000}{(1+K)^8}$$

查附录系数表可得，$(P/A, 12\%, 8)=4.967\,6$；$(P/F, 12\%, 8)=0.403\,9$。代入上式：

$$1\,000 \times 12\% \times 4.967\,6 + 1\,000 \times 0.403\,9 - 995 = 5.012（万元）$$

5.012 万元大于 0，应提高贴现率再试。

查附录系数表可得，$(P/A, 14\%, 8)=4.638\,9$；$(P/F, 14\%, 8)=0.350\,6$。代入上式：

$$1\,000 \times 12\% \times 4.638\,9 + 1\,000 \times 0.350\,6 - 995 = -87.732（万元）$$

-87.732 万元小于 0，用插值法求税前借款资本成本：

$$12\% + \frac{5.012}{5.012+87.732} \times (14\%-12\%) = 12.11\%$$

然后，计算税后资本成本：

$$K_L = 12.11\% \times (1-25\%) = 9.08\%$$

2. 公司债券成本

债券成本中的利息亦在所得税前列支，但发行债券的筹资费用一般较高，在确定债券成本时应考虑发行债券的筹资费用。债券的筹资费用即债券发行费用，包括申请发行债券的手续费、债券注册费、印刷费、上市费以及推销费用等。其中有些费用按一定的标准（定额或定率）支付，有些费用并无固定的标准。

债券的发行价格有平价（或等价）、溢价、折价三种。债券利息按面额（即本金）和票面利率确定，但债券的筹资额应按具体发行价格计算，以便正确计算债券成本。债券成本的计算公式为：

$$K_b = \frac{I_b(1-T)}{B(1-F_b)} \tag{4-8}$$

式中　K_b——债券成本；

　　　I_b——债券年利息；

　　　T——企业所得税税率；

　　　B——债券筹资额，按发行价格确定；

　　　F_b——债券筹资费用率。

【例 4.3】 某创业企业发行总面额为 800 万元的债券 1 000 张，总价格为 900 万元，票面利率为 12%，发行费用占发行价格的 5%。企业所得税税率为 25%。则该债券成本可计算如下：

$$\frac{800 \times 12\% \times (1-25\%)}{900 \times (1-5\%)} = 8.42\%$$

本例中的债券是以溢价发行的。如果按等价发行，则债券成本为 9.47%；如果按折价发行，总价为 720 万元，则债券成本为 10.53%。计算从略。

上述计算债券成本的方法，同样没有考虑货币时间价值，如果将货币时间价值考虑在内，债券成本的计算与长期借款成本的计算一样，这里不再赘述。

在实际中，由于债券利率水平通常高于长期借款的利率水平，同时债券发行费用较多。因此，债券成本一般高于长期借款成本。

3. 留存收益成本

留存收益是企业缴纳所得税后形成的，其所有权属于股东。股东将这一部分未分派的税后利润留存于企业，实质上是对企业追加投资。如果企业将留存收益用于再投资所获得的收益率低于股东自己进行另一项风险相似的投资的收益率，企业就不应该保留留存收益而应将其分派给股东。

留存收益成本的估算难于债务成本，这是因为很难对诸如企业未来发展前景及股东对未来风险所要求的风险溢价等方面做出准确的测定。计算留存收益成本的方法很多，主要有以下三种：

（1）股利增长模型法。股利增长模型法是依照股票投资的收益率不断提高的思路计算留存收益成本。一般假定收益以固定的年增长率递增，则留存收益成本的计算公式为：

$$K_S = \frac{D_c}{P_c} + g \tag{4-9}$$

式中　K_S——留存收益成本；
　　　D_c——预期年股利额；
　　　P_c——普通股市价；
　　　g——普通股利年增长率。

【例 4.4】某企业普通股目前市价为 20 元，估计年增长率为 5%，本年发放股利 1 元，则：

$$D_c = 1 \times (1+5\%) = 1.05$$
$$K_S = 1.05/20 + 5\% = 10.25\%$$

（2）资本资产定价模型法。按照资本资产定价模型法，留存收益成本的计算公式则为：

$$K_S = R_S = R_F + \beta(R_m - R_F) \tag{4-10}$$

式中　R_F——无风险报酬率；
　　　β——股票的贝塔系数；
　　　R_m——股票平均风险必要报酬率。

【例 4.5】某期间市场无风险报酬率为 10%，平均风险股票必要报酬率为 16%，某企业普通股 β 值为 1.5。留存收益的成本为：

$$K_S = 10\% + 1.5(16\% - 10\%) = 19\%$$

（3）风险溢价法。根据某项投资"风险越大，要求的报酬率越高"的原理，普通股股东对企业的投资风险大于债券投资者，因而会在债券投资者要求的收益率上再要求一定的

风险溢价。依照这一理论,留存收益的成本公式为:

$$K_S = K_b + \mathrm{RP}_c \tag{4-11}$$

式中　K_b——债务成本;

　　　RP_c——股东比债权人承担更大风险所要求的风险溢价。

债务成本(长期借款成本、债券成本等)比较容易计算,难点在于确定 RP_c,即风险溢价。风险溢价可以凭借经验估计。一般认为,某企业普通股风险溢价对其自己发行的债券来讲,大约在 3%~5% 之间,当市场利率达到历史性高点时,风险溢价通常较低,在 3% 左右;当市场利率处于历史性低点时,风险溢价通常较高,在 5% 左右;而通常情况下,常采用 4% 的平均风险溢价。这样,留存收益成本则为:

$$K_S = K_b + 4\%$$

例如,对于债券成本为 10% 的企业来讲,其留存收益成本为:

$$K_S = 10\% + 4\% = 14\%$$

4. 优先股成本

企业发行优先股筹资需支付发行费用,优先股股利通常是固定的。因此,优先股成本可按下列公式计算:

$$K_P = \frac{D_P}{P_P(1 - F_P)} \tag{4-12}$$

式中　K_P——优先股成本;

　　　D_P——优先股年股利;

　　　P_P——优先股筹资额;

　　　F_P——优先股筹资费用率。

其中,优先股筹资额应按优先股的发行价格确定。

【例 4.6】 某股份有限公司发行优先股总面额为 200 万元,总价为 250 万元,筹资费用率为 6%,规定年股利率为 15%。则优先股成本计算如下:

$$K_P = \frac{200 \times 15\%}{250 \times (1 - 6\%)} = 12.8\%$$

当企业破产清算时,优先股持有人的求偿权在债券持有人之后,故其风险大于债券,因而优先股所要求的报酬一般要高于债券。另外,由于优先股股利在税后支付,而债券利息在税前支付。因此,优先股成本明显高于债券成本。

5. 普通股成本

与优先股不同,普通股的股利一般不是固定的,通常是逐年增长的。普通股成本的确定方法与留存收益成本计算基本相同,只是增加了筹资费用。这里的普通股是指企业新发行的普通股,普通股成本可以按照前述股利增长模式的思路计算,但需调整发行新股时发生的筹资费用对资本成本的影响。即如果每年以固定比率 g 增长,第一年股利为 D_c,则第二年为 $D_c(1+g)$,第三年为 $D_c(1+g)^2$,…,第 n 年为 $D_c(1+g)^{n-1}$。因此,普通股成本的计算公式经推导可简化为:

$$K_c = \frac{D_c}{P_c(1 - F_c)} + g \tag{4-13}$$

式中　K_c——普通股成本；
　　　P_c——普通股筹资额；
　　　F_c——普通股筹资费用率。

【例 4.7】某股份有限公司发行普通股总价格 1 000 万元，筹资费用率为 5%，第一年股利率为 12%，以后每年增长 6%。普通股成本为：

$$K_c = \frac{1\,000 \times 12\%}{1\,000(1-5\%)} + 6\% = 18.6\%$$

普通股与留存收益都属于所有者权益，股利的支付不固定。企业破产后，股东的求偿权位于最后，与其他投资者相比，普通股股东所承担的风险最大。因此，普通股的报酬也应最高。所以，在各种资金来源中，普通股的成本最高。

4.1.5　综合资本成本的计算

由于受多种因素的制约，企业不可能只使用某种单一的筹资方式，往往需要通过多种方式筹集所需资金。为进行筹资决策，企业就要计算确定全部长期资本的总成本——加权平均资本成本。加权平均资本成本一般是以各种资金占全部资金的比重为权数，对个别资本成本进行加权平均确定的，通常也称为综合资本成本。其计算公式为：

$$K_W = \sum_{j=1}^{n} K_j W_j \tag{4-14}$$

式中　K_W——加权平均资本成本；
　　　K_j——第 j 种个别资本成本；
　　　W_j——第 j 种个别资本占全部资本的比重，即权数。

在个别资本成本已确定的情况下，取得企业各种资金占全部资金的比重后，即可计算企业的加权平均资本成本。一般来说，权数的确定有三种方法：

（1）按账面价值确定。即直接按照各种资金来源的账面价值计算，其最大的优点是资料容易取得。但当资本的账面价值与市场价值差别较大时，如股票、债券的市场价格发生较大变动，计算结果会与实际有较大的差距，从而贻误筹资决策。

（2）按市场价值确定。市场价值权数指债券、股票以市场价格确定的权数。这样计算的加权平均资本成本能反映企业目前的实际情况。同时，为弥补证券市场价格变动频繁所带来的不便，也可选用平均价格。

（3）按目标价值确定。目标价值权数是指债券、股票以未来预计的目标市场价值确定的权数。这种权数能体现期望的资本结构，而不是像账面价值权数和市场价值权数那样只反映过去和现在的资本结构，所以按目标价值权数计算的加权平均资本成本更适用于企业筹措新资金。然而，企业很难客观合理地确定证券的目标价值，所以这种计算方法不易推广。

下面通过一个例子来分别说明按三种方法确定权数的加权平均资本成本的计算。

【例 4.8】新星股份有限公司各项长期资金来源如表 4-1 所示，其个别资金成本已经算出并列于表 4-1 中。

表 4-1　加权平均资本成本计算的有关资料表　　　　（金额单位：万元）

资本来源方式	个别资本成本（%）	账面价值		市场价值		目标价值	
		金额	比重（%）	金额	比重（%）	金额	比重（%）
长期借款	5	150	15	150	10	400	20
公司债券	6	200	20	180	12	500	25
优先股	12	100	10	75	5	300	15
普通股	16	300	30	645	43	600	30
留存收益	15	250	25	450	30	200	10
合　计	—	1 000	100	1 500	100	2 000	100

三种权数确定方法下的加权平均资本成本计算如下：

（1）采用账面价值计算权数时：

K_W=15%×5%+20%×6%+10%×12%+30%×16%+25%×15%=11.7%

（2）采用市场价值计算权数时：

K_W=10%×5%+12%×6%+5%×12%+43%×16%+30%×15%=13.2%

（3）采用目标价值计算权数时：

K_W=20%×5%+25%×6%+15%×12%+30%×16%+10%×15%=10.6%

4.1.6　边际资本成本

1. 边际资本成本的概念

边际资本成本是指每增加一个单位的筹资额而增加的成本。这是财务管理中的重要概念，也是企业筹资、投资过程中必须加以考虑的问题。

加权平均资本成本，是企业过去筹集的或目前使用的资金的成本。但是，企业各种资本的成本，是随时间的推移或筹资条件的变化而不断变化的，加权平均资本成本也不是一成不变的。企业无法以某一固定的资本成本来筹集无限的资金，当筹集的资金超过一定限度时，原来的资本成本就会增加。一个企业进行投资，也不能仅仅考虑目前所使用的资本的成本，还要考虑未来为投资项目新筹集的资本的成本，这就需要计算资本的边际成本。

资本的边际成本需要采用加权平均法计算，其权数应为市场价值权数，不应使用账面价值权数。

2. 边际资本成本的计算和应用

现举例说明资本边际成本的计算。

【例 4.9】某企业现有长期资金 1 000 万元，其中长期借款 250 万元，优先股 150 万元，普通股 600 万元。出于扩大经营规模的需要，企业拟筹集新资金。则筹集新资金的成本可按下列步骤确定：

（1）确定目标资本结构。假定该企业财务人员经过分析后所确定的增加筹资后的目标资本结构，仍保持目前的资本结构，即长期借款占 25%，优先股占 15%，普通股占 60%。

（2）确定各种资本的成本。该企业财务人员通过对资本市场状况和本企业筹资能力的分析，认为随着企业规模的扩大，各种资本的成本也会发生变动，如表 4-2 所示。

表 4-2　筹资范围及资本成本预测

资本种类	目标资本结构	新筹资额	资金成本
长期借款	25%	50 000 元以内	5%
		50 000 ~ 100 000 元	6%
		100 000 元以上	7%
优先股	15%	150 000 元以内	9%
		150 000 ~ 300 000 元	10%
		300 000 元以上	11%
普通股	60%	300 000 以内	13%
		300 000 ~ 600 000 元	14%
		600 000 元以上	15%

（3）计算筹资突破点。由表 4-2 可知，以一定的资本成本率只能筹到一定限额的资金；超过这一限额就要提高资本成本率，引起原有资本成本率的变化。于是，保持在一定资本成本率下可筹集到的资本限额，就被称为筹资突破点。在筹资突破点范围内筹资，原来的资本成本率不会改变；一旦筹资额超过筹资突破点，即使维持现有的资本结构，其资本成本率也会增加。筹资突破点的计算公式为：

$$筹资突破点 = \frac{可用某一特定成本筹集到的某种金额}{该种资金在资本结构中的比重}$$

仍沿用【例 4.9】的资料，在以 5%的资本成本取得的长期借款筹资限额为 50 000 元时，其筹资突破点为：50 000/25%=200 000（元）。

当企业采用长期借款方式筹集资金时，可筹集到 200 000 元资金，其中 50 000 元由长期借款形成，30 000 元由优先股形成，120 000 元由普通股形成。这样不会改变其目标资本结构。按此方法，资料中各种情况下的筹资突破点的计算结果如表 4-3 所示。

表 4-3　筹资突破点计算表

资本种类	资本结构	资金成本	新筹资的数量范围	筹资突破点
长期借款	25%	5%	50 000 元以内	200 000 元
		6%	50 000 ~ 100 000 元	400 000 元
		7%	100 000 元以上	—
优先股	15%	9%	150 000 元以内	1 000 000 元
		10%	150 000 ~ 300 000 元	2 000 000 元
		11%	300 000 元以上	—
普通股	60%	13%	300 000 元以内	500 000 元
		14%	300 000 ~ 600 000 元	1 000 000 元
		15%	600 000 元以上	—

（4）计算边际资本成本。根据上一步骤计算出的筹资突破点，可以列出下列六组新的筹资总额范围：①200 000 元以内；②200 000 ~ 400 000 元；③400 000 ~ 500 000 元；④500 000 ~ 1 000 000 元；⑤1 000 000 ~ 2 000 000 元；⑥2 000 000 元以上。对这六组筹资范围分别计算其综合资本成本，就是随着筹资额增加而增加的边际资本成本，如表 4-4 所示。

表 4-4 边际资本成本计算表

筹资总额范围	资金种类	资本结构	资金成本	边际资金成本（合计）
20 万元以内	长期借款	25%	5%	25%×5%=1.25%
	优先股	15%	9%	15%×9%=1.35%
	普通股	60%	13%	60%×13%=7.8%（10.4%）
20 万~40 万元	长期借款	25%	6%	25%×6%=1.5%
	优先股	15%	9%	15%×9%=1.35%
	普通股	60%	13%	60%×13%=7.8%（10.65%）
40 万~50 万元	长期借款	25%	7%	25%×7%=1.75%
	优先股	15%	9%	15%×9%=1.35%
	普通股	60%	13%	60%×13%=7.8%（10.9%）
50 万~100 万元	长期借款	25%	7%	25%×7%=1.75%
	优先股	15%	9%	15%×9%=1.35%
	普通股	60%	14%	60%×14%=8.4%（11.5%）
100 万~200 万元	长期借款	25%	7%	25%×7%=1.75%
	优先股	15%	10%	15%×10%=1.5%
	普通股	60%	15%	60%×15%=9%（12.25%）
200 万元以上	长期借款	25%	7%	25%×7%=1.75%
	优先股	15%	11%	15%×11%=1.65%
	普通股	60%	15%	60%×15%=9%（13.4%）

根据表 4-4 所计算出的边际资本成本，企业即可做出最佳筹资规划。

4.2 创业企业资本结构

4.2.1 资本结构基本概念

企业的资本结构是指各种资本的构成及比例关系。企业资本结构有很多不同的表现形式，我们一般用资产负债表来表示，将资本结构分为纵向结构和横向结构。纵向结构是指资产负债表的右侧即负债与权益中各类资本的构成关系。纵向结构又分为产权结构和时间结构。产权结构是指负债和所有者权益的比例，它们属于两种不同性质的产权。时间结构是指企业的资本在企业停留的时间是不同的，从时间上我们以一年时间为限，将资本在企业内停留的时间短于一年的称为短期资本，将在企业内停留时间超过一年的称为长期资本。短期资本主要是指流动性的负债，比如银行借款、应付账款等；长期资本包含长期的债务资本和权益资本。所以时间结构就是短期资本占总资本的比重和长期资本占总资本的比重，具体如图 4-1 所示。

图 4-1 资本结构示意图

考察资本结构的意义在于其不仅影响企业的财务风险，比如短期资本由于在企业时间只有一年以内，即短期的流动负债在一年以内要归还，如果不能按期归还会给企业造成财务上的压力和风险，甚至引发破产清算；而且还会进一步影响企业的价值，体现为负债带来的正效应和负债带来的负效应。负效应是指对企业价值的一些减损，而正效应主要体现在两个方面。一方面是由于债务资本的利息是在所得税前扣除的，所以相比于权益资本，它有节约所得税的作用。债务越多，利息越多，抵消的所得税就越多，对企业而言，它增加的企业价值就越多。另一方面是相对于股东而言的，当企业进行负债经营时，由于债务的利息是固定的，债务越多，给企业带来的税后收益越多，因此给股东带来一定的超额收益，也可以称为财务杠杆的利益。负债的负效应主要表现在三个方面，一是股东的超额损失，它是指当债务的资本成本高于企业的投资收益的时候，企业经营所带来的收益不足以支付债务所带来的利息，这时候就需要股东额外拿出股东的收益来贴补利息，因此会给股东带来超额的损失，这种也成为财务杠杆的损失。二是负债带来代理成本，由于引入债务资本，而债权人并不直接参与企业的经营决策，从而形成了企业与债权人之间的代理问题。为了加强对代理问题的监管和处理，债权人自然会提高债务的成本，从而引发企业价值的减损，这就称为代理成本。三是财务拮据成本，当负债达到一定程度，会引发企业外部的其他利益关系对企业未来持续经营能力的质疑，如果企业负债太高，其供应商在进行商业信用评估时，会不愿意过多地增加债务，从而会对企业日常经营活动中的现金产生影响，出现资金短缺，导致营运成本的增加。因此我们要合理地进行负债的安排，保持正常的资本结构，只有这样才能够既享受负债的正效应，又能够在一定程度上控制它的负效应，从而使企业的价值达到最大。

4.2.2 资本结构基本理论

资本结构理论是关于企业资本结构、企业综合资本成本率与企业价值三者之间关系的理论。它是企业财务理论的核心内容之一，也是资本结构决策的重要理论基础。从资本结构理论的发展来看，主要有早期资本结构理论，MM 资本结构理论和新的资本结构理论。在现实中，资本结构是否影响企业价值这一问题一直存有争议，故被称为"资本结构之谜"。

1. 早期资本结构理论

早期的资本结构理论主要有以下三种观点：

（1）净收益观点。这种观点认为，在企业的资本结构中，债务资本的比例越高，企业的净收益或税后利润就越多，从而企业的价值就越高。按照这种观点，企业获取资本的来源和数量不受限制，并且债务资本成本率和股权资本成本率都是固定不变的，不受财务杠杆的影响。由于债务的投资报酬率固定，债务人有优先求偿权，因此债务投资风险低于股权投资风险，债务资本成本率一般低于股权投资成本率。因此，企业的债务资本越多，债务资本比例越高，综合资本成本率就越低，从而企业的价值就越大。净收益观点下的资本结构与资本成本率和企业价值的关系如图 4-2 所示。

这是一种极端的资本结构理论观点。这种观点虽然考虑到财务杠杆利益，但忽略了财务风险。很明显，如果企业的债务资本过多，债务资本比例过高，财务风险就会很大，企业的综合资本成本率就会上升，企业的价值反而有所下降。

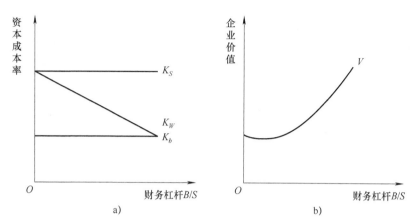

图 4-2 净收益观点下的资本结构与资本成本率和企业价值的关系示意图
a）资本结构与资本成本率关系　b）资本结构与企业价值关系

（2）净营业收益观点。这种观点认为，在企业的资本结构中，债务资本的多少以及比例的高低，与企业的价值没有关系。按照这种观点，企业的债务资本成本率是固定的，但股权资本成本率是变动的，企业的债务资本越多，企业的财务风险就越大，股权资本成本率就越高。经加权平均计算后，企业的综合资本成本率不变，是一个常数。因此，资本结构与企业价值无关。从而，决定企业价值的真正因素应该是企业的净营业收益。净营业收益观点下的资本结构与资本成本率和企业价值的关系如图 4-3 所示。

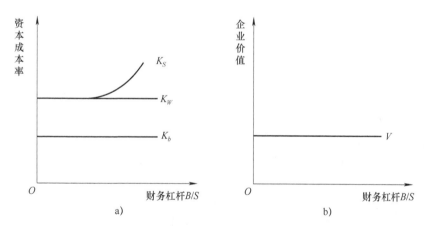

图 4-3 净营业收益观点下的资本结构与资本成本率和企业价值的关系示意图
a）资本结构与资本成本率关系　b）资本结构与企业价值关系

这是另一种极端的资本结构理论观点。这种观点虽然认识到债务资本比例的变动会产生企业的财务风险，也可能影响企业的股权资本成本率，但实际上，企业的综合资本成本率不可能是一个常数。企业净营业收益的确会影响企业价值，但企业价值不仅仅取决于企业净营业收益的多少。

（3）传统折中观点。关于早期资本结构理论观点，除了上述两种极端观点外，还有一种介于这两种极端观点之间的折中观点，称为传统折中观点。按照这种观点，增加债务资本对提高企业价值是有利的，但债务资本规模必须适中。如果企业负债过度，只会导致综合资本成本率升高，企业价值下降。

上述早期的资本结构理论是对资本结构理论的一些初级认识，有其片面性和缺陷，还没有形成系统的资本结构理论。

2. MM 资本结构理论

（1）MM 资本结构理论的基本观点。MM 资本结构理论是莫迪利亚尼（Modigliani）和米勒（Miller）两位财务学者所开创的资本结构理论的简称。1958 年，美国的莫迪利亚尼和米勒两位教授合作发表《资本成本、公司理财和投资理论》一文。该文深入探讨了企业资本结构与企业价值的关系，创立了 MM 资本结构理论，并开创了现代资本结构理论的研究，这两位作者也因此荣获诺贝尔经济学奖。自 MM 资本结构理论创立以来，迄今为止，几乎所有的资本结构理论研究都是围绕着它来进行的。

MM 资本结构理论的基本结论可以简要地归纳为：在符合该理论的假设之下，企业的价值与其资本结构无关。企业的价值取决于其实际资产，而非各类债务和股权的市场价值。

MM 资本结构理论的假设主要有如下九个方面：企业在无税收的环境中经营；企业营业风险的高低由息税前利润标准差来衡量，企业营业风险决定其风险等级；投资者对所有企业未来盈利及风险的预期相同；投资者不支付证券交易成本，所有债务利率相同；企业为零增长企业，即年平均盈利额不变；个人和企业均可发行无风险债券，并存在无风险利率；企业无破产成本；企业的股利政策与企业价值无关，企业发行新债时不会影响已有债务的市场价值；存在高度完善和均衡的资本市场。这意味着资本可以自由流通，充分竞争，预期报酬率相同的证券价格相同，有充分信息，利率一致。

MM 资本结构理论在上述假设之下得出两个重要命题：

命题Ⅰ：无论企业有无债务资本，其价值（普通股资本与长期债务资本的市场价值之和）等于企业所有资产的预期收益额按适合该企业风险等级的必要报酬率折现的价值。其中，企业资产的预期收益额相当于企业扣除利息、税收之前的预期盈利，即息税前利润；与企业风险等级相适应的必要报酬率相当于企业的综合资本成本率。因此，命题Ⅰ的基本含义是：第一，企业的价值不会受资本结构的影响；第二，有债务企业的综合资本成本率等同于与它风险等级相同但无债务企业的股权资本成本率；第三，企业的股权资本成本率或综合资本成本率视企业的营业风险而定。

命题Ⅱ：利用财务杠杆的企业，其股权资本成本率随筹资额的增加而提高。因此，企业的市场价值不会随债务资本比例的上升而增加。命题Ⅱ的基本含义是：因为资本成本率较低的债务给企业带来的财务杠杆利益会被股权资本成本率的上升而抵消，最后使有债务企业的综合资本成本率等于无债务企业的综合资本成本率，所以企业的价值与其资本结构无关。

上述 MM 资本结构的基本理论是在一系列假设的前提下得出的。在企业的筹资实务中，几乎没有一家企业不关注资本结构。因此，MM 资本结构的基本理论还需要发展。

（2）MM 资本结构理论的修正观点。莫迪利亚尼和米勒于 1963 年合作发表了另一篇论文《公司所得税和资本成本：一项修正》。该文取消了企业无所得税的假设，认为若考虑企业所得税的因素，企业的价值会随财务杠杆系数的提高而增加，从而得出企业资本结构与企业价值相关的结论。修正的 MM 资本结构理论同样提出了两个命题：

命题Ⅰ：有债务企业的价值等于有相同风险但无债务企业的价值加上债务的节税利益。根据该命题，企业举债后，债务利息可以计入财务费用，形成节税利益，由此可以增加企业的净收益，从而提高企业的价值。随着企业债务比例的提高，企业的价值也会提高。

有债务企业的股权资本成本率等于无债务企业的股权资本成本率加上风险报酬率，风险报酬率的高低则视企业债务的比例和所得税税率而定。随着企业债务比例的提高，企业的综合资本成本率会降低，企业的价值也会提高。

按照修正的 MM 资本结构理论，企业的基本结构与企业的价值不是无关，而是密切相关，并且企业债务比例与企业价值呈正相关关系。这个结论与早期基本结构理论的净收益观点是一致的。

命题Ⅱ：MM 资本结构理论的权衡理论观点。该观点认为，随着企业债务比例的提高，企业的风险也会上升，因而企业陷入财务危机甚至破产的可能性也越大，由此会增加企业的额外成本，降低企业的价值。因此，企业最佳的资本结构应当是节税利益，和债务资本比例上升而带来的财务危机成本与破产成本之间的平衡点。

财务危机是指企业对债务人的承诺不能兑现，或有困难地兑现。财务危机在某些情况下会导致企业破产，因此企业的价值应当扣除财务危机成本的现值。财务危机成本取决于企业危机发生的概率和危机的严重程度。根据企业破产发生的可能性，财务危机成本可以分为有破产成本的财务危机成本和无破产成本的财务危机成本。

当企业债务的面值总额大于企业市场价值时，企业面临破产。这时，企业的财务危机成本是有破产成本的财务危机成本。企业的破产成本又有直接破产成本和间接破产成本两种。直接破产成本包括支付律师、注册会计师和资产评估师等的费用。这些费用实际上是由债务人承担的，即从债务人的利息收入中扣除。因此，债务人必然要求与企业破产风险相对应的较高报酬率，企业的债务价值和企业的总价值也因而降低。企业的间接破产成本包括企业破产清算损失以及企业破产后重组而增加的管理成本。企业的破产成本增加了企业的额外成本，从而会降低企业的价值。

当企业发生财务危机但还不至于破产时，同样存在财务危机成本并影响企业的价值。这时的财务危机成本是无破产成本的财务危机成本。这种财务危机成本对企业价值的影响是通过股东为保护其利益，在确定投资决策时以股票价值最大化代替企业价值最大化的目标而形成的。而当企业的经营者按此做出决策并予以执行时，会使企业的节税利益下降并降低企业价值。因此，债务带来的企业财务危机成本抑制了企业通过无限举债而增加企业价值的冲动，使企业的债务比例保持在适度的区间内。

3．新的资本结构理论

20 世纪七八十年代又出现一些新的资本结构理论，主要有代理成本理论、信号传递理论和啄序理论等。

（1）代理成本理论。代理成本理论是通过研究代理成本与资本结构的关系而形成的。这种理论指出，企业债务的违约风险是财务杠杆系数的增函数；随着企业债务资本的增加，债权人的监督成本随之上升，债权人会要求更高的利率。这种代理成本最终要由股东承担，企业资本结构中债务比率过高会导致股东价值的降低。根据代理成本理论，债务资本适度的资本结构会增加股东的价值。

资本结构的代理成本理论仅限于债务的代理成本。除此之外，还有一些代理成本涉及企业的员工、消费者和社会等，在资本结构的决策中也应予以考虑。

（2）信号传递理论。信号传递理论认为，企业可以通过调整资本结构来传递有关盈利能力和风险方面的信息，以及企业如何看待股票市价的信息。

按照资本结构的信号传递理论，企业价值被低估时会增加债务资本；反之，企业价值被高估时会增加股权资本。当然，企业的筹资选择并非完全如此。例如，企业有时可能并不希望通过筹资行为告知公众企业的价值被高估的信息，而是模仿被低估价值的企业去增加债务资本。

（3）啄序理论。资本结构的啄序理论认为，企业倾向于首先采用内部筹资，比如留存利润，因其不会传导任何可能对股价不利的信息；如果需要外部筹资，企业将先选择债务筹资，再选择其他外部股权筹资，这种筹资顺序的选择也不会传递对企业股价产生不利影响的信息。

按照啄序理论，不存在明显的目标资本结构，因为虽然留存利润和增发新股均属股权投资，但前者最先选用，后者最后选用；盈利能力较强的企业之所以安排较低的债务比率，并不是因为已确立较低的目标债务比率，而是因为不需要外部筹资；盈利能力较差的企业选用债务筹资是由于没有足够的留存利润，而且在外部筹资选择中债务筹资为首选。

4.2.3 创业资本结构决策的影响因素

企业资本结构决策的影响因素很多，主要有企业财务目标、企业特征与发展阶段、企业财务状况、投资者动机、债权人态度、经营者行为、税收政策及行业差别等。

1. 企业财务目标的影响分析

企业组织类型不同，其财务目标也有所不同。对企业财务目标的认识主要有三种观点：利润最大化、股东财富最大化和企业价值最大化。企业财务目标对资本结构决策具有重要的影响。

（1）利润最大化目标的影响分析。利润最大化目标是指企业在财务活动中以获得尽可能多的利润作为总目标。利润是企业财务活动的一项综合性数量指标。企业的筹资和投资行为最终都会影响到利润。企业利润有各种口径的利润额，如营业利润额、息税前利润额、所得税前利润额和所得税后利润额，还有各种口径的利润率，如总资产利润率（或总投资利润率）、净资产利润率（或股权资本利润率）以及每股收益，而作为企业财务目标的利润应当是企业的净利润额即企业所得税后利润额。

在以利润最大化作为企业财务目标的情况下，企业的资本结构决策也应围绕利润最大化目标。这就要求企业应当在资本结构决策中，在财务风险适当的情况下合理地安排债务资本比例，尽可能地降低资本成本，以提高企业的净利润水平。一般而言，对于非股份制企业，由于其股权资本不具有市场价值，在资本结构决策中采用利润最大化目标是一种现实的选择。此外，利润最大化目标对企业资本结构决策也具有一定的意义。资本结构决策的资本成本比较法，实际上是以利润最大化为目标的。

（2）股东财富最大化目标的影响分析。股东财富最大化具体表现为股票价值最大化。股票价值最大化目标是指企业在财务活动中将最大限度地提高股票的市场价值作为总目标。它综合了利润最大化的影响,但主要适用于股份企业的资本结构决策。在企业资本结构决策中以股票价值最大化为目标,需要在财务风险适当的情况下合理安排企业债务资本比例,尽可能地降低综合资本成本,通过增加企业的净利润而使股票的市场价格上升。资本结构决策的每股收益分析法,在一定程度上体现了股票价值最大化的目标。

(3)企业价值最大化目标的影响分析。企业价值最大化目标是指企业在财务活动中以最大限度地提高企业的总价值作为总目标。它综合了利润最大化和每股收益最大化目标的影响,主要适用于企业的资本结构决策。通常情况下,企业的价值等于股权资本的价值加上债务资本的价值。企业的资本结构对于其股权资本和债务资本的价值都有影响。企业在资本结构决策中以企业价值最大化为目标,就应当在适度财务风险的条件下合理确定债务资本比例,尽可能地提高企业的总价值。资本结构决策中的企业价值分析法,就是直接以企业价值最大化为目标的。

2. 创业企业特征与发展阶段的影响分析

(1)创业企业特征对资本结构的影响。创业活动千差万别,所涉及的行业、初始资源禀赋、面临的风险及预期收益等有较大不同,其所要面对的竞争环境、行业集中度及经营战略等也会不同。因此,不同创业企业选择的资本结构会有所不同。对于高科技产业或有独特商业价值的企业,经营风险较大,预期收益也较高,创业者有良好的相关背景,较多采用股权筹资的方式;传统类的产业,经营风险较小,预期收益较容易预测,比较容易获得债权资金。在实践中,创业企业在初始阶段较难满足银行等金融机构的贷款条件,债权资金更多采用民间筹资的方式。创业企业类型和筹资方式的关系如表 4-5 所示。

表 4-5 创业企业类型和筹资方式的关系

创业企业类型	创业企业特征	筹 资 方 式
高风险、预期收益不确定	弱小的现金流 高负债率 低、中等成长 未经证明的管理层	个人积蓄、亲友款项
低风险、预期收益易预测	一般是传统行业 强大的现金流 低负债率 优秀的管理层 良好的资产负债表	债权筹资
高风险、预期收益较高	独特的商业创意 高成长 利基市场 得到证明的管理层	股权筹资

(2)不同发展阶段对资本结构的影响。创业筹资需求具有阶段性的特征,不同生命周期阶段具有不同的风险特征和资金需求,同时,不同筹资渠道能够提供的资金数量和风险程度也不同,因此,创业者在筹资时需要将不同阶段的筹资需求和筹资渠道进行匹配,提高筹资工作的效率,以获得创业所需资金,化解企业筹资难题。

在种子期，企业处于高度的不确定性当中，很难从外部筹集债务资金，创业者个人积蓄、亲友款项、天使投资、风险投资及合作伙伴的投资可能是采用较多的筹资渠道，进入启动期后，创业者还可以使用抵押贷款的方式筹集负债资金。

企业进入成长期以后，已有了前期的经验基础，发展潜力逐渐显现，资金需求量较以前有所增加，筹资渠道上也有了更多选择。在早期成长阶段，企业获得常规的现金流用来满足生产经营之前，创业者更多采用股权筹资的方式获得资金，战略伙伴投资、风险投资等是常用的筹资方式，此时也可以采用抵押贷款、租赁及商业信用等方式筹集部分生产经营所需的资金；进入成长后期，企业成长性得到充分展现，资产规模不断扩大，创造现金流的能力进一步增强，有能力偿还负债本息，此时创业者更多采用各种负债的方式筹集所需资金，获得经营杠杆收益。企业不同的生命周期阶段和筹资渠道的对应关系如表4-6所示。

表4-6 企业生命周期阶段与筹资渠道的关系

筹资渠道	种子期	启动期	成长早期	成长后期
个人积蓄	较多	可能	无	无
亲友款项	较多	可能	无	无
天使投资	较多	较多	可能	可能
合作伙伴	较多	较多	较多	较多
风险投资	可能	较多	较多	较多
抵押贷款	无	较多	较多	较多
租赁	无	较多	较多	较多
商业信用	无	无	较多	较多

企业在一定的阶段，表现出相应的资本结构状况。一般而言，企业的发展往往经过不同阶段，如初创期、成长期、成熟期和衰退期等。企业的资本结构在初创期，通常表现为债务资本比率较低；在成长期，债务资本比例开始上升；在成熟期，资本结构保持相对稳定；在衰退期，债务资本比例会有所下降。

3. 企业财务状况的影响分析

企业的财务状况包含负债状况、资产状况和现金流量状况等，对其资本结构的决策都有一定的影响。企业需要分析现有财务状况以及未来发展能力，合理安排资本结构。如果企业财务状况较差，可能主要通过保留盈余来补充资本；而如果企业的财务状况良好，则可能更多地进行外部融资，倾向于使用更多的债务资本。企业为控制财务风险和保持筹资能力，则会选择比较有余地的资本结构。

4. 投资者动机的影响分析

从广义上讲，一个企业的投资者包括股权投资者和债权投资者，两者对企业投资的动机各有不同。债权投资者对企业投资的动机主要是在按期收回投资本金的条件下获取一定的利息收益。股权投资者的基本动机是在保证投资本金的基础上，获得一定的股利收益并使投资价值不断增长。企业在决定资本结构时必须考虑投资者的动机，安排好股权资本和债务资本的比例关系。

5. 债权人态度的影响分析

通常情况下，企业在决定资本结构并付诸实施之前，都要向贷款银行和评信机构咨询，并对它们提出的意见给予充分的重视。如果企业过高地安排债务融资，贷款银行未必会接受大额贷款的要求，或者只有在担保抵押或较高利率的前提下才会同意增加贷款。

6. 经营者行为的影响分析

如果企业的经营者不愿让企业的控制权旁落他人，则可能尽量采用债务融资的方式来增加资本，而非发行新股增资。与此相反，如果经营者不愿承担财务风险，就可能较少地利用财务杠杆，尽量降低债务资本的比例。

7. 税收政策的影响分析

按照税法的规定，企业债务的利息可以抵税，而股票的股利不能抵税。一般而言，企业所得税税率越高，借款举债的好处就越大。由此可见，税收政策实际会对企业债务资本的安排产生一种刺激作用。

8. 行业差别的影响分析

在资本结构决策中，决策者应掌握本企业所处行业的特点以及该行业资本结构的一般水准，作为确定本企业资本结构的参照系，分析本企业与同行业其他企业相比的特点和差别，以便更有效地决定本企业的资本结构。

4.3 杠杆效应

4.3.1 筹资风险

企业的全部资金由股权资金和债权资金构成。股权资金的资金成本会随着企业经营情况变动，在企业所得税后的利润中支付；而债权资金的资本成本通常是固定的，并在所得税前扣除。因此，不管企业的息税前利润是多少，都要首先扣除利息等债权资金的成本，余下的部分才能归属于股权投资者。当企业发生亏损或者资金不足以支付利息或偿还本金时，企业的声誉可能受到影响，严重时可能会导致企业终止经营。所以，使用债权资金具有一定的风险，这种风险叫财务风险。财务风险也称筹资风险，是企业在经营活动中与筹资有关的风险，尤其指在筹资活动中利用债务资金可能导致的企业投资者收益下降，甚至可能导致企业清算的风险。

但债务资金的合理运用却可以给投资者带来更高的投资收益。这种由于使用债务资金而给投资者带来的额外收益叫作杠杆利益。由于企业从息税前利润中支付的债务利息负担相对固定，当息税前利润增多时，每一元息税前利润所负担的债务利息会相应降低，扣除企业所得税后可分配给股权资金所有者的利润会增加，从而给投资者带来额外收益。

【案例分析】

王某大学会计学专业毕业后，想靠自己的专业技能创办一家会计公司。在经过大量的市场调研以后，他发现凭借自身的实力是可以办好公司的。于是，在进行了相关咨询以后，他计算出所需要的资金数目，大概需要 18.6 万元的资金投入。他从亲朋好友那里筹得资金 15 万元，剩下的钱有以下两种方式可供选择：

一种方式从当地的农村信用社借入贷款36 000元,贷款年利率6%;

另一种方式出售20%的股份吸引同学李某加入,获得3.6万元的股权资本。

试从筹资成本和收益的角度入手,帮王某进行筹资决策(不考虑所得税的影响)。

【案例解析】

借款筹资:如果王某借款筹资,则每年需支付利息2 160元(36 000元×6%),从而减少其税前利润2 160元,如果预计公司息税前利润为30 000元,则支付利息后的利润减少为27 840元。

股权筹资:如果通过转让股份的方式吸收同学入股,则不存在利息的支付事宜,其息税前利润依然是30 000元,但归属于王某本人的部分只有24 000元(30 000元×80%),其他的6 000元要归属新的持股人李某。

由此可见,债券筹资的成本相对较低,因为债务的杠杆作用,在企业效益较好时可以给创业者带来更高的经济利益流入。如果假定企业预计年息税前利润由30 000元变为40 000元,每年需要支付的利息依然是2 160元,支付利息后的利润却变为37 840元,从而给创业者带来杠杆收益。

股权筹资的成本高于债券筹资(创业初期),但股权筹资无须归还投资,可以减少企业的资金流出,不存在财务风险。如果企业经营初期风险过大,现金流短缺,为避免不能按期还本付息的风险,王某也可以吸收其他同学入股,取得无风险的经营资金。

4.3.2 杠杆原理

1. 经营风险与经营杠杆

(1)经营风险。经营风险是指企业因经营上的原因而导致营业利润或息税前利润变动的风险。它的存在会加大企业的筹资风险,因此,它是决定企业资本结构的最重要因素。

影响经营风险的因素还有很多:①产品需求。市场对产品需求越稳定,经营风险就越小。②产品售价。产品销售价格变动不大,经营风险则小。③产品成本。企业的产品成本不稳定,会导致利润不稳定,经营风险大。④固定成本的比重。固定成本在企业全部成本中所占的比重大,经营风险就大。

(2)经营杠杆。经营杠杆是指企业固定成本的存在使息税前利润变动幅度大于销售变动幅度的现象。由于经营杠杆对经营风险的影响最为综合,因此常被用来衡量经营风险的大小。

根据成本习性原理可知,产销量在一定的范围内,固定成本总额一般不会改变,随着产销量的增加,单位产品分摊的固定成本就会降低,单位产品利润上升,从而使利润的增长幅度大于产销量的增长幅度。只要有固定成本存在(实际上,在企业里没有固定成本的情况是不存在的),在一定的产销量范围内,就必然存在经营杠杆。

(3)经营杠杆系数。经营杠杆作用程度的大小,一般用经营杠杆系数来加以定量描述。所谓经营杠杆系数,就是息税前利润变动率相当于销售变动率的倍数。经营杠杆系数越大,表明经营杠杆作用越大,经营风险也就越大。其计算公式为:

$$DOL = \frac{\Delta EBIT/EBIT}{\Delta Q/Q} \quad (4\text{-}15)$$

式中　DOL——经营杠杆系数；
　　　$\Delta EBIT$——息税前利润变动额；
　　　EBIT——变动前的息税前利润；
　　　ΔQ——销售变动量；
　　　Q——变动前销售量。

假定企业的本量利保持线性关系，变动成本率不变，固定成本也保持稳定，则经营杠杆系数又可以用以下公式表示：

$$DOL = \frac{Q(P-V)}{Q(P-V)-F} \quad (4\text{-}16)$$

式中　P——单位产品销售价格；
　　　V——单位产品变动成本；
　　　F——总固定成本。

$$DOL = \frac{S-VC}{S-VC-F} \quad (4\text{-}17)$$

式中　S——销售额；
　　　VC——变动成本总额。

在实际工作中，式（4-16）可用于计算单一产品的经营杠杆系数；式（4-17）除了用于单一产品外，还可用于计算多种产品的经营杠杆系数。

【例 4.10】 某创业企业只生产一种产品 A 产品，每件单位变动成本为 80 元，售价 100 元，该企业固定成本为 30 000 元。当企业产品销售量分别是 4 000 件、3 000 件、1 500 件时，经营杠杆系数分别为：

$$DOL(4000) = \frac{4\,000 \times (100-80)}{4\,000 \times (100-80) - 30\,000} = 1.6$$

$$DOL(3000) = \frac{3\,000 \times (100-80)}{3\,000 \times (100-80) - 30\,000} = 2$$

$$DOL(1500) = \frac{1\,500 \times (100-80)}{1\,500 \times (100-80) - 30\,000} \to \infty$$

$$盈亏平衡点的销售量 = \frac{30\,000}{100-80} = 1\,500（件）$$

从以上计算结果可以看出下列问题：

（1）在固定成本不变的情况下，经营杠杆系数说明了销售量增长（减少）所引起利润增长（减少）的幅度。如 DOL（4 000）说明在销售量为 4 000 件时，销售的增长（减少）会引起利润 1.6 倍的增长（减少）；DOL（3 000）说明在销售量为 3 000 件时，销售的增长（减少）会引起利润 2 倍的增长（减少）。

（2）在固定成本不变的情况下，销售量越大，经营杠杆系数越小，经营风险也越小；反之，经营杠杆系数越大，经营风险也越大。如当销售量为 4 000 件时，DOL（4 000）为 1.6，当销售量为 3 000 件时，DOL（3 000）为 2。显然，后者利润的不稳定性较大，经营风险也较大。

（3）当销售额达到盈亏平衡点时，经营杠杆系数趋于无穷大，说明企业经营只能保本，若销售量稍有增加便会出现盈利，若销售量稍有减少便会产生亏损。

企业一般可通过增加销售额、降低产品单位变动成本、降低固定成本等一系列措施使经营杠杆系数下降，从而降低经营风险。

2. 财务风险与财务杠杆

（1）财务风险。财务风险是企业全部资金中债务资金比率的变化所带来的风险，即企业由于运用负债筹资而带来的风险，也称筹资风险。这种风险对企业的影响主要表现在两个方面：一方面是不能到期还本付息而给企业带来损失甚至破产；另一方面负债筹资会引起企业股东收益发生较大的变动，因此财务风险又可被定义为：财务风险是指企业由于负债筹资而产生的应由普通股股东承担的额外风险。例如，假设某企业全部以普通股筹集资本，则持有普通股的股东就会平均分摊企业的全部经营风险；但如果企业有 30%的资本来自于负债，则此时持有 70%普通股的股东就会承担企业的全部经营风险，这就是由于负债筹资而使普通股股东承担的额外风险。

针对债务资金偿付，财务风险按其产生的原因，可分为如下两大类：

1）现金性财务风险。现金性财务风险是指特定时点上，由于现金流出量超出现金流入量而产生的到期不能偿付债务本息的风险。这种风险是由于现金短缺以及债务的期限结构与现金流入的期限结构不配套而引起的一种支付风险。它具有以下特征：

① 它是一种个别风险，即表现为某一项债务不能即时偿还，或者是某一时点上的债务不能即时偿还，其对企业以后各期的筹资影响不是很大。

② 它是一种支付风险，与企业收支是否有盈余并无直接关系。因为企业有些支出是不付现的，有些收入也是没有收现的，因此即使收支相抵有盈余（即有利润），也并不等于有现金净流入。

③ 它是由于理财不当而引起的，表现为现金预算与实际不符而出现的支付危机；或是由于资本结构安排不当而引起的，如在资产利润率较低时安排了较高的债务，以及在债务的期限安排上不合理而引起某一时点上的偿债相对集中等。因此，作为一种暂时性的偿债风险，只要合理安排现金流量和现金预算，便可将其回避，而对所有者收益的直接影响不大。

2）收支性财务风险。收支性财务风险是指企业在收不抵支情况下出现的不能偿还到期债务本息的风险。收支性财务风险具有以下特征：

① 它是一种整体风险，即对全部债务的偿还都会产生不利的影响。

② 它不仅是一种支付风险，而且也意味着企业经营失败，即处于收不抵支的破产状态，因此这种风险不仅源于理财不当，而且主要源于经营不当。

③ 它是一种终极风险，一旦出现收不抵支，企业债权人的权益就难以得到保障，而作为企业所有者的股东所承担的偿债风险及压力就更大。

④ 一旦出现收支性财务风险，如果企业不加强管理，企业的再筹资将面临很大的困难。

（2）财务杠杆。财务杠杆，又称融资杠杆或债务杠杆，是指在企业里由于固定利息的存在而使每股利润（税后利润）变动幅度大于息税前利润变动幅度的现象。

在企业资本结构一定的情况下，企业从营业利润中支付的债务利息是相对固定的，当全部资金利润率大于债务利息率时,债务资金所带来的利润就大于债务利息,其差额扣除所得税之后,便加大了税后利润,从而加大权益资本的报酬率。这种由于利用债务资本而给权益资本带来额外报酬或损失即是财务杠杆作用。所以,只要有债务资本,就必然存在财务杠杆。

(3)财务杠杆系数。财务杠杆作用程度的大小一般用财务杠杆系数来加以定量描述。所谓财务杠杆系数,就是每股利润(税后利润)变动率相当于息税前利润变动率的倍数。财务杠杆系数的大小,表明财务杠杆作用程度的大小,意味着财务风险的大小。其计算公式为:

$$DFL = \frac{\Delta EPS/EPS}{\Delta EBIT/EBIT} \qquad (4-18)$$

式中　DFL——财务杠杆系数;

ΔEPS——普通股每股收益变动额;

EPS——变动前的每股收益。

对于非股份制企业,可用税后主权资本利润率代替普通股每股收益。为简便计算,财务杠杆系数还可以用下列公式计算:

$$DFL = \frac{EBIT}{EBIT - I} \qquad (4-19)$$

式中　I——债务利息。

若企业发行了优先股,以 d 表示优先股股利,则财务杠杆系数可按下列公式计算:

$$DFL = \frac{EBIT}{EBIT - I - d/(1-T)} \qquad (4-20)$$

【例 4.11】 假设 A、B、C 三个公司的资本总额相等,息税前利润及其增长率也相同,所不同的只是资本结构不一样。有关资料如表 4-7 所示。

表 4-7　A、B、C 三个公司的资料　　　　　　　　(单位:元)

项　目	A	B	C
资本总额	2 000 000	2 000 000	2 000 000
其中:			
股本(面值 10)	2 000 000	1 500 000	1 000 000
发行在外股数	200 000	150 000	100 000
债务(年利率 8%)	0	500 000	1 000 000
息税前利润	300 000	300 000	300 000
债务利息	0	40 000	80 000
税前利润	300 000	260 000	220 000
所得税(25%)	75 000	65 000	55 000
税后利润	225 000	195 000	165 000
财务杠杆系数	1	1.15	1.36
普通股每股收益	1.125	1.3	1.65
息税前利润增长 100%	300 000	300 000	300 000
增长后的息税前利润	600 000	600 000	600 000
债务利息	0	40 000	80 000
税前利润	600 000	560 000	520 000
所得税(25%)	150 000	140 000	130 000
税后利润	450 000	420 000	390 000
普通股每股收益	2.25	2.8	3.9

以上计算结果表明:

(1) 财务杠杆系数表明的是息前税前盈余增长所引起的每股收益的增长幅度。比如, A 公司的息前税前盈余增长 1 倍时,其每股收益也增长 1 倍(2.25÷1.125-1); B 公司的息前税前盈余增长 1 倍时,其每股收益增长 1.15 倍(2.8÷1.3-1); C 公司的息前税前盈余增长 1 倍时;其每股收益增长 1.36 倍(3.9÷1.65-1)。

(2) 在资本总额、息前税前盈余相同的情况下,负债比率越高,财务杠杆系数越高,财务风险越大,但预期每股收益(投资者收益)也越高。比如, B 公司比 A 公司负债比率高,财务杠杆系数也高,财务风险就大,但每股收益也高;同样, C 公司比 B 公司负债比率高,财务杠杆系数也高,财务风险就大,但每股收益也高。

负债比率是可以控制的;企业可以通过合理安排资本结构,适度负债,使财务杠杆利益抵消风险增大所带来的不利影响。

3. 复合杠杆

前面在论述经营杠杆时,是假定财务杠杆不变,即不会因财务杠杆的变动引起经营杠杆变动;同样在论述财务杠杆时,是假定经营杠杆不变的,即不会因经营杠杆的变动引起财务杠杆变动。事实上,这两种杠杆的作用是相互影响、相互关联的。如企业充分利用现有生产能力,努力扩大销售,降低经营风险,增加营业利润,这很可能使企业调高债务比重,提高财务杠杆系数,从而提高主权资本利润率;反过来如企业调低债务比重,降低财务风险,这很可能使企业提高经营杠杆系数,从而提高营业利润。因此,在进行筹资和投资决策时,应综合考虑经营杠杆和财务杠杆的作用。

如前所述,经营杠杆是通过扩大销售影响息税前利润,而财务杠杆则是通过扩大息税前利润影响每股利润,两者最终都会影响每股收益。从这一意义上讲,我们往往将经营杠杆称为第一阶段杠杆,而将财务杠杆称为第二阶段杠杆。因此,如果企业同时使用经营杠杆和财务杠杆,那么销售额稍有变动就会引起每股收益更大幅度的变化。所以,可以将经营杠杆和财务杠杆结合在一起,综合地讨论销售变动对每股利润的影响。

经营杠杆和财务杠杆的连锁作用称为复合杠杆,综合的结果称为复合杠杆系数。它是经营杠杆系数与财务杠杆系数的乘积。根据这一基本原理,复合杠杆系数可用下列公式表示为:

$$DTL = DOL \times DFL$$
$$= \frac{Q(P-V)}{Q(P-V)-F-I} \quad (4-21)$$

或

$$DTL = \frac{S-VC}{S-VC-F-I} \quad (4-22)$$

例如,假设某企业的经营杠杆系数为 2,财务杠杆系数为 1.5,则复合杠杆系数为 3。复合杠杆作用的意义有两点:一是它能够使我们估计出销售额变动对每股收益造成的影响,比如,上例中销售额每增长(减少) 1 倍,就会造成每股收益增长(减少) 3 倍;二是它使我们看到了经营杠杆与财务杠杆之间的相互关系,即为了达到某一总杠杆系数,经营杠杆和财务杠杆可以有很多不同的组合,比如,经营杠杆度较高的企业可以在较低的程度上使用财务杠杆;经营杠杆度较低的企业可以在较高的程度上使用财务杠杆。企业管理层通过对复合杠杆系数的测定，并考虑各有关具体因素之后，从这多种组合中做出合理的选择，使企业的风险与收益达到均衡状态，使企业的复合杠杆系数和总风险符合企业理财目标的要求。

4.4 资本结构决策的方法

4.4.1 比较资本成本法

尽管人们对企业是否存在最佳资本结构有不同主张，但更多的人偏向于存在最佳资本结构的观点。所谓最佳资本结构就是指在一定条件下使企业加权资金成本最低、企业价值最大的资本结构。企业财务人员除了对上述影响因素进行定性分析外，还要运用下列方法进行定量分析。

这种方法是在企业做出投资决策之前，先拟定若干个备选方案，分别计算每个方案的加权平均资本成本，然后根据加权平均资本成本的高低来确定资本结构。先举例说明。

【例 4.12】 M 企业原来的资金情况如表 4-8 所示：

表 4-8 M 企业原来的资金情况　　　　　　　　（金额单位：万元）

筹 资 方 式	筹 资 金 额
长期借款（年利率10%）	200
公司债券（年利率12%）	300
普通股（每股面值1元，发行价10元，共100万股）	1 000
合　　计	1 500

该企业普通股每股面值 1 元，目前市场价格为 10 元/股，今年预期每股股利为 1.0 元，预计以后每年增长 4%。该企业所得税率为 25%，假设发行各种证券均无筹资费用。

该企业为扩大生产经营规模，现拟筹资 500 万元，有下列三种方案可供选择：

A 方案：增加发行债券 500 万元，因负债增加，企业的财务风险加大，债权人要求的报酬即债券利率上升为 14%；由于财务杠杆作用，企业收益也增加，预期今年每股股利将达到 1.2 元，以后每年增长 5%。随着企业风险增加，普通股市价降为 8 元/股。

B 方案：向银行借款 200 万元，年利率仍为 10%；发行普通股 30 万股，每股发行价 10 元，预期普通股股利不变。

C 方案：发行普通股 40 万股，由于企业自有资本更加雄厚，增强了企业的信誉，普通股价格涨至 12 元/股。预计每股股利 1.2 元，以后每年增长 5%。

下面分别计算三个方案的加权平均资本成本：

（1）计划年初的加权平均资本成本：

各种资金的比重和个别资本成本分别为：

长期借款比重=200/1 500=13.3%　　　资本成本=10%×(1−25%)=7.5%；
公司债券比重=300/1 500=20%　　　　资本成本=12%×(1−25%)=9%
普通股比重=1 000/1 500=66.7%　　　　资本成本=1/10+4%=14%

13.3%×7.5%+20%×9%+66.7%×14%=12.14%

（2）A方案的加权平均资本成本：

长期借款比重=200/2 000=10%　　　　　资本成本=7.5%
旧公司债券比重=300/2 000=15%　　　　资本成本=9%
新公司债券比重=500/2 000=25%　　　　资本成本=14%×(1−25%)=10.5%
普通股比重=1 000/2 000=50%　　　　　 资本成本=1.2/8+5%=20%

10%×7.5%+15%×9%+25%×10.5%+50%×20%=14.83%

（3） B方案的加权平均资本成本：

长期借款比重=400/2 000=20%　　　　　资本成本=7.5%
公司债券比重=300/2 000=15%　　　　　资本成本=9%
普通股比重=1 300/2 000=65%　　　　　 资本成本=14%

20%×7.5%+15%×9%+65%×14%=12.05%

（4）C方案的加权平均资本成本：

长期借款比重=200/2 000=10%　　　　　资本成本=7.5%
公司债券比重=300/2 000=15%　　　　　资本成本=9%
普通股比重=1 500/2 000=75%　　　　　 资本成本=1.2/12+5%=15%

10%×7.5%+15%×9%+75%×15%=13.45%

通过以上计算可见，B方案的加权平均资本成本最低，所以应选用B方案。

采用加权平均资本成本法确定最佳资本结构，通俗易懂，计算也较为简便，因而实际工作中常被应用。但由于所列方案的数量有限，可能会把最优方案漏掉。

4.4.2　每股收益（EPS）分析法

判断资本结构合理与否，其一般方法是以分析每股收益的变化来衡量。能提高每股收益的资本结构是合理的；反之则不够合理。由此前的分析已经知道，每股收益的高低不仅受资本结构的影响，还受到销售水平的影响，处理以上三者的关系，可以运用融资的每股收益分析的方法。

每股收益分析是利用每股收益的无差别点进行的。所谓每股收益的无差别点，是指每股收益不受融资方式影响的销售水平。根据每股收益无差别点，可以分析判断在什么样的销售水平下适宜采用何种资本结构。每股收益无差别点的计算如下：

$$\text{EPS} = \frac{(\text{EBIT}-I)(1-T)-D}{N} = \frac{(S-\text{VC}-F-I)(1-T)-D}{N} \tag{4-23}$$

式中　　D——优先股股利；

　　　　N——流通在外的普通股股数。

在每股收益无差别点上，无论采用负债融资还是采用权益融资，每股收益都是相等的。假设以EPS_1代表负债融资，以EPS_2代表权益融资，则有：

$$\text{EPS}_1 = \text{EPS}_2 \tag{4-24}$$

$$\frac{(S_1-\text{VC}_1-F_1-I_1)(1-T)-D_1}{N_1} = \frac{(S_2-\text{VC}_2-F_2-I_2)(1-T)-D_2}{N_2} \tag{4-25}$$

在每股收益无差别点上，$S_1=S_2$，使上式成立的销售额即为每股收益无差别点销售额。

同理，运用下列公式也可求出每股收益无差别点的 EBIT：

$$\frac{(\text{EBIT}_1 - I_1)(1-T) - D_1}{N_1} = \frac{(\text{EBIT}_2 - I_2)(1-T) - D_2}{N_2} \quad (4\text{-}26)$$

在每股收益无差别点上，$\text{EBIT}_1 = \text{EBIT}_2$，这样便可计算出相应的 EBIT。

计算出每股收益无差别点上的销售额 S 或 EBIT 后，如果企业预期销售额或 EBIT 超过每股收益无差别点的销售额或 EBIT，则运用负债筹资可获得较高的每股收益，企业应选择债务规模大的筹资方案；反之，运用权益筹资对企业更为有利。

下面举例说明如何运用每股收益分析法确定最有资本结构。

【例 4.13】 某企业原有资本 1 000 万元，其中：债务资本 400 万元（每年负担利息 40 万元），普通股股本 600 万元（发行普通股 60 万股，每股面值 10 元）。企业拟增加筹资 1 000 万元，现有两种筹资方式可供选择：

A 方案：按面值 10 元发行普通股 90 万股；筹集长期债务 100 万元，年利率 10%。

B 方案：按面值 10 元发行普通股 40 万股；筹集长期债务 600 万元，年利率 12%。

企业的变动成本率为 60%，固定成本为 200 万元，所得税率为 25%。将上述资料代入式（4-25）：

$$\frac{(S - 0.6S - 200 - 40 - 10)(1 - 25\%)}{60 + 90} = \frac{(S - 0.6S - 200 - 40 - 72)(1 - 25\%)}{60 + 40}$$

$S = 1\,090$（万元），此时的 EPS=1.24（元）

即当企业预期销售额超过 1 090 万元时，选择 B 方案对企业有利；反之，选择 A 方案时企业的每股收益更高。上述分析与结果可用图 4-4 表示。

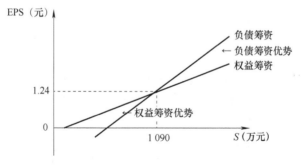

图 4-4　每股收益分析图

每股收益分析法只考虑了资本结构对每股收益的影响，而忽视资本结构对风险的影响。随着负债的增加，投资者的风险加大，股票价格和企业价值会有下降的趋势。最佳资本结构应当是可使企业的总价值最高，而不一定是每股收益最大的资本结构。所以，单纯依靠每股收益分析法有时会做出错误的决策。

【思考题】

1. 什么是资本成本？资本成本有何作用？
2. 个别资本成本分别如何计算？

3. 什么是资本结构？资本结构对于创业企业来说有何意义？
4. 什么是杠杆效应？
5. 什么是最佳资本结构？

【案例分析题】

杜邦公司的资本结构决策

在 1802 年成立时，杜邦是一家制造弹药的公司。1900 年开始通过研究和收购迅速扩张。作为化学制品和纤维制品的技术领先者，杜邦逐渐成长为美国最大的化学制造公司。在 1980 年年末，该公司在《幸福》杂志全美 500 家工业企业排名中名列第 15 名。1981 年，在收购石油公司科纳克公司后，其排名升至第 7 位。

20 世纪 70 年代的困难和与科纳克公司的大合并使公司放弃了其长期坚持的全部权益资本的资本结构。1981 年收购科纳克公司后，杜邦公司的资产负债率曾高达 42%，是历史最高。财务杠杆的快速增加使杜邦公司丢掉了宝贵的 AAA 债券等级。在收购之前的 20 年中，杜邦公司的经营发生了戏剧性的变化。管理层在消化科纳克公司的同时，面临一个重要的财务政策抉择和决定：20 世纪 80 年代适合杜邦公司的资本结构。这一决策对杜邦公司的财务表现甚至其竞争地位都很有意义。

1965 年至 1982 年的资本结构政策：过去，杜邦公司一直以其极端保守的财务政策而闻名。由于公司在产品市场上的成功，它的高盈利率使其自身积累的资金就可满足财务需要。1965 年到 1970 年杜邦公司的现金余额大于总负债，它的财务杠杆是负的。杜邦公司对债务的保守使用加上其高盈利率和产品在化学工业中的技术领先地位，杜邦公司成为极少数 AAA 级制造业公司之一。杜邦公司的低负债政策使其财务弹性达到最大，经营免受财务限制。

20 世纪 60 年代末，纤维和塑料行业的竞争增加了杜邦公司执行其财务政策的难度。该行业生产能力的增加大大超过需求的增加，导致产品价格大幅下降，结果使得杜邦公司的毛利和资本报酬率降低，1970 年的净利润较 1965 年下降了 19%。

为保持其成本和竞争优势，杜邦在 20 世纪 70 年代初开始了一项重要的资本支出计划。到了 1974 年，通货膨胀的节节上升已使该计划的成本超出预算的 50%还多。但由于该资本支出对维持和提高杜邦的竞争地位很重要，因此不能缩减或推迟这些支出。同时，1973 年石油价格的飞速上涨增加了杜邦的原材料成本，而石油短缺也增加了必要的存货投资。这使得 1974 年杜邦公司的收入增加了 16%，成本增加了 30%，从而导致利润下降了 31%。另外，1975 年的经济衰退对杜邦的纤维业有着极大的影响。从 1974 年第二季度到 1975 年第二季度，其纤维销量下降了 50%。因此，从 1973 年到 1975 年，杜邦公司的净利润、总资本报酬和每股盈余的下降均超过 50%，这些都导致了沉重的筹资压力，一方面内部生成的资金减少，另一方面营运资本和资本支出所需投资却急剧增加。为此，杜邦公司转向债务筹资，1974 年杜邦公司发行了 3.5 亿美元 30 年期的债券和 1.5 亿美元 7 年期的票据。同时，与 1972 年没有短期负债相比，到 1975 年底，公司的短期债务增至 5.4 亿美元。这样，公司的负债率从 1972 年的 7%上升到 1975 年的 27%，利息保障倍数由 38.4 降至 4.6，但还是保住了 AAA 级债券等级。

但是从 1976 年到 1979 年，筹资压力逐渐减轻了。相对平和的能源价格上涨和 1975 年经济衰退后的全面复苏，使公司的利润在 1975 年至 1979 年间增加了 3 倍多。到 1979 年年底，公司的债务已减至总资本的 20%左右，利息保障倍数也从 1975 年的 4.6 回升到 11.5，很稳固地位于 AAA 级之列。

1981 年杜邦公司突然偏离了其财务弹性最大化的政策。1981 年 8 月，杜邦公司成功地收购了科纳克石油公司。80 亿美元的收购价格使其成为美国有史以来最大的合并，并意味着杜邦公司付出了高于科纳克公司收购前市场价格 77%的溢价。为筹集收购资金，杜邦公司发行了 39 亿美元的普通股和 38.5 亿美元的浮动利率债务。此外，杜邦公司还承担了科纳克公司 19 亿美元的债券。这使得杜邦的负债率从 1980 年年末的 20%升至近 40%，债券等级有史以来第一次降到 AA 级。经济衰退又一次席卷化学行业，1982 年的收入是 1979 年的 2.5 倍，净利润却低于 1979 年，总资本报酬率在这一期间降低了一半，每股盈余降低了 40%，使其利息保障倍数降至近期最低点 4.8，债券等级仍维持在 AA 级。

收购科纳克公司及石油价格和经济衰退使杜邦公司的负债率增加，企业偏离了其传统的资本结构政策，这连同杜邦经营范围的根本变化，要求公司确定新的、合理的资本结构。

未来的资本结构政策：杜邦公司一向侧重于财务弹性的最大化，这可以保证公司的竞争战略不受融资限制的干扰。而且，在过去的 20 年中，化学行业竞争日益激烈，杜邦公司的主要业务波动性增大，许多产品的竞争地位和盈利能力都下降了。过剩的生产能力和高固定成本的行业性质同时影响价格，压低利润。收购的科纳克公司亦处于一个剧烈波动的行业。杜邦公司经营风险的增加，要求一个相对保守的资本结构政策。

但是，杜邦公司可以向同行业的其他公司学习，较多采用冒险型的负债政策。另外，杜邦仍是全国最大的化工产品制造商，是其行业的领头人。科纳克公司的加入使得公司产品和市场更加多元化，从而降低了盈余的波动性。过去，杜邦的经济力量常受制于激进的反垄断政策，但近期的经济环境很可能会更为宽松，这都表明公司可以采取冒险型的负债融资政策。

为了降低经营领域的产品成本，杜邦公司仍有较大的资本支出，而且这些支出非常关键，不得推迟还要经常补充，因此杜邦公司需斟酌各种融资方式的可行性和成本。债券等级为 A 级以上的公司举债比较容易，杜邦公司的 AA 等级使得债务融资成本较低。

对此，杜邦公司的一种选择是保持其传统的财务实力和 AAA 级的债券等级。考虑到杜邦将来的庞大的资本支出，恢复到零负债水平是不可能的。负债率 25%的目标资本结构能足以保证较高的财务弹性，并使公司的竞争战略免受资本市场的影响。但是，维持 25%的负债率并非易事，只有每年发行大额权益，才能将负债率从 1982 年的 36%降到 1986 年的 25%。在 1987 年要维持此目标负债率，仍要注入大量权益资本。而在 1982 年底，杜邦公司的股票价格尚未从市场对收购科纳克公司的消极反应中恢复过来，持续的经济衰退无异于雪上加霜，这都对为达到 25%的负债率而需发行大额权益的可行性提出质疑。

另一方案是永久性地放弃传统的保守资本结构，保持 40%的目标负债率。这样会使得许多财务状况指标好转。据估计，高负债政策会产生较高的每股盈余、每股股利和权益报酬。截止 1985 年，公司不需发行股票，1986 年和 1987 年所发行的股票也比低负债政策下预计的少得多，且更易安排在市场状况较有利的时机。但是，我们也要注意到高财务杠杆带来的高风险，在悲观的情况下，如经济衰退时，每股盈余和权益报酬会下滑得厉害。

杜邦公司的业务范围发生了根本变化，对科纳克公司的收购使业务范围达到顶点，公司偏离了长期坚持的资本结构政策。鉴于公司负债率的上升，债券等级的下降，股票市场对收购科纳克公司的消极反应，它的财务政策有相当程度的不确定性，对以后的资本结构政策的决定显得尤为重要。

讨论题：

1. 在过去，杜邦公司为什么要坚持零负债的资本结构政策？
2. 与同行业的其他公司相比，采取保守的负债政策有什么缺点？
3. 如果继续保持较保守的资本结构政策会对杜邦公司今后的发展产生哪些影响？
4. 若杜邦公司采用高负债率的资本结构政策，会对公司的经营产生多大限制？

第 5 章

创业投资管理

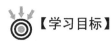

【学习目标】

通过本章的学习,了解创业投资的意义和投资决策程序,掌握投资决策的方法,理解创业企业投资的特殊性;能够进行创业企业的投资项目评价与盈亏平衡分析。

5.1 创业投资的含义

5.1.1 投资的一般含义

投资是企业财务活动的重要内容之一,是企业为获取收益而向一定对象投放资金的经济行为。投资,广义地讲,是指特定经济主体(包括政府、企业和个人)以本金回收并获利为基本目的,将货币、实物资产等作为资本投放于某一个具体对象,以在未来较长期间内获取预期经济利益的经济行为。企业投资,简言之,是企业为获取未来长期收益而向一定对象投放资金的经济行为。例如,购建厂房设备、兴建电站、购买股票债券等经济行为,均属于投资行为。

5.1.2 创业投资的含义

创业投资是创业者进行创办企业并通过企业经营在未来一定时期内获得与风险相匹配的报酬的行为。本书的投资从主体上着重阐述的是创业者创业过程中项目的选择与可行性分析,进而最终进行投资决策的过程,不指从资金提供方角度分析的风险投资行为与管理,企业吸收风险投资相对创业者来说是资金筹集问题。另一方面创业投资既包括创业者发现市场机会并进行机会评估,进而形成作为创业根本的产品或服务来满足市场与社会需求,还包括创业企业建立后对内的固定资产投资及扩大规模投资等内容。

从某种意义上讲,创业者通过识别市场机会,发现可以创业投资的项目,进而创建企业并对此项目经营,实现盈利的目标,在这个过程中,一方面要评估想创业的项目,另一方面在该项目实施的过程中对企业内容进行投资。做好投资项目的选择及创业企业内部投资需要掌握一定的财务管理知识,包括投资的重要性、投资管理的原则、投资的分类、投资的评价方法等。

5.2 创业企业投资的意义

5.2.1 一般投资的意义

企业需要通过投资配置资产,从而形成生产能力,取得未来的经济利益。

1. 投资是企业生存与发展的基本前提

企业的生产经营,就是企业资产的运用和资产形态的转换过程。投资是一种资本性支出的行为,通过投资支出,企业购建流动资产和长期资产,形成生产条件和生产能力。实际上,不论是新建一个企业,还是建造一条生产流水线,都是一种投资行为。通过投资,确立企业的经营方向,配置企业的各类资产,并将它们有机地结合起来,形成企业的综合生产经营能力。如果企业想要进军一个新兴行业,或者开发一种新产品,都需要先进行投资。因此,投资决策的正确与否,直接关系到企业的兴衰成败。

2. 投资是获取利润的基本前提

企业投资的目的,是要通过预先垫付一定数量的货币或实物形态的资本,购建和配置形成企业的各类资产,从事某类经营活动,获取未来的经济利益。通过投资形成了生产经营能力,企业才能开展具体的经营活动,获取经营利润。那些以购买有价证券向其他单位进行的投资,可以通过取得股利或债息来获取投资收益,也可以通过转让有价证券来获取资本利得。

3. 投资是企业风险控制的重要手段

企业的经营面临着各种风险,有来自市场竞争的风险,有资金周转的风险,还有原材料涨价、费用居高不下等成本的风险。投资,是企业风险控制的重要手段。通过投资,可以将资金投向企业生产经营的薄弱环节,使企业的生产经营能力配套、平衡、协调。通过投资,可以实现多元化经营,将资金投放于经营相关程度较低的不同产品或不同行业,分散风险,稳定收益来源,降低资产的流动性风险、变现风险,增强资产的安全性。

5.2.2 创业投资的意义

1. 创业投资是促进大众创业万众创新的重要举措

国务院 2018 年 9 月 26 日印发了《关于推动创新创业高质量发展打造"双创"升级版的意见》,着力促进创新创业环境升级。打造"双创"升级版,推动创新创业高质量发展,有利于进一步增强创业带动就业能力,有利于提升科技创新和产业发展活力。

创业投资有利于将创业者创新的产品与服务变成现实,其现实意义十分深远,不仅有利于促进创业就业,而且有利于促进创新,实现国家创新驱动战略。通过创业投资进一步将大众创业万众创新的举措落到实处。

2. 创业投资是创业筹资行为的延续

创业企业融通的资金如果不进行投资,融资就失去了意义与必要。创业投资不仅仅是把创业想法落地，更主要是为社会提供更优质的产品与服务。如共享单车就是解决人们出行的最后一公里的问题，通过创业，不仅丰富了人们的出行方式，方便了人们的出行，更重要的是，共享单车企业吸引了创业投资，形成了产业链，促进了社会经济的发展。

5.3 投资规划

投资规划是对企业投资战略、投资决策程序与投资决策方法等一系列问题的筹划。创业企业必须在调查研究的基础上，制定正确的投资战略、遵循科学的投资决策程序、运用投资决策方法，以保证投资决策的正确与有效。

5.3.1 投资战略及其种类

投资战略就是为了使企业在长时期内生存和发展，在充分估计影响企业长期发展的内外因素的基础上，对企业投资所做出的总体筹划和部署。

企业制定投资战略的主要目的在于有效利用人力、物力、财力，合理地、科学地组织配置企业的各种资源，帮助企业在急剧变化的环境中保持旺盛的生机与活力，实现企业价值最大化。投资战略可按下列两种方法分类：

1．根据投资战略的性质划分

根据投资战略的性质的不同，投资战略可分为稳定型投资战略、扩张型投资战略、紧缩型投资战略和混合型投资战略。

稳定型投资战略是一种维持现状的投资战略，即外部环境在近期无重大变化，将现有的战略继续进行下去，最有效率地利用现有的资金和条件，继续保持现有市场，降低成本和改善企业现金流量，尽可能多地获取现有产品的利润，积聚资金为将来发展做准备；扩张型投资战略是指企业为了扩大产品规模，增加新的产品生产和经营项目，其核心是发展和壮大，包括市场开发战略、产品开发战略和多样化成长战略；紧缩型投资战略是从进取竞争中退下来，从现有经营领域中抽出投资，缩小经营范围，休养生息；混合型投资战略是指企业在一个战略时期内同时采取稳定、扩张、紧缩等几种战略，多管齐下，全面出击，其核心是在不同阶段或不同经营领域，采用不同的投资战略。

2．根据投资经营对象划分

根据投资经营对象的不同，投资战略可分为专业化投资战略、一体化投资战略和多元化投资战略。

专业化投资战略是指企业在以单一产品为投资对象的条件下，采取积极措施，开辟新的业务领域，增加新的花色品种，扩大市场；一体化投资战略是指企业在供、产、销三方面实现投资与经营一体化，使得原料供应、加工制造、市场销售实现联合，扩大生产和销售的能力；多元化投资战略是指企业的新产品与新市场相结合，从事多样化投资和经营的战略。

企业在初创阶段一般选择专业化投资战略。企业在初创期一般市场份额较低，财务环境生疏，财务风险较高，资金筹集困难；加上产品和市场大量开发，财务管理制度和内部控制机制缺乏等因素，使创业初期的现金需求量大且不稳定，资金非常紧张。因此，使用有限资金进行合理投资，是保证实现投资收益，增加投资者价值的关键。

理论上说，创业企业适宜采取专业化投资战略，通过内部获得发展，以开辟自己的根据地市场，争取获得一种优势地位。通过实施集中战略，主攻某个特定的顾客群，某产品系列的一个细分市场或某一地区市场，重点投资于特定目标，以更高的效率为某一狭窄的战略对象服务，有利于最大限度发挥企业的能力，发挥学习曲线效益，使企业获得稳定发展。创业企业最好能选择合适的投资项目，通过加大技术投入，不断改进产品工艺，提高产品质量；同时加大销售投入，开发销售市场，开拓销售渠道，扩大产品影响，树立产品形象；另外，还应确定合理的投资规模，适量扩大设备投入，争取取得规模性经济效益。待企业发展到高速成长期则可以采取一体化投资战略，在现有业务的基础上进行扩张，实现规模增长。

5.3.2 投资决策的程序

创业企业投资决策的一般程序如下：

1. 投资项目的提出

企业总体战略是投资战略规划的依据。根据企业的投资战略对各投资机会加以分析，从所投行业的成长性、竞争情况等进行分析。投资方向初步确定以后，在投资方案设计前应进行广泛的信息分析与收集工作，从财务决策支持网络中调出并补充收集有关总市场规模、年度增长率、主要或潜在对手的产品质量、价格、市场规模等信息，分析自己的优劣势，选择合适的投资时间、投资规模和资金投放方式，制订出可行的投资方案。

2. 投资项目的论证

投资项目的论证主要涉及如下几项工作：

（1）把提出的投资项目进行分类，为分析评价做好准备。
（2）计算有关项目的预计收入和成本，预测投资项目的现金流量。
（3）运用投资项目评价指标，把各项投资按可行性的顺序进行排列。
（4）编制项目可行性报告。

正式立项后，由项目小组负责对项目进行可行性分析。通过对以下方面的评估确定项目的可行性：相关政策法规是否对该业务有限制或有潜在的限制；行业前景与行业投资回报率；企业能否获取与行业成功要素相应的关键能力；企业是否能筹集项目投资所需资源。如项目不可行，应通报相关人员并解释原因；如项目可行，则向董事会或项目管理委员会递交可行性分析报告。具备可行性的项目可能很多，但不一定都具有运作的可能性。如果项目的市场不够大，不足以支撑投资所需的全部支出；如果创业者不具备将项目实施的资源和技能，无法将其付诸实践；如果创业项目不符合法律必备的条件，那么，再好的项目也不具有运作的可能性。所以，创业者在进行投资之前，一定要对可行项目的运作可能性进行细致分析，确保该项目凭借创业者的能力能够将其实施。所以撰写高质量的项目可行性分析报告就显得尤为重要。

项目可行性分析报告的主要内容有：项目的行业（市场规模、增长速度等）背景介绍；项目可行性分析；项目业务目标；项目实施计划；项目财务分析；项目资源配置计划；项目执行主体。

3. 投资项目的评估与决策

这一阶段主要是综合论证投资项目在技术上的先进性、可行性和经济上的合理性、盈利性。投资项目论证一般由企业的经营层组织项目所涉及的各方面专家来完成，论证所形成的可行性报告是整个投资项目的基础，应确定建设方案，包括建设规模、建设依据、建设布局和建设进度等内容。项目评估时，可以委托建设单位或投资单位以外的中介机构对可行性报告进行评价，以作为项目决策的最后依据。

项目评估以后，将项目投资建议书报有关部门审议批准。从决策主体来看，投资额较小的项目，经营层就有决策权；投资额较大的项目，一般由董事会决策；投资额特别大的项目，要由股东大会投票表决。

4. 投资项目的实施

决定对某项目进行投资后，企业要积极筹措资金，实施项目投资。项目投资应当与企业筹集和调配资源的能力相协调。项目投资中需要的资金、人才、材料、能源等一系列资源，对项目实施具有重大影响。项目实施控制的关键点有三个：一是项目质量的控制；二是项目成本的控制；三是对项目施工时间的控制。

5. 投资项目的再评价与退出

在投资项目的实施过程中，应对项目的效果进行再评价，以检查项目是否按原计划进行，是否取得了预期的经济效益，是否符合企业的总体战略和企业的投资战略规划。一旦出现新的情况，应随时根据变化的情况做出新的评价，甚至退出项目，以避免更大的损失。

投资项目退出的基本途径有：公开上市；整体出售；改制重组后退出；物色对投资项目感兴趣的对象；股份回购；企业内部合并、转让投资；关闭、破产、清算。此外，企业也可通过引入专业或策略投资者共同经营投资项目，降低在投资项目中的股权比例，实现投资项目的部分退出。

5.4 投资决策的基础指标

初创企业投资和在位企业投资一样，要根据一系列的指标对其进行评估，以便进行决策；但是，初创企业投资也有其独特的地方，即更注重项目的创新和发展前景，更依赖于创业者自身的特质及其拥有的资源状况。

5.4.1 投资项目的现金流量

现金流量是进行项目评价的基础指标之一，创业的目的之一是要获取一定的效益，包括经济效益和社会效益。要获得效益就要求创业企业能够首先生存下来，生存的前提之一就是要能够及时偿债，要有足够的现金流量来支撑企业的正常运转。因此，创业者需要在创业之前对拟投资活动的现金流量进行评估。

创业活动的现金流入在开业之初主要取决于创业者的资金筹集状况，开业之后则取决于企业经营活动中产生的营业收入，以及必要时增加从外部筹集的资金数量。因为外部筹资和项目自身的现金流量无关，这里对项目现金流入量的预测只涉及创业活动能够给企业带来的营业收入。现金流量按其来源性质可以分为初始现金流量、经营现金流量和终结现金流量三部分。

1. 初始现金流量及其估计

初始现金流量是项目开始投资时发生的现金流量，一般包括如下几个部分：对固定资产的投资，包括固定资产的购入或建造成本、运输成本和安装成本等；对流动资产的投资，包括对材料、在产品、产成品和现金等流动资产上的投资；其他投资费用，是指与长期投资有关的职工培训费、谈判费、注册费用等。

2. 经营现金流量及其估计

经营现金流量又叫营业现金流量，是项目投入使用后，在其寿命周期内由于生产经营所带来的现金流入和流出的数量。这种现金流量一般以年为单位进行计算。现金流入一般是指营业现金收入；现金流出是指营业现金支出和交纳的税金。如果一个投资项目的每年销售收入等于营业现金收入，付现成本（这里指不包括折旧等非付现的成本）等于营业现金支出，那么，年营业现金净流量（Net Cash Flow，NCF）可用下列公式计算：

$$\text{每年净现金流量（NCF）} = \text{营业收入} - \text{付现成本} - \text{所得税} \tag{5-1}$$

或

$$\text{每年净现金流量（NCF）} = （\text{营业收入} - \text{付现成本}）\times（1-\text{所得税率}）+ \text{折旧} \times \text{所得税率} \tag{5-2}$$

由此可见，正确估计经营现金流量需要创业者能够合理预测创业活动带来的营业收入及付现成本。

3. 终结现金流量及其估计

终结现金流量是投资项目完结时所发生的现金流量，主要包括固定资产的残值收入或变价收入、原有垫支在各种流动资产上的资金（项目开始时投资在原材料、应收账款和存货等方面的资金，减去项目投产带来的应付账款增加金额后的差额）的收回、停止使用的土地的变价收入等。

4. 现金流量的表示方法

一般用净现金流量来表示项目的现金流量，净现金流量等于一定期间的现金流入量减去现金流出量。如果差额为正表示现金净流入量，用正数表示；如果差额为负则为现金净流出量，用负数表示。在正常情况下，初始现金净流量为负数，经营现金流量和终结现金流量为正数。

【例5.1】 A公司研制成功一件新产品，现在需要决定是否大规模投产，资料如下：

（1）公司销售部门预计，如果每件产品定价3万元，销售量每年可达到10 000台；销售量不会每年上升，但价格可以每年提高2%。生产部门预计，变动成本每件产品2.1万元，每年增加2%；不含折旧费的固定成本每年4 000万元，每年增加1%。新业务将在2020年1月1日开始，假设营业现金流量发生在每年年底（注：变动成本与固定成本均包含了生产该产品的制造成本与期间费用）。

（2）为生产该产品，需要增加 1 台生产设备，预计其购置成本为 4 000 万元，该设备可在 2019 年年底前安装完毕，并在 2019 年年底支付设备购置款。该设备按税法规定，折旧年限为 5 年，净残值率为 5%；经济寿命为 4 年，4 年后即 2023 年年底该设备处置净现金流入量为 684 万元。如果决定投产该产品，公司可以连续经营 4 年，预计不会出现提前中止的情况。

（3）生产该产品所需的厂房可以用 8 000 万元购买，在 2019 年年底付款并交付使用。该厂房按税法规定的折旧年限为 20 年，净残值率为 5%。4 年后该厂房处置净现金流入量为 6 792 万元。

（4）生产该产品需要的净营运资本随销售额的变化而变化，预计为销售额的 10%。假设这些营运资本在年初投入，项目结束时收回。

（5）设公司所得税税率为 25%。

（6）该项目的成功概率很大，风险水平与公司平均风险相同，可以使用企业加权平均资本成本率 10%作为贴现率。新项目的销售额占公司全部销售额的比重较小，该项目万一失败，不会危及公司生存。

要求：
（1）计算项目初始投资总额。
（2）分别计算厂房和设备的年折旧额及第 4 年年末的账面价值。
（3）计算项目各年现金净流量。
（4）列示项目各年现金流量。

计算过程如下：

项目初始投资总额=8 000 + 4 000 + 30 000×10%=15 000（万元）

设备年折旧额=4 000×(1-5%)÷5=760（万元）

厂房年折旧额=8 000×(1-5%)÷20=380（万元）

设备第 4 年年末账面价值=4 000−760×4=960（万元）

厂房第 4 年年末账面价值=8 000−380×4=6 480（万元）

项目各年现金净流量如表 5-1 所示。

表 5-1　项目各年现金净流量表　　　　　　　　（单位：万元）

项　目	时　间				
	第 0 年	第 1 年	第 2 年	第 3 年	第 4 年
（1）固定资产投资					
厂房	−8 000.00				
设备	−4 000.00				
（2）各年的营运资本	3 000.00	3 060.00	3 121.20	3 183.62	
（3）垫支的营运资本	−3 000.00	−60.00	−61.20	−62.42	
（4）销售收入		30 000.00	30 600.00	31 212.00	31 836.24
（5）变动成本		21 000.00	21 420.00	21 848.00	22 285.37
（6）固定付现成本		4 000.00	4 040.00	4 080.40	4 121.20

（续）

项 目	时 间				
	第0年	第1年	第2年	第3年	第4年
（7）付现成本		25 000.00	25 460.00	25 928.80	26 406.57
（8）折旧		1 140.00	1 140.00	1 140.00	1 140.00
（9）税前利润=(4)−(7)−(8)		3 860.00	4 000.00	4 143.20	4 289.67
（10）税后利润=(9)×(1−25%)		2 895.00	3 000.00	3 107.40	3 217.25
（11）营业现金净流量=(10)+(8)		4 035.00	4 140.00	4 247.40	4 357.25
（12）回收营运资本					3 183.62
（13）处置固定资产回收现金流量					7 476.00
（14）项目各年净现金流量	−15 000.00	4 035.00	4 140.00	4 247.40	15 016.87

5.4.2 贴现率

贴现率是项目投资者要求的最低收益率。在风险投资条件下，通常用以下两种方法来确定贴现率：

1. 资本资产定价模型法

资本资产定价模型是为了揭示单项资产必要收益率与预期所承担的系统风险之间的关系而构建的一个数学模型。

在特定条件下，资本资产定价模型的基本表达式为：

$$K_i = R_f + \beta_i(K_m - R_f) \tag{5-3}$$

式中　R_f——（Risk free rate），无风险回报率，即纯粹的货币时间价值；
　　　K_i——第 i 种资产或投资组合的必要收益率；
　　　K_m——市场组合的平均收益率；
　　　β_i——证券的贝塔系数，如果某一项目处于企业或行业的平均风险水平，β 系数可看作 1；如某一项目无任何风险，则 β 系数为 0。风险越大，β 系数取值越大；风险越小，β 系数取值越小。

2. 加权平均资本成本法

使用企业当前的加权平均资本成本作为项目的贴现率，应具备两个条件：一是新项目筹资，项目的风险与企业当前资产的平均风险相同；二是企业继续采用相同的资本结构为加权平均资本成本，而应当重新估计项目的风险。项目加权平均资本成本的计算公式为：

$$K = S/(S+B) \times K_S + B/(S+B) \times K_b \times (1-T) \tag{5-4}$$

式中　K——项目的加权平均资本成本；
　　　S——企业权益资本总额；
　　　B——企业债务资本总额；
　　　K_S——企业权益资本成本，可用资本资产定价模型来确定；
　　　K_b——企业债务资本成本；
　　　T——企业所得税税率。

5.5 投资决策方法

用来系统评价投资项目的决策方法有两类：一类是非贴现的评价方法，即不考虑货币时间价值的决策方法，有投资回收期法、平均会计收益率法；另一类是贴现的评价方法，即考虑货币时间价值的决策方法，有净现值法、现值指数法和内含报酬率法。

适合创业企业投资项目决策的常用方法是投资回收期法、净现值法与内含报酬率法。

5.5.1 投资回收期法

投资回收期法是根据项目投资回收期的长短来判断项目可行与否的决策分析方法。投资回收期是指收回初始投资所需要的时间，它是项目预期现金流入量总额等于项目初始现金流出量所需要的时间，通常以年为单位。

一般来说，项目投资回收期越短越好。当项目预计投资回收期大于所要求的投资回收期时，该项目不可行；当项目预计投资回收期小于所要求的投资回收期时，该项目可行。项目投资回收期的计算有两种情况：

（1）在原始投资一次支出，每年营业现金净流入量相等时，投资回收期按以下公式计算：

$$投资回收期 = 原始投资额 / 每年营业现金净流入量 \qquad (5-5)$$

（2）如果营业现金净流入量每年不等，或原始投资是分几年投入的，则可使下式成立的 n 为投资回收期：

$$\sum_{k=0}^{n} I_k = \sum_{k=0}^{n} O_k \qquad (5-6)$$

式中　　n——投资回收期；

　　　　I_k——第 k 年的营业现金流入量；

　　　　O_k——第 k 年的投资额。

【例 5.2】 承【例 5.1】的资料，计算 A 公司该项目的投资回收期，如表 5-2 所示。

表 5-2　A 公司该项目投资回收期计算表　　　　　　　　（单位：万元）

时间	净现金流量	累计回收净现金流量
第 0 年	−15 000.00	
第 1 年	4 035.00	4 035.00
第 2 年	4 140.00	8 175.00
第 3 年	4 247.00	12 422.40
第 4 年	15 016.87	27 439.27

设该项目的投资回收期即收回 15 000 万元初始投资所需要的时间为 N，则有：

回收期（年）	累计回收净现金流量
3	12 422.40
N	15 000.00
4	27 439.27

根据内插法得

$(N-3)/(4-3)=(15\ 000-12\ 422.40)/(27\ 439.27-12\ 422.40)$

$N = 3.17$ 年

投资回收期法的优点：

（1）决策过程简便。涉及参数少、简单、易使用，是投资回收期法的最大优点。投资回收期法适用于小企业的投资决策或大企业的一些小额项目的决策。

（2）便于管理控制。投资回收期法仅考虑回收期内的现金流量，可以在较短时间内做出决策正确与否的判断，不需要等项目结束再做出判断。

（3）特别适用于有"回收迅速"偏好的项目决策。对于主要依靠内生资金进行经营活动的小企业来说，由于不能从资本市场获得资金，项目"回收迅速"是一个非常值得考虑的重要因素。资金的快速回笼有利于此类企业扩大再投资。因此，投资回收期短是此类企业项目投资决策最重要的标准。另外，"回收迅速"偏好也存在于一些未来不确定性很高的项目决策，如一些政治风险较高的项目。

（4）作为其他方法的辅助方法。投资回收期法经常作为其他决策方法的辅助方法。例如，当两个项目的净现值相等时，应选择投资回收期较短的项目。

投资回收期法的缺点：

（1）未考虑投资回收期内现金流量的时间序列，即未考虑货币的时间价值。

（2）未考虑投资回收期以后的现金流量。投资回收期法优先考虑急功近利的项目，可能导致放弃长期的优秀方案。

（3）投资回收期法的决策依据具有主观臆断性。

5.5.2 净现值法

这种方法使用净现值作为项目决策的指标。所谓净现值，是指特定方案未来现金流入的现值与未来现金流出的现值之间的差额。净现值法是利用净现金效益量的总现值与净现金投资量算出净现值，然后根据净现值的大小来评价投资方案。净现值为正值，投资方案是可以接受的；净现值是负值，投资方案就是不可接受的。净现值越大，投资方案越好。净现值法是一种比较科学也比较简便的投资方案评价方法。

净现值的计算公式为：

$$\mathrm{NPV} = \sum_{t=0}^{n} \frac{I_t}{(1+i)^t} - \sum_{t=0}^{n} \frac{O_t}{(1+i)^t} \quad (5\text{-}7)$$

式中　NPV——净现值；

　　　　n——投资涉及的年限；

　　　　I_t——第 t 年的现金净流入量；

　　　　O_t——第 t 年的现金净流出量；

　　　　i——预定的贴现率。

【例5.3】 承【例5.1】的资料，计算 A 公司投资该项目的净现值，如表 5-3 所示。

表 5-3　A 公司投资该项目净现值计算表　　　　　　　（单位：万元）

项目净现金流量	−15 000.00	4 035.00	4 140.00	4 247.40	15 016.87
贴现系数（10%）	1.00	0.909	0.826	0.751	0.683
净现金流量现值	−15 000.00	3 667.82	3 419.64	3 189.80	10 256.52

注：表中的贴现系数可查贴现率为 10%时的复利现值系数表。

项目净现值=3 667.82+3 419.64+3 189.80+10 256.52−15 000=5 533.78（万元）

该项目的净现值为正数，说明该项目的投资收益率超过 10%。如果企业的资本成本率或要求的投资收益率是 10%，则这个方案是有利的，是可以接受的。

净现值法的优点：

（1）使用现金流量。企业可以直接使用项目所获得的现金流量，相比之下，利润包含了许多人为的因素。在资本预算中利润不等于现金。

（2）净现值包括了项目的全部现金流量，其他资本预算方法往往会忽略某特定时期之后的现金流量，如投资回收期法。

（3）净现值对现金流量进行了合理折现，有些方法在处理现金流量时往往忽略货币的时间价值，如投资回收期法、会计收益率法。

净现值法的缺点：

（1）资金成本率的确定较为困难，特别是在经济不稳定情况下，资本市场的利率经常变化，更加重了确定的难度。

（2）净现值法说明投资项目的盈亏总额，但没能说明单位投资的效益情况，即投资项目本身的实际投资报酬率。这样会造成在投资规划中出现着重选择投资大和收益大的项目而忽视投资小，收益小，而投资报酬率高的更佳投资方案的情况。

5.5.3　内含报酬率法

内含报酬率法是把各投资项目计算的内含报酬率同企业的资本成本或要求达到的最低报酬率进行比较，确定各投资项目是否可行的一种决策分析方法。该法的步骤是：首先令现金流入量现值和现金流出量现值相等。其次求出内含报酬率。最后比较内含报酬率与企业的资本成本或要求达到的最低报酬率，决定各投资项目的取舍。

5.6　创业投资的特殊性

尽管在进行投资决策时有一些通行的做法，但是由于创业企业和在位企业存在差异，使得创业企业在投资决策上还是有些特殊之处，需要创业者给予充分关注，如投资项目的期权问题、商业模式的创新问题、创业者价值的实现等。

5.6.1　投资项目的期权问题很重要

创业企业现金流的非线性特征，决定了其波动率是关于风险的函数，这就使风险溢价的计算非常困难，往往采用较高的折现率，从而使一些具有潜在成长价值的创业项目被排斥在外。相反，实物期权理论却认为，不确定性是有价值的，在一定的范围内，不确定性越高，其投资机会的价值也就越高。因此，创业者应从实物期权的角度看，将创业项目的价值视作静态的 NPV 和实物期权（投资机会）的价值之和。

5.6.2 考虑商业模式创新的价值

创业者的创业投资如果是可持续的话，一般会带来商业模式的重大变革，但是就像上面曾经提到的，"源创新"在商业模式建立初期会经历相当长时间的市场培育期，为了顺利度过种子期，进入萌芽期，创业者需要准备足够的应付风险的资金，而且要对营运前期有充分估计，这样才会使企业面临资金断流的危机时，创业者能够坚持向前而不是放弃。况且从社会层面来说，商业模式创新所产生的外部性，对于整个社会的进步都是一个较大促进。新进入的创业者如果能坚持到市场快速发展期，必然会收获满满。如果只是"流创新"或者微创新，只要创新带来的变革足够大，最终不但可以使创业者收回成本，还能实现盈利，则开始时相当时间的亏损依然是可以接受的。

5.6.3 关注创业者价值的实现

创业者创业的目的并不完全是盈利，在很多情况下做出创业决策的理由都是基于创业者自我价值实现的需要。在创业者感兴趣的领域，如果创业者对于创意的考虑也相对成熟，创业者就可以去尝试性地进行创业投资。因为经济领域的资金并不缺乏，只要创业者的创意具有足够的吸引力，就可以帮助其吸引创业所需资金，在创业者经过一番努力之后，即便没有能够产生收益，创业者的能力也会得到很大提升，对成熟创业者的培养其实比盈利的多少更加重要。前提是创业者一定要对创业项目有足够的兴趣，而且考虑要比较周全，准备比较充分。

5.6.4 重视盈亏平衡分析

鉴于创业企业的不确定性、创业企业的高风险特征等，创业者需要对风险有高度的警觉，在进行创业投资之前做好投资项目的盈亏平衡分析。企业要能坚持到资金的盈亏平衡点才可以更好生存，要超过利润的盈亏平衡点才能实现盈利。在此之前的经营都意味创业者要持续不断地追加投入。因此通过盈亏平衡分析，创业者可以知晓企业达到盈亏平衡的时间，以便做好心理、资金等方面的准备。

【思考题】

1. 什么是创业投资？如何正确理解创业投资？
2. 投资战略规划程序是怎样的？
3. 什么是投资回收期？
4. 创业企业投资决策评价的方法有哪些？
5. 什么是盈亏平衡分析？对创业企业来说，有何意义？

【案例分析题】

　　腾讯公司成立于 1998 年 11 月，是目前中国最大的互联网综合服务提供商之一，也是中国服务用户最多的互联网企业之一。成立十多年以来，腾讯一直秉承一切以用户价值为依归的经营理念，始终处于稳健、高速发展的状态。腾讯把为用户提供"一站式在线生活服务"作为战略目标，提供互联网增值服务、移动及电信增值服务和网络广告服务，打造了中国最大的网络社区，满足互联网用户沟通、资讯、娱乐和电子商务等方面的需求。其使命是：用互联网的先进技术提升公司收入。2004 年 6 月 16 日，腾讯公司在香港联交所主板公开上市。

　　1996 年，ICQ 诞生，瞬间风靡全球，到 1998 年的时候，这款软件已经垄断了中国的即时通信市场。1999 年 QQ 推出的时候，虽然还很粗糙，但是中文界面使得 QQ 迅速引起了市场关注。接着 QQ 凭借将用户的资料存储于云服务器，在任何终端都可以登录聊天；首创离线消息发送、隐身登录等功能，以及可以随意选择聊天对象、有自己的个性化头像；还有坚持通过面向消费者的免费服务等互联网理念，取得了用户信任，成为风靡至今的即时通信工具之一。

　　2002 年，QQ 创新推出 QQ 群，可以查看聊天记录，可以自行定义好友名，将 QQ 从早期陌生人之间的关系，转变为真实的用户关系，后来推出的好友手机绑定，摄像头绑定，手机通讯录保存在云服务器，手机资料中新增好友手机类别、品牌、型号等信息的功能，使得 QQ 迅速转型成为真实的社交网络平台，而 QQ 号也成为了人们的网络身份证。

　　再后来，QQ^{TM} 打败了 MSN，QQ 游戏打败了联众，腾讯网游打败了盛大。

　　随着 2010 年移动互联网的呼啸而来，腾讯在所有互联网巨头中第一个转身。从 2011 年 1 月推出到年底，微信在一年的时间里更新了 11 个版本，平均每一个月迭代一个版本。至 2014 年二季度末，即时通信服务月活跃账户数达到 8.48 亿户，即时通信服务最高同时在线账户数达到 1.99 亿户，"微信和 WeChat"的合并月活跃账户数达到 3.96 亿户。实现了总收入 184.0 亿元人民币，经营盈利 77.90 亿元人民币，每股基本盈利 3.50 元人民币的经营业绩。

　　腾讯的成功主要源于不断的创新，其创新特征主要体现在以下几个方面：腾讯是世界上最早具有互联网思维的企业之一，正是这种思维让他区别于 ICQ 和 AOL，成为了世界上唯一获得大规模商业成功的即时通讯企业；腾讯是世界上最早获得成功的真实社交网络平台，通过 QQ 和 QQ 群在 2002 年的创新式无缝连接，让陌生人社交转向了真实社交关系，摧毁了传统的聊天室商业模式，并在 QQ 秀上赚到第一桶金；腾讯是最早执行快速迭代微创新的互联网企业之一，正是这种微创新能力让他击败了 MSN、联众、盛大等众多的互联网巨头，获得强大的盈利能力；腾讯是所有大象企业中最执著于创新的企业之一，这体现在微信的成功和在移动互联网时代的快速转型上。即使在全球来看，腾讯的转身也早于美国的 Facebook，仅仅慢于谷歌。当然，腾讯的成功还跟企业一直专注于在互联网领域耕耘，而没有贸然投资其他行业不无关系。

　　讨论题：

1. 腾讯的商业模式与其投资之间是什么关系？
2. 投资项目的现金流量分为几类？

第 6 章

创业企业营运资金管理

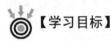【学习目标】

通过学习，掌握营运资金管理的重要性与主要内容，理解现金管理的流程与方法；掌握应收账款管理的内容与方法，存货管理的方法与控制。

6.1 营运资金管理概述

在分析和评价一个企业时，不仅要看企业有多少资产，有多少可以运用的现金，还要着重关注企业的营运资本情况，包括现金、存货和应收账款等流动资产的管理情况。由此可以看出，一个企业的营运资本情况如何也是评价企业经营好坏的关键之一。创业者在创业企业经营过程中应该掌握如何处理好企业的现金、存货和应收账款的方法，以提高企业的经营效率。

6.1.1 营运资金的含义

一般认为，营运资金是指在企业生产经营活动中占用在流动资产上的资金。营运资金有广义和狭义之分。广义的营运资金是指一个企业流动资产的总额；狭义的营运资金也称净营运资金，是指流动资产减去流动负债后的余额。营运资金的管理既包括流动资产的管理，也包括流动负债的管理。这里指的是广义的营运资金概念。

（1）流动资产。流动资产是指可以在一年以内或超过一年的一个营业周期内变现或运用的资产。流动资产具有占用时间短、周转快、易变现等特点。企业拥有较多的流动资产，可在一定程度上降低财务风险。

流动资产包括现金、短期投资、应收票据、应收账款、预付账款、存货、待摊费用、待处理流动资产损溢和一年内到期的长期投资等。流动资产具有周转速度快、变现能力强、获利能力强、投资风险相对较小的特点。流动资产管理要解决的最重要的问题是保持企业资金的合理流动，特别注意要为预防财务风险而留存一定的现金，以备不时之需。

有效的流动资产管理有利于保证企业生产经营活动顺利进行；有利于提高企业流动资金的利用效果；有利于保持企业资产结构的流动性，提高偿债能力，维护企业信誉。加强流动资产管理，可以促使企业合理配置资源，加速流动资金的周转，减少流动资产占用数量，达到少花钱、多办事、办好事的目的，从而提高资金的使用效益。

流动资产按不同的标准可进行不同的分类，常见分类方式如下：

1）按占用形态不同，分为现金、以公允价值计量且其变动计入当期损益的金融资产、应收及预付款项和存货等。

2）按在生产经营过程中所处的环节不同，分为生产领域中的流动资产、流通领域中的流动资产以及其他领域中的流动资产。

创业企业流动资产管理要以保证资产的流动性为主，兼顾资产的收益性，既要保证生产经营需要，又要节约、合理使用资金；管资金的要管好资产，管资产的也要管好资金，资金管理与资产管理相结合；资金使用和物资运动相结合，坚持钱货两清，遵守结算纪律。

（2）流动负债。流动负债是指企业的在一年内或者超过一年的一个营业周期内到期的债务，通常是指短期负债筹资。流动负债筹资通常具有如下特征：

1）筹资速度快。由于短期筹资的到期日较短，债权人承担风险相对较低，往往顾虑较少，不需要和长期筹资一样对筹资方进行全面、复杂的财务调查，因此短期资金更容易筹集。

2）筹资弹性好。在筹集长期资金时，资金提供者出于对资金安全的考虑通常会向筹资方提出较多的限制性条款或相关约束条件；短期筹资的相关限制和约束相对较少，使得筹资方在资金的使用和配置上显得更加灵活、富有弹性。

3）筹资成本低。当筹资到期日较短时，债权人所承担的利率风险也相对较低，因此向筹资方索取的资金使用成本也相对较低。

4）筹资风险大。短期筹资通常需要在短期内偿还，因而要求筹资方在短期内拿出足够的资金偿还债务，这对筹资方的资金营运和配置提出了较高的要求，如果筹资企业在资金到期时不能及时归还款项，就有陷入财务危机的可能。此外，短期负债利率通常波动较大，无法在较长时期内将筹资成本锁定在某个较低水平，因此也有可能高于长期负债的利率水平。

6.1.2 营运资金管理与现金周转

营运资金管理就是运用一定的方法将本企业的流动资产与流动负债保持在最佳水平，提升营运资金管理效率。

营运资金管理主要解决两个问题：一是如何确定流动资产的最佳持有量；二是如何筹措流动资金。具体而言，这两个问题分别又涉及每一种流动资产以及每一种流动负债的管理方式与管理策略的制定。因此，从本质上看，营运资金管理包括流动资产和流动负债的各个项目，体现了对企业短期性财务活动的概括。通过对营运资金的分析，可以了解企业流动性、短期资产的变现能力和短期偿债能力。

营运资金管理与现金周转存在密切的联系。营运资金项目在不断地变现和再投入，而各项目的变化会直接影响企业的现金周转,同时,恰恰是由于现金的周转才使得营运资金不断循环运转,使企业成为一个活跃的经济实体,两者相辅相成。

由于现金收入和支出的时间差异,即使盈利的企业也会有现金方面的困境。现金周转是指持续的现金流动,这种流动主要是通过营运资金的各项目循环实现的,包括现金、应收账款、存货、应付账款、应计费用等。现金的周转过程大体上包括存货周转、应收账款周转和应付账款周转等程序,如图6-1所示。

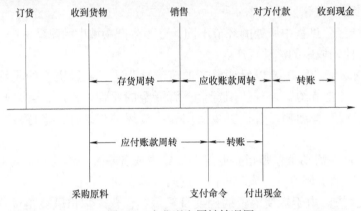

图6-1 企业现金周转情况图

企业生产经营过程(图6-1)表明,营运资金各项目的变化与现金周转乃至现金流量密不可分,互相依存。

企业的非现金性短期资产一旦转化为现金,就会形成企业的现金流入;而企业偿还短期负债需要支付现金,这就形成了企业的现金流出。现金的流动不平衡,就会出现现金不足而导致短期偿付困难,或者因现金过剩而使企业的资产获利能力下降。所以,通过营运资金管理来控制短期资产和短期负债,使现金流入和流出尽量协调,实现现金的平衡运动,就成为企业日常管理的重要内容。

由于现金流入量与现金流出量具有非同步性和不确定性,企业的现金流入与现金流出无法在时间上相互匹配,从而导致企业未来经营活动存在不确定性,加大了财务人员对现金流量进行准确预测的难度。因此,储备适当的营运资金,可以使企业资金的日常收付形成良性循环。

6.1.3 营运资金周转的主要特征

营运资金协调、持久地循环下去是保证企业经营活动正常开展的重要条件。营运资金在周转过程中表现出如下特征:

(1)运动性。营运资金周转首先体现为一种依托于实物流动的价值运动。营运资金周转一旦出现停滞,企业生产经营过程就会停止,存在于实物资产上的价值就会逐渐消失。

(2)物质性。营运资金周转实际上体现为一种资产的消失和另一种资产的生成。无论具体运动形式如何,物质内容总是显而易见的。

(3)补偿性。营运资金周转是一个资本不断被消耗而后又不断地予以补偿的过程。营运资金周转不应导致资本价值的丧失,而应当是由相应物质内容来补偿这一已消耗的价值。

（4）增值性。营运资金周转不仅仅是一种形态向另一种形态的简单过渡，而且应当是一个价值增值的过程，这是营运资金存在和延续的动力源泉。

6.1.4 营运资金管理的原则

对营运资金进行管理，既要保证有足够的资金满足企业生产经营需要，又要保证企业能按时按量地偿还各种到期债务。在营运资金管理过程中，企业要遵循以下原则：

（1）认真分析生产经营状况，合理确定营运资金的需要数量。企业营运资金的需要量取决于生产经营规模和营运资金的周转速度，同时也受到市场及供、产、销情况的影响。企业应综合考虑各种因素，合理确定营运资金的需要量。

（2）在保证生产经营需要的前提下，节约使用资金。营运资金具有流动性强的特点，但是流动性越强的资产其收益性就越差。例如，如果企业的资产全部都是现金，则不能带来任何投资收益（将现金存入银行而获得的利息收入对于企业而言算不上真正的投资收益）。如果企业的营运资金持有过多，会降低企业的收益。因此，企业在保证生产经营需要的前提下，要控制流动资金的占用，使其纳入计划预算的良性范围，既要满足经营需要，又不能安排过量而造成浪费。

（3）加速营运资金的周转，提高资金的利用效率。当企业的生产经营规模一定时，短期资产的周转速度与流动资金的需要量呈反向变化。适度加快存货的周转，缩短应收账款的收款期，延长应付账款的付款期，可以减少营运资金的需求量，从而提高资金的利用效率。

（4）合理安排短期资产与短期负债的比例关系，保障企业有足够的短期偿债能力。企业的短期负债主要是用短期资产来偿付。当企业的短期资产相对短期负债过少时，一旦短期负债到期，而企业又无法通过其他途径筹措到短期资金，就容易出现到期无法偿债的情况。因此，企业要安排好二者的比例关系，从而保证有足够的资金偿还短期负债。

6.1.5 营运资金融资策略

如前所述，企业的融资需求也就是要满足永久性资产和临时性资产的投资需求，其中，永久性资产需求相对固定，而临时性资产需求具有波动性。企业需要确定用来支持流动资产的资金有多少来自临时融资，以及用多少永久性融资来支持流动负债的不足部分，即营运资金。主要有中庸型融资、激进型融资、保守型融资三种融资策略。

1. 中庸型融资策略

中庸型融资策略的特点是：临时性融资只与临时性流动资产的资金需要对应，固定资产和永久性流动资产均由永久性融资、自发性融资作为其资金来源。这是一种财务风险最小化的融资策略，它要求资产与债务到期日准确地匹配起来，使现金流动与预期安排相一致。

如图 6-2 所示，临时性融资与临时性资产对应，永久性融资和自发性融资与永久性资产对应，融资的特点与资产的特性相吻合，财务风险较小。

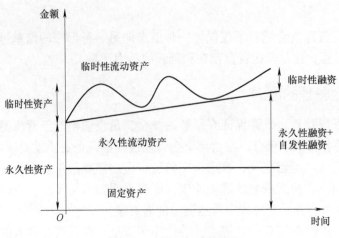

图 6-2　中庸型融资策略

2. 激进型融资策略

激进型融资策略的特点是：临时性融资不仅要与临时性资产相对应，而且还要与部分永久性资产相对应，永久性融资和自发性融资只需要满足部分永久性资产的资金需要。这是一种极不稳健的融资策略，临时性融资偿还本息的短期性与永久性资产周转的长期性之间的矛盾，往往会导致财务风险的加大。

如图 6-3 所示，虚线越是靠近永久性资产线，表示需要用临时性融资来支持永久性资产的资金需要越少，财务风险也就越小，反之，虚线越是向下移动，甚至低于固定资产线，则表示需要用临时性融资来支持永久性资产的资金需要越多，临时性融资偿还本息的短期性与永久性资产周转的长期性之间的矛盾就越大，财务风险就越大。

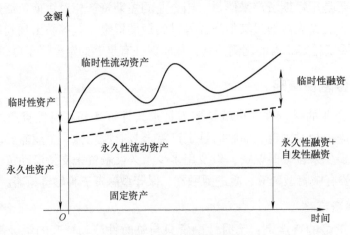

图 6-3　激进型融资策略

3. 保守型融资策略

保守型融资策略的特点是：临时性融资只与部份临时性资产相对应，永久性融资要与全部永久性资产和部分临时性资产对应。这是一种极其保守的融资策略，永久性融资偿还本息的长期性与临时性资产周转的短期性，可以极大地缓解企业短期融资的压力。

由图 6-4 可见，永久性融资和自发性融资与全部永久性资产对应，融资特点与资产特性完全吻合，除此之外，永久性融资和自发性融资还要与部分临时性资产相对应，企业只需要通过临时性融资来满足季节性资金的高峰期，即虚线上方的波峰，虚线下方的低谷则由部分永久性融资来满足。因此，这是一个非常安全、保守的融资策略。

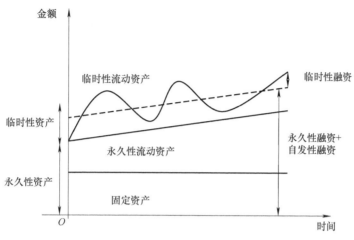

图 6-4　保守型融资策略

一般而言，资产的流动性和收益性成反比，收益性和风险性成正比。流动性强的资产，风险较小，但收益不高；而收益高的资产通常风险较大。流动资产结构性管理的目的，就是要在其流动性、收益性和风险性之间求得平衡，即在于确定一个既能维持企业的正常生产经营活动，又能在减少或不增加风险的前提下，给企业带来尽可能多利润的流动资金水平。企业流动资产的盈利能力一般低于固定资产。首先，制造性企业中的厂房、设备等固定资产作为劳动资料（生产手段），通过人作用于原材料、辅助材料、燃料等劳动对象，可以给企业生产在产品、产成品，通过产品的销售或转化为现金、有价证券，或转化为应收账款，收回的价值大于生产与销售中的资金耗费，就会给企业带来利润，因而固定资产可视为再生产过程中的盈利性资产。与此相联系，流动资产也是企业生产经营中必不可少的，但除有价证券外，现金、应收账款、存货等流动资产只是为企业再生产活动的正常进行提供必要的条件，它们本身并不具有直接的盈利性。其次，依据"收益与风险对应原则"，一项资产的风险越小，其预期报酬也就越低。由于流动资产比固定资产更易于变现，其潜亏的可能性（风险性）小于固定资产，其报酬率自然也低于固定资产。因此，为了对流动资产进行结构性的管理，企业财务经理人员必须在流动性、收益性与风险性之间进行全面的权衡并做出合理的选择。

6.2　创业流动资产管理

很多创业企业在开始发展的时候，由于资金周转的问题导致破产，因此，创业企业特别要注意流动资产的管理，确保流动资金能够偿付短期的债务和到期的长期债务，避免由于企业的偿付能力不足而导致财务风险的发生。

6.2.1 现金管理

现金是指在生产过程中暂时停留在货币形态的资金，包括库存现金、银行存款、银行本票、银行汇票等。现金是企业中流动性最强的资产，它的主要特点是具有普遍的可接受性，可以有效及时地购买商品、劳务、货物或者是偿还债务。现金管理的基本目标主要是保持合理的现金流量，在现金的流动性与收益性之间做出合理的选择。

1. 企业持有现金的动机

企业持有一定量的现金，主要是基于四个方面的动机：

① 交易动机。企业为了组织日常生产经营活动，必须保持一定数额的现金余额，用于购买原材料、支付工资、缴纳税款、偿付到期债务等。一般说来，企业为满足交易动机所持有的现金余额主要取决于企业销售水平。企业销售扩大，销售额增加，所需现金余额也随之增加。

② 预防动机。预防动机即企业为了应付紧急情况而需要保持的现金支付能力。企业有的时候会遇到预防不到的开支，现金流量的不确定性越大，预防现金流的数额就越大；反之，企业现金流量的可测性强，则预防现金的数额就可以小一些。

③ 投资动机。投资动机即企业抓住各种瞬息即逝的市场机会，为获取较大的利益而准备的现金余额。如企业会在适当的时机购进价格有利的股票和有价证券，以期获得更多的投资收益。创业企业持有现金主要是为了保证交易和预防不确定的现金需求。投资虽然会有一定的收益，但也会有一定的风险，创业企业自身经营还存在较大的风险，增加投机无疑是增加额外的风险。因此，创业企业考虑现金持有量时主要考虑交易和预防的现金需求。

④ 补偿动机。银行为企业提供服务时，往往需要企业在银行中保留存款余额来补偿服务费用。同时，银行贷给企业款项也需要企业在银行中有存款以保证银行的资金安全。这种出于银行要求而保留在企业银行账户中的存款就是补偿动机要求的现金持有。

我们通常认为，财务管理的对象是现金及其流转。在生产经营过程中，现金变为非现金资产，非现金资产又变为现金，这种周而复始的流转过程称为现金流转。这种流转无始无终、不断循环，又称为现金的循环或货币资金循环。

现金的循环有多种途径。例如，有的现金用于购买商品，商品转售出去又变为现金，这种现金循环在商业外贸企业中极为典型；有的现金用于购买原材料，原材料通过加工成为产成品，产成品出售后又变为现金，这种现金循环在加工型工业企业极为典型；有的现金用于购买厂房、设备等固定资产或专利、技术诀窍等无形资产，这些非现金资产其价值非常高，往往通过折旧或摊销方式将其价值逐步计入产品成本或分期计入费用，通过产品的销售从收入中得到补偿，逐步回收现金。各种流转途径完成一次循环所需要的时间差别很大，购买商品的现金可能几天就可流回，而厂房等固定资产上投入的现金可能需要数十年才能全部返回现金状态。有时，企业流出现金形成非现金资产无法流回现金状态，或者流回的现金数额远小于初始数额。比如，企业购买的伪劣商品被工商部门查封没收，在价位高的时候购买的股票在价位低的时候卖出损失惨重。财务管理要研究现金循环顺利进行的条件和环境，防止循环出现堵塞现象。

我们通常把现金流转所需时间在一年（或长于一年的一个营业周期）以下的称为现金的短期循环。短期循环中使用现金形成的资产是流动资产。要想加快现金短期循环速度，在保证生产经营顺利进行的同时避免过多的存货占用，就要合理安排生产缩短加工时间，向客户提供商业信用时谨慎从事，将暂时闲置的现金进行短期投资时要把安全放在首位，尽可能避免预付款、代垫款等事项发生。

现金流转所需时间在一年以上（或长于一年的一个营业周期）的称为现金的长期循环。长期循环中的非现金资产是长期资产，包括固定资产、无形资产、长期投资等。长期循环中分次收回的现金，因"重置"（Replacement，重新购置或重新建设）时间未到，企业可以用于短期循环，称为"长款短用"，以提高资本使用效率，但应准备好固定资产更新改造等方面的资金需要。

如果企业各期的现金流入量和现金流出量总是相等，财务管理工作将大大简化。然而，这种情况极少出现。现金溢余（现金流入量大于现金流出量）或现金短缺（现金流入量小于现金流出量）是常见的两种情形，这就需要财务人员做好现金流量的预测工作，并做好多余现金的投放工作和短缺现金的融通工作。

现金流转不平衡的原因主要有：

（1）市场的季节性变化。通常，企业的生产部门总是力求均衡生产，以便充分利用设备和人工。但销售有时呈现季节性特征，在销售淡季，因销售少可能发生现金短缺，而在销售旺季可能出现现金过剩。现金流出量有时也出现季节性变化，如在农作物成熟之际农业企业需要大量现金集中进货，有的企业在年终需要大量现金发放奖金等。

（2）宏观经济波动。在经济萧条时，社会购买力下降，企业销售额下降，进而生产和采购减少，整个短期循环中的所需资本减少了，使企业有了过剩的现金。如果预知不景气的时间很长，企业推迟固定资产的重置，折旧积存的现金也会增加。在经济繁荣时，受需求的拉动，企业要扩大生产规模，增加生产批量，增加设备和人员，现金不足就会出现。此时，企业的财务主管就要安排融资计划。

（3）通货膨胀。通货膨胀对企业财务的主要影响是企业资本需求不断膨胀，而国家为控制通货膨胀，往往缩紧银根，企业筹资难度加大。企业财务主管在通货膨胀条件下面临的主要任务是解决现金短缺问题，合理筹集资金。

（4）竞争。企业竞争对手的强弱也会对现金流转产生影响。当企业面临强劲的竞争对手时，不时会做出降价、增加广告支出、增加研究开发支出等无奈之举，这势必会减少企业的现金流入量或增加现金流出量，使得现金流转不平衡。

（5）经营亏损。从长期的观点看，亏损企业的现金流转是不可能维持的。从短期来看，经营亏损又分为两类：亏损额小于折旧额的企业，在固定资产重置之前可以维持下去；另一种是亏损额大于折旧额的企业，不从外部补充现金将很快破产。

现金短缺对于处于成长期的企业、需要扩张的企业和处于恶性竞争环境下的企业来说，都是十分常见的现象。一般而言，有以下一些方法来解决现金短缺问题：

（1）从存量上想办法。通过将有价证券变现、变卖存货、催收应收账款、贴现应收票据和资产典当等方式将其他流动资产转化为现金，也可以通过先售后租方式盘活固定资产，将其中的长期资金转变为短期需要的流动资金（财务上讲究资产与资金来源期限上的搭配，忌讳将短期负债用于短期内难以见效益的长期项目上去，这会引发巨大的支付危机）。

（2）在流量上做文章。通过增大现金流入量、加快现金流入，延缓现金流出、减少现金流出量来解决现金短缺问题。具体方法有：暂缓股利分配、提高售价、降低成本、控制费用、一次性付款购买固定资产改为分期付款购买或以租赁方式取得固定资产使用权等。

（3）在增量上动脑筋。向企业外部寻求新的资本来源，比如增加银行贷款额度、向股东发行新的股票、发行债券和利用商业信用等。

（4）运用综合财务方法。比如，现金短缺的企业寻求被上市公司或处于成熟期、现金宽裕的企业收购；分拆成立新的企业进行融资。

2. 现金管理的原则与内容

（1）现金管理的原则。现金不仅是企业经营、业务往来要用到的资源，也是政府对经济活动进行监管的一个重要方面。企业如果没有合理地使用现金，不仅会对自身产生影响，也可能扰乱整个市场的秩序。所以，国家对企业使用现金的规则，也做出了规定，创业者在管理企业时，也要遵守这些规定。依据《现金管理暂行条例》的规定，现金管理的基本原则是：

第一，开户单位库存现金一律实行限额管理。

第二，不准擅自坐支现金。坐支现金容易打乱现金收支渠道，不利于开户银行对企业的现金进行有效地监督和管理。

第三，企业收入的现金不准作为储蓄存款存储。

第四，收入现金应及时送存银行，企业的现金收入应于当天送存开户银行，确有困难的，应由开户银行确定送存时间。

第五，严格按照国家规定的开支范围使用现金，结算金额超过起点的，不得使用现金。

第六，不准编造用途套取现金。企业在国家规定的现金使用范围和限额内需要现金，应从开户银行提取，提取时应写明用途，不得编造用途套取现金。

第七，企业之间不得相互借用现金。

（2）现金管理的内容。一般现金管理的主要内容包括：编制现金收支计划，以便合理估计未来的现金需求；对日常的现金收支进行控制，力求加速收款，延缓付款；用特定的方法确定最佳现金余额，当企业实际的现金余额与最佳的现金余额不一致时，采用短期融资策略或采用归还借款和投资于有价证券等策略来达到理想状况。现金管理的内容如图6-5所示。

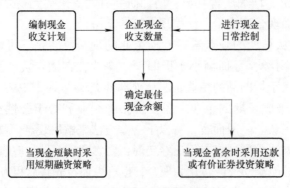

图6-5 现金管理的内容

创业企业现金管理的内容主要包括以下四个方面：

① 编制现金预算。现金预算是现金管理的一个重要方法，企业应当在合理预计现金流量的基础上，编制现金预算，提高现金的利用效率。

② 确定最佳现金持有量。在理论上，现金存在一个最佳持有量，企业为了充分利用现金、降低现金的成本应当根据自身情况，确定一个目标现金持有量。

③ 现金的日常管理。现金的日常管理主要是对现金的日常收支管理，在日常经营活动中，企业要尽可能快地收回应收款项，增加现金流入量；同时，在合理的情况下，应尽可能使用各种信用工具，推迟现金流出。

④ 当企业实际现金余额与理想现金余额不一致时，可采用短期融资策略或有价证券投资策略。

3. 现金预算管理

（1）现金预算的含义。现金预算是基于现金管理的目标，运用一定的方法，依托企业未来的发展规划，在充分调查与分析各种现金收支影响因素的基础上，合理估测企业未来一定时期的现金收支状况，并对预期差异采取相应对策的活动。现金预算的方法主要是收支预算法。

（2）现金预算管理的作用。企业现金持有量不足或过多，都说明现金管理不力，所以对现金的流入和流出进行有效设计和管理，使现金持有量接近最优水平，就显得尤为重要。为了使企业能够实现并保持已确定的最佳现金水平，财务人员需要对未来可能的现金收支数量和时间进行预测，编制现金预算。现金预算在现金管理上的作用表现在：

1）可以揭示现金过剩或现金短缺的时期，使资金管理部门能够将暂时过剩的现金转入投资或在短缺时期来临之前安排筹资，以避免不必要的资金闲置或不足，减少机会成本。

2）可以在收支实现以前了解经营计划的财务结果，预测未来时期企业对到期债务的直接偿付能力。

3）可以对其他财务计划提出改进建议。编制现金预算可以较为有效地预计未来现金流量，是现金收支动态管理的一种有效方法。

（3）现金收支预算法。现金收支预算法要求财务人员在编制现金预算时，凡涉及现金流动的事项均须纳入现金预算，无论这些项目是属于资本性的还是属于收益性的。完整的现金预算包括四个组成部分：现金收入、现金支出、现金多余或现金不足的计算以及不足部分的筹措方案和多余部分的利用方案。它是解决企业现金流入、流出不平衡的基础工作，是做好资金不足时如何筹措资金、弥补资金不足；资金多余时如何利用资金，减少现金冗余，提高资金使用效率的必要前提。

现金收支预算的内容包括现金收入、现金支出和现金融通。现金收入包括销售收入、结算资产的收回、营业外收入、投资收益、货币性资本及负债的增加；现金支出包括支付货款、增加固定资产投资、购买有价证券、支付人工及其他付现费用、解缴税款、派发现金股利、偿还债务本息；临时性的融通可通过短期借款或证券来调节；而经常性的融通则可通过长期借款或证券实现。

如果创业企业是一个小型制造业企业，编制现金预算可按照以下步骤进行。其他类型的企业可以在此基础上稍做调整：

1）计算经营现金收入：
$$经营现金收入=当期含税现销收入+收回的前期应收账款$$
2）计算材料采购支出：
$$材料采购支出=当期含税采购付现支出+支付前期的应收账款$$
3）计算人工支出：
$$人工支出=直接工资总额+预计的福利费现金支出$$
4）计算制造费用支出：
$$制造费用支出=制造费用的预算数-制造费用的非付现成本$$
5）计算销售、管理费用支出：
$$销售、管理费用支出=销售、管理费用的预算数-销售、管理费用的非付现成本$$
6）计算现金期末余额：
$$现金期末余额=现金期初余额+经营现金收入-应交税金及附加支出-材料采购支出-人工支出-制造费用支出-销售、管理费用支出-其他支出-资本支出$$
7）最终计算出的这个现金余额，如果现金余额为正数，则运用现金减少冗余；如果为负数，则筹集现金。

4. 现金最佳持有量的决策

在现金预算中，为了确定预算期末现金资产的余缺状况，除了要合理估计预算期内的现金收入与支出项目，还应当确定期末应当保留的最佳现金余额，这就是现金持有量决策所要解决的主要问题，也是现金管理最首要的任务之一。企业出于各种动机的要求而持有一定货币，但出于成本和收益关系的考虑，必须确定最佳现金持有量。

当前应用较为广泛的现金持有量决策方法主要包括成本分析模型、存货模型以及随机模型。

（1）成本分析模型。成本分析模型是根据现金有关成本，分析预测其总成本最低时现金持有量的一种方法。企业持有现金资产需要负担一定的成本，其中与现金持有量关系最为密切的是机会成本和短缺成本。

1）机会成本，是指企业因保留一定的现金余额而增加的管理费用及丧失的投资收益。这种投资收益是企业不能用该现金进行其他投资获得的收益，与现金持有量呈正比例关系：
$$机会成本=现金持有量×有价证券利率$$

2）短缺成本，是指现金持有量不足且又无法及时将其他资产变现而给企业造成的损失，包括直接损失和间接损失。现金的短缺成本与现金持有量呈反比例变动关系。图6-6对这两种现金持有成本与现金持有量的关系进行了描述。当两种成本之和，也即总成本达到最小值时，企业所持有的现金水平为最佳持有量。

成本分析模型的计算步骤是：
① 根据不同现金持有量测算各备选方案的有关成本数值。
② 按照不同现金持有量及有关部门成本资料，计算各方案的持有成本和短缺成本之和，即总成本，并编制最佳现金持有量测算表。
③ 在测算表中找出相关总成本最低时的现金持有量，即最佳现金持有量。

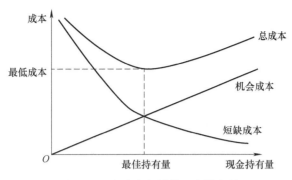

图 6-6　现金成本与最佳现金持有量

【例 6.1】　恒远公司现有 A、B、C、D 四种现金持有方案，有关成本资料如表 6-1 所示。

表 6-1　公司的备选现金持有方案　　　　　　　　　　（单位：万元）

项　　目	A	B	C	D
现金持有量	100	200	300	400
机会成本率	12%	12%	12%	12%
短缺成本	50	30	10	0

根据表 6-1 计算的现金最佳持有量测算表如表 6-2 所示。

表 6-2　恒远公司现金最佳持有量测算表　　　　　　（单位：万元）

方　　案	现金持有量	机会成本	短缺成本	相关总成本
A	100	100×12%=12	50	12+50=62
B	200	200×12%=24	30	24+30=54
C	300	300×12%=36	10	36+10=46
D	400	400×12%=48	0	48+0=48

根据分析，应该选择成本最低的 C 方案。

（2）存货模型。存货模式亦称鲍曼尔模型，是由美国经济学家威廉姆·鲍曼尔（William Baumol）首先提出来的，他认识到控制现金余额与建立一个最佳存货水平十分相似。鲍曼尔采用了经济订货量存货模型来确立最佳现金余额水平，如果需要花高成本将短期有价证券转换成现金的时间很长，且如果利率很低，那么，则应该持有现金而非有价证券。鲍曼尔的分析实质是把企业现金持有量与短期有价证券联系起来，即将企业现金的持有成本同现金和短期有价证券的转换成本进行权衡，以求得二者相加总成本最低时的现金余额，从而得出最佳现金持有水平。

依照存货模型，企业持有一定量的现金要承担相关的成本，主要包括持有成本和转换成本。

现金的持有成本实质是现金的机会成本，现金作为企业的一项资金占用，是有代价的，这种代价就是因持有现金而不能赚取投资收益的机会损失，即机会成本，在实际工作中可以用企业的资金成本替代。假设某企业的资金成本为 8%，每年平均持有 150 万元的现金，则该企业每年持有现金的机会成本是 12 万元（150×8%）。现金持有量越大，机会成本也就越高。

现金的转换成本实质是现金的交易成本,企业将短期有价证券转换回现金也是有代价的,如需要支付税金、佣金、手续费等费用。在一定时期内,有价证券与现金之间转换的次数越多,其转换成本就越高。

一般来讲,如果企业全年现金的需要量一定,保持现金的余额越多,其机会成本就越大,需要把短期有价证券转换成现金的次数就越少,交易成本就越小,反之,现金余额越少,其机会成本越小,需要把短期有价证券转换成现金的次数就越多,交易成本就越大。显然,现金的机会成本与现金的持有量成正比,与转换次数成反比;现金的交易成本与现金的转换次数成正比,与现金持有量成反比。这种关系如图6-7所示。

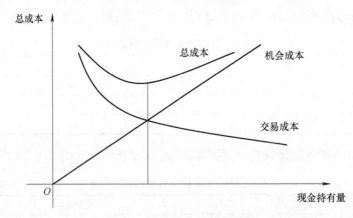

图6-7 现金持有量存货模型

从图6-7可见,现金的机会成本和交易成本是两条随现金持有量成不同方向发展的曲线,两条曲线交叉点相应的现金持有量,也就是机会成本等于交易成本时的现金持有量,即是总成本最低时的最佳现金持有量。它可以按照存货模型进行计算。

$$TC = K \times \frac{M}{2} + F \times \frac{T}{M} \qquad (6\text{-}1)$$

式中 TC——总成本;
T——某一时期企业现金的总需要量;
F——单位交易成本;
K——单位机会成本;
M——现金余额。

将式(6-1)对M求导,并令导数等于零,即得:

$$M^* = \sqrt{\frac{2FT}{K}} \qquad (6\text{-}2)$$

【例6.2】 假设某创业企业每月现金需要量为200 000元,有价证券的月利率为0.4%,每次出售有价证券的交易成本为25元,则最佳现金持有量为:

$$M^* = \sqrt{\frac{2 \times 25 \times 200\,000}{0.004}} = 50\,000 \text{(元)}$$

为了验证这一结果,我们可以分别计算机会成本和交易成本。

$$机会成本 = \frac{50\,000}{2} \times 0.4\% = 100 \text{（元）}$$

$$交易成本 = \frac{200\,000}{50\,000} \times 25 = 100 \text{（元）}$$

两成本相等，总成本最低，现金持有量 50 000 元为最佳持有量。

（3）随机模型。随机模型亦称米勒-奥尔模型，是由经济学家莫顿·米勒和丹尼尔·奥尔首先提出。他们认为企业现金持有量往往波动很大而且难以预知，但可以根据企业历史经验和现实需要，测算出一个现金持有量的控制范围，即制定出现金持有量的上限和下限，将现金量控制在上下限之内。当现金持有量达到控制上限时，用现金购入有价证券，使现金持有量下降；当现金持有量降到下限时，则抛售有价证券换回现金，使现金持有量回升；当现金量在上下限之内，便不必进行现金与有价证券的转换，保持它们各自的现有存量。这种现金存量的控制如图 6-8 所示。

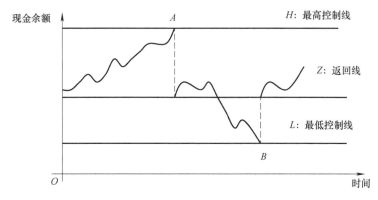

图 6-8　随机模型

图 6-8 中，虚线 H 为现金存量的上限，虚线 L 为现金存量的下限，实线 Z 为最优现金返回线。从图 6-8 中可以看出，企业的现金存量是随机波动的，当其达到 A 点时，即达到了现金控制的上限，企业应用现金购买有价证券，使现金量回落到现金返回线的水平；当现金存量降至 B 点时，即达到了现金控制的下限，企业则应转让有价证券换回现金，使其存量回升至现金返回线的水平。现金存量在上下限之间的波动属于控制范围内的变化，是合理的。

图 6-8 中上限 H、现金返回线 Z 可按下列公式计算，下限 L 的设置根据企业对现金短缺风险的愿意承受程度而确定的。

$$Z = \sqrt[3]{\frac{3F\delta^2}{4K}} + L \tag{6-3}$$

$$H = 3Z - 2L \tag{6-4}$$

式中　F——每次有价证券的交易成本；
　　　K——每天的机会成本率；
　　　δ——预计每天现金余额变化的标准差。

【例 6.3】　假定某企业有价证券每次交易成本为 50 元，企业认为任何时候其银行活期存款及现金余额均不能低于 1 000 元，又根据企业历史经验测算出现金余额波动的标准差为 800 元，该企业有价证券的年利率为 9%。要求测定 Z、H 线为多少？

解：有价证券日利率 $K = \dfrac{9\%}{360} = 0.025\%$

$$Z = \sqrt[3]{\dfrac{3 \times 1000 \times 800^2}{4 \times 0.025\%}} + 1000$$
$$= 5579（元）$$
$$上限 H = 3 \times 5579 - 2 \times 1000$$
$$= 14737（元）$$

如图 6-9 可知，如果现金余额上触到 14 737 元（A 点），则需要用 9 158 元的现金投资有价证券，使现金持有量返回到 5 579 元；相反，如果现金余额下触到 1 000 元（B 点），则需要出售 4 579 元的有价证券使现金余额恢复到 5 579 元的水平。只要现金余额在 H 与 L 之间变化，就不需要进行证券交易。

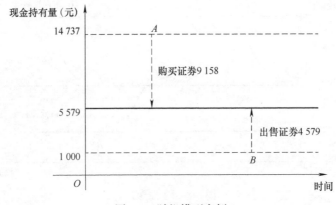

图 6-9　随机模型实例

5．现金的日常控制

加强对现金收支的日常管理，不外乎是加速现金回收、推迟现金支付和力求现金流入与流出同步。

（1）加速现金回收。现金收回的速度与收款时滞有关。收款时滞是从企业赊销产品开始，直到货款划入企业存款账户为止的各个步骤。加速现金回收的核心问题是减少现金回收的总时滞，包括：①票据寄送时滞。票据寄送时滞是指客户寄送发票、支票到企业收到票据的时间。客户可能会有不同的付款习惯，有的客户喜欢在折扣日或到期日付款，有的客户在发票收到时付款。由于较早收到发票会导致客户更快地付款，因此，尽早地将发票送达客户是事关现金回收速度的重要方面。②支票邮寄时滞。支票邮寄时滞是指企业邮寄支票的时间。企业应尽可能地要求客户尽快开出支票，采用快捷的邮寄方式，如航空挂号、特快专递以及专人送达等，如果金额较大，企业可派专人到客户处收取。③业务处理时滞。业务处理时滞是指企业收到支票后业务处理的时间。企业要简化所收取支票的业务处理环节，提高业务处理的速度和效率，尽量做到在收到的支票当天进行。为此，可以先简单地进行日记账处理或备查账处理后即送存银行，待送存银行后再作相应的会计处理。

现金回收时滞的减少可以使企业尽早获得可用资金，并利用这些资金获取一定的投资收益。因此，加速现金回收主要是尽可能地缩短现金回收的总时滞。随着信息技术的飞速发展，现金管理方式也发生了根本性的变化，网上银行作为以高新信息技术支持金融业发展的产物，对加速收款具有重要的作用。网上银行提供资金划拨、批量委托、到账时间查询、预约付款等多项业务，可以帮助企业及时了解和掌握各种收款信息，减少现金时滞。但是，互联网是个开放的网络，应用网上银行需要加强网络安全管理，以防止造成不必要的损失。

（2）推迟现金支付。推迟现金支付是指企业在不影响其商业信誉的前提下，尽可能地推迟应付款项的支付期，充分运用供货方所提供的信用优惠。企业推迟现金支付的主要手段包括：

1）充分利用信用期和折扣期。如果企业希望获得现金折扣，那就应当在折扣期的最后一天付款，否则，则可以在信用期的最后一天付款，以最大限度地利用这些无成本的自然性融资。

2）利用承付汇票。与支票不同的是，承付汇票不是见票即付的，开户行在接到承付汇票时必须交给签发者获得承付，才能支付汇票。显然，这种结算方式可以合理地推迟现金的支付时间，相对减少企业在银行的现金余额。但客户和银行可能更倾向于支票付款，因为处理手续较多。

3）利用现金浮流量。现金浮流量是指企业从银行存款账户上开出的支票总额超过其银行存款账户的余额。出现现金浮流量的原因是由于从支票开出到银行办完款项划转需要有一定的时间，而在这一时间段内，企业银行账户中的现金仍然可以动用，即存在一个"时间差"。当然，企业在采用这一办法时应当谨慎从事，要充分地估计这个"时间差"，否则容易发生存款透支并遭遇罚款。

（3）力求现金流入与流出同步。从理论上讲，如果企业现金流入与现金流出在时间和数量上完全同步的话，企业现金余额可以降为零。当然，现实中企业不可能完全做到这一点。但是企业在制定现金计划时，如果能有意识地朝这一方向努力，则企业的现金持有量是可以显著降低的。

为保持现金流入与现金流出的协调同步，可先通过销售商品或提供劳务而收到现金，或通过某种融资方式而取得大量的现金流入，然后再逐渐发生各种各样的现金流出，在现金余额很小时再同样重复。

6.2.2 应收账款管理

1. 应收账款的概念

应收账款是企业短期资产的一个重要项目。在高度集中的计划经济体制下，应收账款在短期资产中所占比重不大，不是管理重点。这些年来，随着市场经济的发展，商业信用的推行，企业应收账款数额明显增多，已成为流动资产管理中一个日益重要的问题。

应收账款是企业因对外赊销产品、材料、供应劳务等而应向购货或接受劳务单位收取的款项，包括应收销售款、其他应收款和应收票据等。虽然大多数企业更希望现款销售而不是赊销，但是竞争的压力迫使许多企业提供信用业务即赊销，以便稳定自己的销售渠道。实行赊销的结果，一方面可以扩大产品销路，增加产品销售收入，另一方面又形成了一定的应收账款,增加企业的经营风险。因此,应收账款管理就是正确衡量信用成本和信用风险,合理确定信用政策,及时收回应收账款。

应收账款管理的基本目标是在发挥应收账款强化竞争、扩大销售功能效应的同时,尽可能降低投资的机会成本、坏账损失与管理成本,最大限度地提高应收账款投资的效益。

2. 应收账款的功能和成本

应收账款的功能是指它在企业生产经营中的作用。一是促进销售量、提高竞争力的功能,赊销在商业经营中实质是向买方提供了一笔等同于货款的商业信贷,这对于买方有很大的吸引力,因此赊销是一种重要的促销手段,特别是在创业企业开拓市场初期经常会使用这种手段;二是减少存货的功能,赊销可以加速产品销售的实现,加快产品向销售收入的转化速度。应收账款的成本是指为持有应收账款而付出的代价,包括:应收账款的机会成本;应收账款管理的管理成本;无法收回所带来的坏账成本。

3. 信用政策

信用政策是应收账款的管理政策,是企业为对应收账款进行规划与控制而确定的基本原则与行为规范,包括信用标准、信用条件和收账政策三部分内容。

(1)信用标准。信用标准是客户获得企业商业信用所应具备的最低条件,通常以预期的坏账损失率表示。影响信用标准的因素包括同行业竞争对手的情况、企业承担违约风险的能力。信用标准的确定主要有定性分析和定量分析,定性分析主要是综合考虑客户的信用品质、偿付能力、资本、抵押品和经济状况以确定客户的信用等级;定量分析法是通过确定客户的坏账损失率从而确定其信用等级,以此作为给予或拒绝商业信用的依据。信用标准的确立步骤主要有:设定信用等级的评价标准;利用既有或潜在客户的财务报表数据,计算各自的指标值,并与上述指标比较;进行风险排序,并确定各有关客户的信用等级。企业在确定某一客户的信用标准时,首先需要评估它的赖账的可能性。

(2)信用条件。信用条件是企业接受客户信用订单时所提出的付款要求,主要包括信用期限、折扣期限和现金折扣等。信用条件是企业提供给客户商业信用的同时,给予提前还款的利益,从而使客户获得提前还款的动力。

(3)收账政策。收账政策是指当客户违反信用条件,拖欠甚至拒付账款时企业所采取的收账策略与措施。收账政策有积极的和消极的两种,对于客户采用何种收账政策,要辩证地考虑客户的实际情况,在维护与客户之间业务关系的同时尽可能减少坏账损失。

4. 应收账款的日常管理

创业企业在做好上述管理工作外,还应该做好应收账款的日常管理,如应收账款追踪分析、应收账款账龄分析、应收账款收现保证率分析和应收账款坏账准备制度等。

(1)应收账款追踪分析。通常情况下,赊销企业主要应以那些金额大或信用品质较差的客户的欠款作为考察的重点。如果有必要并且有可能的话,赊销企业也可对客户(赊销者)的信用品质与偿债能力进行延伸性调查和分析。

(2)应收账款账龄分析。一般而言,客户逾期拖欠账款时间越长,账款催收的难度越大,成为呆账、坏账损失的可能性也就越高。企业必须要做好应收账款的账龄分析,密切注意应收账款的回款进度和出现的变化。应收账款账龄分析法就是通过编制应收账款的账龄分析表,来反映不同账龄的应收账款所占的比例与金额,以便对应收账款的回收情况进行有效的控制。通过对应收账款的账龄分析,企业财务管理部门应掌握以下信息:①有多少客户在折扣期限内付款;②有多少客户在信用期限内付款;③有多少客户超信用期限付款;④有多少应收账款拖欠太久,可能会成为坏账。对于不同拖欠时间的账款及不同信用品质的客户,企业应采取不同的收账方法,制定出经济可行的不同收账政策、收账方案;对可能发生的坏账损失,需提前做好准备,充分估计这一因素对企业损益的影响。对尚未过期的应收账款,也不能放松管理、监督,以防止新的拖欠出现。

(3)应收账款收现保证率分析。应收账款收现保证率是适应企业现金收支匹配关系的需要,所确定出的有效收现的账款应占全部应收账款的百分比,使两者保持在最低结构状态。

$$应收账款收现保证率 = \frac{当期预计现金需要额 - 当期预计其他稳定可靠的现金来源额}{当期应收账款总计余额}$$

(4)应收账款坏账准备制度。应收账款坏账准备制度是指企业按照事先确定的比例估计坏账损失,计提坏账准备金,待发生坏账时再冲减坏账准备金。应收账款坏账准备应遵循谨慎性原则,对坏账损失的可能性预先进行估计,并建立弥补坏账损失的准备制度,同坏账损失的确认一样,坏账准备金的提取数额、比率也可由企业自行决定。计提坏账准备的方法主要有:销售百分比法、账龄分析法、应收账款余额百分比法。确定坏账损失的标准有:债务人破产或死亡;债务超过三年仍无法收回等。

6.2.3 存货管理

1. 存货管理的概念

存货是企业在生产经营过程中为生产或销售而储备的物资,包括商品、材料、燃料、低值易耗品、在产品、半成品、产成品等。

一般而言,企业持有充足的存货,不仅有利于生产过程的顺利进行,节约采购费用与生产时间,而且能够迅速地满足客户的订货需要,从而为企业的生产和销售提供较大的机动性,避免因存货不足而带来的机会损失。然而持有存货会增加存货的储存成本和机会成本,因此存货的管理就是确定最佳的存货持有量,使得成本最小化。存货最佳持有量的确定可以通过建立相应的存货模型来确定,对于存货的日常管理可以采用 ABC 分类管理法进行管理,目的是使与存货相关的总成本最低。存货管理的基本目标是如何在其成本与收益之间进行利弊权衡,实现二者的最佳组合。

企业持有存货的目的,主要是保证生产和销售。在实际经营中,企业很少能够做到随时购入所需的各种物资,这不仅仅是因为会出现某种材料的市场断档,还因为企业距离供货点需要必要的途中运输,并且联系供货也需要花费一定的时间。所以企业为了能够及时地满足市场的需求就必须持有一定的存货。

2. 存货管理的方法

(1)存货经济采购批量控制。经济采购批量是指能够使一定时期存货的总成本达到最低点的进货数量。存货的总成本主要包括进货成本、储存成本和缺货成本。基本的存货模型假设不允许缺货和瞬时进货,这样决定存货经济批量的成本因素主要包括固定性进货成本、储存成本，存货经济购进批量就是指使两者之和最小的订货批量。

订货的总成本为：

$$TC = (A/Q)F + (Q/2)C \tag{6-5}$$

对订货总成本 TC 求 Q 的一阶导数，得到最佳的订货量为：

$$Q = (2AF/C)^{1/2} \tag{6-6}$$

订货次数为：

$$N = A/Q \tag{6-7}$$

式中　TC——存货的总成本；

　　　A——全年的需要消耗量；

　　　Q——最佳的订货量；

　　　F——每次订货的费用；

　　　C——存货的单位储存成本；

　　　N——全年的订货批次。

【例 6.4】某创业企业每年需耗用甲材料 3 000kg，单位储存成本 2 元，平均每次进货费用 120 元，求最佳订货量。

解：

$$Q = (2 \times 3\,000 \times 120/2)^{1/2} = 600（kg）$$
$$TC = (3\,000 \div 600) \times 120 + (600 \div 2) \times 2 = 1\,200（元）$$
$$N = 3\,000/600 = 5（次）$$

其最佳订货量为 600kg。

（2）存货限量控制。为保证生产或销售的顺利进行，企业正常的存货储备量应由两部分构成：周转储备和保险储备。

保险储备限量=保险天数×日均需要量

周转储备限量=周转保证天数×日均需要量

最高储备限量=最高保证天数×日均需要量=保险储备限量+周转储备限量

（3）存货 ABC 分类管理。企业存货品种繁多，而不同的存货对企业财务目标的实现具有不同的作用，因此，企业对于存货的管理应该分清主次、突出重点、兼顾一般、舍弃细节，以提高整体的管理效果。ABC 分类管理就是按照一定的标准，将企业的存货划分为 A、B、C 三类，分别实行按品种重点管理，按类别一般控制和按总额灵活掌握的存货管理方法。分类的标准有两个：金额标准（最基本的）和品种数量标准（仅作参考）。A 类存货的特点是金额巨大，但品种数量较少，实施重点管理；B 类存货金额一般，品种数量相对较多，实施次重点管理；C 类存货品种数量繁多，但价值金额却较小，实施一般管理。

运用 ABC 管理方法一般有如下几个步骤：①计算每一种存货在一定时间内（一般为 1 年）的资金占用额；②计算每一种存货资金占用额占全部资金占用额的百分比，并按大小顺序排列，编成表格；③根据事先测定好的标准，把最重要的存货划为 A 类，把一般存货划为 B 类，把不重要的存货划为 C 类，并画图表示出来；④对 A 类存货进行重点规划和控制，对 B 类存货进行次重点管理，对 C 类存货只进行一般管理。

把存货分为 A、B、C 三大类，目的是对存货占用资金进行有效的管理。A 类存货种类虽少，但占用的资金多，应集中主要力量管理，对其经济批量要认真规划，对其收入、发出要严格控制；C 类存货虽然种类繁多，但占用的资金不多，不必耗费大量人力、物力、财力去管理；B 类存货介于 A 类和 C 类之间，也应给予相当的重视，但不必达到 A 类的严格程度。

（4）适时制管理。适时制（Just In Time，JIT）起源于 20 世纪 20 年代美国底特律福特汽车公司所推行的集成化生产装配线。后来适时制在日本制造业得到有效的使用，随后又重新在美国推广开来。适时制的基本原理强调：只有在使用之前才要求供应商送货，从而将存货数量减到最少；企业的物资供应、生产和销售应形成连续的同步运动过程；消除企业内部存在的所有浪费；不间断地提高产品质量和生产效率等。

适时制原本是为了提高生产质量而逐步形成的，其要旨是将原材料的库存量减少到一个生产班次恰好需要的数量。在适时制下，库存是没有替代品的，其所生产的每一个零部件都必须是合格品。适时制在按订单生产的制造业中使用得最为广泛。不过，它在零售业中也开始显示其优越性，对零售业者预测消费需求和提高营运效益有一定的作用。

适时制的成功取决于以下几个因素：

1）计划要求。JIT 要求具备一份对于整个企业而言协调、完整的计划。通过仔细计划与规划，实施 JIT 可以使企业不必保有保险储备存货，从而节约成本。同时，JIT 完备的运行环境也可以在其他方面产生极大的节约，比如缩短存货在途时间、降低仓储成本等。

2）与供应商的关系。为了使 JIT 有效运行，企业应与其供应商紧密合作。送货计划、数量、质量和及时联系都是制度的组成部分。该制度要求按所需的数额和订单的要求频繁送货，而且要求仔细标记每项货物（通常采用条形码的形式）。因此，JIT 的实行要求企业必须和供应商保持良好的关系。

3）准备成本。通过降低生产期的长度，重新设计的生产过程更加灵活。在生产中，每一批产品生产前总存在固定的准备成本，生产的最优批量受准备成本的影响（就像存货的订货成本受固定的订货成本影响一样）。通过降低准备成本，企业可以采用更短的生产期，因而获得更大的灵活性。

4）其他的成本因素。因为 JIT 要求仔细管理和控制，所以采用 JIT 的企业常常为了降低成本而限制供应商的数目。为了做到 JIT 的要求，供应商必须提高质量、经常送货、花费更多成本，所以很多企业在采用 JIT 降低其存货储存成本的同时，必须承担更高的采购价格。不过，对于很多采用 JIT 的企业来说，获得的利益远远大于采购价格提高带来的损失。

5）电子数据互换。没有电子数据互换（Electronic Data Interchange，EDI），JIT 就不能实施，因为从采购到生产再到销售的过程中，许多环节都是用电子系统处理的，商业信用也自动化了。当采用了电子信用条件（举例来说，就是货款不是在发票日的 30 天后支付，而是在交货和使用材料之后很短的时间内支付），就基本上消除了企业的应付账款，而这是其短期筹资额的主要来源。同时，电子收款也消除了供应商的应收账款。

【思考题】

1. 什么是营运资金？
2. 营运资金周转有何特点？

3. 现金持有的动机有哪些?
4. 应收账款管理的重要性何在?
5. 什么是存货 ABC 分类管理?

【案例分析题】

为何不取得现金折扣

佳乐公司经常性地向复华公司购买原材料,复华公司开出的付款条件为"2/10,N/30"。某天,佳乐公司的财务经理李明查阅公司关于此项业务的会计账目,惊讶地发现,会计人员对此项交易的处理方式是,一般在收到货物后 15 天支付款项。当李明询问记账的会计人员为什么不取得现金折扣时,负责该项交易的会计不假思索地回答道:"这一交易的资金成本仅为 2%,而银行贷款成本却为 12%,因此根本没有必要接受现金折扣。"

讨论题:

1. 会计人员在财务概念上混淆了什么?
2. 丧失现金折扣的实际成本有多大?
3. 如果佳乐公司无法获得银行贷款,而被迫使用商业信用资金(即利用推迟付款商业信用筹资方式),为降低年利息成本,我们应向财务经理提出何种建议?

第 7 章

创业企业估值

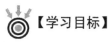
【学习目标】

通过学习,了解创业企业估值的目的和对象,了解初创企业估值的特殊性,理解企业估值的影响因素,掌握创业企业估值的方法与应用。

7.1 估值相关概念

7.1.1 估值的含义

估值是整个财务金融领域最为重要的任务之一。创业者在有了创业想法之后,会进行初期的创业经营,进而创立企业持续经营。新创企业的持续经营需要从外部筹集资金,如果从外部筹集的资金是股权资金,那么创业企业就要放弃部分股权,即让投资者入股,这就涉及企业的价值评估问题。只有通过对创业企业价值的合理评估,创业者与投资者才能达成协议,实现共赢,即创业者获得资金,投资者获得股权并借此获得投资回报。因此,创业企业估值就会显得比较重要。

所谓估值(Valuation),全称价值评估,是指对企业内在价值的评估。一般而言,企业的价值取决于其资产所产生的预期现金流的折现价值。企业估值,特别是对初创项目的估值,不是一门精确的科学,但一些基本方法的恰当运用,对做出合理的选择大有帮助。

7.1.2 企业估值中价值概念

在企业估值中,我们还应注意四个既有联系、又有区别的价值概念。认识和评价企业的价值,这四个概念在实际的估值操作中比较有现实意义,它们分别是账面价值、内在价值、市场价值和清算价值。

(1)账面价值。企业的账面价值是指企业现有的净资产,它反映的是历史的、静态的企业资产情况,并没有反映企业未来的获利能力。它没有考虑通货膨胀、资产的功能性贬值和经济性贬值等重要因素的影响，企业的账面价值难以反映企业的真实价值，因为账面价值往往不包含无形资产。

（2）内在价值。企业的内在价值是其未来的净现金流量的现值之和。从最抽象的意义上说，企业价值就是指企业的内在价值。企业内在价值看似是一个客观的、公认的理论标准，但由于它的计算要估计未来的现金流和贴现率，实际上这一指标的确定具有很大的主观性，在某些情况下甚至不具备操作性。

（3）市场价值。市场价值是指上市公司股票的市场价格。如果信息披露充分，市场机制相对完善，那么公司市值和企业价值就具有较强的一致性。

（4）清算价值。清算价值是指企业停止经营，变卖所有的企业资产减去所有负债后的现金余额。这时的企业资产价值应是可变现价值，不满足持续经营假设。破产清算企业的价值评估，不是对企业一般意义上价值的揭示，因而不具有通常意义上的企业所具有的价值。比如说上市公司，资不抵债仍然有企业愿意接手，包括负债的包袱也愿意背上。这说明一个企业的资不抵债只是表面上的，其内在价值还可供挖掘。

7.2 估值的目的

7.2.1 不同决策主体的估值目的

1. 企业家估值的主要目的

企业家（创业者虽然在经验、经历方面不同于资深企业家，但此处仍将创业者视作企业家）对其所掌管的企业价值进行评估，主要的目的包括股本融资的需要、现有资产的更新或替代、对外股权投资的需要、并购交易的定价、资产合规性估值以及诉讼要求的估值等。

2. 投资人估值的主要目的

投资人估值考虑的问题是投资所占份额和投入资本量的多少。这直接关系到投资人当前和日后的利益问题。当前的和潜在的投资人对一家企业的投资必须充分考察企业现有的资产和未来增长的潜力，了解已经获得的利润及现金流和未来可获得的利润及现金流，目的在于决定是否继续持有其股权、追加所投入的资本等。

3. 债权人估值的主要目的

债权人是企业债务资金的提供者，如提供信贷资金的银行、购买企业债券的持债人等，他们非常关心企业的价值，其目的是为了判断提供多大数额的贷款、其贷款是否有足够的资产和股东权益作为偿债的保障，以及未来是否和企业继续打交道等。

除了上述的企业家、股东和债权人这三大方面需要对企业估值外，企业的员工、律师、法院、税务机构、会计师事务所及资产评估公司等，也会从不同的角度关心或评估企业的价值。

7.2.2 估值对于决策的作用

1. 价值评估可以用于投资分析

价值评估是基本分析的核心内容。投资人信奉不同的投资理念，有的人相信技术分析，而有的人则相信基本分析。相信基本分析的人认为企业价值与财务数据之间存在函数关系，这种关系在一定时间内是稳定的，证券价格与价值的偏离经过一段时间的调整会向价值回归。他们据此原理寻找并且购进被市场低估的证券或企业，以期获得高于必要报酬率的收益。

2. 价值评估可以用于战略分析

战略是指一整套的决策和行动方式，包括刻意安排的有计划的战略和非计划的突发应变战略。战略管理是指涉及企业目标和方向、带有长期性、关系企业全局的重大决策和管理。战略管理可以分为战略分析、战略选择和战略实施。战略分析是指使用定价模型清晰地说明经营设想和发现这些设想可能创造的价值，目的是评价企业目前和今后增加股东财富的关键因素有哪些。价值评估在战略分析中起核心作用。例如，收购属于战略决策，收购企业要估计目标企业的合理价格，在决定收购价格时要对合并前后的价值变动进行评估，以判断收购能否增加股东财富，以及如何增加股东财富。

3. 价值评估可以用于以价值为基础的管理

如果把企业的目标设定为增加股东财富，那么股东财富就是企业的价值，也就是说，企业决策正确性的根本标志是能否增加企业价值。不了解一项决策对企业价值的影响，就无法对决策进行评价。从这种意义上来说，价值评估是改进企业一切重大决策的手段。为了搞清财务决策对企业价值的影响，我们需要清晰地描述财务决策、企业战略和企业价值之间的关系，在此基础上实行以价值为基础的管理，依据价值最大化原则制订和执行经营计划，通过度量价值的增加来监控经营业绩并确定相应报酬。

企业价值评估提供的信息不仅仅是企业价值的数据，还包括评估过程产生的大量信息。例如，企业价值是由哪些因素驱动的、销售净利率的变动对企业价值的影响有多大和提高投资资本报酬率对企业价值的影响有多大等。即使企业价值的最终评估值不是很准确，但这些中间信息也很有意义。因此，不要过分关注最终结果而忽视评估过程产生的其他信息。

价值评估提供的是有关"公平市场价值"的信息。价值评估不否认市场的有效性，但是不承认市场的完善性。在完善的市场中，企业只能取得投资者要求的风险调整后收益，市场价值与内在价值相等，价值评估没有实际意义。价值评估认为：市场只是在一定程度上有效，即并非完全有效，价值评估正是利用市场的缺点寻找被低估的资产。当评估价值与市场价格相差悬殊时必须十分慎重，评估人必须令人信服地说明评估值比市场价格更好的原因。企业价值受企业状况和市场状况的影响，随时都会变化。价值评估依赖的企业信息和市场信息也在不断流动，新信息的出现随时可能改变评估的结论。因此，企业价值评估提供的结论有很强的时效性。

7.3 企业估值的对象

企业价值评估的首要问题是明确"要评估的是什么"，也就是价值评估的对象是什么。价值评估的一般对象是企业整体的经济价值。企业整体的经济价值是指企业作为一个整体的公平市场价值。

7.3.1 企业的整体价值

企业的整体价值观念主要体现在以下四个方面：

1. 整体不是各部分的简单相加

企业作为整体虽然是由各个部分组成的，但是它不是各部分的简单相加，而是有机的结合。这种有机的结合，使得企业总体具有它各部分所没有的整体性功能，所以整体价值不等于各部分的价值之和。这就如同收音机是各种零件的有序结合，使得收音机具有整体功能，这种功能是任何一个零件都不具备的，所以收音机的价值不同于零件的价值之和。企业的整体性功能，表现为它可以通过特定的生产经营活动为股东增加财富，这是任何单项资产所不具有的。企业是有组织的资源，资源的结合方式不同，所产生的企业效率也不同。

企业整体能够具有价值，在于它可以为投资人带来现金流量。这些现金流量是所有资产联合起来运用的结果，而不是资产分别出售获得的现金流量。

2. 整体价值来源于要素的结合方式

企业的整体价值来源于各部分之间的联系。只有整体内各部分之间建立有机联系时，企业才能成为一个有机整体。各部分之间的有机联系是企业形成整体的关键。一堆建筑材料不能称为房子，厂房、机器和人简单地加在一起也不能称之为企业，关键是按一定的要求将它们有机地结合起来。相同的建筑材料，可以组成差别巨大的建筑物。因此，企业资源的重组即改变各要素之间的结合方式，可以改变企业的功能和效率。

3. 部分只有在整体中才能体现出其价值

企业是整体和部分的统一。部分依赖于整体，整体支配部分。部分只有在整体中才能体现出它的价值，一旦离开整体，这个部分就失去了作为整体中一部分的意义，这就如同人的手臂一旦离开人体就失去了手臂的作用一样。企业的一个部门在企业整体中发挥它的特定作用，一旦将其从整体中剥离出来，它就具有了另外的意义。企业的有些部分是可以剥离出来单独存在的，如一台设备；有些部分是不能单独存在的，如商誉。可以单独存在的部分，其单独价值不同于作为整体一部分的价值。因此，一个部门被剥离出来，其功能会有别于它原来作为企业一部分时的功能和价值，剥离后的企业也会不同于原来的企业。

4. 整体价值只有在运行中才能体现出来

企业的整体功能，只有在运行中才能得以体现。企业是一个运行着的有机体，一旦成立就有了独立的"生命"和特征，并维持它的整体功能。如果企业停止运营，整体功能随之丧失，那么就不再具有整体价值，就只剩下一堆机器、存货和厂房，此时企业的价值是这些财产的变现价值，即清算价值。

7.3.2 企业的经济价值

经济价值是经济学家所持的价值观念。它是指一项资产的公平市场价值，通常用该资产所产生的未来现金流量的现值来计量。对于习惯于使用会计价值和历史成交价格的会计师，特别要注意区分会计价值与经济价值、现时市场价值与公平市场价值等概念。

1. 会计价值与市场价值

会计价值是指资产、负债和所有者权益的账面价值。会计价值与市场价值不同,例如,青岛海尔电冰箱股份有限公司 2000 年的资产负债表显示,股东权益的账面价值为 28.9 亿元,总股份数为 5.65 亿股。该股票全年平均市价为 20.79 元/股,市场价值约为 117 亿元,与股权的会计价值相差悬殊。

会计计量大多使用历史成本。例如,某项资产以 1 000 万元的价格购入,该价格客观地计量了资产的价值,并且有原始凭证支持,会计师就将它记入账簿。过了几年,由于技术进步,更新该资产的市场价值已经大大低于 1 000 万元,或者由于通货膨胀,其价值已远高于最初的购入价格,记录在账面上的历史成交价格与现实的市场价值已经毫不相关了,但会计师仍然不会修改记录。

会计师选择历史成本而舍弃现行市场价值的理由有两点:①历史成本具有客观性,可以重复验证,而这也正是现行市场价值所缺乏的。会计师以及审计师的职业地位,需要客观性的支持。②如果说历史成本与投资人的决策不相关,那么现行市场价值也同样与投资人决策不相关。投资人购买股票的目的是获取未来收益,而不是企业资产的价值。企业的资产不是被出售,而是被使用并在产生未来收益的过程中消耗殆尽。与投资人决策相关的信息,是资产在使用中可以带来的未来收益,而不是其现行市场价值。由于财务报告采用历史成本报告资产价值,其符合逻辑的结果之一是否认资产收益和股权成本,只承认已实现收益和已发生费用。

历史成本计价受到如下批评:①制定经营或投资决策必须以现实的和未来的信息为依据,历史成本会计提供的信息是面向过去的,与管理人员、投资人和债权人的决策缺乏相关性。②历史成本不能反映企业的真实财务状况,资产的报告价值是未分配的历史成本(或剩余部分),并不是可以支配的资产或可以抵偿债务的资产。③现实中的历史成本计价会计缺乏方法上的一致性,其货币性资产不按历史成本反映,非货币性资产在使用历史成本计价时也有很多例外,所以历史成本会计是各种计价方法的混合,不能为经营和投资决策提供有用的信息。④历史成本计价缺乏时间上的一致性。资产负债表把不同会计期间的资产购置价格混合在一起,使之缺乏明确的经济意义。

由于历史成本计价存在上述缺点,各国会计准则的制定机构陆续引入公允价值、可变现净值、重置成本和预计应计数额的现值等多种计量,以改善财务报告信息与报告使用人决策的相关性。

其实,会计报表数据的真正缺点,并不是没有采纳现实价格,而是在于没有关注未来。会计准则的制定者不仅很少考虑现有资产可能产生的未来收益,而且把许多影响未来收益的资产和负债项目从报表中排除。表外的资产包括良好管理、商誉、忠诚的顾客、先进的技术等;表外的负债包括未决诉讼、过时的生产线及低劣的管理等。因此,价值评估通常不使用历史购进价格,只有在其他方法无法获得恰当的数据时才将其作为质量不高的替代品。按照未来售价计价,也称未来现金流量计价。从交易属性方面来看,未来售价计价属于产出计价类型(成本属于投入计价类型);从时间属性方面来看,未来售价属于未来价格(成本属于历史价格)。它也经常被称为资本化价值,即一项资产未来现金流量的现值。

未来价格计价有以下特点：未来现金流量现值面向的是未来，而不是历史或现在，符合决策面向未来的时间属性。经济学家认为，未来现金流量的现值是资产的一项最基本的属性，是资产的经济价值，只有未来售价计价符合企业价值评估的目的。因此，除非特别指明，企业价值评估的"价值"就是指未来现金流量现值。

2. 区分现时市场价值与公平市场价值

企业价值评估的目的是确定一个企业的公平市场价值。所谓"公平的市场价值"是指在公平的交易中，熟悉情况的双方，自愿进行资产交换或债务清偿的金额。资产被定义为未来的经济利益。所谓"经济利益"，其实就是现金流入。资产就是未来可以带来现金流入的资源。由于不同时间的现金不等价，需要通过折现处理，资产的公平市场价值就是未来现金流入的现值。

现时市场价值是指按现行市场价格计量的资产价值，它可能是公平的，也可能是不公平的。首先，作为交易对象的企业，通常没有完善的市场，也没有现成的市场价格。非上市企业或者它的一个部门，由于没有在市场上出售，其价格也不得而知。对于上市企业来说，每天参加交易的只是少数股权，多数股权不参加日常交易，因此，市价只是少数股东认可的价格，未必代表其公平价值。其次，以企业为对象的交易双方，存在比较严重的信息不对称。人们对于企业的预期会有很大差距，成交的价格不一定公平。再次，股票价格经常变动，人们不知道哪一个是公平的。最后，评估的目的之一是寻找被低估的企业，也就是价格低于价值的企业。如果用现时市价作为企业的估值，那么企业的价值与价格相等，也得不到有意义的信息。

7.3.3 企业整体经济价值的类别

我们已经明确了价值评估的对象是企业的整体价值，但这还不够，还需要进一步明确是"哪一种"整体价值。

1. 实体价值与股权价值

当一家企业收购另一家企业时，可以收购卖方的资产，而不承担其债务；或者购买它的股份，同时承担其债务。例如，A企业以10亿元的价格买下了B企业的全部股份，并承担了B企业原有的5亿元债务，收购的经济成本是15亿元。通常，人们说A企业以10亿元收购了B企业，这种说法其实并不准确。对于A企业的股东来说，他们不仅需要支付10亿元现金（或者印制价值10亿元的股票来换取B企业的股票），而且还要以书面契约的形式承担5亿元的债务。实际上，他们需要支付15亿元，10亿元现在支付，另外5亿元将来支付，因此，他们用15亿元购买了B企业的全部资产。可见，企业的资产价值与股权价值是不同的。企业全部资产的总体价值，称为"企业实体价值"。企业实体价值是股权价值与净债务价值之和，即：

$$企业实体价值=股权价值+净债务价值$$

股权价值在这里不是指所有者权益的会计价值（账面价值），而是指股权的公平市场价值。净债务价值也不是指它们的会计价值（账面价值），而是指净债务的公平市场价值。

大多数企业并购是以购买股份的形式进行的，因此，评估的最终目标和双方谈判的焦点就是卖方的股权价值。但是,如果买方收购的是整个企业实体,那么其实际收购成本应等于股权成本加上所承接的债务。

2. 持续经营价值与清算价值

企业能够给所有者提供价值的方式有两种:一种是由营业所产生的未来现金流量的现值,称为持续经营价值(简称续营价值);另一种是停止经营,出售资产产生的现金流,称为清算价值。这两者的评估方法和评估结果有明显区别。我们必须明确拟评估的企业是一个持续经营的企业还是一个准备清算的企业,评估的价值是其持续经营价值还是其清算价值。在大多数情况下,评估的是企业的持续经营价值。

一个企业的公平市场价值,应当是其持续经营价值与清算价值中较高的一个,如图7-1所示。一个企业持续经营的基本条件,是其持续经营价值超过清算价值。依据理财的"自利原则",当未来现金流的现值大于清算价值时,投资人会选择持续经营;如果现金流量下降,或者资本成本提高,使得未来现金流量现值低于清算价值时,投资人会选择清算。一个企业的持续经营价值已经低于其清算价值,本应当进行清算。但也有例外,那就是控制企业的人拒绝清算,企业得以持续经营。这种持续经营,将持续削减股东本来可以通过清算得到的价值。

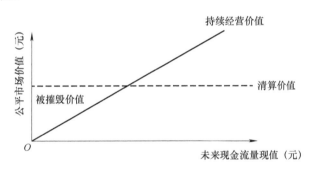

图 7-1　持续经营价值与清算价值下的公平市场价值

3. 少数股权价值与控股权价值

企业的所有权和控制权是两个极为不同的概念,也是创业企业估值中要关注的重要概念。首先,少数股权对于企业事务管理与决策发表的意见无足轻重,只有获取控制权的人才能决定企业的重大事务。我国的多数上市企业"一股独大",大股东决定了企业的生产经营,少数股权基本上没有决策权。而从世界范围看,多数上市企业的股权高度分散化,没有哪一个股东可以控制企业,此时,有效控制权被授予董事会和高层管理人员,所有股东只是"搭车的乘客",不满意的乘客可以"下车",但是无法控制"方向盘"。

在股票市场上交易的只是少数股权,大多数股票并没有参加交易。掌握控股权的股东不参加日常交易。我们看到的股价,通常只是少数已经交易的股票价格,它们衡量的只是少数股权的价值。少数股权与控股权的价值差异,明显地出现在收购交易当中。一旦控股权参加交易,股价会迅速飙升,甚至达到少数股权价值的数倍。在评估企业价值时,必须明确拟评估的对象是少数股权价值还是控股权价值。

买入企业的少数股权和买入企业的控股权完全不同。买入企业的少数股权,是承认企业现有的管理和经营战略，买入者只是一个旁观者；买入企业的控股权，投资者获得改变企业生产经营方式的充分自由，或许还能增加企业的价值。这两者如此不同，以至于可以认为：同一企业的股票在两个分割开来的市场上交易。一个是少数股权市场，它交易的是少数股权代表的未来现金流量；而另一个是控股权市场，它交易的是企业控股权代表的现金流量。获得控股权，不仅意味着取得了未来现金流量的索取权，而且同时获得了改组企业的特权。在两个不同市场里交易的，实际上是不同的资产。如图 7-2 所示，从少数股权投资者来看，V（当前）是企业股票的公平市场价值。它是现有管理和战略条件下企业能够给股票投资人带来的现金流量现值。对于谋求控股权的投资者来说，V（新的）是企业股票的公平市场价值。它是企业进行重组，改进管理和经营战略后可以为投资人带来的未来现金流量的现值。新的价值与当前价值的差额称为控股权溢价，它是由于转变控股权而增加的价值。

$$控制权溢价 = V（新的） - V（当前）$$

总之，在进行企业价值评估时，首先要明确拟评估的对象是什么，搞清楚是企业实体价值还是股权价值，是持续经营价值还是清算价值，是少数股权价值还是控股权价值。它们是不同的评估对象，有不同的用途，需要使用不同的方法来进行评估。

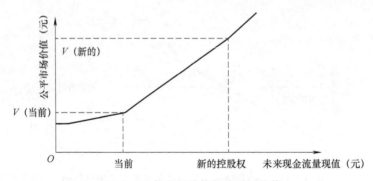

图 7-2　少数股权价值与控股权价值

7.4　初创企业估值的特殊性

创业者在很多情况下需要面对项目价值评估的问题，包括：确定项目出售价格、确定为合伙协议放弃的股权比例、确定为投资人资本放弃的股权比例及项目兼并等。

在与合作者讨论这些问题时，创业者需要明确交易前估值与交易后估值的不同。谈判之初，投资者会按照惯例询问创业者企业的价值。在创业者回答之后，紧接着的问题通常是：这是交易前估值还是交易后估值？交易前估值是指运用某种方法评估的企业投资前的价值；交易后估值是指交易前估值加上股权投资。创业者需要明确两个概念的差异，以保证沟通的顺畅。

有一家企业如果按照正常的估值方法计算，企业价值大致为 10 万元，但是企业仅以 3.8 万元的价格转手。原因很简单，老板的夫人催促老板赶快将企业转手，然后举家迁居到另外一个城市，要不然就要与这个老板分手。所以，商业估值不仅仅包含企业的财务分析，还包括对一些难以量化的主观因素的评估，譬如企业所处发展阶段、经营团队及企业出售原因等。因此，企业估值不是有严格规则的科学，它永远不能脱离具体的环境条件而自动完成。

对初创项目的价值进行合理评估无论是对初创项目还是对投资人来说都至关重要。从初创项目的角度看，合理的估值有助于引起投资人的注意，有助于制定和实施不同类型的股权激励机制；从投资人的角度看，合理的估值是其投资决策的依据，并且影响其实施兼并、收购及出售等后续的投资性经营活动，有时投资人也会出于税务等因素的考虑而进行投资。投资人在考虑是否向初创项目提供财务支持时，通常会依据独立的评估报告来决定是否投资以及投资的规模大小。因此，合理地评估企业价值是投资人、创业者都比较关心的一个现实问题。一个刚刚开始的创业企业，没有什么固定资产，也没有充足的现金流，这个时候有人要投资，作为新的股东，他投入 20 万元，应该占有多少股权呢？初创项目不能与上市公司相比，上市公司的股票有明确的市场价，用市场价乘以其发行的股票总量，企业价值基本上就可以判定了。但初创项目没有这种便利，甚至初创项目与那些已经发展成熟的企业也没有可比性，因为初创项目存在很大的不确定性，来自于市场、技术和团队等方面的变化对企业价值都会有直接影响。

从投融资的角度来看，对企业的估值是双方根据自己的判断及接受能力协商的结果。有的投资人会给自己设定一个投资的下限和上限，譬如下限是 200 万元，上限是 500 万元，价值低于 200 万元的企业被认为是没有潜力的，而价值超过 500 万元的则被认为风险太高，那么两类项目都不会被选择。类似这样的情况表明，企业估值的结果在相当程度上受到投资人偏好的影响。

创业投资是一个实物期权，双方都会以企业未来的价值作为决策的基点。投资的过程往往分几轮进行，每一轮投资观察的是未来一段期间可以实现的价值，前一轮投资带来的企业价值的变化对后一轮投资决策会有重要影响。所以，估值涉及的不仅仅是当前静态的企业价值，还包括未来选择权的价值，双方不同的选择方式往往会产生不同的估值判断。每件事物的价值就是购买者愿意为它支付什么价格，大多数情况下，投资人在谈判中会占据优势。

7.5 估值的影响因素

投资的价值取决于它产生未来现金流的能力，以及投资者对于未来现金流风险的评估和态度。估值存在两个方面的特点使得做出创业项目投资决策尤其困难。首先，预计新企业的未来现金流，尽管这是价值的基本决定因素，但是非常困难。其次，用来估计未来现金流现值的恰当折现率也很难估计。

企业的估值受到当期和预期现金流的驱动，而不是资产或收入。除此之外，还有一些因素会对估值形成的结果带来影响。

7.5.1 谁为企业估值

商业的估值基于你处于谈判桌的哪一方。如果你是创业者，那么一定希望企业的价值越高越好,从而以最少的股权来换取投资;但如果你是投资者,则会期待较低的估值,因为你希望投资能够获得最多的权益。

7.5.2 上市公司与非上市公司

两家企业,假设它们拥有相同的经营时间,同处一个行业,生产相同的产品和服务,有相同的收入、利润和增长率。如果其中一家上市交易,是公众企业,而另外一家是私有企业,那么两家企业的价值会大不相同。公众企业的价值通常比私有企业的要高,因为公众企业相比于私有企业会定期向投资者提供可靠的信息,而且相比于私有企业,对公众企业的投资有更高的流动性。

7.5.3 资本的可获得性

资本市场的供给状况对创业融资具有巨大影响。如果创业企业通过银行能比较容易地获得资金支持,那么企业与投资人谈判的能力就会提高很多;如果银行体系不能为创业者提供相应的服务,那么投资人便会在估值谈判中占据有利形势。

7.5.4 企业发展阶段

处于越早的发展阶段,企业的价值越低。同一家企业,处于种子期时的价值低于较成熟的阶段,原因是后期企业风险更低。

7.5.5 出售原因

出售原因会直接影响待售企业的价值。出售不是迫于个人或生意的压力时,企业的价值最高。例如,一家因现金短缺而面临破产的企业,其价值远低于完全相同却没有财务危机的企业。由于个人原因出售也是一样,如果因为股东之间的纠纷而出售企业,价格显然会比正常状态下低。

7.5.6 资产状况

无论是有形资产还是无形资产,如果资产仍然有良好的产出能力,对企业价值提升便会有帮助。如果企业资产是老旧的,或者是负面的(如名誉受损),那么企业价值就会大打折扣。

7.6 估值的方法

7.6.1 市场法

市场法又称为乘数法,估值时要挑选与初创项目具有可比性的企业作为参照,用该企业的价值作为估量初创项目价值的标杆。被用来作为参照的企业往往来自同行业,或是上市公司,或是在估值前一段时期被收购的企业。

定价乘数通俗地讲就是行情,是市场法的另一个关键要素,定价乘数即价格增长的倍数,譬如企业的利润是 10 万元,参照市场行情,未来三年会有 3 倍的增长,那么三年以后企业的价值就是 30 万元,这就是运用定价乘数确定企业价值的基本思路。

对于以上市公司为参照标杆进行估值的情况,根据定价乘数计算基础的不同,乘数法估值有如下具体形式:

(1)市盈率法。用行业平均市盈率(股票价格和每股收益的比率)乘以企业的会计利润,即可得出企业价值的估计值。

(2)市净率法。用行业平均市净率(每股股价与每股净资产的比率)乘以企业的会计利润,即可得出企业价值的估计值。

(3)市销率法。股票价格与销售额的比例,即所谓市销率,用市销率乘以会计利润,可得出企业估值。

(4)市价比现金流法。将某一公司的股票价格与自由现金流或经营现金流相除得到的倍数,即市价比现金流,用这个倍数乘以会计利润可得出企业估值。

对目标企业的基础财务指标运用定价乘数,以估计一家企业的市场参考价值,是市场法的基本思路。但是,由于初创项目有限的经营历史和负利润,大部分的财务指标对估值没有什么意义,在这种情况下,可以用收入代替会计利润来进行计算。

运用市场法对初创项目估值的另外一个难点是如何选取合适的参考企业。大部分有经营记录的上市公司在收入和资产规模上要比初创项目大得多,而且经营更多样化。初创项目的预测增长水平通常比参考企业高一些,这就使得对比更为困难。

以上因素制约了市场法的应用,但是,将初创项目与同行业的上市公司进行对比还是有好处的,同时还可以提供一个潜在的利润增长指标。另外,行业的 P/E(价格/利润)乘数在第三方投资者贴现率和回报率预期方面能够提供有用的信息。如果运用适当,在与其他估值方法联合使用时,那么市场法很有用处。

以上市公司的表现作为参照,对具有一定规模的成长型企业来说是恰当的,但对于初创项目并不是很适用。而现金流乘数法、销售额乘数法及月访问者乘数法则更具应用性。

(1)现金流乘数法。企业的现金流代表可以用于债务和权益支付的资金储备。这些储备资金可用于支付利息或偿还本金,也可以用于分红、股权回购和再投资。企业估值的方法之一就是确定可以负担以上经营活动的可利用现金水平。这个现金水平是通过计算息税、折旧及摊销前盈利 EBITDA(Earnings Before Interest, Taxes, Depreciation and Amortization)来确定。

$$EBITDA=净利润+所得税+利息+折旧+摊销$$

在这种估值方法中,EBITDA 要乘以一个特定的乘数以确定企业的价值。通常来讲,乘数为 3~10。乘数的选择不是静止的,而是变动的,众多的原因都可以导致它的变化。作为估值基数的 EBITDA 是可以调整的。

例如:一家公司所处的行业乘数通常为 7,这家公司的 EBITDA 是 50 万元,估值可以是 350 万元。但深入分析卖方的财务数据后发现,在相同产业、相同规模的公司里,所有者的薪资是 12.5 万元,而这个企业的所有者薪资只有 5 万元。如果买方计划支付符合市价标准的薪资,即 12.5 万元,那么用 EBITDA 乘以 7 就可以得到公司的价值为 2 975 000 元,即(500 000+50 000−125 000)×7=2 975 000。之间相差 3 500 000−2 975 000=525 000

元，造成18%的高估。

（2）销售额乘数法。这种方法以销售额为基点再乘以相应的乘数来进行估值，决定乘数时起主要作用的是销售额增长前景和投资者的乐观估计。

这种方法的缺点是忽视了企业盈利是否为正。注意力全部集中在销售额上。因此这种方法最适合这样的企业：它们强调增长，愿意购买竞争者获得的市场份额。这种想法是买进客户，依靠自身的经营技能和经历将他们变为现金流的贡献者。这种方法最适合这样的企业实体，它们经验丰富，与待售企业的行业相同。

（3）月访问者乘数法。随着信息技术的发展和我国大众创业万众创新战略的实施，以大数据、移动互联网、人工智能、云计算、区块链、物联网及 5G 为代表的新兴信息技术应用的创业越来越多，电子商务、自媒体领域的创业暴发增长，点击率与访问量成为这些企业生存发展的重要衡量指标。月访问者乘数法对企业估值是一种相对适合的方法，即企业价值等于用户数乘以乘数。这种方法主要是在互联网产业中运用。

7.6.2 收入法

收入法通过选择一个合理的资本化率，计算预测收益的现值的方式确认未来收益。其基本思路如下：

$$V=C/i$$

式中　V——企业价值，
　　　C——未来经济收益，
　　　i——资本化率。

资本化率可以简单理解为资本投入要求的回报率。经验上的数值是，寻求种子资金的初创项目的资本化率为 50%~100%，早期的创业企业的资本成本为 40%~60%，晚期的创业企业的资本成本为 30%~50%。对比起来，很多有更加成熟的经营记录的企业，资本成本为 10%~25%。收入法是基于企业未来经济表现去估值的，能够体现初创项目的价值，通常是初创项目最基本也是最常用的估值方法。

收入法中的核心概念是自由现金流（Free Cash Flow，FCF），自由现金流是企业营运资金的一部分，这部分资金可用于偿付债务或回报股东。

自由现金流量=（税后净营业利润+折旧及摊销）-（资本支出+营运资本增加）

使用收入法的基本步骤是：①确定预测期间；②确定预测期内每年的 FCF；③确定贴现率；④计算期间内自由现金流量的现值。

这种方法的缺点是过于理论化，而且充满不确定性。

7.6.3 资产法

资产法基于置换原则，这个基本的经济原则认为资产的置换成本是资产的公平市场价值。换句话说，一个谨慎的投资者不会支付超过与目标企业同样效用的置换资产的收购成本。

这个方法给出了最现实的数据，通常是以初创项目发展所支出的资金为基础。

资产法的不足之处在于，假定价值等同于使用的资金，投资者没有考虑与初创项目运营相关的所有无形价值。另外，资产法没有考虑到预测经济收益的价值。所以，对于初创项目，资产法会给出最低的价值。

7.6.4 期权估值法

期权是指未来的选择权，持有者通过付出一定成本而拥有一项在到期日或到期日之前根据具体情况做出具体选择的权利。对初创项目进行投资具有以下性质：

（1）期权性质。投资人对初创项目投资就像购买了一份期权，一旦初创项目成功，将获得巨大收益，而如果初创项目失败，则损失就是投入的风险资本。

（2）投资人虽然向初创项目投入资本而获得初创项目的一定股权，成为初创项目的股东，但投资人的目的却并不是为了拥有初创项目，而是为了在初创项目增值后出售其所占的股权以获得投资收益。

所以，本质上投资人仅将初创项目看成一种商品，相当于以投入资本作为期权费，购买了一份看跌期权，它赋予投资人在未来某个合适的时刻以某一价格出售该商品的权利。很多初创项目的价值实际上是一组选择权的价值，因此在评估一家初创项目的价值时，对其发展前景、人员配置，尤其是其拥有什么样的机会和选择权的分析论证，将是影响评估结果的关键。

期权估值方法评价建立在定性分析基础上，同时该方法还需对存在不确定性的各主要选择权进行定量分析。在实际操作中可将初创项目进行分割，对其多项资产进行期权评估，然后再运用现金流折现法进行估价。

当然，当运用期权定价理论进行估值时，也需要注意其局限性，比如，如何确定初创项目究竟拥有哪些现实选择权，如何对现实选择权进行合理定价等。另外，对构成初创项目价值重要因素的管理者管理能力、企业外部环境因素等也很难估算到位。

7.6.5 其他方法

在创业投资领域，投资人大多有自己决策的习惯和具有个性的方法，虽说有些办法似乎与正统的投资估值理论相去甚远，但却也能自成逻辑，保证决策的合理性。

（1）500 万元上限法。这种方法要求天使不要投资一个估值超过 500 万元的初创项目，这种方法的好处在于简单明了，同时确定了一个评估的上限。

（2）多分法。多分法是指投资人在对企业价值进行评估时，将企业的价值分成多个部分，分别估算创业者、管理层、投资者和商业模式等对企业价值有重大影响的各部分的价值，然后加起来即得到了企业价值。一个被流传的方法是博克斯法，这种方法是由美国人博克斯首创的、对于初创期的企业进行价值评估的方法，典型做法是对所投企业根据下面的公式来估值：

一个好的创意 100 万元。
一个好的盈利模式 100 万元。
优秀的管理团队 100 万 ~ 200 万元。
优秀的董事会 100 万元。
巨大的产品前景 100 万元。

加起来，一家初创项目的价值为 100 万~600 万元。

（3）200 万~500 万元标准法。许多传统的天使投资家投资企业的价值一般为 200 万~500 万元，这是一个经验数据，带有一定的合理性。如果创业者对企业要价低于 200 万元，那么或者是其经验不够丰富，或者企业没有多大发展前景；如果企业要价高于 500 万元，那么由 500 万元上限法可知，天使投资家对其投资不划算。根据这种方法，投资人将定价限于 200 万~500 万元，虽然有些过于绝对，但却是控制投资风险的一种简单易行的方法。

（4）风险投资家专用评估法。这种方法具体操作如下：第一步，用乘数法估算出企业未来一段时间的价值，如 5 年后价值 2 500 万元；第二步，决定你的年投资收益率，算出投资在相应年份的价值，如要求 50%的收益率，投资了 10 万元，5 年后的终值就是 75.9 万元；第三步，现在用你投资的终值除以企业 5 年后的价值就得到你所应该拥有的企业的股份，即 75.9÷2 500=3%。

以上估值方法都假定所有者权益随时可以交易并且很容易变现，但是，初创项目需要估值的普通股并没有上市交易，其交易性存在一定风险。一旦交易性降低，就产生了额外的投资风险，这种投资风险叫作"流动性风险"。通常，创业者需要因"流动性风险"在价格上进行让步。

【思考题】

1. 什么是企业估值？
2. 创业企业估值对于创业企业来说有何意义？
3. 创业企业估值的方法有哪些？
4. 哪些因素会影响对企业的估值？

【案例分析题】

土巴兔值 100 亿吗？

和很多人一样，他的事业刚起步也是从出租屋开始的，一切都不尽如人意，不论办公条件还是员工质量都没法与其他企业相较。可就是这样一支不被关注的创业队伍，现在的地位已不容小觑，成为估值超过 20 亿美金的"独角兽"。9 年前，他默默无闻；最近，他被《财富》（中文版）评为"中国 40 位 40 岁以下的商界精英"，深圳除了他，唯有大疆无人机创始人汪滔上榜。他叫王国彬，他的公司，就是中国目前最大的互联网家装公司——土巴兔。

王国彬在 2008 年的夏天创立了土巴兔。此前他有过两次创业经历。一次开计算机培训学校，结果室内设计反而成了最热门的专业。为了解决学生就业问题，他又开了一家装修公司。第二次创业，则是开了一家搜索引擎公司。在百度、谷歌等巨头压力之下，他感受到理想和现实之间巨大的鸿沟。挫败中，他回归到培训学校继续做校长，内心的那团火，却始终没有熄灭，搜索引擎太缥缈，他想还是要从衣食住行出发。他分析了当时的行情，决心要做互联网家装。他经过实践得出的总结是：产业足够大、痛点足够多且市场格局尚未形成。这三个因素，就是巨大的机会。

王国彬从上次创业冒险激进的失败经验中得到了新思路，把办公室租在一个小区民宅里，拉了几个老乡和技术、设计、装修界的人，15个人的草台班子，就这样起步了。他选择了一个很小的切口，一开始，土巴兔仅仅是设计师的BBS。他把自己培训学校的生源导入，有了第一批种子用户，两年时间，吸引了22万名设计师入驻。他很快就发现：中国的消费者并不乐意单独为设计买单。而且，装修最大的痛点也不是设计，而是施工。他决定改攻另一个方向：帮助用户找到满意的装修公司。土巴兔的商业模式就这样逐步形成了。

每个事业刚刚起步面临的困难都是一遭接着一遭，2012年王国彬遭遇创业以来最危险的时刻。为了做好口碑，土巴兔推出了"装修界的支付宝"——装修保。王国彬希望借此对装修行业来一场革命，不料扑面而来的，却是剧烈的反抗。内部员工联合抵制，地推人员辞职了一半，深圳近两百家装修公司大部分终止合作，只有三四家公司愿意继续合作。但王国彬认定了的事，就咬牙坚持下去。那些采用了"装修保"的公司生意火爆，退出的那些装修公司又回来了。风雨过后见彩虹，土巴兔又重新起航。2012—2014年，每年翻三番。土巴兔也得到了经纬、红杉资本及58同城的巨额投资，插上了资本的翅膀。

也许就像王国彬所说，"创业越久，对很多东西越会充满敬畏之心"。历史发展到今日，那些耳熟能详的大企业除了产品所占市场的需求旺盛之外，敬畏且一丝不苟才是越走越远的润滑剂。胡润研究院发布《2018胡润大中华区独角兽指数》，土巴兔、艾佳生活等4家企业上榜。

胡润研究院第五次发布"独角兽指数"，榜单结合资本市场独角兽定义筛选出有外部融资且估值超十亿美金的优秀企业，数据截止日期为2018年12月31日。榜单中，土巴兔、艾佳生活、好享家、智米科技主营业务均为家居范畴，成为家居行业入榜企业。土巴兔估值为100亿元人民币。资本纷纷进入家居领域，看好互联网大数据为核心的新型复合型家居企业。

讨论题：

1．你认为一个创业企业的估值与创始人有什么关系？
2．土巴兔是否值100亿元人民币？其依据是什么？

第 8 章 创业风险管理

【学习目标】

通过学习了解风险的含义、特征与分类,理解风险衡量的方法与原理,掌握创业风险管理的程序,理解创业企业面临的风险及防范措施。

8.1 创业风险管理概述

8.1.1 风险的定义

财务活动经常是在有风险的情况下进行的。冒风险,就要求得到额外的收益。投资者由于冒风险进行投资而获得的超过资金时间价值的额外收益,称为投资的风险报酬或风险收益或风险价值。企业理财时,必须研究风险、计量风险并设法控制风险,以求最大限度地扩大企业财富。

风险通常是指遭受损失、伤害、失败或者毁灭等不利后果的可能性,对于风险承担者来说是坏事,没有任何好事的成分。而在财务活动中,风险是指实际结果偏离预期目标。对于预期目标的偏离不仅包括不利的偏离,也包括有利的偏离。如企业制定的目标利润为 50 万元,由于多种因素的影响,企业可能实现的利润只有 30 万元,但也有可能实现 60 万元的利润。因为人们更担心不利情况的发生,所以通常在讨论风险时,都是从不利的角度来考虑问题。

实际结果对预期目标可能出现偏离的程度越大,风险就越高。各种经济活动和经济行为都有各自不同的特点,因此风险有大有小。在绝大多数经济活动中,风险都是客观存在的。

美国经济学家奈特在 1921 年出版的《风险不确定性和利润》一书中对风险做了经典的定义:风险是可测定的不确定性,是指经济主体的信息虽然不充分,但可以对未来可能出现的各种情况给定一个概率值。

通常把风险定义为未来的不确定性对企业实现其既定目标的影响。这个定义可以从以下四方面来理解:

（1）未来的不确定性。现在无风险，过去无风险，只有将来有风险。当前普遍用于投资决策的基础评估方法之一——现金流预测，通过将未来一定期间内的净现金流按一定的贴现系数计算以做出投资决策判断，这不仅是一个时间价值的概念，而且是风险的贴现。

（2）影响。这里所说的影响不仅包括损失，而且包括收益。风险越高，收益可能越大。所以，回避风险，同样也意味着回避收益。

（3）风险总是定义在未来的某一个时间段内，这样才可以准确度量和管理风险。比如，企业职工有人身安全的风险，为此，企业应为职工购买人身安全保险，保险合同总是在一段时间内有效。

（4）风险是相对于要实现的目标而言的。目标越高，风险就越大；目标越低，风险就越小。

企业的财务管理决策几乎都是在某种程度的不确定情况下做出的，因为按决策进行经济活动的结果总会比预期的好些或差些。购买政府公债肯定能按期得到本息，因而被视为无风险投资。但应看到，资本市场上变幻莫测的利率升降，随时会引起债券价格的反向变动。总之，企业的投资和经营无不处于或大或小的风险中。为了将决策和财务分析工作建立在科学的基础上，企业可能把不确定视同风险加以计量，以便进行定量分析。

意外损失和突发性灾害不属于风险范畴。因为，在这些情况下，人们对事件的全部情况一无所知，就根本谈不上风险问题。而且意外损失的结果只有损失一种情况，风险的结果却有很好、一般和很坏等各种情形。偶发事件所造成的损失，通常是不易控制、不易管理的，因而难以避免。所以意外损失在理论上就属于成本支出。巨额的意外损失则属保险范畴。风险投资和风险管理所造成的损失则是由决策失误、技术管理等问题所致，理论上属于企业盈余支出。

所以，风险理论是关于意料之内事件运行及其操作的理论，即已知各种事件及其结果不肯定的运作原理。保险则是关于意外事件的运作原理，一般企业的保险事件则是保险公司的风险。

8.1.2 风险的特征

风险的特征是风险本质及其发生规律的外在表现。正确把握风险的特征，对于增强对风险的认识和理解、强化风险管理和减少风险损失具有重要意义。风险的基本特征包括以下七个方面。

（1）风险具有客观性。风险是一种客观的存在，是客观事物变化过程的特性，是不以人们的意志为转移、独立于人的主观意识而存在的，也非人为的努力可以完全消除的。

（2）风险具有突发性。风险事件的发生有一个从量变到质变的过程，但是，由于人们认识的局限性或疏忽，往往并未注意到风险的渐变过程，致使风险事件具有突发性，使人感到措手不及，难以应付。

（3）风险具有损失性。只要风险存在，就一定有发生损失的可能。风险的存在，不仅会造成人员的伤亡，而且还会造成生产力的破坏、社会财富的损失和经济价值的减少，因此，才使得个体或企业都致力于寻求应对风险的方法。

（4）风险具有不确定性。风险的不确定性是指风险结果是否会发生是不确定的。不确定性是风险最基本的特征,主要表现在:空间上的不确定性、时间上的不确定性和损失程度的不确定性。

(5)风险具有可测性。风险是可测量的,风险的可测性是指人们对于不确定的风险可以就风险发生的可能性和损失的严重程度进行定量或定性的估计和判断。虽然风险具有客观性和随机性,但人们可以在概率论和数理统计的基础上,根据以往发生的一系列类似事件的统计资料进行分类,来计算某种风险发生的概率、所造成损失的大小及损失的波动性,从而可以对风险进行预测、衡量和评估。

(6)风险具有相对性。相对性是风险事件发生与否和造成损失程度如何,是与面临风险的主体的行为及决策紧密相关联的。同一风险事件对不同的行为者会产生不同的风险,而同一行为者由于其决策或采取的措施不同会带来不同的风险结果。

实际上,风险事件的发生是受主观和客观条件影响的。对于客观条件,人们无法自由选择,只能在一定程度上施加影响,而主观条件(即行为者的行为及决策)则可由人们自主选择。如果说风险的损失性使人们对风险进行管理成为必要,风险的客观性和不确定性增加了管理难度的话,那么,风险的可测量性和主观相对性则为人们对风险进行管理提供了空间和方法。

(7)风险与收益的对等性。一般情况下,风险与收益是对等的,风险越大,收益就可能越高;风险越小,收益就可能越低。换句话说,人们若想追求高收益就必须承担高风险。

8.1.3 风险的分类

根据不同的风险定义有不同的风险分类,学术上对风险没有统一的分类标准。现实生活中,人们一般按照下列方法进行分类:

(1)经济风险与非经济风险。按照风险是否导致经济损失,风险分为经济风险与非经济风险。①经济风险是指在生产和销售等经营活动中由于受市场供求等各种关系的影响、经济贸易条件等因素变化影响或者经营决策的失误,导致经济上损失的可能性;②非经济风险是指没有导致经济损失的风险。

(2)静态风险与动态风险。按照风险产生的环境,风险分为静态风险与动态风险。①静态风险是指在经济环境未发生变化时发生损失的可能性,如自然灾害、人们因过失而造成损失的风险;②动态风险是指由于经济环境的变化造成经济损失的可能性。动态风险的产生有两类因素:一类因素是经济、产业、竞争者及客户等外部环境,这些因素的变化不可控,它们均有可能为企业带来潜在的经济损失;另一类因素是企业内部因素,即影响企业经营人员决策的因素,这样的决策可能会带来经济损失。

(3)纯粹风险与投机风险。按照风险的性质,风险可分为纯粹风险与投机风险。①纯粹风险是指只有损失的可能性而无获利的可能性的风险。纯粹风险所导致的结果只有两种:有损失或无损失。例如火灾、水灾、车祸、坠机、死亡、疾病和战争等,都属于纯粹风险。②投机风险是指既存在损失的可能性,也存在获利的可能性的风险。投机风险导致的结果可能有三种:有损失、无损失和获利。例如,股市的波动、商品价格的变动、赌博等,都属于投机风险。一般而言,纯粹风险具有可保性,投机风险不具有可保性。

(4)系统性风险与非系统性风险。根据引起不确定性的原因,风险可分为系统性风险与非系统性风险。①系统性风险是指外部经济体的整体变化。这些变化包括社会、经济及政治等企业难以控制的事实或事件。这类风险对企业的影响程度不一，但所有的企业都要面对，这是一种不可分散的风险。②非系统性风险是指企业受自身因素影响的风险，这种风险只会造成企业自身的不确定性，对其他企业不发生影响，是可分散的风险。因此，企业针对此类风险进行控制的措施比较多。

8.2 创业风险

8.2.1 创业风险的定义

创业是企业整个生命周期中的孕育期，这一时期的企业具有可塑性强、投入大、产出小、对企业的后续经营影响大的特点。所谓创业风险，就是风险在创业过程中的具体体现，是指创业环境的复杂性，创业机会与新创企业的不确定性，创业者、创业团队以及投资者能力与实力的有限性，导致创业活动可能偏离预期目标。

创业过程中由于创业环境的复杂性，创业机会与新创企业的不确定性，创业者、创业团队以及投资者能力与实力的有限性，表现出较大的创业风险，威胁着新创企业的生存和发展。创业风险主要有技术风险、市场风险、财务风险、运营风险和政治风险。创业者要了解这些风险，并运用适当的方法进行控制。

8.2.2 创业风险的特征

创业风险就是风险在创业中的具体体现，其特征就是风险在创业过程中的具体化。

1. 创业风险的客观存在性

创业风险是不以企业意志为转移的，是独立于企业意志之外的客观存在。在企业创业过程中，由于内外部事物发展不确定性的客观存在是其发展过程的特征，创业风险也必然是客观存在的，但客观性并不否定创业风险的主观一面。

2. 创业风险具有相关性

创业者面临的风险与其创业决策及行为紧密相连，同一风险事件对不同的创业者会产生不同的影响，同一风险事件对同一创业者来说会由于其决策或采取的策略不同而产生不同的风险结果。

3. 创业风险具有损益两面性

有风险存在，就可能发生损失，事件在给创业者带来风险的同时一旦取得成功又往往会给创业者带来收益，否则也没有承担此风险的必要。因此，创业者一方面要勇于面对风险，另一方面又要善于管理风险以使收益达到合理预期。

4. 创业风险具有不确定性

创业过程中创业者会面临多种不确定因素，如已有竞争对手的竞争策略的调整，新市场需求的不确定性，新技术应用导致产品质量、数量的不确定性，市场环境的变化，创业团队的能力与稳定性，资金的不足甚至资金链的断裂等，而且这些因素本身是发展变化的，其变化又是难以预知的，这就造成了创业风险的不确定性。

5. 创业风险具有可变性

创业风险的可变性是指在一定条件下创业的内外部条件发生变化，从而引起创业风险的变化，包括创业过程中创业风险性质的变化、创业风险后果的变化，以及出现新的创业风险等。

8.2.3 创业风险的分类

创业风险按风险的内容划分，可分为技术风险、市场风险、财务风险、运营风险和政治风险。

（1）技术风险。技术风险是指由于技术方面的因素及其变化的不确定性而导致创业失败的可能性。

（2）市场风险。市场风险是指由于市场情况的不确定性导致创业者或新创企业损失的可能性。

（3）财务风险。财务风险是指由于多种不确定因素的作用，企业不能实现预期财务收益，从而产生损失的可能性。财务风险涉及的范围广、内容多。

（4）运营风险。运营风险是指企业在运营过程中，由于外部环境的复杂性和变动性以及主体对环境的认知能力和适应能力的有限性，而导致的运营失败或使运营活动达不到预期目标的可能性。运营风险并不是指某一种特定的风险，而是由一系列具体风险组成。

（5）政治风险。政治风险是指由于战争、国际关系变化或有关国家政权更迭、政策改变而导致创业者或企业蒙受损失的可能性。

8.3 创业风险的衡量

风险与收益正相关，即某项投资的风险越大，该项投资的收益往往就越高。一般而言，投资者都讨厌风险，并力求回避风险，因而投资者选择高风险项目的前提条件是预期该投资可得到更多的额外报酬——风险收益，即投资者因冒着风险进行投资而要求超过时间价值的那部分额外报酬。如果把通货膨胀因素去掉的话，那么投资的报酬率就是时间价值和风险报酬之和。风险收益通常有绝对数和相对数两种表示方法，但在财务管理中，通常用相对数，即按百分率来计量。

为了有效地做好财务管理工作，我们必须弄清不同风险条件下的投资报酬率之间的关系，掌握风险的衡量及风险报酬的计算方法。这里对风险的衡量主要介绍定量的方法。由于风险与概率分布有密切关系，我们可用概率法对风险进行计量。

8.3.1 确定概率分布

在日常经济生活中，某一事件在相同的条件下可能发生，也可能不发生，这类事件称为随机事件。概率就是用来表示随机事件发生的可能性大小的数值，可用 P 表示。通常，我们将必然发生的事件的概率定为 1，把不可能发生的事件的概率定为 0，而一般随机事件的概率是介于 0 与 1 之间的一个数。概率越大，表示该事件发生的可能性越大。把事件发生的每种可能性或结果列示出来，赋予一种概率，这就构成了概率分布。概率分布有两个特点：

（1）每个概率 P_i 必在 0 与 1 之间，即 $0 \leq P_i \leq 1$。

（2）概率之和等于 1。即 $\sum_{i=1}^{n} P_i = 1$，其中 n 表示可能出现结果的个数。

8.3.2 计算期望收益率

期望收益率是概率分布的平均值，即各种可能的收益率按其概率进行加权平均得到的收益率。期望收益率的计算公式如下：

$$\bar{K} = \sum_{i=1}^{n} P_i K_i \qquad (8-1)$$

式中　$\bar{K}$ ——期望收益率；

P_i ——第 i 种可能实现的收益率；

K_i ——第 i 种可能结果的概率；

n ——可能结果的个数。

【例 8.1】　某创业企业有 A、B 两个投资机会，有关 A、B 投资后的经济情况及相应的报酬如表 8-1 所示。

表 8-1　A、B 投资后的经济情况及相应的报酬

经济情况	概率分布	A 项目期望收益率（%）	B 项目期望收益率（%）
繁荣	0.3	100	30
正常	0.5	20	20
衰退	0.2	−100	5
合计	1.0	—	—

两个项目的期望收益率计算如下：

A 项目：　　　$\bar{K}$ =100%×0.3+20%×0.5+(−100%)×0.2=20%

B 项目：　　　$\bar{K}$ =30%×0.3+20%×0.5+5%×0.2=20%

两个项目的期望收益率相同，但概率分布不同。A 项目的收益率分散程度大，变动范围在-100%～100%之间；B 项目的收益率分散程度小，变动范围在 5%～30%之间。这说明两个项目的收益率相同但风险不同。如图 8-1 所示。

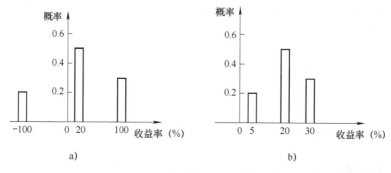

图 8-1　两项目的概率分布图

a）A 项目　b）B 项目

图 8-1 列示了繁荣、正常、衰退三种情况，实际工作中可能会有无数种结果。如果对每一种结果都赋予一个概率和一个收益率，则可画出连续概率分布图。如图 8-2 所示。

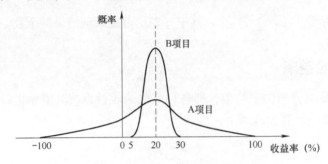

图 8-2 两项目的连续概率分布图

在图 8-2 中，概率分布越集中，说明预期的收益率分布越集中，分布图形的峰度也越高，投资风险越小。这是因为实际可能出现的结果越接近期望收益率，而实际收益率低于预期收益率的可能性就越小。由于 B 项目有比较集中的概率分布，其风险比 A 项目小。为了定量地衡量风险程度的大小，还要使用统计学中衡量概率分布离散程度的指标。

8.3.3 计算标准离差

标准离差是各种可能的收益率的综合差异，是反映离散程度的一种度量。在期望收益率相同时，标准离差越大，说明离散程度越大，风险也越大；反之，风险则越小。标准离差的计算公式如下：

$$\delta = \sqrt{\sum_{i=1}^{n}(X_i - \bar{K})^2 \times P_i} \qquad (8-2)$$

式中　δ——预期收益率的标准离差；
　　　$\bar{K}$——预期收益率；
　　　X_i——第 i 种可能的结果；
　　　P_i——第 i 种结果的概率；
　　　n——可能结果的数量。

标准离差主要是由各种可能值与期望值之间的差距所决定的。它们之间的差距越大，说明随机变量的可变性越大，风险就越大；它们之间的差距越小，说明各随机变量越接近于期望值，也就意味着风险越小。风险大小同标准离差成正比例关系。标准离差的大小，可以看作是其所含风险大小的标志。

如【例 8.1】，A、B 两项目预期收益率的标准离差分别为：
A 项目：　　　　　　　　$\delta = 56.57\%$
B 项目：　　　　　　　　$\delta = 8.66\%$
计算结果表明，A 方案的风险更大。

8.3.4 计算标准离差率

标准离差是反映随机变量离散程度的一个指标，但它是一个绝对值，而不是一个相对值,只能用来比较期望收益率相同的各项投资的风险程度,而不能用来比较期望收益率不同的各种投资的风险程度。要对比期望收益率不同的各项投资的风险程度,应该用标准离差同期望收益率的比值,即标准离差率。标准离差率的计算公式为:

$$V = \delta / \overline{K} \tag{8-3}$$

式中 V——标准离差率。

根据上述资料,A、B 两项目的标准离差率计算如下:

A 项目: $\qquad V=56.57\%/20\%=283\%$

B 项目: $\qquad V=8.66\%/20\%=43\%$

计算结果同样说明,A 项目的风险大于 B 项目。

8.3.5 计算风险收益率

标准离差率虽然能正确评价投资风险程度的大小,但不能反映风险报酬的高低。要计算风险报酬,必须借助于风险报酬系数。风险报酬、风险报酬系数和标准离差率之间的关系可用公式表示如下:

$$R_R = bV \tag{8-4}$$

式中 R_R——风险收益率;
$\quad b$——风险报酬系数;
$\quad V$——标准离差率。

这样投资总收益率可用公式表示如下:

$$K = R_F + R_R = R_F + bV \tag{8-5}$$

式中 K——投资总收益率;
$\quad R_F$——无风险收益率。

无风险收益率加上通货膨胀贴水即为资金的时间价值。通常,我们将投资于国库券的收益率看作是无风险收益率。

如【例 8.1】,假设 A 项目的风险报酬系数为 10%,B 项目的风险报酬系数为 5%,则 A、B 项目的风险收益率分别为:

A 项目: $\qquad R_R = bV = 10\% \times 283\% = 28.3\%$

B 项目: $\qquad R_R = bV = 5\% \times 43\% = 2.15\%$

如果无风险收益率为 6%,则 A、B 项目的收益率分别为:

A 项目: $\qquad K = 6\% + 28.3\% = 34.3\%$

B 项目: $\qquad K = 6\% + 2.15\% = 8.15\%$

可见,A 项目的风险大,要求的报酬也高。

风险报酬系数将标准离差率转换成风险收益率的一种倍数。风险报酬系数通常是由投资者主观确定,风险报酬系数的确定在很大程度上取决于各企业对风险的态度,敢于冒险的企业常常会把风险报酬系数定得低些;反之,比较稳健的企业,则常常把风险系数定得高些。

目前,西方国家对风险报酬系数的确定有两种做法:

一种是采用一个经验数据,如某企业拟进行一项投资,此类项目的收益率一般是

13%，其收益率的标准离差率为 70%，无风险收益率为 6%，则风险报酬系数为 b=(13%-6%)/70%=10%。

另一种是从 0 到 1 之间选择一个作为主观概率，但这一主观概率也不是任意的，而应以无风险收益率（资金的时间价值，即同期银行存款利率）为基础，并在其上下浮动，这样确定的系数可能因人而异，但就某一国家、某一地区、某一行业来说，应该是一个常数。

8.3.6　计算风险报酬

求出风险收益率后，我们可运用下列公式来计算风险报酬：
（1）依据投资额和风险收益率的关系计算风险报酬，可列出公式：

$$P_R = CR_R \tag{8-6}$$

式中　P_R——风险报酬；
　　　C——投资额；
　　　R_R——风险收益率。

【例 8.1】中，若企业拟投资 1 000 万元，则 A、B 两项目的风险报酬各是：

A 项目：　　　　　P_R=1 000×28.3%=283（万元）
B 项目：　　　　　P_R=1 000×2.15%=21.5（万元）

（2）根据投资报酬与有关收益率的关系计算，公式如下：

$$P_R = R \times \frac{R_R}{K} = R \times \frac{R_R}{R_F + R_R} \tag{8-7}$$

式中　R——投资总报酬，其他同上。即：

风险报酬额=投资总报酬×[风险收益率/（无风险收益率＋风险收益率）]

如【例 8.1】，企业投资 1 000 万元后，预计 A 项目的投资报酬为 343 万元，B 项目的投资报酬为 81.5 万元，则 A、B 两项目的风险报酬分别为：

A 项目：　　　　　P_R=343×28.3%/34.3%=283（万元）
B 项目：　　　　　P_R=81.5×2.15%/8.15%=21.5（万元）

8.4　创业风险管理

创业风险管理是指创业者对各种风险的认识、控制和处理的行为。它要求创业者研究风险发生和变化的规律，估算风险对创业成功的影响程度及对社会经济生活可能造成损害的程度，并选择有效的手段，有计划、有目的地去处理风险，以期用最小的成本代价，获得最大的安全保障。

8.4.1　创业风险管理的意义

大企业有能力承受一般意义上的风险损失，但风险损失对处于创业过程的小企业来说却是致命的。如果把大企业比作一个成年人的话，那么，新创企业就犹如一个正在蹒跚学步的婴孩，且这种学步是没有家长或老师引导与保护的，因此，新创企业面临着巨大的危险。新创企业要在自己的努力下学会正常前进，并在这种学习过程中健康成长，就必须学会认识各种风险，并具备处理各种风险的能力。因此，识别各种风险、预防风险、管理风险，消除各种风险可能带来的潜在损失对新创企业而言具有至关重要的意义。

1. 减轻企业的财务负担

创业资金是困扰创业者的主要问题之一。由于企业没有积累，新创企业往往资金实力薄弱，现金流量不足，创业者通常会通过多种渠道获取对企业的投入。因为企业处于初创时期，各方面均需要大量投入，而企业在此时的收入则极其有限。所以，尽管能从多方面筹集来资金但创业者们仍捉襟见肘。创业过程中的各种风险损失无疑会加大企业的财务经营负担，选择合适的风险管理方法，也有助于降低风险管理成本，因而有效的风险管理将使企业有限的资金得到更有效的使用。

2. 获取有利的竞争地位

在创业初期，企业之间的竞争与其说是在人才、技术、产品和市场上的竞争，倒不如说主要集中于对风险的管理上。企业在人力、技术、产品与市场上的竞争优势会为企业带来发展所需要的收入，但是也会因为一个风险损失可能使这些竞争优势荡然无存。如企业关键人员的意外伤亡或流失，甚至投奔竞争对手，就会使企业的其他竞争优势完全丧失；企业在选择目标市场时对风险估计不足所导致的损失也会使企业的创业投资根本无法收回。

3. 有利于企业管理向规范化方向发展

企业在创业初期规模较小，不少新注册的企业规模在 20 人以下。在这种情况下，各种管理机构是不可能存在的，甚至连必需的专业分工也得不到实现，管理职责也不可能得到明确的划分，企业管理的主要责任就会落在创业者身上。由于创业者精力与能力方面的限制，对各类风险的识别与管理往往是不到位的。建立合理的风险管理体系，使各类风险都有人分工负责，可使企业在对创业风险进行管理的基础上逐渐形成相应的职能管理体系，加快新创企业内部管理正规化的步伐，从而促进新创企业的健康成长。

4. 有利于创业者综合素质的提高

创业者的综合素质是一个新创企业成功的关键因素之一。对一个成功的创业者而言，有些基本素质是必需的，如健康的体魄、坚毅的性格、自信、创新技能、自我学习的能力、自我约束和努力工作等。但这些并不是创业者素质要求的全部。预测各种不确定性并处理各种不确定性，是决定企业创业成功与否的重要能力之一。创业是一个从无到有的过程，各种因素都处于一种不确定的状态之中。系统识别和统筹管理这些风险是创业者能力的重要标志之一，但这种能力并不是与生俱来的，需要创业者在创业过程中不断学习与积累。随着企业的不断成长，创业者也在对风险的管理过程中逐渐成长，成为真正的企业家。

8.4.2 创业风险管理的程序

创业风险管理的程序一般包括：创业风险识别、创业风险评估和创业风险控制等环节。

1. 创业风险识别

创业风险识别就是创业者逐渐认识到自己在哪些方面面临风险以及会发生哪些风险结果的过程，是创业者依据创业活动的迹象，在各类风险事件发生之前运用各种方法和工具对风险进行的辨认和鉴别，是系统地、连续地发现风险的过程。创业者不仅要识别如国家政策、市场需求变化等显性风险，还要识别某些形势变化的连锁反应所可能带来的半显性风险以及遭遇突发事件的隐性风险。创业风险的识别工具与方法有：

（1）专家判断。专家判断包括同行评议、德尔菲法及层次分析法等，一般由适当的专业人士组成专家组就中心议题发表意见，通过统计和整理，集中群体智慧和专业经验，形成结论。这种方法与评估人员单独分析相比具有较高的可靠性，能够深入挖掘一些需要专业判断的特殊风险。这种方法的有效性依赖专家组构成的合理性，以及采用有效的机制处理专家意见的冲突和一些非共识性问题。

（2）情景分析。通过数字、图表和曲线等对某种状态进行描绘、分析，说明某些因素变化会产生什么结果。其可靠性取决于能否有效地把握因素之间的系统联系。敏感性分析及故障树是情景分析的衍生。

（3）流程、网络分析。通过建立创业系统流程图、实施流程图和作业流程图（工作分解），或者反映工作因素相互关系的网络图，从风险可能存在的环节、因素之间的影响入手，分析风险的起因以及传递过程对风险的影响。流程、网络分析能够反映风险系统的内部关系。

（4）风险回顾。风险回顾包括风险因素检查表和历史类比等，其共同特点是将已经发生过或可能发生的风险列举出来，供评估人员判断是否存在类似风险，具有开阔思路和启发联想的作用。其缺点是依赖资料的收集范围，可能遗漏某些重要的风险，也难以反映风险的系统关系。风险回顾技术的新发展方向是数据挖掘和统计（如人工神经网络），它们能够更为可靠地把握因素之间的历史规律。

2．创业风险评估

创业风险评估包括将风险识别的结果与预先设定的风险准则相比较，或者在各种风险的分析结果之间进行比较，以确定风险等级的过程。风险评估利用风险识别过程中所获得的对风险的认识，对未来的行动进行决策。道德、法律、资金以及包括风险偏好在内的其他因素也是决策的参考信息。

创业风险评估的过程包括输入、工具和方法以及输出三个部分。理想的输出应该是：①能反映风险的先后顺序、相互转化关系；②能挖掘风险的因果关系，满足风险管理策略的需要；③能提高风险量化的可靠性。创业风险评估的主要方法有：

（1）主观综合评判方法。一般通过建立度量风险的指标体系对指标进行量化，然后采用归一法、加权的方法对指标值进行综合处理。其具体包括主观评分法、层次分析法和模糊综合评判法。其优点是较为简便，适合风险结构不复杂的场合；其缺点是假设各种风险元素的关系是线性可加的，不考虑风险的内在联系，对复杂系统风险的评估缺乏可靠性；评估的效果受指标体系的完整程度、权重设置和计算方法的限制。

（2）概率分析方法。这种分析方法将风险变量的均值与标准差结合到表示项目总风险指标的均值与标准差中去。使用这种方法处理变量间存在的相关问题时需要做出一定的假设。例如，在与总风险有关的风险元素间只进行加法或乘法运算，相加或相乘的元素是相互独立的或线性无关的等等。决策树法、概率树法是这一方法的代表。分析方法的另一个分支是现金流分析，它仅考虑各种风险因素的综合影响后果，并不详细追究风险因素具体有哪些，风险到底有多大。在估计各个风险因素的综合影响时，主要依靠经验或者概率论。

（3）模拟方法。这种方法需要风险分析人员列举项目的风险变量及其相互关系。蒙特卡罗模拟法是这一方法的代表，它借助对未来事件的概率估计及随机模拟，在解决难以用数学分析方法求解的动态系统问题上具有优越性。模拟方法并未涉及如何构造所研究问题的整体框架，如何将决策者、管理人员和工程技术人员的专长结合起来挖掘各自的知识。大量的因素被含糊地、抽象地包含在概率估计中。

3. 创业风险控制

在对创业风险进行评估之后，接下来就是对风险的控制。这需要一方面制定好风险控制流程，另一方面选择好风险处理方式，实施对风险的控制，从而实现风险管理的目标。

（1）创业风险控制流程。创业风险控制某种意义上也是一项系统工作，必须遵循一定的流程，这样才能低成本、有效地实现风险管理，具体流程如下：

第一，制定控制措施。制定控制措施的目的是确定风险行为的应对态度，指导应对措施的制定。企业应根据风险水平、风险偏好及风险管理的成本收益分析来综合考虑，针对每个具体的风险，根据风险的控制现状，制定有针对性的、切实可行的控制措施，并明确每个措施的完成标志和确定风险应对态度。

第二，形成控制计划。已制定的控制措施不可能一蹴而就地实施且控制和防范所有的风险，它需要有一个结合企业实际情况的控制计划，并作为企业工作制度或流程的一部分。控制措施形成后，根据实际工作情况和资源配备情况，制定每个控制措施的完成时间，并严格按照计划执行。

第三，实施控制计划。实施控制计划是风险管理的具体化工作，通过控制计划的实施，达到控制企业风险的目的。在实施过程中，要注意与控制计划的有效衔接和互补，避免计划仅仅停留在纸面上；同时要注意来自实践的反馈，在实施控制计划的过程中，如果有新的风险类型出现或现有的控制措施难以实现控制的目的，要及时修正、更改控制计划，以保证风险管理工作正常运转。

（2）创业风险处理方式。风险处理是指通过不同的措施和手段，用最小的成本达到最大安全保障的过程。风险处理的方式很多，但最常用的是避免、自留、预防、抑制和转嫁。

第一，避免，即设法回避损失发生，从根本上消除特定的风险单位或中途放弃某些既有的风险单位。它是处理风险的一种消极方法，也是最常用的方法。平时我们说不要做没有把握的事，就是"避免"方法在日常生活中控制风险的具体应用。"避免"方法通常在以下两种情况采用：①某种特定风险所致损失的频率或损失的幅度相当高；②在用其他方法处理风险时成本大于收益。没有风险就没有收益，避免风险虽然简单易行，但它却意味着收益机会的损失。因此，对企业而言，采用避免的方法在经济上并不适用。

第二，自留，即对风险的自我承担，是企业自我承担风险损失的一种方法。自留风险有主动自留与被动自留两种。风险自留常常在风险所致损失概率和幅度较低、损失短期内可以预测，以及最大损失不影响企业财务稳定性时采用。在这样的情况下，采用风险自留的成本要低于其他风险控制方法的成本，且方便有效。但是，风险自留有时也会因为风险单位数量的限制而无法实现其处理风险的功效。一旦发生风险事故，就可能导致财务上的困难而失去其作用。

第三,预防,即在风险损失发生前为了消除或减少可能引发损失的各种因素而采取的处理风险的具体措施,其目的在于通过消除或减少风险因素而达到降低损失发生概率的目的。损失预防通常在损失发生的频率高且损失的幅度低时使用。损失预防的措施可分为工程物理法和人类行为法。工程物理法是指损失的预防措施侧重于风险预防物质因素的一种方法,如防火结构的设计、防盗装置的设置等;人类行为法是指损失预防侧重于人类行为教育的一种方法,如企业安全教育和消防培训等。

第四,抑制,即在损失发生时或在损失发生后为缩小损失幅度而采取的各项措施。损失抑制的一种特殊形态是割离,是指将风险单位割离成很多小的独立单位而达到缩小损失幅度的一种方法。损失抑制常常是在损失幅度高且风险又无法避免或转嫁的情况下采用,如损失发生后的各种自救和损失处理等。

第五,转嫁,即企业为避免承担风险损失,有意识地将损失或与损失有关的财务后果转嫁给另一个单位或个人去承担的一种处理风险的方法。风险管理者会尽一切可能回避并排除风险,把不能回避或排除的风险转嫁给第三者,不能转嫁的或损失幅度小的可以自留。转嫁风险的方法主要有两种:保险转嫁和非保险转嫁。保险转嫁是指向保险公司缴纳保险费并同时将风险转给保险公司承担。当风险事故发生时,保险人按照保单的约定能够得到经济补偿。非保险转嫁具体分为两种方式:一种是转让转嫁,另一种是合同转嫁。前者一般适用于投机风险,如当股市行情下跌时卖出手中的股票;后者适用于企业将具备风险的生产经营活动承包给他人,并在合同中规定由对方承担风险损失的赔偿责任,如通过承包合同将某些生产、开发程序或产品销售转给他人等。

对新创企业而言,究竟选择哪种风险处理方法更合理,需要根据对风险评估的结果和具体的环境进行选择,对于损失金额很小的风险宜采用自留的方法,而对于那些出现概率大、损失金额高的风险,如财产责任风险,则宜采用转嫁的方法。对诸如人力资源风险、财务风险、项目选择风险、环境风险等其他风险则宜采用预防和抑制的方法来处理。

8.5 创业风险分析

创业会面临多种多样的风险,主要的风险包括技术风险、市场风险、财务风险和运营风险等。

8.5.1 技术风险

技术风险是指在技术创新过程中,由于技术方面的因素及其变化的不确定性导致创新失败的可能性。创业活动常常表现为将某一创新技术应用到实践,将其转化为产品或服务的过程。由于技术创新的主体受技术水平和其他多方面因素的影响,不可能对技术成果转化和新产品投放市场的前景做出完全准确的预测,从而产生技术风险。

1. 技术风险的特征

(1)技术风险属于投机风险。技术创新主体希望通过成功的技术创新获取期望的利益。但是技术创新系统在外部因素和内部因素的共同作用下,会使创新活动最终有三种可能的结果：①创新成功，实现了预期目标；②创新失败，未能实现预期目标，甚至无法回收前期投入的资金；③技术创新没有达到理想的效果，仅使投入与收益基本持平。所以，在风险类型上，技术创新风险属于投机风险。

（2）技术风险是一种动态风险。由于技术创新系统的外部因素或内部因素的变动，如经济、社会、政策和市场等因素的变动，研究开发、市场调研和市场营销等方面的管理不到位，均可能会导致风险的发生。

（3）技术风险是可控风险。技术创新活动是一种有目的、有组织的技术经济活动。通过对技术创新系统的组织管理，尤其是树立风险意识，完善风险管理，能够在一定程度上防范和控制风险损失的发生及其发展，使受控的技术创新活动向预期目标发展。

（4）技术风险的结果是可变的。例如，电视机、电子表等在美国企业经历失败之后，却在日本企业手中经过完善和市场开拓，最终获得了成功。事实上，影响技术创新的风险因素有一些是可控的，在改变某些可控因素之后，能够改变原来失败的结果。

（5）技术风险是可管理风险。虽然技术风险不可能被完全灭除，但总体来说，完善的技术创新管理体系能够有效防范和控制某些风险因素，其技术创新成功的可能性相对就会高一些。因此，要取得技术创新的成功，必须在完善技术创新管理的同时，加强技术创新的风险管理。美国著名管理学家德鲁克说过："许许多多成功的创新者和企业家，他们之中没有一个有'冒险癖'……他们之所以成功，恰恰是因为他们能确定有什么风险并把风险限制在一定范围内，恰恰是因为他们能系统地分析创新机会的来源，然后准确地找出机会在哪里并加以利用，他们不是专注风险，而是专注机会。"

2．技术风险的来源

技术风险来源于多种不确定性，如企业技术创新中的不确定性、技术垄断程度和技术优势持续时间长短的不确定性、社会环境变化的不确定性等。

（1）创新的不确定性。技术创新的本质就是改变企业原来的生产函数，对企业资源进行新的配置。技术创新具有未知性，即在创新的过程中，创新主体对未来技术的发展方向并没有确定性的认识，因此创新是一个不断摸索的过程。技术创新的这一未知特性通常是在创新过程中逐渐显现的。技术人员创新的灵感火花起初只是从某一个很小的环节迸发，当时，他们往往认为解决了这个引发灵感的小问题后便大功告成了，殊不知在一个小问题解决后，又可能会出现其他更多的小问题。技术创新的未知性，以及这种未知性的逐步显现特性使得许多科研项目因资金难以为继而中途夭折。例如，在家用录像系统的开发过程中，最初引起技术人员关注的可能仅仅只是录像带的长度问题，而当这一问题解决后，他们却发现开发出的产品根本不是顾客所能买得起的，从而面临了很大的风险。

（2）技术垄断的不确定性。新技术的高收益往往来源于企业产品所含科学技术知识的垄断性和排他性，然而垄断性往往是有一定时限的。随着科学技术的迅猛发展，产品的生命周期日益缩短，更新换代速度日益加快，技术产品更是如此。常见的情况是，某个新创企业为开发某项技术可能花费很多人力物力，但该项技术能够保持某些方面和某种程度的技术优势的时间却不一定很长，甚至在较短时间内就会被其他更新的技术所替代，而且被替代的时间是难以确定的。当更新的技术比预期提前出现时，原有技术将蒙受提前被淘汰的损失，一旦企业对该技术失去垄断优势，那么企业的高收益就将降低或失去，从而增加企业的风险。

技术垄断的不确定性使可能收益高的技术资产并不一定能给企业带来高的实际收益。如果企业的技术资产被其他企业模仿或窃取，那么企业的技术收益就会被其他企业所瓜分，企业不但不能通过技术资产来提高企业的收益，而且可能无法收回成本。因此，技术的垄断性对技术收益也有决定性影响。

（3）技术优势的不确定性。技术领先对企业来说并不直接意味着商业上的领先。这是因为新技术的"爆炸"效应并不是仅靠技术本身，而更应该依靠该技术及其市场应用的协调关系。纵然技术具有优势，企业在该技术上仍然面临种种不确定性，比如市场是否接受、何时接受领先技术是不确定的。过早或过晚将新技术推向市场都将面临很大的风险。例如，IBM 公司在 1959 年拒绝了关于在全新的施乐复印技术方面投资的提案，因为根据市场预测，施乐 914 复印机的全部市场不过 5 000 套，但是 10 年以后，施乐 914 复印机共销售了 20 万套，公司也有了 10 亿美元的资产。而 IBM 公司则由于错误估计了市场对复印技术的接受速度，与这一巨大的商机失之交臂。此外，技术优势能否转化为商业优势是不确定的。最典型的案例是，晶体管在贝尔实验室的发明为美国带来了莫大的荣誉，但是带来的商业利润却大多进了日本人的口袋。另外，过于追求技术的超前性，会使决策人过于冒险，置客户需求于不顾，这是技术优势所面临的最大的人为风险。

（4）社会环境的不确定性。企业技术创新系统是一个开放的系统，它与外界存在能量的交换。因此，外界的变化将对企业的技术创新产生很大的影响。

3. 技术风险的控制

（1）采用模仿创新战略。模仿创新就是在创新者已经成功的技术创新基础上，投入不多的资金，模仿该项技术，并对其进行补充、提高、改良和完善的过程。模仿创新虽然有跟风之嫌，但却可以节省大量的研发费用，提高成功率，缩短从技术到市场的时间，从而大大降低技术风险。甚至有模仿创新者把原始创新者赶出市场的例子，日本的松下、索尼就是这方面的成功典范。如自动聚焦照相机、半导体激光器和复印机等率先创新者均在美国，但现在的市场领袖则在日本。因此，模仿创新是企业广为采用的战略。不论是发达国家，还是发展中国家，模仿创新都是一种极为普遍的技术创新手段。尤其对于我国那些研发能力较弱、资金实力不足的中小企业来说，这一创新战略更有吸引力。

但是，模仿创新要获得成功必须具备一定的条件，比如要求企业有较强的工程设计、生产能力；要在模仿的基础上，用反求工程实现创新技术的本土化或进行二次创新；不能侵犯别人的知识产权；模仿的起点要高，科学把握模仿创新的时机，最好是模仿尚未市场化的创新科研成果等。模仿创新一般可以通过购买专利、许可证和专有技术，并实施反求工程来实现。模仿创新也有弱点，就是它不可能达到技术的最尖端。你可以模仿，别人也会模仿，往往大家一哄而上，如浙江永康的太空杯、滑板车，我国的 VCD 生产线和制药工业都属于此类情况。特别是在我国加入 WTO 后，世界市场越来越开放的今天，光凭借模仿创新已不能形成核心竞争力。企业发展到一定的规模，必须形成自主创新的能力，才能拥有自主的知识产权和工业产权，才能获得独特的市场地位。

（2）组建技术研发联合体。企业进行技术创新，特别是自主技术创新，风险大、时间长且复杂性高，单个企业往往难以承受。这时如能组建技术开发联合体，就可以在一定程度上化解技术开发风险。技术联合体是指两个以上的国内外法人组织联合致力于某一技术或产品的研究开发，实现优势互补、风险共担、利益共享的一体化组织。技术联合体是一种以技术创新为纽带，将横向联合和纵向交叉相结合的合作形式，通常是企业和科研机构以及大学之间的联合。具体的联合模式可以有：①合同模式，即以合同形式确定合作创新过程。②项目合作模式，即企业为完成某一特定技术项目的研究与开发，通过合作投入并合作组织研发过程，共享研究与开发成果的一种合作方式。③基地合作创新，是指企业在大学或研究机构建立共同技术创新基地的一种创新形式，一般由企业提供资金和设备，大学或研究机构提供场地和研究人员。④研究企业合作模式，是指由多个大企业为增进和加速某些技术领域的技术创新而共同组建的股份制形式的合作创新组织。

（3）建立有效的科技人员激励机制。任何技术研发活动都是由科技人员主导的。有创新能力的人是企业最宝贵的资源。始终使科技人员的头脑保持激励状态，发挥他们攻克技术难关的积极性和主动性是提高技术研发成功率、降低技术风险的关键。这就要求企业的决策者能够体察科技人员的各种需要与动机，并通过适当的制度安排提供实现这些需要的机会和环境，在实现企业目标的同时也使个人的目标和利益得到实现。根据一些企业的成功经验，可以考虑建立以下几个方面的制度：①实现"科技人员持股"制度。比如，深圳华为公司、四川托普集团能获得迅速的发展，与其实行了"科技人员持股制"有很大关系。②建立和健全企业的福利制度。比如：住房、养老、医疗和失业保险制度；解决生活实际困难，如小孩幼托、夫妻分居等；增强科技人员的安全感和稳定感，使他们能全身心投入研发活动。③树立"知识是消耗品"的意识。对科技人员进行终身培训，定期或不定期地组织他们深造，出国留学、考察、技术交流和专题培训等，为他们创造吸收新思想、开拓新思路和成就事业的环境。④设立技术难题攻克奖，对攻克技术难关的科技人员予以精神和物质奖励等。⑤从组织结构入手，给予科技人员以最大限度的创新空间，提供更多发明创造的自由，包括从事研究的自由，在一定程度上失败的自由，提出和交流创新思想和展示研究成果的自由，在这一方面美国 3M 公司给予科技人员 15%的自由研究时间、建立企业内部科技论坛等做法都很值得借鉴。

8.5.2 市场风险

企业的市场风险是企业市场营销活动中由于内外部与市场有关因素的影响而出现的对企业造成损害的可能性，它是由市场机制作用及其相关因素变化引发的风险，即根植于市场内在机制的风险。

1. 市场风险产生的原因

（1）宏观经济状况的变化。市场风险存在的原因是多方面的，既有市场的内在作用，又有许多相关因素的综合影响。从宏观经济状况的变化上看，国民经济是一个多层次、多目标、多因素的复杂系统，时常存在着不平衡的周期性波动，如总量失衡、结构失调和经济发展的战略、布局及政策的调整等。

（2）微观的市场变化。从微观的市场变化上看，宏观经济上的不确定因素，也会通过市场这个渠道直接或间接地影响企业。而作为市场本身，也会由于供求关系、市场竞争和市场消费的变化，以及企业内部的变化而产生市场风险。

1）从市场供求状况的变化上看，市场运行有明显的非平衡性和断层性，人们不易把握。首先，供求对市场主体的调节是一种事后调节，市场的局部均衡和整体均衡缺乏明晰的划分界限。其次，供求的对比变动如果不经过一定量的积累，往往呈隐性状态，在某一不确定的时候或不能完全意识到的时候发生突变。这对于处在具体产业链和局部经营空间的企业来讲有时难以形成长远的、全面的和及时的认识，从而会造成经营的中断和收益的下降。

2）从市场竞争状态的变化上看，市场经济是自主、平等、竞争、开放且多元的经济。同一目标市场有众多的对手角逐，竞争的态势如竞争对手的数量和方法、竞争产品的牌子、价格和质量等，也都会随着时空的位移经常发生变化。任何一次竞争力量的重组、变化，都将给一些企业造成不同程度的损失，乃至被挤出市场，破产倒闭。

3）从市场消费状况的变化上看，现代消费向着多样化、高质化和多层化的趋势发展，变化迅速，选择性强。尤其是消费者的心理复杂深奥，认识能力不断增强，已成为影响市场变化的重要因素之一。消费观念的持续更新和消费状况的改变，时常会打破企业运营的原有和谐状态，增加了企业选择和实现经营目标的困难程度。

（3）企业自身管理状况。企业自身管理状况的好坏也是引发市场风险的重要原因之一。我们所讲的企业和企业管理，是一种基于市场的行为和因素的优化。一个缺少科学决策方法和程序、组织混乱、无创造力、人员动力不足的企业在激烈竞争的市场中运营，本身就是一种风险状态，至少可以说是增大了企业的市场风险程度。同时，只有承认管理不善是引发市场风险的原因之一，企业才会立足根本，不断增强发展的责任感和科学求实精神。一个好的企业，只有消除市场中的自身风险，才能真正地去认知、承受和处理更大范围的市场风险。

2. 市场风险的基本特点

（1）市场风险具有客观性。市场风险的存在，不以人的主观意志为转移。它是市场经济内部机理发挥作用的必然结果，离开市场风险的经营不可能存在。特别是随着经济发展的社会化、国际化和复杂化程度的不断提高，社会需求结构的不断变化，企业所面临的市场不确定性更是有增无减。

（2）市场风险具有差异性。市场风险的分布是极不均衡的。在不同的部门、行业和不同的时间、空间，市场风险的表现形式和程度都有所区别。

（3）市场风险具有关联性。市场风险是市场机制的构成要素之一，它同价格、竞争和供求等市场要素之间互为因果，互相制约，有机地融合在市场经济的整体调节功能之中。

（4）市场风险具有双重性。市场风险以利益的诱惑力和破产的压力共同作用于企业。它不仅使企业有追求更大利益的渴望和开拓进取的精神，而且会使经营者吃不香、睡不稳，以极高的责任感来对待自己的经营事业。所以，机遇与风险并存，诱惑与压力同在，是市场风险的重要特征。

（5）市场风险具有可知性。市场风险的存在有它的机理、条件和成因，并会通过一定的具体经济现象表现出来。在偶然与必然、理论与实践、历史与现实、现实与未来、系统与环境、收益与损失及成功与失败的客观分析中，人们能不断认识其本质属性和作用状态。所以，市场风险本身的不确定性并不等于人们对市场风险的认识也是不确定的。

（6）市场风险具有可控性。市场风险是企业经营管理的客体要素之一，它通过一定的范围和程度制约企业。对此既可以进行质的说明，又可以进行量的计算；既能追踪预测，又可有效处置，以其作为确定经营目标的依据和获取比较利益的保证。如果不承认这种可控性，那么企业将无所适从。当然，由于市场变化相当复杂、人们的主观认识水平有限，所谓的可知性、可控性都是相对的。分析市场风险形成的原因和特点，有助于我们在识别、衡量和处置市场风险时，能全面、辩证地看问题，坚持正确的指导思想，依据客观的原则和标准，树立起科学的市场风险管理观。

3．市场风险的处理

（1）强化对市场风险的认知。对市场风险的认知，是承受和处置市场风险的前提。所谓认知，不仅需要对理论概念进行一般理解和心理感觉，更需要利用已有的知识、能力和经验，通过分析和综合、具体和抽象、比较和概括及判断和推理等思维方式和技术手段来认识和确定市场风险。

（2）积极应对市场风险。面对市场和技术的不断变更演进，企业要不畏风险、果断决策，才能抓住良机，获得成功。此外，企业承受市场风险还需具有相应的组织机体。组织机体既受市场风险的直接作用，又可以反作用于市场风险。

因此，组织机体要有与市场风险相适应的组织实力、组织结构和组织运行。

1）要有与市场风险相适应的组织实力。组织实力是一定时间上企业各种组织要素力量的综合，包括硬件和软件两方面。硬件是指人力、物力、财力和技术基础；软件是指企业的内聚力、管理能力、形象、信誉和精神等。一般来说，企业组织实力与承受市场风险的能力成正比。如果实力不足，硬要去承受过大的市场风险，那么就会事与愿违，有可能使企业因耗损过度而趋于破产。

2）要有与市场风险相适应的组织结构。根据企业与市场风险环境的特殊关系，所形成的组织结构要体现以下要求：①层次清楚。组织层次之间上下衔接、前后有序、左右协调、流通顺畅，有利于人、财、物和信息等资源的统筹配置。②优化效能。摒弃形式主义，精简不必要的机构和人员，提高组织系统的效率。③相对封闭。组织对环境是开放的，但对内必须是决策、执行、监督等环节构成连续的封闭统一体。如果内部不封闭，那么企业将是一个无统一行动、无监督约束、无准确信息反馈的涣散组织。这样的组织是难以对市场风险做出积极反应的。④功能齐全。投入与产出是组织与环境相互联系、相互作用的转换模式。为了保证这种转换持续、平衡地进行，组织必须能够及时、准确、有效地追踪和传达有关市场风险的信息。⑤权责分明。市场风险是同企业经营目标联系在一起的，每一个环节的疏漏，都有可能引发市场风险的巨大冲击。所以，必须从市场风险的角度划分权力、承担责任。每个人和每个机构不仅要对自己负责，而且要对他人和企业整体负责。

3）要有与市场风险相适应的组织运行。市场风险作用的形式、程度不是固定不变的，因此，企业组织运行必须保持高度的敏感性和弹性，做到决策快、指挥灵、能量大且效率高。如果信息联系不良，创新缺乏动力，决策迟滞、失准，那么说明组织运行开始失效并趋于僵化，企业再难以承担新的市场风险，这时改革和调整组织就显得十分必要。

（3）要有处置市场风险的具体办法。处置市场风险要掌握以下方法：①竞争法。竞争法是控制、处置市场风险的最根本方法，反映了企业对市场风险的正确态度和积极认识。一个产品有需求、价格有优势、质量有保证、营销有渠道且服务有声誉的企业，在任何市场风险的考验下，都将立于不败之地。②防范法。对各种可能的市场风险进行预测，并制定出预防和控制计划，以求降低风险出现率和减少经济损失。③分散法。一种实行经营方式、经营区域和经营范围的多样化战略。这既可以发挥企业的优势，又可以分散市场风险，增加经营的灵活性。一旦市场变化，就可以转移生产和经营方向，迅速推出适应市场需求的产品，避免单打一造成的威胁。正所谓"不要把所有的鸡蛋都放进一个篮子里。"这句话反映的就是这个道理。另一种是借助外部力量，寻找一些机构或部门为企业承担某个特定风险事业而提供资金或经营管理上的协助。④对应法。按照企业现有的实力，采取各种措施，观察能否把市场风险控制在某种程度和范围内，以此为依据，寻找理想的利润目标。⑤疏通法。从某一具体范围看，有些市场风险是"假性"的。如供求关系缺乏合理的对应、信息流动淤滞等，都可以通过改善管理和改进经营方式来解决。⑥关键法。影响企业运营的市场风险是多层次的，其中必有一种"不确定性"因素是最主要和关键的，有可能会导致企业破产倒闭，这就是市场风险的核心。控制了重大风险，就可以带动整个市场风险"场"的收缩。

最后强调一点，处置市场风险不是任意"转嫁"市场风险，它必须受道德力量和法制力量的约束。使用的方法应该既能有利于企业自身减轻风险，同时又不至于损害其他企业和个人的利益，尤其是消费者的利益。如由于产品质量低劣造成大量积压，通过欺骗性的手段、方式销售出去，就属于不道德和违法的，这种行为必须给予坚决打击，以保护公平、诚实和信用的市场环境，为企业有序地处置市场风险提供良好的条件。

8.5.3 财务风险

财务风险是指由于多种不确定因素的作用，企业不能实现预期财务收益，从而产生损失的可能性。企业财务风险的存在不以人们意志为转移，永远客观存在。财务风险是现代企业面对市场竞争的必然产物，尤其是在我国市场存在的分配、赊购和赊销等情况，这些都会使企业的财务风险加大，对企业的经营管理产生影响。

1. 财务风险的类型

企业的财务活动贯穿生产经营的整个过程中，筹集资金、长短期投资和分配利润等都可能产生风险，根据风险的来源可将主要的财务风险分为以下四种。

（1）融资风险。融资风险是指由于资金供需市场、宏观经济环境的变化，企业筹集资金给财务成果带来的不确定性。融资风险主要包括利率风险、再融资风险、财务杠杆效应、汇率风险和购买力风险等。资金的注入无论以股权的形式还是以债权的形式，无论来自个人投资者还是机构投资者，都能够帮助新创企业渡过创业的艰难时期，进入新的发展阶段。对新创企业而言，有很多可供选择的融资渠道，但是没有哪种融资渠道是十全十美的，任何方式的融资都需要付出代价，并且还存在内生的风险。融资活动离不开创业者、投资者、中介机构和专家，所以，对新创企业而言，与融资活动相关的风险也主要来自于新创企业与这些主体之间的活动。融资风险的来源大体可分为新创企业融资战略不当、新创企业融资成本过高以及新创企业融资对象选择不当等方面。因此，新创企业要根据自己的实际情况，合理确定一定时期企业所需资金的总额，在满足经营业务需要的情况下又不造成资金闲置；要根据资金运用期限的长短合理安排和筹集相应期限的债务，形成合理的筹资期限结构，尽量使资金的偿付日期与资产的变现日期相匹配；确定合理的资本结构，从总体上减少收支风险。理论上讲，能使企业在一定时期内的加权平均资金成本最低、企业价值最大的资本结构为合理资本结构或称最佳资本结构；另外，还要利用好衍生金融工具，如利率期货、期权或外汇期货、期权，进行套期保值，把利率或汇率确定在企业可以接受的水平，从而避免利率、汇率变动给企业造成的不利影响。

（2）投资风险。投资可分为实物投资和金融资产投资。实物投资是指支付资金购建固定资产、无形资产或其他非流动性资产，通过生产经营活动取得一定利润。金融资产投资是指对外股权、债权支付的资金，间接参与企业的利润分配。投资风险是指企业在上述投资活动中，由于受到各种难以预计或难以控制因素的影响给企业财务成果带来的不确定性，致使投资收益率达不到预期目标而产生的风险。影响企业投资风险的因素包括国家政治、经济及市场环境等外在环境，以及企业管理能力、经营能力、拥有的技术及人力资源状况等内部条件。企业投资风险主要表现在：①投资项目不能按期投产，不能盈利，或虽已投产，但出现亏损，导致企业盈利能力和偿债能力的降低；②投资项目的盈利水平低于预期水平。

在做出投资决策之前，企业应对投资项目进行科学合理的分析，对投资时机、投资对象、投资规模、投资合作伙伴、投资市场需求和投资的资金供应能力等进行充分调研，对其风险和收益进行分析和研究，据此进行投资决策，降低投资风险。而在投资之后，对投资项目的管理、后续监控也是投资管理必不可缺的关键环节。规避投资风险，方法之一是多元化投资，把资金投入到不同项目中，有的发生损失，有的获得收益，从而达到分散投资风险的效果。分散投资的方法可以采取地点分散、行业分散以及企业单位分散的办法。

（3）流动性风险。流动性是指企业获取现金的能力和随时满足当时现金支付的能力。资产转化为现金的速度和成本标志着企业获取现金的能力，能偿还债务标志着企业的支付能力。流动性风险是指企业资金的流动性出了问题，无法满足日常生产经营、投资活动的需要，或者无法及时偿还到期债务。它轻则会给企业带来信用危机，重则会使企业面临财务危机。流动性风险的产生可分为外生性和内生性两个方面。外生流动性风险是指企业因外部环境的变化而可能出现的流动性问题。例如，汇率、利率和证券价格等基础金融变量发生非预期的变化。变动的结果是企业会蒙受经济损失，即实际收益少于预期收益或实际成本超过预期成本。企业内生流动性风险主要产生于企业内部，比如，企业不能产生足够的营业现金流量，导致营运资金不足，其结果是丧失偿付股利和债务的能力；企业采取激进的财务政策，如短期资金长期占用，企业运用杠杆效应大量借入银行短期借款，增加流动负债用于购置长期资产，这些政策虽能在一定程度上满足购置长期资产的资金需求，但会造成企业偿债能力下降，容易引发流动性风险；企业规模扩张过快，已超过其财务资源允许的业务量进行经营，既会产生过度交易，也会导致流动性风险。因此，新创企业要管理现金流、增加现金流入、管理现金周期以及加强现金预算来应对流动性风险。

（4）信用风险。信用风险是指企业的债权因为债务人违约而不能收回或者不能够及时收回而给企业带来损失的可能性，又称应收账款风险、坏账风险或客户风险。信用风险过高，可能给企业财务带来危机。债务人不能按期偿还到期债务是信用风险产生的主要原因。而其不能偿还债务，既有可能是债务人本身的诚信因素，也可能有债务人经营管理问题，或者外部的政治、经济等因素。例如，企业在一个不稳定的国家或地区从事经营活动，则其销售会存在较多的不确定性，应收款项回收风险较大。从债权人来看，信用管理不善是信用风险产生的重要原因。通常，业务经营部门希望通过信用政策的放宽，获得更多的经营业绩。而信用政策一旦放宽，信用风险也会随之上升。信用风险主要存在于两种情形：一是突发性坏账风险，由于非人为的客观情况发生了不可预见性的变化，造成应收账款无法收回，形成坏账；二是过于宽松的赊销政策，降低了应收账款的可收回性。信用风险也可以通过风险回避、风险承担、风险转移和风险降低等方式来应对。此外，为了有效地运用各种信用风险应对策略，企业需要建立系统的防范信用风险机制，即建立专门的信用管理机构，建立客户动态资源管理系统和信用风险的监控体系。

2. 财务风险的特征

（1）客观性。客观性，即财务风险不以人的意志为转移而客观存在。也就是说，风险处处存在，时时存在，人们无法回避它、消除它，只能通过各种技术手段应对风险，从而避免费用、损失与损害的产生。

（2）全面性。全面性，即财务风险存在于企业财务管理的全过程，并体现在多种财务关系上。资金筹集、资金运用、资金积累和分配等财务活动，均会产生财务风险。

（3）不确定性。财务风险具有一定的可变性，即在一定条件下、一定时期内有可能发生，也有可能不发生。这就意味着企业的财务状况具有不确定性，从而会使企业具有蒙受损失的可能性。

（4）收益性或损失性。风险与收益是成正比的，风险越大，收益越高；风险越小，收益越低。财务风险的存在促使企业改善管理，提高资金的利用效率。可以说，收益性与损失性共存。

（5）激励性。激励性，即财务风险的客观存在会促使企业采取措施防范财务风险，加强财务管理，提高经济效益。

3. 财务风险产生的原因

财务风险一般来说与企业的生产经营密不可分。总的来说，企业财务风险的产生主要有下面几方面的原因。

（1）企业的资产结构中债务比率过高。企业资产结构中债务比率过高会导致企业无法偿还到期的负债，从而使企业陷入财务风险与财务危机之中。根据企业财务风险的定义，企业财务风险与企业负债融资相伴产生。如果企业的负债比率过高，那么债务融资的不确定所带来的风险将要大大超过债务融资所生产的节税和财务杠杆效应，使得企业所面临的财务风险大为提高。

（2）企业的资产流动性弱。企业在债务融资以后，必须要在将来能够获得足够的现金流以满足偿还本金和利息的需要。如果这些资产的流动性弱，不能在短期内变现以支付到期债务的话，那么这些促使企业的财务风险由潜在变为现实，从而使企业陷入困境。

（3）企业财务决策失误导致企业经营不善。财务决策失误导致企业经营不善是产生财务风险的又一重要原因。由于企业财务决策缺乏科学性，投资决策失误，造成企业的融资成本大大高于息税前利润，使得企业的财务状况恶化，威胁到企业对到期债务的偿还，从而加大了企业的财务风险。

（4）企业财务管理人员对财务风险的客观性认识不足。企业只要有财务活动，就必然存在财务风险。在现实工作中，我国许多企业财务管理人员风险意识淡薄，是财务风险产生的重要原因之一。由于我国市场已成为买方市场，企业普遍存在着产品滞销现象。一些企业为了增加销量，扩大市场占有率，大量采用赊销方式销售产品，企业应收账款大量增加。同时，由于企业在赊销过程中，对客户的信用等级缺乏了解和控制，盲目赊销，造成应收账款失控。大量比例的应收账款长期无法收回，直至成为坏账。资产长期被债务人无偿占用，严重影响企业资产的流动性及安全性，给企业带来了巨大的财务风险。

（5）企业财务管理面临的外部环境复杂多变。企业财务管理面临的外部环境包括国家宏观经济、法律以及社会文化环境等因素。这些因素存在于企业之外，对企业的财务管理产生重大的影响。由于企业所面临外部环境的复杂性和多变性，外部环境的变化可能给企业带来收益也可能带来风险和损失。

4. 财务风险的防范

企业财务风险是客观存在的，因此完全消除财务风险既不可能也不现实。企业只能采取尽可能的措施，将其影响程度降到最低。如何防范企业财务风险，化解财务风险，以实现财务管理目标，是企业财务管理的工作重点。防范企业财务风险，主要应做好以下工作。

（1）分析宏观环境及其变化，制定财务管理战略。面对不断变化的财务管理环境，企业应设置高效的财务管理机构，配备高素质的财务管理人员，健全财务管理规章制度，强化财务管理的各项基础工作，使企业财务管理系统有效地运行，以防范财务管理系统不适应环境变化而产生的财务风险。建立和完善财务管理系统，以适应不断变化的财务管理环境，提高企业对环境的适应能力和应变能力。

（2）提高财务管理人员的风险意识。财务风险存在于财务管理工作的各个环节，任何环节的工作失误都会给企业带来财务风险，财务管理人员必须将风险防范贯穿于财务管理工作的始终。建立企业资金使用效益监督制度，有关部门应定期对资产管理情况进行考核，通过改善日常的财务工资达到降低财务风险的目的。

（3）提高财务决策的科学化水平。为防范财务风险，企业必须采用科学的决策方法。在决策的过程中，应充分考虑影响决策的各种因素，尽量采用定量计算及分析方法，并运用科学的决策模型进行决策。对各种可行方案决策，切忌主观臆断。如在筹资决策过程中，企业首先应根据生产经营情况合理预测资金需要量，然后通过对资金成本的计算分析及各筹资方式的风险分析，选择正确的筹资方式，确定合理的资金结构，在此基础上做出正确的筹资决策。通过提高财务决策的合理性，可以避免财务决策失误所带来的财务风险。

（4）理顺企业内部财务关系。为防范财务风险，企业必须理顺内部的关系。要明确各部门在企业财务管理中的地位、作用及职责，并赋予相应的权力，真正做到权责分明、各负其责。而在利益分配方面，应兼顾企业各方利益，以调动各部门参与企业财务管理的积极性，从而真正做到责、权、利相统一，使企业内部财务关系清晰明了。

（5）建立财务风险的防范机制。财务风险是客观存在的，企业要有所准备，随时对其做出恰当的处理。防范机制主要有两种。①坚持谨慎性原则，建立风险基金，即在损失发生以前以预提方式或其他形式建立一项专门用于防范风险损失的基金，如工业企业按规定和标准提取坏账准备金、商业企业提取商品削价准备金，这是弥补风险损失的一种有效方法。②在损失发生后，或从已经建立了风险基金的项目中列支，或分批计入经营成本，尽量减少财务风险对企业正常活动的干扰。

8.5.4 运营风险

运营风险是指企业在运营过程中，由于外部环境的复杂性和变动性以及主体对环境的认知能力和适应能力的局限性，而导致的运营失败或使运营活动达不到预期目标的可能性。运营风险并不是指某一种特定的风险，而是由一系列具体风险组成。不同行业、不同规模、不同性质的企业，其运营过程可能相差巨大，而运营风险的内容构成与具体企业的具体运营过程相关。

1. 运营风险的类别

运营风险是一种主要源自于企业内部失效或失败的企业战略管理决策、业务管理流程、人为或系统错误而产生经济损失的可能性。运营风险分为战略风险、人力资源风险和流程风险等主要类别。

（1）战略风险。战略风险是指影响企业实现战略目标的各种事件或可能性。影响战略风险的因素包括诸如政治、法律、技术、人口、社会、文化和企业所处行业等的外生因素和基于企业内生的诸如增长、文化、资源及信息管理等方面的因素，这些因素对企业发展的战略目标、资源、核心竞争力及企业效益等会产生重要影响，从而产生战略风险。伴随着企业战略的形成，即经历确定愿景与使命、制定战略目标、进行战略分析、选择战略方案和实施战略方案几个阶段，战略风险也就形成了。战略风险是影响整个企业的发展方向、企业文化、信息和生存能力或企业效益的因素，因此，创业者要高度重视。

（2）人力资源风险。人力资源风险主要指由于人的因素，包括创业者、创业团队中的主要成员对新创企业的发展产生不良影响或偏离经营目标的潜在可能性。这类风险有三种：①由于创业者的素质不再符合创业活动的要求；②由于创业团队的不和谐、不忠诚造成的；③由于关键员工流失造成的。

第一，创业者的素质对新创企业有最直接的影响。创业者不一定具备精深的技术知识，不一定是新创企业最大的股东，也不一定成为优秀的企业家，但在创业阶段，创业者的素质与能力会对创业活动是否顺利产生举足轻重的作用。因此，创业者不仅要具备较强的专业技术素质，而且要具备相应的管理素质。如果管理素质很差，那么就会局限在产品范围的创新，而忽视市场、管理等方面的创新，导致企业风险加大。常见的创业者风险主要来源于：①独断专行；②优柔寡断；③知识匮乏；④好大喜功；⑤懈怠懒惰。在现实生活中，如果出现创业者的追求偏离既定目标、主要创业者感情用事而且接连做出错误的决策、创业者长期独断专行的决策方式，那就意味着新创企业存在巨大的创业者风险。

第二，创业团队风险。好的创业团队是创业成功的关键。然而，创业团队也存在着风险。在创业初期,创业团队的成员大都是朋友,但是经过一段时间的磨合之后,各种矛盾就会凸显出来,这时创业团队都要经过一个痛苦的"洗牌"过程,或许有的人不能认同理念,或许有的人有其他打算,或许有的人不称职。常见的创业团队风险主要来源于:①过分追求民主,没有形成创业团队的领袖;②团队成员没有共同的愿景和目标;③不能塑造和谐的创业团队关系;④没有或不能很好地遵行团队规范和应该严守的纪律;⑤团队角色配置不合理;⑥团队没有明确的利润分配方案;⑦团队成员中个别成员不适应新创企业的发展。

第三,关键员工流失的风险。关键员工的流失将会对企业产生不利的影响。首先,关键员工一般熟悉企业的主营业务,了解企业的客户资源,掌握核心技术和商业机密,这些员工的流失使企业的有形资产和无形资产遭受损失,削弱了企业的核心竞争力。其次,企业需要追加招募成本、培训费用以及寻求新客户所需的成本。最后,关键员工的离职会导致企业关键岗位的空缺,而新员工也需要一段时间来适应工作和环境,这难免会影响企业的正常运营和发展。因此,如何管理关键员工、降低流失给企业带来的损失已经成为新创企业人力资源工作的重要课题。这项工作一般可以从两个方面进行,即以激励为主的风险防范与以约束为主的风险控制并举,进行长期、系统的建设。

(3)流程风险。业务流程管理按照其变革的程度可分为三个层次:业务流程的建立、业务流程的优化和业务流程的重组。这三个不同层次的变革分别适用于不同阶段和管理基础的企业。

1)在企业建立初期,由于企业生存的压力,管理者普遍关注市场和销售,对流程和制度不重视,运作基本靠员工的经验和一些简单的制度。这个时候的企业通常会出现组织结构不健全、机构因人设岗、权责不清和没有系统性的制度流程等问题。此时,流程风险处于最高程度,如果不能及早建立起基本的流程和规范,如业务运作流程、作业指引、岗位说明书和人力资源管理体系等,那么企业可能会迅速地由盛转衰。

2)随着规模的扩大,企业的组织机构日渐庞大,职责分工越来越细。此时,企业官僚化程度也随之增加,流程风险的主要表现是效率低下。这个时候的企业,通常会出现部门间合作不畅、跨部门流程工作效率低下和决策时间长等问题,虽制定了系统性的制度流程,但没有达到精细化的程度,且制度流程执行不到位。为应对此种情况,企业通常可采用的方法是先对现有流程的绩效进行评估,识别缺失的关键环节和需要改善的环节,然后通过对现有流程的简化、整合、增加和调整等方式来提升流程效率,还可以通过明确流程责任人的形式来监督流程的整体表现,从而减少部门间责任推诿等问题。

3)企业运行了一段时间以后,由于内外环境的改变,企业战略的调整,往往需要对业务流程重组。业务重组后的企业仍然存在巨大的风险。旧的流程打破了,新的流程建立起来,这个过程本身就存在巨大的风险,如新流程的有效性、员工能否理解并接受、各部门的利益分配是否均衡和合理等。

2. 运营风险管理的一般程序

运营风险管理的程序需根据企业运营过程的特点建立,需要对企业内部的运营活动过程进行全面的控制和监督。

(1)运营风险的识别。识别企业运营风险因素,可以遵循的一个思路是:首先,分析和研究企业运营活动的特点,识别企业运营系统中的价值创造流程,确立企业运营系统的核心流程。其次，通过对价值链模型的分析建立基于价值链的企业运营风险因素模型。最后，通过对企业运营活动中的价值创造过程的分析，确立企业风险因素的管理指标体系，建立基于价值链的企业运营风险因素指标分解模型。

收集与运营风险相关信息的渠道可分为外部渠道和内部渠道。外部渠道有行业信息网络平台，行业与专业机构的报告与调研或其他沟通平台，重大安全环保事件案例和金融衍生产品风险管理案例等。内部渠道有企业内部与市场策略制定、采购、销售、售后服务和生产等相关的工作流程和管理制度，企业重大运营风险事件案例，对现有流程制度的监管机制与报告及企业信息系统的管理与监控等。

（2）运营风险的评估。识别风险源后，需要对所收集的信息进行整理、分析和综合评估，为衡量运营风险管理提供更科学的依据。其中，对相关风险管理的现状和能力的评价，应当检查其是否合理、适当。然后确定企业运营风险因素指标体系，对运营系统的核心流程进行风险评估。一般可通过确定控制目标、定位数据来源、区分管理周期、确定指标权重的分配、从风险性质和风险影响程度两个方面制定量化公式和规则等步骤来设置风险因素指标体系，采用控制图等方法来实现对关键运营风险指标的有效管理。

（3）运营风险的应对。运营风险的应对主要有以下几点。

1）明确运营风险管理目标。对运营风险的不同来源进行衡量和排序，确立运营风险管理目标及相应的应对方案。为此，需要确定企业风险承受度、风险容量表述方法和风险容限。在实际执行中超出风险容限时，应立即进行风险预警。风险度可通过下列公式计算得到。

$$风险度 = \frac{监测实际指标值 - 预警标准临界值}{预警标准临界值}$$

2）确立风险管理责任人。在企业组织结构内部引入运营控制单元（OCU）的概念，确定每一个 OCU 的风险管理责任人，负责监控企业日常运营过程。一旦发现问题，及时将相关信息反馈至 OCU 管理层，然后监督相关部门对所发现问题的跟进措施，形成一个动态的、循环的管理过程。

3）确定运营风险管理的应对措施。企业应当针对每一领域的运营风险制定特定的风险应对措施。每一项风险应当有专人负责，并最终落实到管理层和员工身上。各种应对措施应当为执行人所理解并真正实施。对风险管理责任人，应当赋予其管理职责范围内的风险责任，在需要的情况下，制定风险管理手册。

4）建立集成化运营风险管理信息系统。建立有效沟通渠道传递信息，及时反馈，确保运营风险管理体系的正常运行。企业应尽可能地建立集成化运营风险管理信息系统，建立清晰、明确的风险等级和完备的风险数据库，使风险管理的过程简单明了，并实现风险信息的集成和共享，提高运营风险管理的效果和效率。

【思考题】

1. 创业风险主要有哪些？
2. 创业风险有哪些衡量方法？
3. 创业风险管理流程如何？

【案例分析题】

酒鬼酒股份有限公司前身为始建于1956年的吉首酒厂，1997年7月在深圳证券交易所上市，股票简称"酒鬼酒"，股票代码为000799。自上市以来，酒鬼酒不断发展壮大，并成为"中国驰名商标"。2012年11月21日，国家质量监督检验检疫总局发布公告，确定50度酒鬼酒样品中含有塑化剂（DBP）成分，其中DBP最高检出值为"1.08mg/kg"。2011年6月，卫生部〔2011〕551号文件《卫生部办公厅关于通报食品及食品添加剂中邻苯二甲酸酯类物质最大残留量的函》中规定，DBP的最大残留量为0.3mg/kg。酒鬼酒中的塑化剂明显超标，超标达260%。

事件回顾如下：

2012年11月19日，酒鬼酒被曝光被上海天祥质量技术服务有限公司查出塑化剂超标2.6倍。

2012年11月19日，酒鬼酒公司开始停牌。

2012年11月21日，国家质量监督检验检疫总局发布公告，确定50度酒鬼酒样品中含有塑化剂成分，其中DBP最高检出值为1.08mg/kg。2012年11月21日，酒鬼酒在微博上发出一则声明称，酒鬼酒股份有限公司衷心感谢广大消费者、投资人、新闻媒体及社会各界人士长期以来给予的关心和支持，并"对近日发生的所谓酒鬼酒'塑化剂'超标事件给大家造成的困惑与误解表示诚挚的歉意"。酒鬼酒在声明中强调"未发现人为添加'塑化剂'""不存在所谓'塑化剂'超标"等字眼。

2012年11月22日，酒鬼酒于晚间再发公告，表示就该事件向消费者及投资者道歉，称公司将整改，但仍强调不存在限制酒类塑化剂含量的国家标准。2012年11月23日，酒鬼酒复牌跌停。2012年11月25日，酒鬼酒受访时表示已找到塑化剂的三大来源，"包装线上嫌疑最大"。2012年11月27日，酒鬼酒否认全面停产，称不会召回问题酒。2012年11月28日，酒鬼酒发布《股票异常波动公告》，表示公司未全面停产，正积极进行整改，将于11月30日前完成整改工作。酒鬼酒股票于当月的23日、26日、27日、28日均跌停。

关于塑化剂的补充资料：塑化剂，又称增塑剂，是工业上被广泛使用的高分子材料助剂，在塑料加工中添加这种物质，可以使塑料产品柔韧性增强，容易加工，可合法用于工业用途。而塑化剂加入白酒之中，会使酒类黏性更强、留香更久，看上去提升了白酒的档次和品质。长期食用塑化剂超标的食品，会损害男性的生殖能力，促使女性性早熟，并且会对人体免疫系统和消化系统造成伤害，甚至会扰乱人类的基因。塑化剂对于健康的危害有相当广泛的动物实验数据，不过对于人体的健康风险无法进行实验研究，只能根据动物实验数据来估计。

讨论题：

1．根据上述材料，分析酒鬼酒股份有限公司在经营中可能存在的风险有哪些？应怎样进行风险识别？

2．试对酒鬼酒股份有限公司的风险应对措施做出评价，并给出你的建议。

第 9 章

创业企业利润分配与创业资本退出

【学习目标】

通过学习,理解企业利润的形成过程,掌握企业股利政策与利润分配程序;理解创业资本退出的形式与渠道。

9.1 创业企业利润的形成

虽然创业财务主要研究企业盈利之前的财务事项,但获利毕竟是创业企业的追求,获利之后的利润分配事项也需要提前规划。

9.1.1 利润构成

利润是企业在一定会计期间的经营成果,在数量上表现为全部收入递减全部支出后的余额。只有当企业的收入高于全部支出时,企业才可能获利。企业的利润包括营业利润、利润总额和净利润。

1. 营业利润

营业利润是企业在一定时期内从事生产经营活动所获得的利润,是营业收入减去营业成本、税金及附加、销售费用、管理费用和财务费用,加上投资收益(或减去投资损失)后的金额。

营业收入是企业销售商品和提供劳务实现的收入总额。营业成本是指企业销售商品的成本和提供劳务的成本。

税金及附加是企业经营活动发生的消费税、城市维护建设税、资源税、教育费附加及房产税、土地使用税、车船使用税、印花税等相关税费。

销售费用是指与销售产生关系的各项成本。比如包装费、广告费、保险费、展览费和销售人员的工资等,这些成本都是为了企业的销售而存在的费用。

管理费用是指与行政管理有关系的各项成本。比如由企业统一负担的差旅费、聘请中介的咨询费、招待费用以及管理人员的薪酬和员工福利等。

财务费用是指企业为筹集生产经营所需资金等而发生的费用。具体项目有利息净支出（利息支出减利息收入后的差额）、汇兑净损失（汇兑损失减汇兑收益的差额）、金融机构手续费以及筹集生产经营资金发生的其他费用等。

投资收益由企业股权投资取得的现金股利（或利润）、债券投资取得的利息收入和处置股权投资和债券投资取得的处置价款扣除成本或账面余额、相关税费后的净额三部分构成。

2. 利润总额

利润总额是指营业利润加上营业外收入、减去营业外支出后的金额。

营业外收入是企业非日常生产经营活动形成的、应当计入当期损益、会导致所有者权益增加、与所有者投入资本无关的经济利益的净流入。企业的营业外收入包括：非流动资产处置净收益、政府补助、捐赠收益、盘盈收益、汇兑收益、出租包装物和商品的租金收入、逾期未退包装物押金收益、确实无法偿付的应付款项、已作坏账损失处理后又收回的应收款项、违约金收益等。通常，企业的营业外收入应当在实现时按照其金额计入当期损益。

营业外支出是企业非日常生产经营活动发生的、应当计入当期损益、会导致所有者权益减少、与向所有者分配利润无关的经济利益的净流出。企业的营业外支出包括：存货的盘亏、毁损、报废损失、非流动资产处置净损失、坏账损失、无法收回的长期债券投资损失、无法收回的长期股权投资损失、自然灾害等不可抗力因素造成的损失、税收滞纳金、罚金、罚款、被没收财物的损失、捐赠支出、赞助支出等。通常，企业的营业外支出应当在发生时按照其发生额计入当期损益。

3. 净利润

净利润是指利润总额减去所得税费用后的净额。

公司制企业应当按照企业所得税法规定计算当期的应纳税额，确认所得税费用。企业应当在利润总额的基础上，按照企业所得税法规定进行纳税调整，计算出当期应纳税所得额，以应纳税所得额与适用所得税税率为基础计算确定当期应纳税额。

个人独资企业和合伙企业无需缴纳企业所得税，只需要投资者个人按照生产经营所得计算缴纳个人所得税。

9.1.2 利润分配的顺序

利润分配就是对企业所实现的经营成果进行分割与派发的活动。企业利润分配的基础是净利润，即企业缴纳所得税后的利润。利润分配既是对股东投资回报的一种形式，也是企业内部融资的一种方式，对企业的财务状况会产生重要影响。利润分配必须依据法定程序进行，按照我国《公司法》《企业财务通则》等法律法规的规定，股份有限企业实现的税前利润，应首先依法缴纳企业所得税，税后净利润应当按照下列基本程序进行分配。

1. 弥补以前年度亏损

根据现行法律法规的规定，企业发生年度亏损，可以用下一年度的税前利润弥补；下一年度税前利润不足弥补时，可以在五年内延续弥补；五年内仍然不足弥补的亏损，可用税后利润弥补。

2．提取法定公积金

企业在分配当年税后利润时，应当按税后利润的 10%提取法定公积金，但当法定公积金累计额达到企业注册资本的 50%时，可以不再提取。

3．提取任意公积金

企业从税后利润中提取法定公积金后，经股东大会决议，还可以从税后利润中提取任意公积金。

法定公积金和任意公积金都是企业从税后利润中提取的积累资本，是企业用于防范和抵御风险、提高经营能力的重要资本来源。公积金属于企业的留存收益，从性质上看属于股东权益。公积金可以用于弥补亏损、扩大生产经营或者转增企业股本，但转增股本后，所留存的法定公积金不得低于转增前企业注册资本的 25%。

4．向股东分配股利

企业在按照上述程序弥补亏损、提取公积金之后，所余当年利润与以前年度的未分配利润构成可供分配的利润，企业可根据股利政策向股东分配股利。

按照现行制度规定，股份有限公司依法回购后暂未转让或者注销的股份，不得参与利润分配；企业弥补以前年度亏损和提取公积金后，当年没有可供分配的利润时，一般不得向股东分配股利。

9.2 股利政策与企业价值

创业投资是与创业企业融资相对的一种行为，投资的目的是为了获得投资回报，作为创业投资主体就是通过对创业企业的投资取得创业企业的股权，进而获得相应的回报。股利政策是创业投资回报的重要政策。恰当的股利政策不仅可以提升投资者信心，而且可以提升创业企业形象。值得一提的是，创业企业因为所处企业生命周期的不同、上市与否的差异，股利政策也存在差异，为行文方便，作为知识体系，本书进行了相对完整的阐述——不仅包括了上市的情况，同时对于非上市的创业企业也有十分重要的参考价值。

9.2.1 股利政策的含义

股利政策是指在法律允许的范围内，企业是否发放股利、发放多少股利以及何时发放股利的方针及对策。

股利政策的最终目标是使企业价值最大化。股利往往可以向市场传递一些信息，股利的发放多寡、是否稳定、是否增长等，往往是大多数投资者推测企业经营状况、发展前景优劣的依据。因此，股利政策关系到企业在市场上、在投资者心中的形象，成功的股利政策有利于提高企业的市场价值。

9.2.2 股利分配理论

企业的股利分配方案既取决于企业的股利政策，又取决于决策者对股利分配的理解与认识,即股利分配理论。股利分配理论是指人们对股利分配的客观规律的科学认识与总结,其核心问题是股利政策与企业价值的关系问题。市场经济条件下,股利分配要符合财务管理目标。人们对股利分配与财务目标之间关系的认识存在不同的流派与观念,虽然目前还没有一种被大多数人所接受的权威观点和结论,但主要有以下两种较流行的观点:

1. 股利无关论

股利无关论认为,在一定的假设条件限制下,股利政策不会对企业的价值或股票的价格产生任何影响,投资者不关心企业股利的分配。企业市场价值的高低,是由企业所选择的投资决策的获利能力和风险组合所决定的,与企业的利润分配政策无关。

由于企业对股东的分红只是盈利减去投资之后的差额部分,且分红只能采取派现或股票回购等方式,因此,一旦投资政策已定,那么,在完全的资本市场上,股利政策的改变就仅仅意味着收益在现金股利与资本利得之间分配上的变化。如果投资者理性行事的话,这种改变不会影响企业的市场价值以及股东的财富。该理论是建立在完全资本市场理论之上的,假定条件包括:①市场具有强制效率;②不存在任何企业或个人所得税;③不存在任何筹资费用;④企业的投资决策与股利决策彼此独立。

2. 股利相关理论

与股利无关理论相反,股利相关理论认为,企业的股利政策会影响股票价格和企业价值。主要观点有以下四种:

(1)"手中鸟"理论。该理论认为,用留存收益再投资给投资者带来的收益具有较大的不确定性,并且投资的风险随着时间的推移会进一步加大,因此,厌恶风险的投资者会偏好确定的股利收益,而不愿将收益留存在企业内部,去承担未来的投资风险。该理论认为企业的股利政策与企业的股票价格是密切相关的,即当企业支付较高的股利时,企业的股票价格会随之上升,企业价值将得到提高。

(2)信号传递理论。该理论认为,在信息不对称的情况下,企业可以通过股利政策向市场传递有关企业未来获利能力的信息,从而会影响企业的股价。一般来讲,预期未来获利能力强的企业,往往愿意通过相对较高的股利支付水平吸引更多的投资者。对于市场上的投资者来讲,股利政策的差异或许是反映企业预期获利能力的有价值的信号。如果企业连续保持较为稳定的股利支付水平,那么投资者会对企业未来的盈利能力与现金流量抱有乐观的预期。如果企业的股利支付水平突然发生变动,那么股票市价也会对这种变动做出反应。

(3)所得税差异理论。该理论认为,由于普遍存在的税率和纳税时间的差异,资本利得收入比股利收入更有助于实现收益最大化目标,企业应当采用低股利政策。一般来说,对资本利得收入征收的税率低于对股利收入征收的税率;再者,即使两者没有税率上的差异,由于投资者对资本利得收入的纳税时间选择更具有弹性,投资者仍可以享受延迟纳税带来的收益差异。

(4)代理理论。该理论认为,股利政策有助于减缓管理者与股东之间的代理冲突,即股利政策是协调股东与管理者之间代理关系的一种约束机制。该理论认为,股利的支付能够有效地降低代理成本。首先,股利的支付减少了管理者对自由现金流量的支配权,这在一定程度上可以抑制企业管理者的过度投资或在职消费行为,从而保护外部投资者的利益。其次,较多的现金股利发放,减少了内部融资,导致企业进入资本市场寻求外部融资,从而企业将接受资本市场上更严格的监督,这样便通过资本市场的监督减少了代理成本。因此,高水平的股利政策降低了企业的代理成本,但同时增加了外部融资成本,理想的股利政策应当使两种成本之和最小。最后,股利政策还有利于处理股权分散情形下经理人员与股东之间的代理问题;以及处理股权集中情形下控股股东与中小股东之间的代理问题。代理冲突有以下三种:

1)股东与债权人之间的代理冲突。企业股东在进行投资与融资决策时,有可能为增加自身的财富而选择了会加大债权人风险的政策,如股东通过发行债务支付股利或为发放股利而拒绝净现值为正的投资项目。在股东与债权人之间存在代理冲突时,债权人为保护自身利益,希望企业采取低股利支付率,通过多留存少分配的股利政策保证有较为充裕的现金留在企业以防发生债务支付困难。因此,债权人在与企业签订借款合同时,习惯于制定约束性条款对企业发放股利的水平进行制约。

2)经理人员与股东之间的代理冲突。当企业拥有较多的自由现金流时,企业经理人员有可能把资金投资于低回报项目,或为了取得个人私利而追求额外津贴及在职消费等,因此,实施高股利支付率的股利政策有利于降低因经理人员与股东之间的代理冲突而引发的这种自由现金流的代理成本。实施多分配少留存的股利政策,既有利于抑制经理人员随意支配自由现金流的代理成本,也有利于满足股东取得股利收益的愿望。

3)控股股东与中小股东之间的代理冲突。现代企业股权结构的一个显著特征是所有权与控制权集中于一个或少数大股东手中,企业管理层通常由大股东直接出任或直接指派,管理层与大股东的利益趋于一致。由于所有权集中使控股股东有可能也有能力通过各种手段侵害中小股东的利益,控股股东为取得控制权私利而产生的与中小股东之间的代理冲突使企业股利政策也呈现出明显的特征。当法律制度较为完善,外部投资者保护受到重视时,有效地降低了大股东的代理成本,可以促使企业实施较为合理的股利分配政策。反之,法律制度建设滞后,外部投资者保护程度较低时,如果控股股东通过利益侵占取得的控制权私利机会较多,会使其忽视基于所有权的正常股利收益分配,甚至因过多的利益侵占而缺乏可供分配的现金。因此,处于外部投资者保护程度较弱环境的中小股东希望企业采用多分配少留存的股利政策,以防控股股东的利益侵害。正因为如此,有些企业为了向外部中小投资者表明自身盈利前景与企业治理良好的状况,通过多分配少留存的股利政策向外界传递了声誉信息。

代理理论的分析视角为研究与解释处于特定治理环境中的企业股利分配行为提供了一个基本分析逻辑。如果在企业进行股利分配决策过程中,同时伴随着其他企业财务决策,并处于不同的企业治理机制条件下(如所有权结构、经理人员持股、董事会结构特征等),基于代理理论对股利分配政策选择的分析将是多种因素权衡的复杂过程。

9.2.3 股利政策的类型

股利政策由企业在不违反国家有关法律、法规的前提下,根据本企业具体情况制定。股利政策既要保持相对稳定,又要符合企业财务目标和发展目标。在实际工作中,通常有以下几种股利政策可供选择：

（1）剩余股利政策。剩余股利政策是指企业在有良好的投资机会时，根据目标资本结构，测算出投资所需的权益资本额，先从盈余中留用，然后将剩余的盈余作为股利来分配，即净利润首先满足企业的资金需求，如果还有剩余，就派发股利；如果没有，则不派发股利。剩余股利政策的理论依据是股利无关理论（也称 MM 理论）。根据 MM 理论，在完全理想状态下的资本市场中，企业的股利政策与普通股每股市价无关，故而股利政策只需随着企业投资、融资方案的制定而自然确定。因此，采用剩余股利政策时，企业要遵循以下四个步骤：

第一步，设定目标资本结构，在此资本结构下，企业的加权平均资本将达到最低水平。

第二步，确定企业的最佳资本预算，并根据企业的目标资本结构预计资金需求中所需增加的权益资本数额。

第三步，最大限度地使用留存收益来满足资金需求中所需增加的权益资本数额。

第四步，留存收益在满足企业权益资本增加需求后，若还有剩余再用来发放股利。

【例 9.1】 某公司 2018 年税后净利润为 1 000 万元，2019 年的投资计划需要资金 1 200 万元，公司的目标资本结构为权益资本占 60%，债务资本占 40%。

按照目标资本结构的要求，公司投资方案所需的权益资本数额为：

$$1\,200 \times 60\% = 720（万元）$$

公司当年全部可用于分派的盈利为 1 000 万元，除了满足上述投资方案所需的权益资本数额外，还有剩余可用于发放股利。2018 年，公司可以发放的股利额为：

$$1\,000 - 720 = 280（万元）$$

假设该公司当年流通在外的普通股为 1 000 万股，那么，每股股利为：

$$280 \div 1\,000 = 0.28（元/股）$$

剩余股利政策的优点是：留存收益优先保证再投资的需要，有助于降低再投资的资金成本，保持最佳的资本结构，实现企业价值的长期最大化。

剩余股利政策的缺陷是：若完全遵照执行剩余股利政策，股利发放额就会每年随着投资机会和盈利水平的波动而波动。在盈利水平不变的前提下，股利发放额与投资机会的多寡呈反方向变动，而在投资机会维持不变的情况下，股利发放额将与企业盈利呈同方向波动。剩余股利政策不利于投资者安排收入与支出，也不利于企业树立良好的形象，一般适用于企业初创阶段。

（2）固定或稳定增长的股利政策。固定或稳定增长的股利政策是指企业将每年派发的股利额固定在某一特定水平或是在此基础上维持某一固定比率逐年稳定增长。企业只有在确信未来经济不会发生逆转时才会宣布实施固定或稳定增长的股利政策。在这一政策下，应首先确定股利分配额，而且该分配额一般不随资金需求的波动而波动。

固定或稳定增长股利政策的优点有：由于股利政策本身的信息含量，稳定的股利向市场传递着企业正常发展的信息，有利于树立企业的良好形象，增强投资者对企业的信心，稳定股票的价格；稳定的股利额有助于投资者安排股利收入和支出，有利于吸引那些打算进行长期投资并对股利有很高依赖性的股东；稳定的股利政策可能会不符合剩余股利理论，但考虑到股票市场会受多种因素影响（包括股东的心理状态和其他要求），为了将股利维持在稳定的水平上，即使推迟某些投资方案或暂时偏离目标资本结构，也可能比降低股利或固定股利增长率更为有利。

固定或稳定增长股利政策的缺点有：股利的支付与企业的盈利相脱节，即不论企业盈利多少，均要支付固定的或按固定比率增长的股利，这可能会导致企业资金紧缺，财务状况恶化。此外，在企业无利可分的情况下，若依然实施固定或稳定增长的股利政策，也是违反《公司法》的行为。

因此，采用固定或稳定增长的股利政策，要求企业对未来的盈利和支付能力能做出准确的判断。一般来说，企业确定的固定股利额不宜太高，以免陷入无力支付的被动局面。固定或稳定增长的股利政策通常适用于经营比较稳定或正处于成长期的企业，且很难被长期采用。

（3）固定股利支付率政策。固定股利支付率政策是指企业将每年净利润的某一固定百分比作为股利分派给股东。这一百分比通常称为股利支付率，股利支付率一经确定，一般不得随意变更。在这一股利政策下，只要企业的税后利润一经计算确定，所派发的股利也就相应确定了。固定股利支付率越高，企业留存的净利润越少。

固定股利支付率的优点：采用固定股利支付率政策，股利与企业盈余紧密地配合，体现了"多盈多分、少盈少分、无盈不分"的股利分配原则；由于企业的获利能力在年度间是经常变动的，因此，每年的股利也应当随着企业收益的变动而变动。采用固定股利支付率政策，企业每年按固定的比例从税后利润中支付现金股利，从企业支付能力的角度看，这是一种稳定的股利政策。

固定股利支付率的缺点：大多数企业每年的收益很难保持稳定不变，导致年度间的股利额波动较大，由于股利的信号传递作用，波动的股利很容易给投资者带来经营状况不稳定、投资风险较大的不良印象，成为企业的不利因素；容易使企业面临较大的财务压力。这是因为企业实现的盈利多，并不能代表企业有足够的现金流用来支付较多的股利额；合适的固定股利支付率的确定难度比较大。

由于企业每年面临的投资机会、筹资渠道都不同，而这些都可以影响到企业的股利分派，所以，一成不变地奉行固定股利支付率政策的企业在实际中并不多见，固定股利支付率政策只是比较适用于那些处于稳定发展且财务状况也较稳定的企业。

【例 9.2】 某公司长期以来用固定股利支付率政策进行股利分配，确定的股利支付率为 30%。2018 年税后净利润为 1 500 万元，如果继续执行固定股利支付率政策，公司本年度将要支付的股利为：

$$1\ 500 \times 30\% = 450（万元）$$

但公司下一年度有较大的投资需求，因此，准备本年度采用剩余股利政策。如果公司下一年度的投资预算为 2 000 万元，目标资本结构为权益资本占 60%。按照目标资本结构的要求，公司投资方案所需的权益资本额为：

$$2\ 000 \times 60\% = 1\ 200（万元）$$

公司 2018 年度可以发放的股利为：

$$1\ 500 - 1\ 200 = 300（万元）$$

（4）低正常股利加额外股利政策。低正常股利加额外股利政策，是指企业事先设定一个较低的正常股利额，每年除了按正常股利额向股东发放股利外，还在企业盈余较多、资金较为充裕的年份向股东发放额外股利。但是，额外股利并不固定化，不意味着企业永久地提高了股利支付率。可以用公式表示为：

$$Y=a+bx$$

式中　　Y——每股股利；

　　　　x——每股收益；

　　　　a——低正常股利；

　　　　b——股利支付比率。

低正常股利加额外股利政策的优点：赋予企业较大的灵活性，使企业在股利发放上留有余地，并具有较大的财务弹性。企业可根据每年的具体情况，选择不同的股利发放水平，以稳定和提高股价，进而实现企业价值的最大化；使那些依靠股利度日的股东每年至少可以得到虽然较低但比较稳定的股利收入，从而吸引住这部分股东。

低正常股利加额外股利政策的缺点：由于年份之间企业盈利的波动使得额外股利不断变化，造成分派的股利不同，容易给投资者收益不稳定的感觉；当企业在较长时间持续发放额外股利后，可能会被股东误认为"正常股利"，一旦取消，传递出的信号可能会使股东认为这是企业财务状况恶化的表现，进而导致股价下跌。

相对来说，对那些盈利随着经济周期而波动较大的企业或者企业盈利与现金流量很不稳定时，低正常股利加额外股利政策也许是一种不错的选择。

9.2.4　利润分配的制约因素

企业的利润分配涉及企业相关各方的切身利益，受众多不确定因素的影响，在确定分配政策时，应当考虑各种相关因素的影响，主要包括法律因素、企业自身因素、股东因素和其他因素。

1．法律因素

为了保护债权人和股东的利益，法律就企业的利润分配做出如下规定：

（1）资本保全约束。资本保全是为了保护投资者的利益而做出的法律限制。企业只能用当期利润或留存利润来发放股利，不能用资本发放股利。这样是为了保全企业的股东权益资本，以维护债权人的利益。

（2）资本积累约束。这一规定要求企业在分配股利之前，应当按法定的程序先提取各种公积金。这是为了增强企业抵御风险的能力，维护投资者的利益。另外，在进行利润分配时，一般应当遵守"无利不分"的原则，即当企业出现年度亏损时，一般不进行利润分配。

（3）企业利润约束。这是规定只有在企业以前年度的亏损全部弥补完之后，若还有剩余利润，才能用于分配股利，否则不能分配。

（4）偿债能力约束。这是规定企业在分配股利时，必须保持充分的偿债能力。企业分配股利不能只看利润表上的净利润的数额，还必须考虑企业的现金是否充足。如果因分配现金股利而影响了企业的偿债能力或正常的经营活动，则股利分配要受到限制。

2. 企业自身因素

企业自身因素的影响是指企业内部的各种因素及其面临的各种环境、机会对利润分配政策产生的影响，主要包括现金流量、资产的流动性、举债能力、投资机会、资金成本等。

（1）现金流量。企业在经营活动中，必须有充足的现金，否则就会发生支付困难。企业在分配利润时，必须要考虑现金流量以及资产的流动性，过多地分配现金股利会减少企业的现金持有量，影响未来的支付能力，甚至可能会出现财务困难。

（2）资产的流动性。企业现金股利的支付会减少其现金持有量，降低资产的流动性，而保持一定的资产流动性是企业正常运转的必备条件。

（3）举债能力。举债能力是企业筹资能力的一个重要方面，不同的企业在资本市场的举债能力会有一定的差异。企业在分配现金股利时，应当考虑到自身的举债能力如何，如果举债能力较强，在企业缺乏资金时，能够较容易地在资本市场上筹集到资金，则可采取比较宽松的股利政策；如果举债能力较差，就应当采取比较紧缩的股利政策，少发放现金股利，留有较多的公积金。

（4）投资机会。如果企业的投资机会多，对资金的需求量大，那么就可能会考虑用低股利支付水平的分配政策；相反，如果企业的投资机会少，对资金的需求量小，那么就很可能倾向于采用较高的股利支付水平。

（5）资本成本。资本成本是企业选择筹资方式的基本依据。留存收益是企业内部筹资的一种重要方式，它同发行新股或举借债务相比，具有成本低、隐蔽性好的优点。合理的股利政策实际上是要解决分配与留存的比例关系以及如何合理、有效地利用利润的问题。如果企业一方面大量发放现金股利，另一方面又要通过资本市场筹集较高成本的资金，这无疑有悖于财务管理的基本原则。因此，在制定股利政策时，应当充分考虑企业对资金的需求以及企业的资本成本等问题。

3. 股东因素

股利政策必须经过股东大会决议通过才能实施，股东对企业股利政策具有举足轻重的影响。一般来说，影响股利政策的股东因素主要有追求稳定的收入、担心控制权的稀释、规避所得税等。

（1）追求稳定的收入。有的股东依赖于企业发放的现金股利维持生活，如一些退休者，他们往往要求企业能够定期地支付稳定的现金股利，反对企业留存过多。

（2）担心控制权的稀释。现有股东往往将股利政策作为维持其控制地位的工具。企业支付较高的股利导致留存收益减少，当企业为有利可图的投资机会筹集资金时，发行新股的可能性增大，新股东的加入自然会稀释企业的控制权。所以，股东会倾向于较低的股利支付水平，以便从内部的留存收益中取得所需资金。

（3）规避所得税。按照税法的规定，政府对企业征收企业所得税以后，还要对股东分得的股息红利征收个人所得税。所以，高收入的股东为了避税往往反对企业发放过多的现金股利。

4. 其他因素

除了上述的因素以外，还有其他一些因素也会影响企业的股利政策选择，如债务合同约束。企业的债务合同,特别是长期债务合同,往往有限制企业现金支付程度的条款,这使企业只得采取低股利政策。另外,如果经济发展处于通货膨胀情况下,由于货币购买力下降,企业计提的折旧不能满足重置固定资产的需要,需要动用盈余补足重置固定资产的需要,因此在通货膨胀时期企业股利政策往往偏紧。

9.2.5 股利的形式

股利分配是企业利润分配的一部分,企业在确定是否分配股利后,就需要选择何时分配股利,股利支付采取何种形式。其分配的形式很多,主要有现金股利、股票股利、财产股利和负债股利等。

(1) 现金股利。现金股利是最常见的股利支付形式。由于现金股利的多少可直接影响股票的市场价格,企业必须依据实际情况对其进行全面权衡,并制定出合理的现金股利政策。从财务的角度考虑,发放现金股利须具备以下条件:有足够的留存收益,以保证再投资的资金需要;有足够的现金,以保证生产经营需要和股利支付需要;有利于改善财务状况。

(2) 股票股利。股票股利是指企业以股票的形式支付股利,而不是现金。由于股票股利既不改变所有者权益的数量,也不使股东获得现金,一般不需要缴纳个人所得税。但是股票股利会对企业的资本结构、财务风险、每股收益和每股价格等产生影响。

(3) 财产股利。财产股利是以现金以外的财产发放股利。在国外,财产股利一般以企业持有的其他企业的证券为发放物,发放时,按照成本记账并缴纳有关税款。有的企业则是以自己的产品作为股利发放物,但它一般不受股东的欢迎。因为,股东投资的目的是获取现金股利,而非实物股利。

(4) 负债股利。这种股利比较少见。负债股利是企业面临现金不足但又要顾全信誉而采用的一种股利分配形式。其主要特点是:通常以企业的应付票据支付给股东,也有个别情况下通过发行公司债券抵付股利。由于负债股利是在财务状况不佳的情况下采用的,它会给企业的股票价格带来负面影响。所以,采用这一股利形式时一定要谨慎。

目前,在我国上市公司的股利分配实践中,股利支付方式是现金股利、股票股利或者是两种方式兼有的组合分配方式。部分上市公司在实施现金股利和股票股利的利润分配方案时,有时也会同时实施从资本公积转增股本的方案。财产股利和负债股利实际上是现金股利的替代。这两种股利方式目前在我国企业实务中很少使用,但并非法律所禁止。

9.2.6 股利支付的程序

1. 决策程序

上市公司股利分配的基本程序是:首先由企业董事会根据企业盈利水平和股利政策,制定股利分派方案,提交股东大会审议,通过后方能生效。在经过上述决策程序之后,企业方可对外发布股利分配公告、具体实施分配方案。我国股利分配决策权属于股东大会。我国上市公司的现金分红一般是按年度进行,也可以进行期中现金分红。

2. 分配信息披露

根据有关规定,股份有限公司利润分配方案、公积金转增股本方案须经股东大会批准，董事会应当在股东大会召开后两个月内完成股利派发或股份转增事项。在此期间，董事会必须对外发布股利分配公告，以确定分配的具体程序与时间安排。

股利分配公告一般在股权登记前三个工作日发布。如果企业股东较少，股票交易又不活跃，公告日可以与股利支付日在同一天。公告内容包括：

（1）利润分配方案。

（2）股利分配对象，为股权登记日当日登记在册的全体股东。

（3）股利发放方法。我国上市公司的股利分配程序应当按登记的证券交易所的具体规定进行。

此外，为提高上市公司现金分红的透明度，《关于修改上市公司现金分红若干规定的决定》要求上市公司在年度报告、半年度报告中分别披露利润分配预案，在报告期实施的利润分配方案执行情况的基础上，还要求在年度报告、半年度报告以及季度报告中分别披露现金分红政策在本报告期的执行情况。同时，要求上市公司以列表方式明确披露前三年现金分红的数额与净利润的比率。如果本报告期内盈利但企业年度报告中未提出现金利润分配预案，应详细说明未分红的原因、未用于分红的资金留存企业的用途。2013年证监会颁布《上市公司监管指引第3号——上市公司现金分红》进一步规范了上市公司现金分红行为。

3. 分配程序

以深圳证券交易所的规定为例：对于流通股份，其现金股利由上市公司于股权登记日前划入深交所账户，再由深交所于登记日后第三个工作日划入各托管证券经营机构账户，托管证券经营机构于登记日后第五个工作日划入股东资金账户。红股则于股权登记日后第三个工作日直接划入股东的证券账户，并自即日起开始上市交易。

4. 股利支付过程中的重要日期

（1）股利宣告日（Declaration Date），即企业董事会将股东大会通过本年度利润分配方案以及股利支付情况予以公告的日期。公告中将宣布每股派发股利、股权登记日、除息日、股利支付日以及派发对象等事项。

（2）股权登记日（Record Date），即有权领取本期股利的股东其资格登记截止日期。只有在股权登记日这一天登记在册的股东（即在此日及之前持有或买入股票的股东）才有资格领取本期股利，而在这一天之后登记在册的股东，即使是在股利支付日之前买入的股票，也无权领取本期分配的股利。此外，我国部分上市公司在进行利润分配时除了分派现金股利以外，还伴随着送股或转增股，在股权登记日这一天仍持有或买进该企业的股票的投资者是可以享有此次分红、送股或转增股的股东，这部分股东名册由证券登记企业统计在案，届时将所应支付的现金红利、应送的红股或转增股划到这部分股东的账上。

（3）除息日（Ex-dividend Date），也称除权日，是指股利所有权与股票本身分离的日期，将股票中含有的股利分配权利予以解除，即在除息日当日及以后买入的股票不再享有本次股利分配的权利。我国上市公司的除息日通常是在登记日的下一个交易日。由于在除息日之前的股票价格中包含了本次派发的股利，而自除息日起的股票价格中则不包含本次派发的股利，通常需要除权调整上市公司每股股票对应的股利价值，以便投资者对股价进行对比分析。

（4）股利支付日（Payment Date），是企业确定的向股东正式发放股利的日期。企业通过资金清算系统或其他方式将股利支付给股东。

9.2.7 股利分配的方案

企业的股利分配方案一般包括以下几个方面：

（1）股利支付形式。决定是以现金股利、股票股利还是其他某种形式支付股利。

（2）股利支付率。股利支付率是指股利与净利润的比率。按年度计算的股利支付率非常不可靠。由于累计的以前年度盈余也可以用于股利分配，有时股利支付率甚至会大于100%。作为一种财务政策，股利支付率应当是若干年度的平均值。

（3）股利政策的类型。决定是采取固定股利政策，还是稳定增长股利政策，或是剩余股利政策等。

（4）股利支付程序。确定股利宣告日、股权登记日、除息日和股利支付日等具体事宜。

9.3 创业资本退出

随着中国经济的快速发展，尤其是政府提出了"大众创业、万众创新"战略以及"以创业带动就业"的政策导向，越来越多的社会创业者和大学生创业者参与到创业活动之中。

创业本身是一项带有博弈性质的创新活动，有成功也有失败。一旦创业面临失败，就需要考虑如何退出的问题。此外，还有一种情况也必须加以注意，那就是创业者并没有遭遇创业失败，相反还取得了初步的成功，但是未来的经营出现了不确定性风险，有可能导致失败，或者创业者因某种原因想要结束创业活动，也要考虑退出问题。

正确把握创业机遇，选择创业项目是创业者获得成功的重要因素；而正确把握退出时机，选择退出方式，同样也是初创企业立于不败之地的关键。

另外，天使投资或风险投资进入创业企业并不是想和创业者并肩坚持到底，而是想在一段时间之后套利撤出，实现其期望的收益。创业企业应该在筹集资金时即规划好创业资金的退出策略，通过利润分配，或资金回购或上市等措施满足风险投资的要求。

这里所说的创业资金主要指天使投资或风险投资等外部股权投资者投入创业企业的资金，不包括创业者或创业团队投入的资金。也就是说，只探讨外部的风险资金的退出问题。

9.3.1 创业资本退出是战略选择

企业退出是一种选择，也是一种战略，它包括产业退出、市场退出、股权退出等。许多社会创业者或大学生创业者在创业的过程中是不考虑退出的，至少在可预见的未来不会考虑这个问题。实际上，在市场瞬息万变的今天，当创业者开始倾注心血创业的时候就应该想好自己的退路，以便让自己清楚创业征途有一个怎样的终点和底线，明确自己努力的焦点和方向。

随着市场化程度的深入，创业者的退出不再被认为是失败的表现，而是一种选择，一种更大发展空间的选择。这一点希望广大创业者能够充分地理解，并认真地把握。

9.3.2 创业资本退出的原因

1. 创业资金的增值性

创业资金与其他直接投资的不同在于，其他直接投资是通过控制投资企业的经营活动和管理决策，获取投资企业的经营收益——股息和红利，作为主要的获利途径；创业资金则不经营具体的产品，其最终目的是监控而非独占，是通过支持创建企业，并在适当时机转让所持股权，获得未来资本增值的收益，借助被投资企业的成功，实现股权增值。因此，创业资金要实现价值增加就要实现持续的流动，要实现持续流动性，创业资金就要在创业企业步入正常经营轨道后，寻求资金退出，达到其投资目的。

例如，1999 年，在马云刚开始创业的 7 个月后，高盛联合富达投资等首轮投资了阿里巴巴 500 万美元，虽然在 2004 年互联网泡沫时，高盛以 2 200 万美元价格出让了其在阿里巴巴所持有的股份，而没有等到 2014 年 9 月阿里巴巴在纽交所上市的时候，但高盛仍获得了 7 倍的投资收益；日本软银公司的孙正义则凭借 2000 年向阿里巴巴投资的 2 000 万美元，及之后又追加的投资 6 000 万美元，趁阿里巴巴 IPO 之机收获了 1 000 亿美元，成为新的世界首富。

2. 创业资金的风险性

资金只有在不断地投资和再投资过程中才能实现其货币的时间价值，达到增值的目的。正如前文关于"风险投资"的描述，美国由风险投资所支持的企业，只有 5%～10%的创业可获得成功，风险投资的高风险可见一斑。由于创业投资的高风险，为获取相应的风险报酬，就要求创业资金加速周转，尽快将占用在实物形态的资金转化为货币资金。为此，创业资金在创业企业的投资一般都会有一定的时间限制，时机成熟的时候，其投资者会选择将资金从创业企业退出，通过转让其持有的股权规避单个创业企业的风险，进一步实现资金的增值。

3. 创业资金高收益的预期性

创业资金考虑到其投资的高风险，就会要求获取高收益。鉴于大多数风险投资家要在未来五年内将其投资翻六倍，实现高收益的要求，必然会使创业资金在进行投资时追求短期效益，会通过相对较短时间内、以较小投资获得高风险企业的较高股权的方式，在适当时机退出创业企业。在创业企业获得高增长实现高盈利的情况下，或者为达到预期目标，在所投资企业出现经营困境甚至亏损的情况下，创业资金为获取高额利润或者避免更大损失，都会选择退出投资企业。

9.3.3 退出时机

1. 根据所在行业成长特点选择退出时机

由于国家宏观调控政策的影响，许多行业、产业的发展会出现新的变化，这些变化都可以作为企业退出时机的选择依据。

同时，新创企业选择退出时机不仅要参照行业的市场竞争度，还要分析各类行业在各自发展阶段上的时间规律。

2. 根据创业企业生命周期选择退出时机

创业企业的生命周期在进入衰退期之前一般可细分为萌芽期、起步期、成长期、扩张期和成熟期五个阶段。总体来说,成长期前后是创业者退出的最佳时机,退出的最晚时机应是在企业成熟期的初期。

其实,一般在企业发展的扩张末期就应该考虑退出问题,此时的企业发展存在一定的想象空间,其退出的价格可能也会比成熟期还要高。

3. 根据企业的现实业绩选择退出时机

创业项目的盈利能力是影响退出时机的一个直接因素,创业者可以根据创业项目预先设定的盈利能力来选择退出时机。除了那些经营不善或出现亏损且扭亏无望的创业项目要积极准备退出外,对于项目盈利能力较差的项目也应考虑主动退出。

同时,创业者也要动态地掌握创业企业收益增值状况,以便选择退出时机。一旦确认企业继续经营的边际成本大于预期的边际收益,创业者就要着手实施退出战略。

9.3.4 退出形式

根据创业者退出创业的原因以及退出时的经营状况,可以分为正常退出和非正常退出两种类型。

1. 正常退出

正常退出是指经营期内的正常退出,可能有以下两种原因:一是因为市场的变化,创业者预测企业未来已无法持续经营,或者是企业正常经营期届满,创业者认为没有必要继续经营;二是由于企业发展到某个阶段,或抓住了某种契机,准备进行资产重组或兼并到另一个集团性企业中,从而形成原有企业股权的变更及企业清算。其中,后一类企业退出是企业持续发展的一种良性结果。

2. 非正常退出

非正常退出即风险退出,可能有以下四种原因:一是由于经营管理不善导致企业亏损而无法持续经营;二是由于不可抗力,如战争、自然灾害、突发事件等引起企业经营风险;三是由于企业经营过程中的违法、违规行为引起严重的司法诉讼,或因工商、税务部门稽查和处罚引起企业经营危机;四是特许经营项目因特许授权人的欺诈行为,或因加盟者违规经营而使整个经营项目产生风险。

9.3.5 创业资金退出的渠道

一般来说,创业资金的退出可以采用首次公开上市、买壳上市或借壳上市、并购、回购及清算五种渠道。

1. 首次公开上市

首次公开上市(Initial Public Offering,IPO)是指一家创业企业首次向社会公众出售企业的股票,是风险资本最主要的,也是最理想的一种退出方式。

创业企业在满足一定条件下,可以在创业板、中小板、主板等市场公开上市,投资者可以在创业企业公开上市之后转让所持股权，成功退出投资企业。据统计，大约有 30%创业资本的退出都采用这种方式。2016 年共有 227 家企业实现 IPO，其中有 VC/PE 支持的企业为 174 家，创投资本对经济的促进作用越来越明显。境外证券市场的开放为我国企业上市提供了有利的通道。在 2016 年中企上市量价双降、海外遇冷的情况下，依然有 64 家中企在境外上市，融资额达到 1 613.91 亿元人民币。据统计，创业投资所投资企业平均投资时间为 4.36 年，以 2008 年 12 月 31 日收盘价为准计算，平均投资回报 10.08 倍。2015 年 12 月 23 日国务院常务会议确定，建立上海证券交易所战略新兴板，依法推动特殊股权结构类创业企业在境内上市。2019 年 6 月科创板正式在上海开板，进一步推动了我国多层次资本市场的发展。主板市场、创业板市场、中小板市场、新三板市场、科创板市场、区域股权市场和股权众筹明确各自定位，建立转移和转板机制，使上市退出的方式更加多样化。

采用公开上市的方式，一方面可以表明金融市场对企业发展业绩的一种认可，保持企业的独立性；另一方面股票公开上市可以让风险投资机构和创业者获得丰厚收益，还为企业获得证券市场上可能的持续筹资渠道奠定基础。但是，公开上市的企业必须达到一定条件，大部分创业企业会由于达不到要求而无法实施；上市后成为公众企业，需要定期披露相关信息，泄露企业的商业机密，有利于竞争对手掌握其经营状况，且信息的提供和披露会加大企业成本；上市之后一旦业绩下滑，股民可能会争相抛售企业股票，导致股价下跌；而且企业首次公开上市之后，投资者不能立即售出它所持有的全部股份，需要在规定的一段时间后才能逐步售出。因此，采用公开上市的方式，风险资本的退出并不是当即就可以实现，上市后遇到股市不振时，这种退出方式获得的回报难以估计。

作为一种企业退出策略，公开募股可以使创业者获利，因为如果能够说服别人购买企业的股票，创业者就可以筹到大笔的资金。如果创业者不想继续持股，首次公开募股就成为了创业者退出的方式。

2. 买壳上市或借壳上市

买壳上市与借壳上市是较高级形态的资本运营现象，对于不满足公开上市条件而不能直接通过公开上市方式顺利退出投资领域的风险资本，这是一种很好的退出方式。买壳或借壳上市是指创业企业通过证券市场收购上市公司的股权，从而控制上市公司，再通过各种方式，向上市公司注入自己的资产和业务，达到间接上市的目的，然后风险资本再通过市场逐步退出。

买壳或借壳上市可以绕过公开上市对企业的各种要求，并间接实现上市目的，使企业获得新的融资渠道；而且通过配售新股可以降低融资成本，缓解资金压力。在买壳上市或借壳上市时由于股票二级市场的炒作，会带来巨大的收益。借壳上市时间成本低，企业选择借壳免除了 IPO 排队等待之苦，借壳上市不用路演和询价，与新股 IPO 的发售流程相比优势更明显。对借壳重组企业来说，从上市公司推出重组预案，到最后获批完成，一般仅需一年时间，更快者半年即可完成重组。但是，不管是二级市场公开收购还是非流通股的有偿转让都需要上市公司大股东的配合，否则会增加收购成本与收购难度；而且"壳"目标大都是一些经营困难的上市公司，在借"壳"上市后，一般不能立即发售新股，不仅如此，还要承担改良原上市公司资产的责任，负担较重。

根据统计，2019 年，中国企业并购交易金额为 2.42 万亿元，同比下降 28.63%，且连续两年下降，并购交易数量为 1.07 万起，同比下降 12.45%，量价齐跌。

上市公司并购重组方面，证监会并购重组委员会于 2019 年召开 74 次会议、审核 124 家上市公司的重组案例。获通过的共计 103 例，其中无条件通过的为 33 例，有条件通过的为 70 例，未获通过的共计 21 例。2019 年未获通过的案例比例约为 16.94%，略高于 2018 年的 12.14%。2019 年无条件通过的案例比例约为 26.61%，明显低于 2018 年的 50%。

在上市公司上述重组项目中，产业整合类重组项目为 2019 年上会项目的主要类型，占比高达 72.88%。值得注意的是，118 家上市公司发行股份购买资产的重组案例中，其中构成借壳上市的有 9 家，高于 2018 年的 4 家。

3. 并购

并购是指一家一般的企业或另一家风险投资公司，按协商的价格收购或兼并风险投资企业或风险资本家所持有的股份的一种退出渠道。股份出售分两种情况：一般购并和第二期购并。一般购并主要指企业间的收购与兼并，第二期购并指由另一家风险投资公司收购，并追加第二期投资。如果原来的风险投资公司只出售部分股权，则原有投资部分实现流动，并和新投资一起形成投资组合，如果完全转让，原始风险投资公司全部退出，但风险资本并没有从投资企业中撤出，企业不会受到撤资的冲击。随着对高新技术需求的增加和发展高新技术产业重要性的深刻认识，这种渠道的退出方式被采用得越来越多。

当创业企业发展到一定阶段后，各种风险不断减少，技术、市场优势已培养出来，企业前景日趋明朗，此时，想进入这一领域的其他企业将会非常乐意用收购的办法介入。

在我国采用此种方式退出是目前较为常见的。2016 年中国中外创投共发生 2001 笔退出交易，退出案例数再创市场新高，同比上升 10.4%。其中 1230 笔资本实现新三板挂牌退出，占比达 61.5%。此外，2016 年，创投资本实现 277 笔 IPO 退出，占比 13.8%；223 笔股权转让方式退出，占比 11.1%。采用并购退出的方式程序简单，退出迅速，较容易找到买家，交易比较灵活。但是，收益较公开上市要低，且风险企业一旦被一家大企业收购后就不能保持其独立性，企业管理层将会受影响。

2017 年，美国 VC/PE 的募资金额为 2 650.84 亿美元，而中国的股权投资市场募资金额为 1.79 万亿元、新募集基金 3 574 只。而到 2019 年，前三季度的募资总额为 8 310.4 亿元、新募集基金 1 931 只，可以窥出一些动态和趋势。

从 2016 年开始爆发式增长后，2017 年和 2018 年的机构募资都延续了一个比较好的势头，行业直接进入"盛夏"。而从 2017 年年底开始，机构纷纷反馈遇上了"资本寒冬"，2019 年更是直呼"被冻死了"，募资总额同比直线下降 20.4%，募资难成为常态。行业的一种普遍判断是"大浪淘沙"，头部机构会占到越来越大的市场份额。

2017 年股权投资机构要实现退出，大多会依赖 IPO。根据私募通数据，2017 年私募股权市场退出总案例数有 3 409 例，其中 IPO 退出的有 1 069 例，创下近年来新高。而到了 2019 年前三季度，中国股权投资市场退出案例数共有 1 532 笔，同比下降 20.6%；被投企业 IPO 约 999 笔，同比上升 54.4%，其中科创板被投企业 IPO 达 372 笔。从这个意义上来讲，科创板的推出对于丰富机构退出方式、拓宽退出渠道方面，起到了非常积极的作用。

公开资料显示，截至 2019 年 11 月月底，深创投已投资项目达 1 051 个，累计投资金额约 476 亿元。其中 157 家投资企业分别在全球 16 个资本市场上市，263 个项目已退出

（含 IPO），投资企业数量和投资企业上市数量均位居国内机构首位。

4. 回购

被其他企业并购，意味着创业企业将会失去独立性，企业的经营也常常会受影响，这是企业管理层所不愿看到的，因此，将企业出售给其他企业有时会遇到来自创业企业管理层和员工的阻力。而采用企业管理层或员工进行股权回购的方式，既可以让风险资本顺利退出，又可以避免由于风险资本退出给企业运营带来太大的影响。由于企业回购对投资双方都有一定的诱惑力，因此，这种退出方式发展很快。主要有三种退出方式：管理层收购（Management By Object，MBO）、员工收购、卖股期权与买股期权。

管理层收购的方式可以保持企业的独立性，避免因风险资本退出给企业运营造成大的震动，创业者可以由此获得已经壮大了的企业的所有权和控制权。但是，回购要求管理层能够找到好的融资杠杆，为回购提供资金支持。

例如，北京科技风险投资股份有限公司（简称北科投）投资于华诺公司（从事宽带网络通信技术开发及其应用推广的高新技术企业）之初，双方在遵循国际惯例的基础上，结合我国的具体实际，设定了管理层回购条约，即北科投投资 1 500 万元人民币，占有 30%的股份，一年以后，管理层以 1 500 万元人民币的价格，回购风险投资公司一半的股份。这一条款最大限度地锁定了投资风险，保证北科投可以获得较其他投资人更为优先的套现权利。

5. 清算

相当大部分的风险投资不会很成功，当被投资企业因不能清偿到期债务，被依法宣告破产时，按照有关法律规定，法院将组织有关部门、机构人员，律师事务所等中介机构和社会中介机构中具备相关专业知识并取得执业资格的人员成立破产管理委员会，对企业进行破产清算。对风险资本家来说，一旦确认企业失去了发展的可能或者成长太慢，不能给予预期的高额回报，就要果断撤出，将能收回的资金用于下一个投资循环。这种方式可以阻止损失进一步扩大或资金低效益运营。但资金的收益率通常为负，据统计，清算方式退出的投资大概占风险投资基金投资的 32%，仅能收回原投资额的 64%。当然，不是所有投资失败的企业都会进行破产清算，申请破产并进行清算是有成本的，而且还要经过耗时长，较为复杂的法律程序，如果一个失败的投资项目没有其他的债务，或者虽有少量的其他债务，但是债权人不予追究，那么，一些风险资本家和风险企业家不会申请破产，而是会采用其他的方法来经营，并通过协商等方式决定企业残值的分配。

目前，我国创业风险投资的退出方式以并购和股权转让为主。与非上市公司相比，上市公司不论从其内在需求、融资渠道和资金能力等方面来看，都更有并购被风险资本支持企业的动力和能力，风险资本支持企业也更愿意被上市公司收购。上市公司通过收购高科技风险资本支持企业的股权，实现了自身价值的提升，股价会随之上涨。被收购的高科技风险资本支持企业的投资者，则通过出售公司的股份而获得了较为可观的投资回报。

随着我国多层次资本市场和产权交易市场的不断完善，创业板、新三板和科创板的推出为创业投资的退出提供了很大便利。据 Wind 数据显示，截至 2019 年 10 月 21 日，创业板经过十年发展，共有 774 家上市公司，占上市公司总数量的 20.95%，总市值 5.59 万亿元，较 2009 年的市值 0.14 万亿元，同比增长 39 倍，占 A 股总市值的 9.34%。创业板上市公司赚钱能力不断提升，平均营业收入由 2009 年的 3.26 亿元增长至 2018 年的 18.03 亿元，年复合增长率达 18.69%。据上交所 2020 年 2 月 28 日披露，截至当日沪市科创板上市公司数量已达 92 家。

【思考题】

1. 试描述企业利润的形成过程？
2. 利润按什么顺序分配？
3. 创业企业资本退出有哪些途径？

【案例分析题】

甲公司共四名股东，杨某持有公司 15%的股权，甲公司自 2018 年开始向杨某以外的其他三名股东按投资比例进行了分红，但未向杨某分红。故杨某将甲公司诉至法院，请求法院判令公司向其支付 2018 年开始的分红款 100 余万元。甲公司答辩称，公司章程规定了公司分红需要由董事制定公司的利润分配方案，股东会予以审议，上述程序并未进行，故不同意杨某的分红请求。

讨论题：

杨某是否应该取得分红？

第 10 章

创业企业财务报表与财务分析

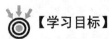【学习目标】

通过学习，理解资产负债表、利润表和现金流量表的作用，了解财务报表的结构与主要内容；理解财务报表相关项目的含义，掌握财务报表分析的主要指标及对企业财务分析与决策的作用。

10.1 创业企业财务报表概述

随着经济社会的不断发展，特别是随着以大数据、人工智能和云计算等为代表的新信息技术的发展及其在企业管理中的应用，企业之间的竞争日益激烈，快速获取并处理信息越来越成为当今决胜千里的重要能力。更好地理解信息、处理信息和传递信息是企业管理者必备的能力之一，也是企业管理人员应具备的信息素质。创业企业的创始人在初创期、成长期和发展期往往既是企业的投资人又是企业的领导者，一方面要定期和不定期地阅读各类信息，另一方面要根据所接收和解读的信息内容对企业的现实状况、发展趋势做出分析和判断，并做出合理的经营和投融资决策。阅读和分析财务报表的能力就是企业领导者和经理们应当具备的主要信息素质。

怪兽（Monster.com）作为美国一家在线招聘公司，2003 年年末财报显示其经营净收益（Net Income）为 730 万美元，比起 2002 年年末 1 500 万美元的净亏损应该是一个重大的转机。然而，2003 财年怪兽公司的净资产（Net Asset）也大幅减少，其主要原因是一次收购失败发生了较大的非营业费用所造成的。自 1996 年以来，怪兽公司通过公开招股向投资人募集了 7 亿多美元的资本。这些交易及事项都在资产负债表、收益表和现金流量表上做出了反映。

美国怪兽公司亏损案例表明创业企业通过财务报表掌握企业财务状况进而进行有效管理的重要性。本章将介绍财务报表的作用、内容及主要的财务指标分析。

10.1.1 财务报表信息的作用

财务报表是指在日常会计核算资料的基础上，按照规定的格式、内容和方法定期编制的，综合反映企业某一特定日期财务状况和某一特定时期经营成果、现金流量状况的书面文件。是对一个企业在一段时期实际从事的各类经济活动的货币数据反映。创业企业在初创期和不同时期的经营状况和经营业绩都能在财务报表中得到反映。

财务报表将企业自身的经营情况和诸多的利益相关者连接起来，起到了桥梁的作用。创业者需要通过报表了解企业整体经营状况，做出科学的生产经营决策；外部投资者需要通过报表了解企业的盈利能力做出是否投资的决策；债权人需要通过财务报表了解企业偿债能力以做出是否信贷的决策；供应商需要根据企业的偿债能力做出赊销与否的决策；国家有关部门需要通过报表分析企业的纳税状况。可见财务报表对于企业内外部利益相关者具有重要的作用。财务报表的内容主要包括以下三个方面。

1. 反映企业某个日期的财务状况

创业企业在初创期的财务状况是创立企业和投资人及债权人最关注的内容，因为企业的初创时期基本上都是投融资和运营活动，如股东投资和银行贷款等融资业务、各类资产投资购置业务、日常经营耗费和营运资本周转等活动。各类资产的投资大小以及运转如何，负债和股权的搭配结构以及企业是否有盈余积累等信息都反映财务状况的好与坏。财务状况的好与坏反映了企业期初到期末（如月初到月末，年初到年末等）企业资源的变动情况，可以看出企业日后可运用的资源多少及是否应该补充或处置。

2. 表明企业一段时期的经营成果

企业在初创期的经营利润常常是负数，成长期的早期开始有一些利润，而且随着企业进入高速发展期，企业的利润越来越多。在财务报表中，及时和公允地披露企业在某段时间获取的收入和由此产生的成本费用，可以评价以往的经营业绩，考察盈亏点，寻找收入的主要来源和费用增减的原因。而且阅读财务报表还能作为预测未来收入和费用增长或下降的参考依据。

3. 掌握现金存量和流量的变化

现金流是企业的血液，现金流量表就是企业的血液系统。一家没有利润的企业有可能活下去，而没有现金流的企业必死无疑。然而，大部分创业者把利润当作企业的经营目标，却忽视了现金流比利润更重要这一现实。

因此，创业者要十分重视现金的数额多少以及现金的来源和使用情况，通过财务报表，如资产负债表可以了解某个日期的现金结存额和可随时变现及短期内就可变现的资产有多少；通过现金流量表可以掌握当期现金的具体来源渠道和使用去向以及增加或减少的数额。阅读这些信息能够帮助企业管理层掌握现金的现状和增减变动的原因，以便于根据企业当期遇到的问题和发展情况对投融资活动做出调整、决策，对经营活动进行控制。新创立企业的现金存量通常较少，新近筹集到的资金很快就被用到急需的业务中了，现金流入量也主要是筹资活动带来的现金，支出量主要集中在日常经营使用的各个方面（如办公费支出、职工薪酬、购买存货、预付货款、营销支出、研发开支等）以及设备添置、维护保养支出、短期借款偿还和利息支付等。在企业创立的最初几个月或一年内，现金流入量小于现金流出量是一种常态。

10.1.2 财务报表的种类

为了更好地掌握财务报表，企业应从不同的角度对其进行分类研究。

（1）根据财务报表反映会计主体资金运动的状态特征，财务报表可以分为静态财务报表和动态财务报表两类。静态报表是用以反映企业某一时点的资产、负债以及所有者权益状况的报表，主要有资产负债表；动态财务报表是用以反映企业一定时期内经营成果的形成以及现金流量的增减变化的报表，主要包括利润表和现金流量表。

（2）根据财务报表反映的经济内容不同，财务报表可以分为反映财务状况的报表、反映经营成果的报表以及反映产品成本类的报表等。其中反映财务状况的报表又可分为资产负债表以及现金流量表，反映经营成果的报表主要有利润表，反映产品成本的报表有主要产品单位成本表。

（3）根据财务报表使用者与企业的关系，财务报表可以分为对外报表和对内报表。对外报表是向企业外部所有利害关系人提供财务信息的报表，按照会计制度和会计准则的要求编制，其格式是根据外部报表使用者的一般要求进行设计的。这类报表主要有资产负债表、利润表、现金流量表以及利润分配表等。对内报表主要是为企业内部经营管理者提供经营管理所需信息的报表，其内容一般涉及企业的商业秘密，且没有固定的格式。这类报表主要有单位产品成本表等。

10.1.3 财务报表的生成过程

会计是一项专业性强而且非常具体的工作，财务报表是会计工作的成果。财务报表生成是一个系统工程，国家会计制度规定了专门的会计程序。一般而言，企业的会计工作，就是把企业日常发生的经济业务或交易通过确认、计量、记录等一系列程序，一步一步地提炼，形成能够让人们阅读明白的财务会计信息。人们利用财务信息了解企业的财务状况和经营成果，了解企业经营的历史、现状和预测企业发展趋势，以做出符合本身利益的决策和计划。一个完整的企业会计体系是由财务会计和管理成本会计组成的。无论是向企业外部和内部提供财务信息以反映企业过去一段时期从事经营业务形成的财务状况和经营成果，还是评价企业的经营业绩，通过计划指标、预算、历史水平和同行业指标相比，揭示企业存在的问题，寻找原因，提出决策方案，加强控制等，财务会计的重要作用是企业其他管理工作所不能替代的。

企业发生经济业务后，在会计上，从取得原始凭证到确认、计量、过账直到编制财务报表，遵循着一个系统的过程。这个过程就是账务处理程序，也称会计核算程序。账务处理程序是利用货币形式记录和加工处理数据的程序。会计的记录有多方面的意义。仅从企业的内部讲，会计记录与经营管理相互渗透，它帮助经理指挥和控制日常业务活动。众所周知，如果一个企业日常缺少文书工作，那么很快各项工作就会陷入混乱，一团乱麻。即使最简单的组织也必须对日常工作有最低限度的记录，以保持信息灵通，有利于计划和控制，使工作有条理。企业的规模越大，业务越复杂，就越需要依赖于有序和有效的记录。财务会计程序是一个庞大的数据加工处理程序。一个有效的财务会计程序趋向于最低限度地依赖人的主观作用。应当说，财务会计人员日常的工作主要是系统和全面地归集、记录企业所发生的经济活动。

财务会计的程序随企业的特点、规模大小和管理要求的不同也有所不同，但基本程序分为四个步骤：取得或填制及审核原始凭证；分析经济业务，编制记账凭证；过账，将凭证上的记录登记到有关的日记账和分类账中去；期末，根据分类账上的数据编制财务报表。具体如图10-1所示。

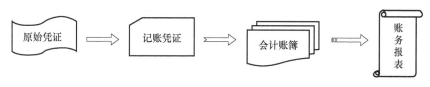

图 10-1　会计核算程序图

现将以上步骤及其内容分述如下：

1．取得或填制会计凭证

会计是以货币为计量单位反映经济活动的。货币及货币信息直接关系到各个利益方面的经济利益（例如，所有者的投资利益，债权人的信贷利益等）。因此，会计信息最让人关注。所以，作为反映企业的财产物资、债权债务、股权以及利润的一切会计记录都必须有真凭实据。有合法凭据的会计记录才是客观的，生成的会计信息才能真实地反映企业的财务状况，才能使财务信息使用者信服。会计核算遵循客观真实性原则，重证据，如实地反映企业实际业务和结果，是会计核算区别于其他经济管理活动的一个显著的重要特征。

财务会计的一项重要质量要求是客观性原则。客观性原则要求企业会计核算必须以实际发生的经济活动及证明其发生的合法凭证为依据，做到内容真实、资料可靠、项目完整、手续齐备。以此编制的财务报告必须实事求是地反映财务状况和经营成果。取得或填制和审核会计凭证是会计实务的起点。所谓会计凭证，是指记录经济业务、明确经济责任并据以登记账簿的书面证明。任何经济业务发生，必须由经办经济业务的有关人员填制会计凭证，记录经济业务的日期、内容、数量和金额，并在凭证上签字盖章，对凭证的真实性和正确性负完全的责任。会计凭证包括原始凭证和记账凭证两种，如图10-2所示。

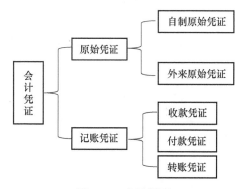

图 10-2　会计凭证

原始凭证是指在经济业务发生时取得或填制的，用以证明经济业务的发生或完成情况并作为原始依据的会计凭证。

其中,自制原始凭证是由本单位内部经办业务的部门或个人,在完成某项经济业务时自行填制的凭证,如商品入库单和出库单、折旧费用计算表、工资费用汇总表等;外来原始凭证是本企业同外部单位发生经济往来时,从外单位取得的凭证,如购销货的发票、支票、收款收据、汇票、出差的报销单据等。

在企业,很多原始凭证都是由具体经办业务的人员填写或取得的,如商品的入库、出库单都是由非会计人员来填写的。这些原始凭证一方面证实经济业务的发生,另一方面能明确经济责任并作为反映业务人员工作业绩的书面证明。原始凭证填写不正确,记录程序杂乱无章都会影响企业的管理工作。

每张原始凭证必须要经过会计人员的审核,然后要编制记账凭证,将原始凭证上记录的经济交易或事项转换为正式的会计语言。记账凭证是根据原始凭证记载的经济交易或事项确定会计分录的会计凭证,它是登记账簿的直接依据。在记账凭证上,需要确定每一项或者某一类经济交易和事项应借、应贷的账户名称及其金额。

记账凭证通常分为收款凭证、付款凭证和转账凭证三类。收款凭证和付款凭证是用于记录库存现金和银行存款收款、付款业务的会计凭证;转账凭证是用于记录不涉及库存现金和银行存款业务的会计凭证。

随着企业管理信息化、数字化的发展,原始凭证电子化的趋势越来越明显,也必将进一步推动会计核算流程的优化以及会计信息处理效率的提高。

2. 登记账簿

填制与审核会计凭证,可以将每天发生的经济业务进行如实、正确的记录,明确其经济责任。但会计凭证只记载发生的某一个或者某一类经济交易或事项,所以其数量繁多、信息分散,缺乏系统性,不便于分门别类地反映某个账户所记录的数据信息,以及对会计信息的整理与报告。为了全面、系统、连续地核算和监督企业的经济活动及其财务收支情况,需要设置会计账簿。会计账簿(简称账簿)是指由一定格式账页组成的,以会计凭证为依据,全面、系统、连续地记录各项经济交易或事项的簿籍。设置和登记账簿的基本作用是按照信息使用者不同的要求归集数据,分类反映各项资产、负债和所有者权益的增加、减少等变动情况,是编制财务报表的基础,是连接会计凭证与财务报表的中间环节,在会计实务中具有重要意义。

账簿按其用途的不同,分为序时账簿、分类账簿和备查账簿三类。账簿的具体内容如表10-1所示。

表10-1 账簿的种类

项 目	序时/总分类账簿	特定/明细分类账簿
会计账簿	序时账簿	普通日记账
		特种日记账
	分类账簿	总分类账
		明细分类账
	备查账簿	会计辅助账

3. 编制财务报表

账簿是按照账户设置并登记的经济交易和事项的数据信息,包括期初、期末余额和借方、贷方的本期发生额。但要集中和概括地了解企业在一定时期和特定日期的财务状况、经营成果和现金流量的变化及其结果，需要根据账簿记录编制财务报表。财务报表是用来集中和概括地反映企业的财务状况和经营成果的书面报告。值得注意的事，随着企业会计信息化的发展，账簿数据已不再需要会计人员手工登记账簿数据了，而是直接通过软件记账功能完成登记账簿工作，大大地提高了工作效率与记账的准确性。

2011年10月，财政部制定发布的《小企业会计准则》于2013年1月1日起已经在全国小企业范围内实施了，其中第七十九条对小企业的财务报表规定了范围，即包括资产负债表、利润表、现金流量表，以及附注。按照经济内容分类，分为反映财务状况的报表、反映财务成果的报表和反映现金流量的报表三类：①反映财务状况的报表，是指资产负债表；②反映财务成果的报表，是指利润表；③反映现金流量的报表，是指现金流量表。

财务报表还包括财务报表附注。附注是财务报表不可或缺的组成部分，是对资产负债表、利润表和现金流量表等报表中列示的项目的文字描述及明细资料，以及对未能在财务报表上列示项目的具体说明。在小微企业，财务报表=三张报表+附注。

10.2 资产负债表：掌握财务状况

10.2.1 资产负债表概述

在现实中，当把企业的一套财务报表交给一位企业经理时，他往往首先要看利润表。

因为，多数经理背负着（或者渴望背负）"赢利和亏损责任"。他们负责把各种形式的利润生产出来。他们知道，利润表是其业绩的最终而且是最具说服力的记录。所以，利润表是他们最先看的财务报表。然而，把这套财务报表交给一位银行行长和信贷人员，或者交给一位经验丰富的基金经理或者一位资深的企业董事会成员的时候，他们首先看的报表一定是资产负债表。实际上，他们可能已经关注这份报表有很长一段时间了，他们会很快地翻阅报表，核对利润表和现金流量表，最后他们又会回到资产负债表。

为什么很多企业经理没有像金融投资人和银行信贷人这些专业人士那样做呢？为什么他们只会注意利润表？我们总结了三方面的原因：①相对于比较直观的利润表，资产负债表项目不太直观，更难理解，阅读人须具备较扎实的会计功底；②大多数企业的财务预算侧重在收入和成本费用方面，也就是说，财务预算或多或少直接与利润分配有关。如果不了解预算，就不可能成为管理者——了解预算意味着必须熟悉利润表中的很多项目。相反，资产负债表中的数据几乎很少出现在运营经理的预算中（虽然财务部门一定会编制资产负债账户的预算）；③管理资产负债表比管理利润表需要企业经理对财务有更深入的理解。经理们不仅要知道不同类别的科目的含义，而且还应该知道它们是如何彼此对应的，需要理解资产负债表如何影响其他财务报表，以及其他报表如何影响资产负债表。

资产负债表是指反映企业在某个特定日期财务状况的报表，是一张静态报表。我们经常把资产负债表视作企业特定时日的一张快照。资产负债表的主要作用是掌握企业的财务状况，主要包括以下几个方面：

1. 掌握企业当前资源的种类和分布

资产负债表上列示了各类资产及其具体项目，如货币资金、存货、固定资产以及总资产等,通过阅读可以了解企业当期所拥有资源的分布情况并了解各项资产占总资产的比重,通过比较可以了解资源的占用是否合理,为企业业主和经理提供可用信息,以利于有效地管理企业。

2. 评价企业的短期偿债能力和财务风险

从企业的资源分布及各项资产所占比重,以及与长短期负债的对比,可以了解企业资产的流动性,资产的资金来源构成等。从流动资产与流动负债之间的关系可以判断出企业资产的流动性、短期债务的可抵押情况,以此可评价短期偿债支付能力。同时,通过企业承担长短期债务的信息及债务与股权之间的比例关系,可以评价企业的财务风险大小,长期债务偿还能力的高低等。

3. 预测企业的发展趋势和未来前景

通过各个连续时期的资产负债表相关项目的对比,以及企业对未来经营的规划和预测判断,可以预测未来的变化趋势,如资产是否趋于增加或减少,负债和所有者权益可能的变化等,据此,评价企业未来财务实力的变化,企业尽早做出应对准备。

例如,创业板上市公司"暴风集团股份有限公司"(以下简称"暴风集团")2018年12月31日资产负债表如表10-2所示。

表10-2 合并资产负债表

编制单位:暴风集团股份有限公司　　　　2018年12月31日　　　（单位:元）

项目	期末余额	期初余额
流动资产		
货币资金	10 200 450.06	173 169 549.73
交易性金融资产	—	—
衍生金融资产	—	—
应收票据及应收账款	324 594 943.76	824 575 386.90
应收票据	—	88 568 429.14
应收账款	324 594 943.76	736 006 957.76
预付款项	10 110 395.37	27 516 618.78
应收利息	—	—
应收股利	—	—
其他应收款	13 905 480.39	44 993 319.88
买入返售金融资产	—	—
存货	76 399 037.29	658 799 824.21
划分为持有待售的资产	—	—
一年内到期的非流动资产	—	—
待摊费用		
待处理流动资产损益		
其他流动资产	184 597 937.08	99 081 148.24
流动资产合计	619 808 243.95	1 828 135 847.74
非流动资产		
发放贷款及垫款		

（续）

项目	期末余额	期初余额
可供出售金融资产	91 410 000.00	146 344 390.46
持有至到期投资	—	—
长期应收款	—	—
长期股权投资	4 078 186.38	202 974 415.15
投资性房地产	—	—
固定资产净额	28 384 702.46	42 687 301.34
在建工程	—	—
工程物资	—	—
固定资产清理	—	—
无形资产	261 471 320.63	231 414 144.04
开发支出	—	35 721 279.38
商誉	135 064 002.12	155 760 078.82
长期待摊费用	4 180 720.23	4 810 111.85
递延所得税资产	92 702 538.01	275 022 401.77
其他非流动资产	5 037 819.74	28 888 537.44
非流动资产合计	622 329 289.57	1 123 622 660.25
资产总计	1 242 137 533.52	2 951 758 507.99
流动负债		
短期借款	228 976 378.17	375 190 289.92
交易性金融负债	—	—
应付票据及应付账款	1 466 142 912.74	1 005 152 491.79
应付票据	—	—
应付账款	1 466 142 912.74	1 005 152 491.79
预收款项	26 807 233.68	49 044 562.44
应付手续费及佣金	—	—
应付职工薪酬	54 149 379.60	39 167 509.83
应交税费	6 003 497.81	16 355 032.95
应付利息	972 990.73	4 831 990.88
应付股利	213 743.15	165 649.11
其他应付款	258 028 853.30	174 110 151.47
预提费用	—	—
一年内的递延收益	—	—
应付短期债券	—	—
一年内到期的非流动负债	27 313 489.90	205 983 803.40
其他流动负债	12 662 338.08	6 273 726.46
流动负债合计	2 081 270 817.16	1 876 275 208.25
非流动负债		
长期借款	—	—
应付债券	—	—
长期应付款	—	18 163 878.54

（续）

项　　目	期 末 余 额	期 初 余 额
长期应付职工薪酬	—	—
专项应付款	—	—
预计非流动负债	2 362 684.78	579 391.89
递延所得税负债	—	—
长期递延收益	11 705 415.62	19 568 005.48
其他非流动负债	—	—
非流动负债合计	14 068 100.40	38 311 275.91
负债合计	2 095 338 917.56	1 914 586 484.16
所有者权益		
实收资本（或股本）	327 713 037.00	327 976 583.00
资本公积	401 859 962.48	369 757 743.48
减：库存股	35 038 293.90	55 972 547.20
其他综合收益	−173.92	463.67
专项储备	—	—
盈余公积	55 005 185.78	55 005 185.78
未分配利润	−725 305 233.17	369 916 932.11
归属于母企业股东权益合计	24 234 484.27	1 066 684 360.84
少数股东权益	−877 435 868.31	−29 512 337.01
所有者权益（或股东权益）合计	−853 201 384.04	1 037 172 023.83
负债和所有者权益（或股东权益）总计	1 242 137 533.52	2 951 758 507.99

注：资产负债表来源于深交所网站（www.szse.cn），表10-2中部分不常有的项目或金额为零的项目已被删除。

暴风集团财务状况概述：暴风集团资产负债表的截止日期是 2018 年 12 月 31 日，表 10-2 中的期末余额就是指该公司 2018 年 12 月 31 日各项目的数字，而期初余额则是截止到 2017 年 12 月 31 日或 2018 年 1 月 1 日各项目的数字。该资产负债表表达的是相隔一年的这两个不同时间点的财务状况及其变化。在 2018 年 12 月 31 日，暴风集团拥有货币资金 10 200 450.06 元，总资产为 1 242 137 533.52 元，股本为 327 713 037.00 元，包括盈余公积和未分配利润在内的留存收益共−670 300 047.39 元，负债和所有者权益总计为 1 242 137 533.52 元。

资产负债表显示了该公司 2018 年 12 月 31 日的资产（资源）及其资金来源的情况。公司资产总计 1 242 137 533.52 元分别来自三个不同渠道：①各类负债，金额是 2 095 338 917.56 元，其中大部分是必须偿还的负债如应付账款、应交税费、应付利息、应付股利等，还有的不仅要偿还借款本金还要定期支付利息，如短期借款；②该公司向股东发售股票时收到的股本金以及资本公积等，合计为 729 572 999.48 元；③留存收益项目中的数额−670 300 047.39 元和少数股东权益−877 435 868.31 元。第二部分和第三部分说明暴风集团公司股东的全部投资，但第三部分为负，说明企业大幅亏损，本年度无法进行利润分配，也无法进行资本公积金转增股本。

从表 10-2 中看出，一方面暴风集团公司 2018 年年末的总资产比 2017 年年末的总资产、所有者权益等相关项目均有大幅减少，公司的规模在减小；另一方面公司负债有较大幅度增加，增加了 180 752 433.40 元。两年年末的流动负债均高于流动资产，两年的流动资产与流动负债之差的营运资本净额为负值：2018 年年末为-1 890 373 407.87 元，2017 年年末为-1 890 373 407.87 元，该公司资不抵债；货币资金占流动资产比重 2017 年为 9.47%，但 2018 年该比重已减少到 1.65%，说明暴风集团的短期偿债能力下降幅度较大，资产的流动性应当引起关注。

10.2.2　资产负债表原理

一个新设立的企业，最初获得资金来自所有者的投资和银行的借款两部分。银行和所有者用货币向企业投资，银行提供贷款贷出货币而获得债权，成为债权人，企业借得货币而由此产生必须偿还的负债；所有者向企业投入货币，由企业投资获得收益后，如果没有全部将收益支付给投资者而将其留存在企业，就会增加所有者的权益。就这个简单的关系看，债权人和所有者投入企业的货币形成资产，其关系是货币来源于企业的负债和所有者的投资。而这种恒等关系可反映出企业资金从何而来，又用于何处。资产负债表正是从会计上反映这个基本的平衡关系，即会计恒等式：

$$资产=负债+所有者权益$$

上例的暴风集团公司，2018 年年末的资产、负债和所有者权益之间的关系如下式所示：

$$1\ 242\ 137\ 533.52 = 2\ 095\ 338\ 917.56 + (-853\ 201\ 384.04)$$

这个会计恒等式也称为资产负债表公式，表明企业在某个特定日期所拥有或控制的资源，承担的负债义务和所有者对净资产的剩余要求权。

10.2.3　资产负债表格式

资产负债表的表头部分有报表名称、编制单位，编报日期和金额单位。一般而言，作为静态报表，资产负债表的日期通常是报告期末的最后一天的日期，我国的会计报表编报日期按季、月与年来作为会计期间，分别编制季报、月报和年报。如表 10-2 所示的暴风集团的编报日为 2018 年 12 月 31 日。但也有的是按照公布日期进行编报的。

资产负债表有两种格式：一是左右结构，二是上下结构。无论哪一种结构都源于上述公式，不破坏资产等于负债加所有者权益的平衡关系。

资产负债表的左右结构格式，又称账户式结构，传统的资产负债表都是这个账户式的结构。这种格式直接反映会计的平衡关系式，即报表的左边为资产，右边是负债与所有者权益，犹如左右分列的 T 型账户。左边的资产总额等于右边的负债和所有者权益的总额，如图 10-3 和表 10-3 所示。

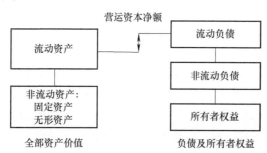

图 10-3　资产负债表资产、负债与所有者权益关系

表 10-3　一般企业资产负债表（账户式）

编制单位：　　　　　　　　　　　年　月　日　　　　　　　　　　（单位：万元）

资产	期末余额	负债和所有者权益	期末余额
流动资产：		流动负债：	
货币资金	900	短期借款	700
交易性金融资产		交易性金融负债	
应收票据		应付票据	
应收账款	1 000	应付账款	1 100
预付账款		预收账款	
应收股利		应付职工薪酬	
应收利息		应交税费	200
其他应收款		应付利息	
存货	1 800	应付股利	
其中：消耗性生物资产		其他应付款	
一年内到期的非流动资产		预计负债	
其他流动资产		一年内到期的非流动负债	
流动资产合计		其他流动负债	
非流动资产：		流动负债合计	
可供出售金融资产		非流动负债：	
持有至到期投资		长期借款	2 000
投资性房地产		应付债券	
长期股权投资	600	长期应付款	
长期应收款		专项应付款	
固定资产	1 500	递延所得税负债	
在建工程		其他非流动负债	
工程物资		非流动负债合计	
固定资产清理		负债合计	
生产性生物资产		所有者权益（或股东权益）	
无形资产	500	实收资本（股本）	2 000
开发支出		资本公积	
商誉		减：库存股	
长期待摊费用		盈余公积	300
递延所得税资产		未分配利润	
其他非流动资产		加：少数股东权益	
非流动资产合计		所有者权益（或股东权益）合计	
资产总计	6 300	负债和所有者权益（或股东权益）总计	6 300

这种账户式资产负债表反映的资产、负债和所有者权益的关系比较直观，阅读方便。

资产列于资产负债表的左方，非常清晰地显示了企业拥有或控制的资源分布情况及其数额状况，而且对照右方的负债和所有者权益，能一目了然地了解到企业的资产与支持资产的资金来源的内在关系。

表 10-2 暴风集团的资产负债表是上下结构的报告式结构,这种报表结构也称垂直式结构,把资产负债表的项目由上而下进行排列,共分成三个部分:首先是资产部分,然后是负债部分,最后是所有者权益部分。目前,上市公司对外公布的资产负债表都采用报告式结构。当前盛行报告式结构资产负债表的原因主要是两点:一是版面的宽窄适合 A4 纸,二是可以增加报告的年度,如三年或五年的期末数。

10.2.4 资产负债表的基本内容

资产负债表上的内容是按照资产、负债和所有者权益这三个会计要素及其各个项目顺序列示的。当前,我国企业的资产负债表中资产项目和负债项目是按照流动大小进行列示的,即流动性越强的资产排列越靠前,流动性越强的负债也是排列越靠前,所有者权益则是按照永久程度排列的,越永久的排得越靠前。

1. 资产

资产是指企业过去的交易或者事项形成的,由企业拥有或者控制的,预期会给企业带来经济利益的资源。根据资产的定义,资产具有以下三个特征:①资产预期会给企业带来经济利益;②资产应为企业拥有或者控制的资源;③资产是由企业过去的交易或事项形成的。

流动性是指资产(商品或服务)可以按照接近市场价水平快速售出的能力。毫无疑问,最具流动性的资产是现金。按照流动性可以将资产分为流动资产和非流动资产两类。

流动资产是指预计在一个正常营业周期内变现、出售或耗用的,或者主要为交易目的而持有,或者预计在资产负债表日起一年内(含一年)变现的资产。流动资产至少包括:货币资金、交易性金融资产、应收及预付款项、应收利息、应收股利、存货等;非流动资产是指流动资产以外的资产。资产负债表中列示的非流动资产通常有长期股权投资、固定资产、生产性生物资产、无形资产、长期待摊费用等。

2. 负债

负债是指企业过去的交易或者事项形成的,预期会导致经济利益流出企业的现时义务。负债分为流动负债和非流动负债两类。

流动负债是预计在一个正常营业周期中清偿,或者主要为交易目的而持有,或者资产负债表日起一年内(含一年)到期予以清偿的负债。资产负债表中列示的流动负债项目通常包括短期借款、应付及预收款项、应付职工薪酬、应交税费、应付利息等;非流动负债是指除流动负债以外的负债,主要包括长期借款、应付债权、长期应付款等。

3. 所有者权益

所有者权益是指企业资产扣除负债后,由所有者享有的剩余权益。企业的所有者权益又称为股东权益。所有者权益是所有者对企业资产的剩余索取权,它是企业的资产扣除债权人权益后应由所有者享有的部分,既反映了所有者投入资本的保值增值情况,又体现了保护债权人权益的理念。所有者权益,也称股东权益、净资产,反映企业在某个特定日期所有者拥有的净资产总额,主要包括实收资本或股本、资本公积、盈余公积(含公益金)和未分配利润等项目。

10.2.5 资产负债表重要项目概述

1. 资产项目

小微企业常用的资产项目包括货币资金、短期投资、应收款项、预付账款、存货等流动资产项目，以及长期投资、固定资产和累计折旧、无形资产、开发支出、长期待摊费用等非流动资产项目。这里，仅重点介绍几个重要的最常用的资产项目。

（1）货币资金。资产负债表上一般只列示"货币资金"项目，不按货币资金的组成项目单独列示或披露。货币资金项目包括库存现金、银行存款和其他货币资金。货币资金流动性最强，而且是唯一能够直接转化为其他任何资产形态的资产，也是最能代表企业现实购买力水平的资产。实际上，资产负债表上的货币资金包括可以随时使用的货币资金和受限制的货币资金两种。小企业的领导和企业债权人非常需要了解这种区分，因为这种区分可以有助于评估企业的偿债能力。例如，中科云网 2014 年 12 月 31 日资产负债表上"货币资金"为 101 573 518.48 元，但附注披露其中包含存放于银行受限房租押金为 3 976 848.69 元[⊖]。

（2）短期投资。短期投资项目包括小企业购入的能够随时变现并且持有时间不准备超过一年的股票、债券和基金投资项目。企业经常用短期内受限制的货币资金购买一些证券来赚取收益。这个项目反映的金额是资产负债表日企业持有的证券投资成本。

（3）应收款项。应收款项包括商业交易性质的应收票据和应收账款，还有非商业交易性质的其他应收款、应收利息和应收股利等。应收票据表示企业因销售未到期也未向银行贴现的应收款，包括银行承兑汇票和商业承兑汇票；应收账款则是因销售商品或提供劳务等日常生产经营活动应该收取的款项。应收票据和应收账款都是因赊欠销售或服务而产生的。非商业性质的其他应收款主要是企业除各项应收款之外的应收及暂付项目，仅反映企业内部的往来事项。近年来，该项目开始涉及更多往来事项，尤其是企业与关联企业之间的往来事项、企业间的借贷，以及其他往来事项都反映在这个项目内。

在资产负债表上，应收账款和其他应收款的余额由其总额减去坏账准备金额后填列。坏账准备是对应收款可能产生的无法收回或收回可能性很小所做的一种损失估计，商业交易性的应收账款和非商业交易性的其他应收款按照其总额减去当期估计的坏账准备额后的净额列示，表明估计的未来可实现的营业收入额的一种保守态度[⊖]。企业会计准则不可能硬性规定所有行业的坏账准备计提比例，留给企业自主操作的空间还是很大的。所以，坏账的估计具有较高的主观性，报表使用人必须谨慎，不可想当然地认为所有的应收款项必定带来现金流入。

从已有的事实看，利用坏账准备（利润表上列入资产减值损失项目）有两种：一种是少计坏账准备金，以减少当期损益；另一种是多计坏账准备金，以增加费用减少当期利润。多计坏账准备一般发生在经营环境恶化、经营不善或更换 CEO 的时期。第一年多计提

⊖ 来自中科云网科技集团股份有限公司 2014 年度报告，http://www.cninfo.com.cn/finalpage/2015-04-29/1200935444.PDF。

⊖ 我国的企业会计准则规定：企业的应收账款（包括其他应收款）坏账损失的核算采用备抵法，可以按余额百分比法、账龄分析法、赊销金额百分比法等计提坏账准备并计入"资产减值损失"项目，具体方法由企业自行确定。但我国所得税法又规定：所有企业计提准备（所有准备）所导致的损失，在未经税务机构认可之前，一律不得抵扣企业所得税款。需要说明，计提准备并非说明企业已经丧失了收取货款的权利。

坏账准备金，增加资产减值损失导致利润大幅下降但相应的资金得到了储备。在会计实务界，将这种会计操纵手法称作"洗澡"[注]。

（4）预付账款。它也称预付费用，是指企业在使用相应服务或权力前预先支付的款项或费用。例如，预付的保险费、房产租金等都是在享受前支付的。报表上列示金额最多的预付账款是预付的购货款。在资产负债表上，企业的预付账款以成本列报，如未来取得购买存货的成本和税金。对于大多数企业来讲，除非企业竞争地位较差而供货商因商品供不应求而要求先付款后交货情况，预付账款金额并不重大，只占资产总额的一小部分。在评价企业的偿债能力和支付能力时，财务报告的使用人应当认识到这样的事实，即一般情况下，预付账款在未来并不产生现金流入。

（5）存货。存货是指企业在日常活动中持有以备出售的产成品或商品、处在生产过程中的在产品、在生产过程或提供劳务过程中耗用的材料和物料等。存货区别于固定资产等非流动资产的最基本的特征是，企业持有存货的最终目的是为了出售，包括可供直接销售的产成品、商品，以及需经过进一步加工后出售的原材料等。存货项目所显示的数额非常重要，因为一个企业的成功与否在很大程度上依赖产品的销售能力，同时存货数额较大也可能是存货积压滞销和冷背残次所致。

资产负债表上，存货项目列报的数额是存货的实际成本，包括采购成本、加工成本和其他费用。值得注意的是，在会计上，存货实际成本的确定取决于所采用的计价方法。小企业和创业企业常用的存货计价一般有加权平均法、先进先出法和个别计价法等几种可供选择。同时，存货的记录方式有永续盘存制和定期盘存制，企业可根据所处的行业特点选择其一。例如，零售商店可选择定期盘存制记录存货的增减变动和余额，生产制造业企业一般都选择永续盘存制记录方式。

在永续盘存制下，根据会计凭证记载的分录在账簿中连续记录存货的增加和减少，并随时根据账簿记录结出账面结存数量。即对存货的日常记录既登记收入数，又登记发出数，通过结账，能随时反映账面结存数的一种存货记录方法，所以也称账面结存制度。

在定期盘存制下，不用账面连续记录存货的增加与减少得出期末存货，平时只登记存货的增加数，到了期末对库存进行盘点确定存货结存数额，通过这种方法倒轧出销货成本。

存货计价的先进先出法是假设先购进的存货先售出，库存中最早的存货成本最先转入销售成本；而加权平均法则是企业将所有可供销售的存货的成本混合一起进行平均计算，然后按照计算出的加权平均单价来计算销售成本和期末存货成本。

很多企业对存货的记录非常重视。不管是小企业还是大企业，无论是零售、服务业还是生产制造加工业，存货的种类繁多，品种规格也非常复杂。而存货的计价事关利润、纳税额、现金流的多少，影响资产负债表的期末存货，影响利润表的营业成本和现金流量表上的经营活动现金流量。需要记住的是：不同的存货盘存制与不同的存货计价方法的组合，会产生不同的期末存货成本和销售成本，进而影响毛利润、税前利润、所得税费用、

[注] "洗澡"（Big Bath），也称洗大澡，特指企业通过有意压低年景差的业绩，将利润推迟到以后年度集中体现，以达到以后时期业绩大增的会计操纵手段。这个会计操纵手段通常出现在企业遭遇经营困境时，管理层会倾向于把已经不佳的业绩做得更差。此外还容易出现在新任管理层入位和企业被并购之后，新的管理层也会倾向于把企业业绩做差，把责任推给前任，轻装上阵。

净利润和现金流量等财务报表相关项目的数额。

（6）固定资产。固定资产是指同时具有下列特征的有形资产：①为生产商品、提供劳务、出租或经营管理而持有的；②使用寿命超过一个会计年度。固定资产是企业生产经营过程中的重要劳动资料，它能够在若干个生产经营周期内发挥作用并保持原有实物形态不变，但其价值则由于损耗而逐渐减少。这部分减少的价值以折旧的形式，分期转入成本费用中去，并通过销售予以回收补偿。所有的企业，无论大小，都会购买计算机、打印机、办公家具、交通工具等固定资产，小企业一般不购置房产和大型设备，而是租赁经营用的房屋和设备。经营租赁的房屋建筑物并不在承租企业的资产负债表上列报，但融资租入的设备在租赁期要作为固定资产列报在资产负债表上。

在上述的固定资产投入使用前，其购置建造成本都以资产项目列报在资产负债表上。一旦企业使用了这些固定资产去创造收入，它们就会随着时间的推移和使用的情况产生损耗而渐渐失去使用价值，那么在财务报表上就要反映这种使用。利润表上要反映因损耗转为的折旧费用，固定资产原始成本减去计提的折旧（称为累计折旧）后的净值要列在资产负债表上的固定资产项目下。

例如，创业板上市公司"楚天科技股份有限公司（300358）"2018年12月31日资产负债表的资产部分如表10-4所示。

表10-4 资产负债表（节选）

2018年12月31日　　　　　　　　　　　　　　　（单位：元）

项　目	期末余额	期初余额
流动资产		
货币资金	559 890 420.84	376 194 045.74
应收票据及应收账款	760 144 385.41	743 891 151.68
应收票据	37 947 385.71	87 221 947.34
应收账款	722 196 999.70	656 669 204.34
预付款项	31 869 407.35	39 379 529.03
其他应收款	67 271 864.99	30 091 607.14
存货	1 076 640 008.84	997 335 380.90
其他流动资产	219 233 687.53	390 363 584.29
流动资产合计	2 715 049 774.96	2 577 255 298.78
非流动资产		
可供出售金融资产	94 156 956.91	94 201 101.72
投资性房地产	4 689 449.79	4 916 761.83
固定资产净额	751 068 189.73	624 446 225.31
在建工程	94 986 066.74	158 543 639.77
无形资产	128 744 375.74	132 727 443.74
商誉	321 853 195.61	333 546 918.24
长期待摊费用	5 045 993.45	1 357 039.55
递延所得税资产	33 481 544.26	26 622 450.84
其他非流动资产	11 418 069.89	1 867 814.56
非流动资产合计	1 445 443 842.32	1 378 229 395.56
资产总计	4 160 493 617.28	3 955 484 694.34

2. 负债项目

负债有流动负债和非流动负债。流动负债是企业在一年内或超过一年的一个营业周期内需要用流动资产或增加其他负债来抵偿的债务。初创的小微企业常用的流动负债项目主要有短期借款、应付票据和应付账款等商业性质的应付款项、应付职工薪酬、应付税费等流动负债项目。非流动负债也称长期负债，是指除流动负债以外的各类负债，初创的小微企业主要有长期借款、预计负债、递延收益、长期应付款等项目。

在实际工作中，管理者常常根据不同的需要对负债进行分类展开分析。①按持有时间分类，分为流动负债和非流动负债。②按照是否有利息分类，分为带息负债和不带息负债。带息负债主要有短期借款、长期借款、应付债券等，不带息的负债较多，如应付账款、应付职工薪酬、应付利息和应付股利、预收账款、应交税费、其他应付款、长期应付款等。③按偿还手段分类，分为货币性负债和非货币性负债。货币性负债主要为需要以货币资金来偿还的流动负债，主要包括短期借款、应付票据、应付账款、应付职工薪酬、应付股利、应交税费和其他应付款。非货币性负债是指不需要用货币资金来偿还的流动负债，主要为各种应计负债、递延收益、预收账款等。④按照偿付金额是否确定分类，分为金额可以确定的流动负债和金额需要估计的流动负债。金额可以确定的流动负债是指有确切的债权人和偿付日期并有确切的偿付金额的流动负债，主要包括短期借款、应付票据、已经取得结算凭证的应付账款、预收账款、应付职工薪酬、应付股利、应付利息、应交税费和其他应付款等。金额需要估计的负债是指没有确切的债权人和偿付日期，或虽有确切的债权人和偿付日期但其偿付金额需要估计的流动负债，主要包括没有取得结算凭证但存货可能已经入库的应付账款等。⑤按照业务活动形成方式分类，分为融资活动形成的流动负债和经营活动形成的负债。融资活动形成的负债是指企业从银行和其他金融机构筹集资金形成的负债，主要包括长期借款和短期借款、应付股利和应付利息。经营活动形成的负债是指企业在正常的生产经营活动中自发形成的负债，主要包括应付票据、应付账款、预收账款、应交税费、其他应付款中应付外单位的款项等。

这里，仅重点介绍几个重要的最常用的负债项目。

（1）短期借款和长期借款。小微企业向银行借入的期限在一年以内和超过一年的尚未偿还的各种借款本金都列入这个项目。这两个项目都有确定的利息成本，企业在借入前要认真测算利息成本对财务报表产生的影响和借款后的实际影响，包括资产负债表上本金和应付利息以及是否资本化的列报、利润表的财务费用和税费以及税后净利的影响额、现金流量表的现金流出的影响等。

一个企业从创立到日后的发展，都离不开借款这个财务杠杆来撬动投资和经营活动。在经济环境好的情况下，财务杠杆会给企业和投资人带来丰厚的回报，利息支出不足挂齿。债务融资至少有两个好处：一是利息固定，当所要支付的利息低于债务融资能带来的收益时，额外的收益可使股东受益；二是利息可以抵一部分税，但所有者投资回报的红利却不能抵税。

但是，一旦企业经营不善或遭遇到较大的经济或金融危机，较多的债务恐怕会让企业遭受较大的损失。因此，无论是新创立企业还是发展中企业，在借款之前应当做一下财务测算。

例如，小明创立的公司已有 50 万元的权益资本，税前利润率为 12.5 万元，所得税率为 25%；现该公司准备扩大规模，需追加 50 万元资金，并使税前利润增加到 25 万元。现有两个融资方案可供选择：方案一是取得借款，利率 10%；方案二是增发股本，红利支付率 10%。

根据这个基本资料，公司财务上需要进行测算，如表 10-5 所示。

表 10-5　小明公司融资方案表　　　　　　　　　　（单位：元）

项　目	追加资金前	追加资金后	
		增发股本	借　款
股本金	50.00	100.00	50.00
借款额	—	—	50.00
息税前利润	12.5	25.00	25.00
减：利息支出（10%）	—	—	5.00
税前利润	12.5	25.00	20.00
减：所得税费用（25%）	3.12	6.25	5.00
净利润	9.38	18.75	15.00
每股收益（=净利润/股本金）	0.18	0.18	0.30

从表 10-5 中明显可以看出，增加债务 50 万元虽然致使其净利润仅 15 万元，低于无债务增资的净利润 18.75 万元，但最终的净资产净利率即每股收益却达到了 0.30 元，明显高出无债务下的每股收益 12 个百分点，主要原因是债务的抵税效应。该公司应当选择借款增加财务杠杆这个融资方案。

（2）应付票据和应付账款。这两个流动负债项目通常是因商业交易活动而产生的，应付票据是企业采用银行承兑汇票或商业承兑汇票结算方式下的欠款。商业汇票上有明确的交易金额、付款日期，有些票据还有利息。应付账款是商业信用下的赊购或接受劳务所欠供货商的债务，采用这种结算方式的供货商通常对购货的客户比较信任。应付账款和应付票据都是在经营活动中产生的，是随着生产经营活动的变化而自动改变的流动负债。新设立企业往往不愿意从银行借款，但日常的生产和经营又离不开资金周转。那么，新创企业和小微企业在做好自己的产品的同时，也应在运用商业信用进行采购方面研究如何把应付账款与存货之间的数量关系处理好。通常情况下企业采用应付账款的方式结算，就意味着向供应方进行了短期融资，且这种融资是没有成本的，因此企业在遵循商业信用规则的情况下可以充分借用外部的这部分无费用资金。

（3）预计负债。预计负债是根据会计的谨慎性原则确认的现已发生的但尚未支付、未出票但以后才支付的事项，包括对外提供担保、未决诉讼、产品质量保证、重组义务以及固定资产和矿区权益弃置义务等产生的预计项目。如产品质量保证、企业的重大诉讼等在交易时先计提在预计负债账户内，以后产品发生退货或者维修等费用时再进行冲减，诉讼费用则是在法院判决以后冲回。

（4）递延收益。这个项目是政府给予小企业或新创立企业的政府补贴款。一般来讲，企业当期收到了补贴款，但要在以后时期分期计入损益（通常是"营业外收入"科目），如拨入中小企业发展专项资金、产业振兴和技术改造资金、生产设备技术改造资金、工业技术改造补贴资金、战略性新兴产业资金等。

例如，创业板上市公司"楚天科技股份有限公司"（代码 300358，简称"楚天科技"）2018 年 12 月 31 日的资产负债表中负债节选部分如表 10-6 所示。

表 10-6　资产负债表中负债（节选）

2018 年 12 月 31 日　　　　　　　　　　　　　　　　　（单位：元）

项　目	期　末　余　额	期　初　余　额
流动负债		
短期借款	418 000 000.00	296 000 000.00
应付票据及应付账款	613 685 258.45	621 784 359.87
应付票据	182 865 440.44	195 255 925.64
应付账款	430 819 818.01	426 528 434.23
预收款项	438 862 359.43	310 844 265.07
应付职工薪酬	49 112 746.41	42 523 686.46
应交税费	22 953 750.39	7 975 099.21
应付利息	2 169 574.57	2 169 574.57
应付股利	1 671 004.11	1 673 104.11
其他应付款	97 996 166.92	227 795 228.89
流动负债合计	1 644 450 860.28	1 510 765 318.18
非流动负债		
长期借款	—	—
应付债券	—	—
长期应付款	59 000 000.00	60 000 000.00
预计非流动负债	6 100 381.34	4 802 412.96
递延所得税负债	7 151 074.25	8 120 498.34
长期递延收益	55 373 985.82	53 071 963.47
其他非流动负债	—	—
非流动负债合计	127 625 441.41	125 994 874.77
负债合计	1 772 076 301.69	1 636 760 192.95

从表 10-6 可以看出，楚天科技的流动负债占比较大，其中较多的流动负债是应付账款，其次是预先向客户收取的账款。短期借款是该公司从银行取得的信用借款。该公司的预计负债是当期和以前时期对已售出的产品在质保期内按销售收入计提的质保费；而递延收益为政府补贴的中小企业发展专项资金。楚天科技的这些负债项目中，带利息的负债仅有短期借款，其利息费用计入利润表的财务费用项目；而预计负债在预提的当期计入利润表的费用项目，递延收益则在摊提时也要列进利润表的收入项目。

总之，资产负债表上的很多负债项目也会同时影响利润表项目即影响当期损益。

3. 所有者权益项目

所有者权益，又称股东权益、净资产，是企业的所有者对净资产的要求权。投资者对企业获得的要求权有两个途径：一个途径是缴入资本，也就是向企业注入资金，注资的方式一般都是现金，也有设备、房屋和货物等固定资产以及特许经营权、专利权等无形资产，还有的是股权投资方式；另一个途径是留存收益，企业获得的净利润要按照法定的要求和自身发展的需要从净利润中留下相当的一部分作为盈余公积金，还要留出一部分净利润暂时不做任何安排，留作以后补亏、结转盈余公积金和分配红利或股利积存资金。所以，留存收益是最受企业家欢迎的增资方式。

在资产负债表上，所有者权益或股东权益由以下几个项目构成。

（1）实收资本或股本。实收资本或股本是企业收到投资者按照合同协议约定或相关规定投入的构成注册资本的部分。企业要按照各个投资人投入的注册资本的比例向他们分配利润。例如，张某、李某和赵某三人投入企业的注册资本共计 1 000 万元，张某投入 500 万元，李某投入 300 万元，赵某投入 200 万元。日后企业获得税后利润 100 万元，全部分配给三位投资人，于是张某、李某和赵某三人各自获得的利润分别为张某 50 万元，李某 30 万元和赵某 20 万元。反之，如果企业发生了亏损而且没有利润的积累，那么这三位投资人必须按照各自的投资比例承担亏损份额。

（2）资本公积。资本公积是所有者的共有资本或准资本，是投资者投入资本超过注册资本的那部分。资本公积通常包括资本溢价或股本溢价和其他资本公积。一般来讲，有限责任公司初始创立时，投资人都按照合同约定的注册资本所占份额出资，一般不会出现资本溢价问题。

有限责任公司在经过较长一段经营时期需要扩大规模发展的时候会吸收新的投资人增资，但其投资额不能与当期的所有者的投资资本相提并论，因为企业创立时的资本是风险最高的资本，贡献度最大。因此，新加入的投资人要想占有一定的注册资本份额，必须投入更多，超过其在企业注册资本中所占份额的那部分资本就是资本溢价。例如，小明和小林共同投资 200 万元组建了一家有限责任公司，小明投入 120 万元，占 60%的股份，小林投入 80 万元，占 40%的股份。3 年后，该公司账上留存收益的余额为 80 万元，所有者权益共计 280 万元。此时，该公司准备吸收新资本以扩大规模，经重新注册后，注册资本增至 280 万元。现有小方提出给公司注资并占有与小林一样的股份。经参照公司法和三位股东之间的协商，小方应出资 100 万元才可与小林同股。小林同意后立即将 100 万元转入该公司的银行账户里。于是，该公司三位所有者的股权比例如下：

小明：实际投入 120 万元，占注册资本比例=120/280=42.85%；

小林：实际投入 80 万元，占注册资本比例=80/280=28.58%；

小方：实际投入 100 万元，其中注册资本定为 80 万元，占注册资本比例为 28.57%。

但小方超过其注册资本的投资额 20 万元，作为资本溢价，计入资本公积。

（3）留存收益。一个企业交纳所得税后的利润属于其所有者，所有者既能将这部分利润支付给自己，也可以把利润留在企业内。支付的利润称为"分红"，保留在企业的利润称为"留存"。留存在企业的利润即留存收益是再投入到企业的货币，如同所有者直接投资一样，属于所有者的贡献，因为所有者完全可以按照他们的意志把这部分税后利润提取走用于其他方面。所以，留存收益也可以理解为内部形成资本，包括法定盈余公积、任意盈余公积和未分配利润三个项目。留存收益代表着企业经营活动效率的提高而增加的所有者要求权。但是，留存收益是一个常见的容易误解的概念。一方面，在我们的资产负债表上，没有直接用"留存收益"这个项目名称，它是一个组合名，包括上述的盈余公积项目和未分配利润项目；另一方面，从字面上看，很多人认为留存收益代表企业能随时根据需要提取的现金储备。事实上，就像其他投资一样，盈余公积和未分配利润仅仅是一个概念或一个限制，通常它们在形成的同时就被某个资产占用了。

法定盈余公积是指按照《公司法》的规定，根据企业净利润和法定比例计提的盈余公积。法定盈余公积主要用于企业扩大生产经营的规模，也可以用于弥补企业亏损或转增资本。

企业在计提了法定盈余公积之后，还可以根据需要，计提任意盈余公积。任意盈余公积的计提比例由企业自行确定。任意盈余公积的用途与法定盈余公积相同，企业在用盈余公积弥补亏损或转增资本时，一般先使用任意盈余公积，在任意盈余公积用完以后，再按规定使用法定盈余公积。

未分配利润是指企业实现的净利润中留下的不做任何分配的利润，企业多用于以后年度向投资者分配红利。

总之，小企业的所有者权益由实收资本或股本、资本公积、盈余公积和未分配利润组成。期末所有者权益与期初所有者权益的关系式是：

期初所有者权益+净利润−股利（红利）=期末所有者权益

如果当期有新增投入的资本，则：

期初所有者权益+净利润−股利（红利）+新增实收资本或股本=期末所有者权益

例如，楚天科技股份有限公司 2018 年 12 月 31 日的资产负债表中所有者权益节选部分如表 10-7 所示。

表 10-7 资产负债表（节选） （单位：元）

项 目	期 末 余 额	期 初 余 额
所有者权益		
实收资本（或股本）	473 647 891.00	480 154 435.00
资本公积	1 154 797 367.67	1 229 031 585.78
减：库存股	68 730 299.70	146 361 502.80
盈余公积	81 371 200.16	78 822 368.36
未分配利润	716 250 301.95	677 077 615.05
归属于母公司股东权益合计	2 357 336 461.08	2 318 724 501.39
少数股东权益	31 080 854.51	—
所有者权益（或股东权益）合计	2 388 417 315.59	2 318 724 501.39

在楚天科技的资产负债表上，2018 年年末的股本部分比上年末减少了 6 506 544.00 元，是由实行股份回购所致；2018 年年末资本公积也减少了。根据楚天科技（300358）公告，公司 2018 年实现营业总收入 16.32 亿元，同比增加 27.44%；实现归属于上市公司股东的净利润 4 137.05 万元，同比减少 74.21%；实现基本每股收益 0.09 元，同比减少 75.68%。楚天科技表示，公司业绩变动的主要原因是，产品成本增加，毛利率下降；报告期内，研发投入增加以及对子公司进行商誉减值。2018 年年末公司盈余公积比年初增加了

2 548 831.80 元，同样，未分配利润也增加了 39 172 686.90 元。

可见，楚天科技公司虽然 2018 年度净利润比 2017 年大幅减少，但利润仍很可观。

10.3 利润表：管理利润

10.3.1 利润表概述

很多的企业人士经常说："利润是创造出来的，不是编报出来的。"这句话本身是没错的。利润来自生产和经营，来自人们的辛勤工作。然而，如何客观地展现企业在一定时期创造的利润，发现企业的盈利点并找出不足之处和需要改进提升的地方，却需要通过对财务报表的阅读与分析才能了解。财务报表的编制和列报、分析是一个数据处理，寻找和发现问题，日后解决问题的一个不可或缺的管理过程。通俗点讲，资产负债表和利润表可被看作是掌握经营活动的两把工具。资产负债表是经营的一个清单，从上面可以了解企业到底有什么资产、多少负债和属于股东的价值，以及它们的变化，企业经营者可以掌握资产和资金的现状。利润表就是反映经营活动的一张动态表，掌握企业经过一段时间的运营到底发生了多少费用，带来多少收入和赚得了多少利润。例如，企业月初有一批库存商品，反映在资产负债表上存货项目下，当期从事经营将其销售出去，带来的收入和利润，反映在利润表上的营业收入和营业成本以及毛利润中，存货的减少和当期的采购入库又都记录在资产负债表上的期末存货项目下，如图 10-4 所示。

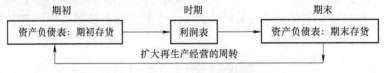

图 10-4　资产负债表与利润表的关系

利润表，通常也称作损益表、收益表，反映的是企业在一定时期取得的经营成果和其他结果。在利润表上，可以了解到企业在一定时期赚取的收入和发生的各项成本费用及两者配比后形成的净利润或净损失。

利润表的主要作用如下：

1. 帮助使用者了解企业利润的形成过程

利润表通过反映不同阶段的利润数额，揭示出企业最终阶段的净利润的形成过程和影响因素，帮助报表使用者了解企业主要的盈利点和主要的成本耗费点，找出影响利润的重要因素。

2. 有利于评价企业的业绩

利润表所反映的企业在某段时期的盈亏额实际上是对企业经营和管理水平进行评价的成绩单，从中可以衡量企业的经营管理业绩和评估投资价值，帮助企业经理和投资人做出相应的经济决策。

3. 有助于预测企业未来的经营成果

利用当期的和以前各期的利润表数据大致能看出企业经营的变化趋势和有关项目之间

的关系。利润表可以帮助报表使用者分析和在一定程度上预测企业未来的收入和费用成本的变动趋向,以做到心中有数并通过预算过程应对未来的变化。

利润表的会计要素包括收入、费用和利润,三者关系的公式为:

$$收入-费用=利润$$

从会计的原理上讲,收入会导致所有者权益增加但与所有者投入资本无关,费用导致所有者权益减少但与向所有者分配利润无关。如果企业实现了利润,表明所有者权益将增加,业绩得到了提升;反之,如果企业发生了亏损,表明所有者权益将减少,业绩下滑了。收入导致经济利益的流入,从而致使资产增加或负债减少;费用导致经济利益的流出,从而致使资产减少或负债增加。如果把资产负债表公式与利润表公式结合起来,则可用下面的公式表示为:

$$资产=负债+所有者权益+(收入-费用)$$

10.3.2 利润表的格式

我国企业的利润表采用多步式格式,如表10-8所示。

表10-8 利润表

会企02表

编制单位:　　　　　　　　　　　年　　月　　　　　　　　　　　(单位:元)

项　目	本期金额	上期金额
一、营业收入		
减:营业成本		
税金及附加		
销售费用		
管理费用		
财务费用		
资产减值损失		
投资收益(损失以"-"号填列)		
资产处置收益(损失以"-"号填列)		
其他收益		
二、营业利润(亏损以"-"号填列)		
加:营业外收入		
减:营业外支出		
三、利润总额(亏损总额以"-"号填列)		
减:所得税费用		
四、净利润(净亏损以"-"号填列)		

注:此表为2019年通用利润表格式,部分项目已删除。

例如:创业板上市公司"乐视网信息技术(北京)股份有限公司"2014年年末公布的利润表,如表10-9所示。

表 10-9　合并利润表（简要）

2014 年 12 月　　　　　　　　　　　　　　　　　　　（单位：元）

项　目	本期金额	上期金额
一、营业收入	6 818 938 622.38	2 361 244 730.86
减：营业成本	5 828 133 468.42	1 668 684 007.47
营业税金及附加	56 848 870.42	25 921 973.17
销售费用	489 035 465.49	194 520 082.60
管理费用	175 454 652.60	89 988 324.29
财务费用	167 915 495.78	116 298 019.88
资产减值损失	53 689 254.75	27 769 539.78
加：公允价值变动收益（损失以"-"号填列）	—	—
投资收益（损失以"-"号填列）	5 038.44	-1 355 138.81
其中：对联营企业和合资企业的投资收益	-318 733.87	-90 791.38
二、营业利润	47 866 453.36	236 707 644.84
加：营业外收入	27 556 349.09	10 694 405.72
减：营业外支出	2 532 697.61	1 001 167.33
其中：非流动资产处置损失	474 357.04	1 167.33
三、利润总额（亏损总额以"-"号填列）	73 899 104.84	246 400 883.23
减：所得税费用	-55 879 456.04	14 020 132.73
四、净利润（净亏损以"-"号填列）	128 796 560.88	232 380 750.50
五、每股收益：		
（一）基本每股收益	0.44	0.32
（二）稀释每股收益	0.43	31

注：2019 年利润表中"营业税金及附加"改为"税金及附加"。

10.3.3　利润表上的计算公式

利润表以营业收入为起点，分三个步骤计算不同的利润：

第一步：营业利润=营业收入-营业成本-税金及附加-销售费用-管理费用-财务费用-资产减值损失+公允价值变动收益+投资收益

第二步：利润总额=营业利润+营业外收入-营业外支出

第三步：净利润=利润总额-所得税费用

在以上三个步骤计算的利润里，应当注意下面几个项目的不同称谓：

毛利润，是指营业收入减去营业成本后的利润，公式为：

$$毛利润=营业收入-营业成本$$

息税前利润，或称经营利润，是指未减去利息和未扣减所得税费用之前的利润，公式为：

$$息税前利润=营业利润+财务费用$$

利润总额，或称税前利润，是指未扣除所得税费用之前的利润。

净利润，通常称作税后利润。

应当承认，企业的很多人员对财务和会计的知识并不精通，特别是对会计词汇一知半解，只知其然而不知其所以然。有很多企业的会计人员说，企业领导到会计部门来问本月的利润有多少。我们的职业习惯是询问具体哪个利润项目。于是反问领导："您问的是哪部分利润？"对此，领导常常不以为然，面带怒色。我们只好把利润表直接拿给领导，让他们自己看，我们站在旁边给予解释。所以，企业的经理和管理人员掌握更多、更深的会计知识，对于有效管理企业是十分有用的。

10.3.4 利润表上的会计问题

一提到收入和费用，我们就会想到现金的流入和现金的流出。毋庸置疑，收入会带来现金流入，费用成本会耗费现金，导致现金流出企业。由于财务报表是每期都要编制和提供的，所以当一个时期结束编制财报时，当期挣得的营业收入，相应的现金不一定转入企业的银行账户，收入的赚取和现金的流入不在一个时间内，有时错后收到（如应收账款的回收），有时提前取得（如预收客户的定金）；当期发生的成本费用，相应的现金不一定从企业的银行账户转出，发生的成本费用与流出的现金不在一个时间内（例如，预付的保险费、预交的购货定金）。

那么，怎样在利润表上列报收入和费用，是赚取收入和发生费用时就列报还是现金流入和流出时列报？在财务会计处理上，有两个制度或原则可供选择，即收付实现制和权责发生制。

1．收付实现制

收付实现制，也称现金制，是以收到货支付的现金作为确认收入和费用等的依据。

我国的行政事业单位采用收付实现制进行账务处理。很多小微企业和初创企业应收、应付业务较少，也采用这种制度进行会计处理。当使用收付实现制时，企业只有在收到现金或支票时才确认已售商品的收入。确认企业的费用也适用同样的原则，发生的费用只有在实际支付时才予以确认。一般来说，使用收付实现制的企业不会出现虚夸利润的现象。

小微企业、初创企业总是在实际收到营业收入款时才确认收入，在实际发生现金支出时才确认费用。这种会计记录方法简便易行，财务报表上列报的收入和费用信息真实可靠。另外，企业没有取得和支付现金确认收入和费用，从纳税角度讲，暂时不用申报纳税，从而避免过早纳税而导致企业资金链出现问题。

例如，A 企业当月促销，向 B 单位销售商品 10 万元，但相应的现金须在日后的第三个月才能收到。按照收付实现制的要求，A 企业账面上在当月并不记录相应的收入，当月利润表上不反映这 10 万元尚未收到现金的营业收入；到了第三个月，A 企业实际收到这笔 10 万元营业收入款并转入了开户银行，就必须记录为营业收入并列报在利润表上。

2．权责发生制

权责发生制，也称应计制，要求凡是当期已经实现的收入和已经发生或应当负担的费用，不论其现金是否收到和支付，都应当作为当期的收入和费用，列入利润表；凡是不属于当期的收入和费用，即使其现金已在当期收入和支付，也不应当作为当期的收入和费用。

在权责发生制下，企业确认收入和费用不以当期是否实际收到和支付款项为依据，而是以是否发生了实际的经营业务为记账和披露的凭据。现代企业的会计处理一般都是用权责发生制。因为这项制度能使报表上披露的损益相关性更强，会计信息更加具有价值。

例如，一家互联网服务公司 C 已创立三年有余，目前正处在业务快速发展期，每期的业务量较大且稳定。本月 1 500 万元营业收入，其中有 800 万元已经入银行账户；本月营业费用 900 万元，其中支付了 850 万元。在权责发生制下，C 公司记录的营业收入为 1 500 万元，营业费用为 900 万元，营业利润为 600 万元。利润表上列报的收入、费用和利润也是如此，假设无其他费用。

但是，假如 C 公司按照收付实现制基础记账和列报，营业收入则为 800 万元，营业费用为 850 万元，那么 50 万元就是 C 公司的亏损额了。

按照 2013 年施行的《小企业会计准则》，小型企业应采用权责发生制基础进行会计处理，由此资产负债表上就有应收、应付和预收、预付等项目，当期利润表上的营业收入和各项成本费用，与当期的现金流入和流出不一定一致。

但是，一般而言，很多业务量不大和赊销收购也较少的小微企业特别是零售企业、高科技企业和服务型企业经过有关部门的批准和会计师事务所的认可，可以采用收付实现制。

3. 利润表重要项目的含义

经验告诉我们，创业企业在最初运营的几个时期，就是在"烧钱"，没有什么收入和回报，因为创立企业从事一项新的事业需要投入很多的物力和人力。不言而喻，获得丰厚利润是创业者梦寐以求的好事情，但首先要有付出甚至在较长时期需要很大的付出，然后才有收获，收入和利润的获得很慢。但是，企业的创业者和管理层不能回避这种事实，更不要因此而失去工作的热情和信心。阅读利润表，读懂利润表上各个项目，能够让企业家们更深入地了解每一个项目的内容及其变化，知晓企业的强弱点。

（1）营业收入。营业收入，也称销售收入，企业人士常常简称为"营收"，是在利润表中的第一项目，更是被人们最为看重而且被考察得最仔细的项目。企业融资、购置资源、发生耗费、制造产品和提供服务等都是用来获取收入的，而且获得的收入越高，覆盖回收成本的余地就越大，利润也就越多。权责发生制下的营业收入不划分现金销售收入和赊销收入。

在小企业，营业收入主要包括主营业务收入和其他业务收入。企业从事的各项经营业务都在其营业执照上的经营范围项内列示。例如，一家广告公司的营业执照上列有"设计、制作、代理、发布各类广告，计算机图文设计制作，企业形象策划，展览展示设计服务，会务服务，美术设计，动画设计"。对于这家广告公司来讲，设计、制作、代理、发布各类广告或许是主营业务，可是在某个时期该公司做的企业形象策划、展览展示设计服务较多，获得的收入最多，那么哪些是主营收入、哪些又是其他业务收入，很难说清楚。所以，在利润表上营业收入是一个统称概念，包括主营业务收入和其他业务收入。但是，阅读利润表时，企业的 CEO 或董事长应当了解得更加详细，了解收入的构成情况，以便与计划做比较，调整战略和预算，做出更好的决策，采取相应的措施。

例如，前述的乐视网公司采用权责发生制进行账务处理。该公司 2014 年和 2013 年的利润表上，营业收入分别是 6 818 938 622.38 元和 2 361 244 730.86 元。利润表上是一个完整的数字,看不出当期与上期的具体项目数据,也缺少具体项目的对比数据。此时,阅读者需要补充、附注信息。乐视网公司年报中收入相关的具体构成如表 10-10 所示。

表 10-10 营业收入构成表　　　　　　　　　　　　　　　　（单位:元）

项　　目	2014 年	2013 年	与 2013 年相比
广告业务收入	1 572 061 798.67	838 955 356.28	733 106 442.39
终端业务收入	2 740 047 010.46	504 176 701.05	2 235 870 309.41
会员及发行业务收入	2 421 916 186.04	1 017 786 613.34	1 404 129 572.70
其中:付费业务	1 525 949 717.10	393 060 731.75	1 132 888 985.35
版权分销业务	704 591 996.39	624 725 881.59	79 866 114.80
影视剧发行业务	191 374 472.55	—	191 374 472.55
其他业务收入	84 913 627.21	326 060.19	84 587 567.02
合计	6 818 938 622.38	2 361 244 730.86	4 457 693 891.52

通过表 10-10 的收入构成可以直观地了解到,该公司的营业业务由广告业务、终端业务、会员及发行业务和其他业务四个项目组成。各项业务收入虽然在总营业收入中所占的比例不一样,但是在 2014 年都比上一年取得了较大的增长,增幅较大的是终端业务收入和会员及发行业务收入,而且会员及发行业务中又新添了影视剧发行业务,也取得了不错的业绩。2014 年的营业收入总额比 2013 年增加了约 44 亿元,2014 年营业收入是 2013 年营业收入的 2.9 倍,其中,终端业务收入 2014 年是 2013 年的 5.4 倍。通过阅读收入构成及其变化,阅读者可以看到乐视网公司业务结构、重点的变化和业绩的增长情况。

(2)营业成本。营业成本,也称销售成本,是指已经售出商品的生产成本或已经提供劳务的劳务成本以及其他销售的业务成本。但营业成本是在销售之前发生的费用,而不是在销售中和销售后发生的。

生产制造型企业的生产成本包括原材料采购成本或外购商品成本、直接人工成本及间接成本等加工费用。营业成本代表大部分的变动成本。单位变动成本是固定不变的,不随产量的变化而变化,变动成本总额却是由产量直接决定,即产量越大,变动成本总额就越大。

(3)毛利润。毛利润,简称毛利,如前所述,是营业收入减去营业成本后的剩余额。毛利润的作用,就企业自身而言,在于它覆盖利润表上除营业成本以外的所有其他各项费用支出如销售费用、管理费用、财务费用等,以及所得税费用,毛利润超过这些费用支出后的余额才是利润。

例如,前面举例的乐视网公司利润表中,2014 年的毛利润为:

毛利润=6 818 938 622.38−5 828 133 468.42=990 805 153.96(元)

毛利润补偿了所有的其他费用后的营业利润为 27 556 349.09 元。

企业关心毛利润,主要是关心产品的生产成本或服务成本的控制水平。但是,什么样的毛利才合适、才是一个可以接受的数额?这就需要有参照水平,如行业的毛利润平均值或最大和最小值、本企业的历史数额等。同时,毛利润的大小,在不同行业之间也有很大的差异。零售百货商场的商品种类很多、数量庞大,单位商品的零售价格较低,销售较快,相比汽车经销商,其存货周转就非常快,但较低的价格压低了毛利,尽管商品的毛利较低，但积累起来就构成了百货商场相当可观的毛利润额。汽车、电视、高档服装等，它们的单位销售价格较高，销售较慢，但每件商品的毛利润较高。

投资人关心企业的毛利润，是因为毛利润的变化反映企业的基本盈利能力和基本竞争能力的变化。如果他们所投资的企业，几期的毛利润不稳定并总体上有下降态势，至少能说明该企业销路不畅或出现了问题，或者销售价格处于竞争的劣势，甚至无法根据投入成本的上涨而调整产出价格。

实际上，关于毛利最关键的财务数值是毛利率。毛利率由毛利润除以营业收入获得。

（4）期间费用。期间费用是指某个会计期间发生的费用，在利润表上，主要指销售费用、管理费用和财务费用等项目。期间费用不能直接归属于某个特定产品成本，而是随着时间推移而发生的与当期产品的管理和产品销售直接相关，而与产品的产量、产品的制造过程无直接关系，即容易确定其发生的期间，而难以判别其所应归属的产品，因而不能列入产品生产成本，而在发生的当期从损益中扣除。

销售费用是企业在销售产品、自制半成品和提供劳务等过程中发生的各项费用，包括由企业负担的包装费、运输费、广告费、业务宣传费、装卸费、保险费、委托代销手续费、展览费、租赁费（不含融资租赁费）和销售服务费、销售部门人员的职工薪酬、差旅费、折旧费、修理费、物料消耗、低值易耗品摊销以及其他经费等。

销售费用一般随着销售额增加而增加，属于销售额的变动费用，因此通过对扣除销售费用后的利润情况的分析，可以在一定程度上看出企业营销能力的强弱，并且可以从另一方面反衬出产品的销路情况。例如，毛利率很高，但是销售费用一直居高不下，则可能企业的营销管理不顺畅，或者企业的产品销路不够好，需要高额的广告、促销等销售费用来维持。

毛利润减去销售费用后的利润反映企业营销管理水平的高低。

管理费用是指企业为组织和管理生产经营发生的其他费用，包括小企业在筹建期间内发生的开办费，行政管理部门发生的折旧费、修理费、办公费、水电费，以及管理人员的职工薪酬等，还有业务招待费、研究费、技术转让费、相关长期待摊费用的摊销、财产保险费、审计评估费、咨询顾问费、诉讼费、存货的盘盈或盘亏等。大部分的管理费用是固定费用，即不随销售额的变化而变化，其发生额只与会计期间有关。管理费用的大小在相当程度上反映了企业内部管理水平的高低。

用扣除销售费用后的利润（即毛利润−销售费用）减去管理费用后的利润为息税前利润，全称为扣除利息费用和所得税费用前的利润，一方面反映企业某个期间企业管理水平高低，另一方面反映企业某个期间经营业绩的好坏，所以，息税前利润也称作经营利润，反映企业从事生产经营活动带来的收益。

财务费用，是指企业为筹集生产经营所需资金发生的筹资费，包括利息费用（减利息收入）、银行相关手续费、小企业给予的现金折扣（减享受的现金折扣）等费用。一般来说，非金融企业如零售、制造业企业的财务费用并非是企业的常规业务费用，尽管它的发生与经营活动有一定的联系，但属于次要活动发生的费用。例如，乐视网公司2014年的财务费用为167 915 495.78元，约占总营业成本的2.5%。

对比息税前利润与利润表上营业利润项目之间的关系，可以反映出财务政策的问题。

从企业管理角度讲，利息是由企业财务政策所决定的，与经营管理并无直接关系，因此使用息税前利润来衡量企业的经营业绩会比利润表中的"营业利润"更为准确，因为利润表中的"营业利润"实际上已经扣除了计入"财务费用"里的利息费用。如果企业的息税前利润很高，而营业利润很低，则表明企业的财务决策有问题，就应该改变企业的财务政策，以提高企业利润。

（5）营业外收支和利润总额。利润表包含的业务和事项范围除了基本的、必需的经营活动，还有那些与正常的经营活动联系较少的业务或事项。企业的各项支出和收入中除了上述的营业收入和营业成本及与经营相关的费用外，还有很多是非经营性的收入和支出，这就是营业外收入和营业外支出。

营业外收入是指企业在经营业务以外取得的收入。小企业的营业外收入主要包括固定资产出售净收益、政府补助、捐赠收益、盘盈收益、出租包装物和商品的租金收入、逾期未退包装物押金、确实无法偿付的应付款、已作坏账损失处理后又收回的应收款项，以及罚款收入等。

营业外支出是指小企业在经营业务以外发生的支出，包括存货的盘亏、毁损、报废损失、坏账损失、非流动资产处置净损失、无法收回的长期债券投资损失、无法收回的长期股权投资损失，自然灾害等不可抗力因素造成的损失、税收滞纳金、罚金，被没收财物的损失，对外捐赠支出、赞助支出和违约金支出等。

这些收入和支出的特点是偶发性，非经常性，与正常的营业无直接关系，而且发生的数额一般不会太大。

区分营业收支与营业外收支主要在于，前者是企业常规的持续发生的，具有重复性，但后者一般是非常规的一次性事项，不具有重复不断发生的特点。所以，营业外收支与营业收入和营业费用不能混在一起进行反映。如果不做单独列示，势必会影响报表阅读人对公司盈利和业绩做出正确判断。因此，在利润表上，营业利润之后，列示营业外收入和支出项目。然后，用营业利润加上或减去营业外收支净额得出利润总额。

利润总额，反映企业当期实现的扣除所得税前的财务成果。

（6）所得税费用和净利润

所得税费用项目反映企业根据所得税法确定的应从当期利润总额中扣除的所得税费用。

净利润，即税后利润，是企业当期实现的扣除所得税费用后的利润。净利润的报告关系到企业的价值：对于上市公司来讲，股票价格及其走势在一定程度上由企业的净利润决定；向企业授信的机构和评级机构提交净利润报告也是观察与评价企业的净利润对信用产生的影响及变化；此外，对企业管理层的评价也是依据利润指标，净利润是外部股东评价企业经营管理水平的基本标准，因为它决定企业税后利润分配给股东红利的数额多少。

通过对利润表中收入、毛利、销售费用、经营利润、净利润等各期数据的观察以及与各期数据做比较，与行业数据做对比，企业的投资人等外部的利益相关者和企业内部的经营管理者能够在较短的时间内判断出企业的经营成果好坏及对应的问题。从这点上讲，利润表就是企业经营的"晴雨表"。

10.4 现金流量表：现金流量的来源与去向

10.4.1 现金流量表概述

现金流量表反映的是企业在某个特定时期现金流量及其变化的财务报表。而现金的流入和流出表明了企业所从事的基本的而且普遍的经济活动。

从实务技术上讲，现金流量表同资产负债表和利润表等存在着勾稽关系。从提供信息内容看，现金流量表信息，诸如企业从经营中获得多少现金收入，扩大规模从哪些渠道取得的现金，购货、添置设备动用了多少现金等，其作用是其他财务报表所不具备的。

概括而言，现金流量表主要有以下作用：

（1）现金流量表能揭示企业当前的偿债能力和支付能力。在现代的市场经济环境下，企业的所有者和债权人等在阅读财务报表时，最关心的信息莫过于现金流量情况。所有者根据现金流量信息了解企业当前是否能及时支付股利和投资收益，并以此预期企业的经营前景和支付能力；债权人可以从中分析企业当前和未来的债务偿还能力。而企业的经营管理者掌握当前现金情况，可以合理安排资金，以提高财务的灵活性和应变能力，降低风险。由于企业资产负债表提供的信息反映的是企业所拥有的经济资源及其要求权，绝大多数资产项目只能隐含地表示未来的现金流量，并具有一定的不确定性；利润表是根据权责发生制进行编制的，有些项目的部分金额与当期的现金收支无关。可见，这两种财务报表不能直接反映企业一定时期内所发生的现金收入和现金支出等情况。然而，现金流量表可以直接列报企业当期现金的收入和支出以及变动项目或者间接地列报当期现金的变动项目，比利用资产负债表观察营运资本变化，计算和分析流动比率和速动比率来了解偿债能力和支付能力更直接、清楚。财务报表使用者将资产负债表、利润表和现金流量表结合在一起能够全面地分析并掌握企业的财务状况和成果与其经济利益之间的关系。

（2）最能满足财务报表使用者的要求，便于他们预测企业未来的现金流量。现金流量表是反映企业过去一段时期以来的现金流入和流出的情况。一般来说，对未来变化趋势的预测总是建立在对过去实际经营业绩分析的基础上。换句话讲，现金流量表的重要作用之一是一个财务预测工具，而不仅仅是一个后视镜。报表使用者通过阅读和分析企业以往某个时期或连续的几个时期的现金流量表，利用可靠而相关的历史现金流量信息来预测企业未来现金流量的金额、时间和确定程度等，以便他们做出有关的经济决策。企业外部的所有者利用这个预测信息来决策是否保持和追加他们的投资；债权人通过现金流量表做出预测，来判断和决策企业是否有能力偿还他们到期的本息，而潜在的投资人和债权人据此决策是否应向企业投资和贷款；企业内部的经营管理者根据现金流量表所做的决策，编制下一期的现金收支计划，确定现金净流量和最佳占用量，以便合理地安排经营活动，并采取有效的管理策略，尽量加快、增加现金的流入和合理地延缓、控制现金的流出，提高现金的利用效率。

（3）弥补权责发生制的不足。当前的会计以权责发生制为基础。在权责发生制下，某个会计期间确认的收入和费用，有一部分是账项调整的结果，包括预计项目和应计项目的调整，这些项目不仅在当期不发生任何现金流量，而且所调整的金额大小取决于会计方法，含有一定的人为因素在内。这正是权责发生制的缺陷。而编制现金流量表，只是确认当期的现金收入和现金成本费用，而且都有可靠的凭据验证，受主观因素影响较小，因而这张报表提供的信息更真实可靠。现金流量表与资产负债表和利润表结合在一起，从不同侧面反映企业的财务状况和经营成果，形成一个相辅相成、功能完整的报表体系。

（4）增强会计信息的可比性。由于现金流量表的编制不使用权责发生制程序，同时，各个企业对会计要素具体项目的分类基本不影响现金流量表的内容。所以，编制现金流量表可以排除不同企业对同一会计事项采用不同方法处理的影响，在某些方面提高了会计信息在不同企业之间的可比性。

另外，现金流量表所揭示的经营现金流量的变化能帮助财务报表使用者从另一个角度分析和判断企业财务状况和经营成果的可靠性，也在一定程度上防止个别企业利用会计方法粉饰财务状况和操纵经营成果。

10.4.2 现金流量表的相关概念和项目分类

1. 现金流量表的相关概念

现金流量表是反映企业在某个会计报告期内从事各项业务活动等所发生的现金流入量、现金流出量和现金净变动额的财务报表。

现金的概念包括狭义和广义两种。狭义的现金概念，是指企业的库存现金、存入银行或其他金融企业并可以随时用于支付的款项和其他货币资金等。必须指出，银行存款和其他货币资金中那些不能随时用于支付的存款，例如，不能随时支取的定期存款等，不应作为现金，而应列作投资（后面将对投资进行具体讲述），而提前通知银行或其他金融企业后便可支取的定期存款，应属于现金范围内。而广义的现金概念还要包括现金等价物。

现金等价物是指企业持有的期限短、流动性强、易于转换为已知金额现金、价值变动风险很小的投资。能作为现金等价物的投资，其特点为：

（1）期限等于或短于三个月。

（2）可以流通，即能够交易。

（3）市场上的利率变化对其价值影响较小或可以忽略不计。

但是，企业在若干年前进行的投资，即使离到期日不到三个月，由于它本身就不是短期投资，所以不能视为现金等价物。之所以限定投资期限应等于或短于三个月，是因为这项要求能将因市场利率变化而引起投资价值（如债券价格）波动的风险降到最低，保证在证券的持有期内其面值基本等于它的市场价值。企业进行短期投资，目的一般都是利用暂时闲置的资金赚取比存款利息更高的利息或投资收益。而一旦企业急需资金购买物资、商品和支付费用等，可以立即将这些短期投资在市场上转让以换回现金。企业的权益证券投资（如普通股票）一般不能作为现金等价物，因为普通股票的权益投资没有到期日，而且股票的市场价格经常变化，股票转换为现金的具体金额有着相当的不确定性。

所以，企业的一项投资被列为现金等价物必须同时具备以下四个条件。

（1）期限短（一般指从购买日起，三个月到期的投资，如可在证券市场上流通的三个月内到期的短期债券投资等）。

（2）流动性强。

（3）容易转换为已知金额的现金。

（4）价值风险很小。

一般而言，编制现金流量表运用的"现金"概念，既可以是狭义的，也可以是广义的。《小企业会计准则》提出的现金概念是广义的，它包括库存现金、各类存款、其他货币资金和现金等价物等。使用现金和现金等价物的概念编制现金流量表，所提供的信息具有能反映企业的当前偿债能力、支付能力和财务灵活性等作用。

现金流量（Cash Flows），是企业在一定时期内现金的流入数量和流出数量的总称。例如，企业销售商品或提供劳务、出售设备、从金融机构获得的借款等取得的现金，我们将之形象地称作现金流入；购买货物、购置固定资产、偿还债务等而支付的现金，可称作现金流出。因此，如果说"现金"是从静态所定义的概念，那么"现金流量"则是从动态来解释的现金概念。从编制现金流量表的角度来理解，现金流量的概念也为广义的现金概念。所以，类似从银行提取现款，现金与现金等价物之间的转换等不会影响现金流量。而对现金流量产生影响的因素是现金各项目同非现金各项目之间的增减变动。

正如上述，现金流量表反映的是企业在某个时期内发生的现金流入量、现金流出量和现金净变动量。某个时期的现金净变动量是该时期的现金流入量和现金流出量之间的差额。

其实，通俗些理解，现金流量表就如同个人的银行账单。账单上，既有现金收入情况也有现金支出情况。在三张财报中，现金流量表是最客观的一份报表。因为，现金流量表只记载一定时期内对现金流量有影响的交易和事项。一项交易或者一个业务事项是否对现金流产生影响，几乎是没有任何争议的。

2. 现金流量表的列报分类

现金流量表的目的是提供有关企业的现金流入和现金流出的信息，也就是企业的现金来自哪里，又流向何处。因此，需要对影响现金流量的各种交易和业务事项做出划分。

不同于资产负债表和利润表，现金流量表是根据经济活动的性质进行分类反映现金流量的。

企业应以怎样的形式将一定时期内的现金流量进行报告，以便于使用者利用？这便是按怎样的标准划分现金流量类别的问题了。

为了清晰地揭示各项业务活动影响现金的情况，需要对影响现金的业务活动进行分类列示，而且，根据"收支两条线"的现金管理原则，现金流量表的三类活动都分别按照现金流入量和现金流出量列报，而不能以相互抵消后的净额进行列示。影响现金流量的经济活动可分为三大类别，即经营活动、投资活动和筹资活动。图10-5 直观地显示了企业三种现金的流向。下面对三种活动的现金流量进行概括介绍。

（1）经营活动现金流量。一般而言，经营活动是企业为获取收入和盈利而必须进行的经济活动，譬如购买货物、销售商品、提供劳务、支付工资、制造产品、交纳税金等。管理企业的有关业务活动也属于经营活动的内容。企业的经营活动主要是企业在供应、生产和销售这三个阶段所从事的各项经济活动，由采购货物、制造产品、销售产品和管理活动所组成。通常，企业的经营活动是对现金流量影响最大的因素，因此，经营活动产生的现金流量作为现金流量表的第一部分来列报。小企业会计准则定义的经营活动包含的活动较广,指企业投资活动和筹资活动以外的所有交易和事项。

所以,经营活动现金流量的列报需要分为经营活动现金流入量和经营活动现金流出量两个小类,并在这两个小类下划分若干的项目具体列示。

1)经营活动现金流入量。它包括销售产成品、商品、提供劳务收到的现金(但增值税销售税额,列入收到其他与经营活动有关的现金项目内),也就是从客户处收取的购货款项,收到其他与经营活动有关的现金等。

2)经营活动现金流出量。它包括购买原材料、商品、接受劳务支付的现金(但增值税进项税额,列入支付其他与经营活动有关的现金项目内),支付的职工薪酬,支付的税费,支付其他与经营活动有关的现金。

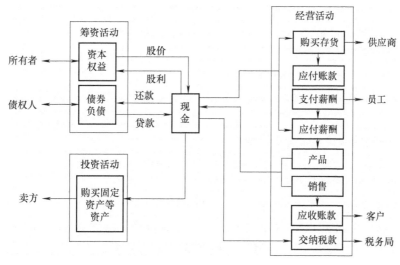

图 10-5　三类现金流量关系

3)经营活动产生的现金流量净额。一定时期的经营活动现金流入量减去经营活动现金流出量后,就得到经营活动现金流量净额,公式为:

经营活动产生的现金流量净额=经营活动产生的现金流入量−经营活动产生的现金流出量

(2)投资活动现金流量。投资活动是指企业长期资产的购建和不包括在现金等价物范围内的投资及其处置活动。企业的投资活动按投资的对象,分为生产性投资和证券性投资。这里,企业的长期资产就属于生产性投资之一,包括固定资产、在建工程、无形资产和其他资产等;证券性投资,通常指原定期限在三个月以上的债券投资和全部权益性投资。但很多小企业和新创立企业,其资金多用于日常经营周转方面,很少有富裕的资金去做证券和其他理财产品投资。所以,小微企业在现金流量表上通常没有证券投资。企业从事投资活动特别是进行长期资产的投资业务,一般都会使该时期的现金大量流出,譬如,用现款购置机器设备、认购有价证券等。企业的投资活动不仅包括某个时期进行投资而发生的现金流出活动,还有与投资有关的各种现金流入活动,如回收的投资,变卖固定资产所得的现金收入,转让有价证券获取的现金等。

与经营活动现金流量一样,投资活动的现金流量也是按照其流入量项目和流出量项目分别列示在现金流量表上的，公式为：

投资活动产生的现金流量净额=投资活动产生的现金流入量-投资活动产生的现金流出量

（3）筹资活动现金流量。筹资活动是指企业为了保持和扩大经营而从事的与其所有者和长期债权人发生关系的重要经济活动，筹资活动会导致企业所有者权益与负债的规模以及财务结构发生变化。筹资活动主要包括从所有者处获得资源和向他们分配投资利润，以及从债权人处借得的货币、其他资源和偿还的借款数额等。新设企业筹资活动较多，如股东增资或投资，银行借款等。

企业从事的各种经济活动，其中涉及企业负债的业务不一定均被划作筹资活动。一般来讲，企业通过借款直接取得资金的业务应列作筹资活动，而通过赊购方式取得的材料、商品以及发生的应付工资、应交税金和其他应付款项则是企业经营活动的内容。

筹资活动产生的现金流量也都是按照流入和流出分别列报的，公式为：

筹资活动产生的现金流量净额=筹资活动产生的现金流入量-筹资活动产生的现金流出量

以上所述的经营、投资和筹资是企业正常发生的三大类经济活动，企业在某一时期现金流量的变化主要是这三类活动的发生所引起的。但是，由于某些原因，企业有时也发生一些非常事件和特殊业务，例如，某些人为或非人为的原因导致企业财产丢失或损失，企业接受捐赠，等等。其中，有些非常或特殊事件给企业造成现金流出，或者带来现金收入。这类事件引起现金流量变化的特点如下：

1）偶然性或不经常发生，它们同正常的业务活动没有直接关系。
2）特殊性，即它们不属于经营、投资和筹资活动的事件。
3）除特定情况外，它们不会使现金大量流出和流入。

这些引起现金变化的非常性和特殊性事件，被统称作"特殊项目"，主要包括非常损失致使现金支出和收入有关的保险赔偿，各种罚款收支、滞纳金支出等。它们根据其性质，可分别归属到经营活动、投资活动或筹资活动的现金流量类别项目中。

除了上述的三种现金流量项目外，对企业进行外币业务产生的现金收入或现金支出情况，应按现金流量发生当日的市场汇率或平均汇率折算为记账本位币金额独立设一个类别予以反映。

（4）现金及现金等价物变动额。在当期，企业三类活动的净变动额合计就是"现金及现金等价物变动额"项目的数额，即：

现金及现金等价物变动额=经营活动产生的现金流量净额+投资活动产生的现金流量净额+
筹资活动产生的金流量净额

如果现金及现金等价物变动额是正数，表明企业当期现金的总流入大于当期现金的总流出；反之，如果是负数，就表明企业当期现金的总流入小于当期现金的总流出，而该负数则由上期末结存的现金余额补充。

例如，乐视网 2014 年现金流量表的经营活动、投资活动和筹资活动等现金流量净额，以及现金及现金等价物变动额等节选信息如表 10-11 所示。

由表 10-11 可知，2013 年三类活动现金及现金等价物合计额是净增加额即正数，但 2014 年三类活动现金及现金等价物合计是净减少额即为负数。

表 10-11　乐视网公司合并现金流量表（节选）　　　　　　（单位：元）

项　目	2014 年	2013 年
经营活动产生的现金流量净额	234 182 733.96	175 851 396.59
投资活动产生的现金流量净额	−1 525 677 639.53	−897 667 036.13
筹资活动产生的现金流量净额	1 153 267 014.87	1 114 659 986.03
汇率变动对现金及现金等价物的影响	−141 618.96	−646 637.66
现金及现金等价物净增加额	−138 369 509.66	392 197 708.83
加：期初现金及现金等价物余额	585 718 105.29	193 520 396.46
期末现金及现金等价物余额①	447 348 595.63	585 718 105.29

① 表示资产负债表 2014 年年末货币资金余额为 499 850 156.29 元。由于会计准则要求现金流量表列报可随时用于支付的款项，乐视网公司 2014 年年末货币资金余额中有保函保证金和银行承兑汇票保证金等受限制支付的货币资金 52 501 560.66 元，所以这里的期末现金及现金等价物余额显示的数字是 447 348 595.63 元。

10.4.3　现金流量表的列报格式

在现金流量表上，列报（即计算）经营活动现金流量的格式有两种：直接法和间接法。但是，现金流量表上的其他两个部分，对投资活动现金流量和筹资活动现金流量只有一种列报方法或格式，都是分别列报它们的流入量和流出量及其净变动量的。在现金流量表列示三类活动产生的现金流量中，经营活动现金流量是最重要的现金流量。销售商品或提供服务是企业生存和发展的先决条件，而且不像投资活动和筹资活动产生的现金流量每年都有可能发生较大的变化，企业经营活动是常规的和不断发生的营业活动，持续产生现金流应当是合情合理的。不同阶段的经营活动现金流量也有其明显的特征，稳定增长期的成熟企业，其经营现金流量净额通常是正数，但处于初创期的小企业，来自经营活动的现金流为负数的情况非常普遍。

如何通过现金流量表了解企业的经营活动现金流量变化情况，应当从不同的角度进行分析。这就是现金流量表的两种列报格式：直接法和间接法。通过直接法格式的现金流量表可以了解某个时期经营活动现金的来龙去脉，而从间接法现金流量表上看到的信息，可以掌握经营现金流量变化的原因。

（1）直接法：将利润表上的每一项数据转化为其现金流量。

（2）间接法：净利润的基础上将其调整为经营活动产生的现金流量净额。

1. 现金流量表的直接法格式

直接法是以利润表中的收入和费用为基础，通过对与经营有关的资产、负债等项目进行调整，计算出经营活动的现金流入量和现金流出量及其净流量的方法。运用直接法，在现金流量表上直接列报进行经营活动发生的各项现金收入和各项现金支出，以经营活动产生的收入为起算点计算经营活动现金流入量，经营活动现金流出量要从经营活动现金流入量中减去，以确定经营活动提供或可以使用的现金净流量，这种方法也称作直接列示法。小企业现金流量表直接法格式如表 10-12 所示。

表 10-12 现金流量表（直接法）

项　目	本期发生额	上期发生额
一、经营活动产生的现金流量：		
销售产成品、商品、提供劳务收到的现金		
收到其他与经营活动有关的现金		
经营活动现金流入小计		
购买原材料、商品、接受劳务支付的现金		
支付的职工薪酬		
支付的税费		
支付其他与经营活动有关的现金		
经营活动现金流出小计		
经营活动产生的现金流量净额		
二、投资活动产生的现金流量：		
收回短期投资、长期债权投资和长期股权投资收到的现金		
取得投资收益收到的现金		
处置固定资产、无形资产和其他非流动资产收回的现金净额		
投资活动现金流入小计		
短期投资、长期债权投资和长期股权投资支付的现金		
购建固定资产、无形资产和其他非流动资产支付的现金		
投资活动现金流出小计		
投资活动产生的现金流量净额		
三、筹资活动产生的现金流量：		
取得借款收到的现金		
吸收投资者投资收到的现金		
筹资活动产生的现金流入小计		
偿还借款本金支付的现金		
偿还借款利息支付的现金		
分配利润支付的现金		
筹资活动产生的现金流出小计		
筹资活动产生的现金流量净额		
四、汇率变动对现金及现金等价物的影响		
五、现金及现金等价物净增加额		
加：期初现金及现金等价物余额		
六、期末现金及现金等价物余额		

我国小企业会计准则要求小企业必须编制直接法现金流量表。直接法格式现金流量表的特点是对企业经营活动中的具体项目的现金流入量和现金流出量进行详细列报，所以，这种列报方式的优点是便于报表使用者了解企业从事经营活动产生现金收入的具体来源和发生现金支出的具体去向，有助于评价企业未来的经营性现金流量；同时，直接列报经营活动的现金收入项目和现金支出项目，为观察分析影响现金净流量的具体因素提供了方便。

但是，运用直接法的一个基本前提是企业在经营过程中发生的现金收入、现金支出的种类较少而且简单,现金流量项目很容易划分,而如果企业收支业务种类多,收支渠道复杂,使用直接法编制现金流量表就比较困难了。

现举例说明直接法下现金流量表的分析。

例如,某小型公司 2019 年 1 月 1 日资产负债表上的货币资金余额是 300 万元;2019 年 6 月 30 日货币资金余额为 200 万元。

2019 年 1 月至 6 月的半年度现金流量表如表 10-13 所示。

表 10-13　简要现金流量表

2019 年 6 月 30 日　　　　　　　　　　　　　　　（单位:万元）

项　目	本期累计数
一、经营活动产生的现金流量:	
销售商品收到的现金	3 600
购买商品支付的现金	4 100
经营活动产生的现金流量净额	−500
二、投资活动产生的现金流量:	
处置固定资产收回的现金	600
投资活动产生的现金流量净额	600
三、筹资活动产生的现金流量:	
取得借款收到的现金	700
偿还借款本金支付的现金	−600
偿还借款利息支付的现金	−80
分配利润支付的现金	−220
筹资活动产生的现金流量净额	−200
四、现金及现金等价物净增加额	−100

从现金流量表来分析,现金及现金等价物净增加额为−100 万元,即减少额,说明本期的现金总流入量小于总流出量,其不足额 100 万元动用了年初现金余额,从而使现金余额减少了 100 万元,货币资金由年初的 300 万元减少到 6 月 30 日的 200 万元。具体来看,该公司本期经营活动现金流量净额为−500 万元,筹资活动现金流量净额也为负数即−200 万元,两方面一共短缺现金 700 万元。但公司本期处置变卖固定资产取得现金 600 万元,均用于弥补现金的缺口,其余 100 万元则动用了年初的现金储备。

(1)这里揭示出一个严重的问题:该公司依靠出售固定资产获得大量现金,能够维持多久?而且又借款取得大量现金 700 万元。没有一家成功的企业是长期依赖借债生存的,因为公司最终必须偿还借款。现金流量表上已经显示当期公司偿还旧债 600 万元。

好企业最大的现金来源是从事的经营活动,而不是出售长期资产或借债。

(2)该公司 2019 年上半年并没有添置新的固定资产来替代补充已处置的设备,是公司准备退出这个行业还是持币待购寻找新的商机?这值得深入研究。

(3)该公司 2019 年上半年支付利息 80 万元和利润 220 万元,数额较大。尽管借款和处置资产取得的现金在补充了经营活动需要的现金后仍有余量,但还是使用了现金储备。那么该公司剩下的 200 万元现金储备能够维持以后的运营吗?

当然，分析时我们还要利用资产负债表和利润表做相关分析，以对该公司的财务状况形成一个较完整、较客观的认识。

2．现金流量表的间接法格式

现金流量表的间接法，也称间接列示法，是以本期净利润为基础，通过对所有的非现金费用和有关的资产、负债等项目进行调整来计算经营活动产生的现金净流量的方法。如前所述，无论采用何种格式编制现金流量表的经营活动产生的现金流量，都不会影响投资活动现金流量和筹资活动现金流量的列示方式。同时，由于运用直接法格式编制现金流量表，企业还必须在补充资料中提供间接法格式的现金流量表经营活动产生的现金流量项目。所以在这里，将现金流量表补充资料即经营活动产生的现金流量间接法格式列示如表 10-14 所示。

表 10-14　现金流量表补充资料

补 充 资 料	本 期 金 额	上 期 金 额
1．将净利润调节为经营活动的现金流量：		
净利润		
加：资产减值准备		
固定资产折旧		
无形资产摊销		
长期待摊费用摊销		
处置固定资产、无形资产和其他长期资产的损失（收益以"-"号填列）		
固定资产报废损失（收益以"-"号填列）		
财务费用（收益以"-"号填列）		
投资损失（收益以"-"号填列）		
存货的减少（增加以"-"号填列）		
经营性应收项目的减少（增加以"-"号填列）		
经营性应付项目的增加（减少以"-"号填列）		
其他		
经营活动产生的现金流量净额		
2．不涉及现金收支的重大投资和筹资活动：		
债务转资本		
一年内到期的可转换公司债券		
融资租入固定资产		
3．现金及现金等价物的期末余额		
减：现金及现金等价物的期初余额		
现金及现金等价物净增加额		

运用间接法计算经营活动产生的现金流量净额，以当期的净利润为起算点，主要对下列三个内容进行调整计算：

（1）对属于利润表但不影响现金流量的某些项目金额进行消除。属于这类的项目主要有：计提的资产减值准备、计提的固定资产折旧、无形资产摊销、长期待摊费用摊销等。

（2）对属于利润表但不属于经营活动的某些项目金额进行消除。属于这类需要消除的项目有处置长期资产的损益、固定资产报废损失、财务费用和投资损益等。

（3）对在经营过程中影响现金流量的流动资产（不含现金等）项目和流动负债项目进行调增或调减。属于这类需要调整的流动性项目一般有：经营性应收账款的变动额、存货的变动额、经营性应付账款的变动额，以及其他项目的变动额。

按照间接法，在"净利润"的基础上，对以上各项目金额进行调增和调减，最终确定出"经营活动产生的现金流量净额"项目的数额。这个项目的数额应当与"直接法"下的该项目的数额相等。无论使用直接法还是使用间接法编制现金流量表，所计算出的经营活动产生的现金净流量都是一致的。

间接法的主要特点是以权责发生制确定的净利润为起点，经过逆运算将非现金项目、非经营性项目和经营性的流动资产、流动负债进行必要调整，求出经营活动的现金净流量。运用间接法编制现金流量表，使报表使用者通过本年净利润与经营活动现金净流量之间的差异能够比较清楚地把握它们之间的关系，并通过分析形成差异的若干项目，找出原因。但是，间接法现金流量表不提供具体的经营现金收入和支出的项目，因此对一般的报表使用人来讲，阅读难度较大，特别是对一些项目的调整，如折旧的调增、存货的变动调增等也不易理解。

但是，净利润与间接法下的经营活动现金流量调整过程的对比，便于分析经营活动产生的现金净流量变化的原因，以利于经营者发现问题和提高管理水平。运用间接法现金流量表的分析将在第四章做较详细的介绍。

例如，前述的创业板上市公司"楚天科技公司（300358）"的2014年和2013年现金流量表中直接法和间接法经营活动产生的现金流量信息如表10-15和表10-16所示。

表10-15　现金流量表（直接法节选）　　　　　（单位：元）

项　　目	2014年发生额	2013年发生额
一、经营活动产生的现金流量：		
销售产成品、商品、提供劳务收到的现金	798 645 991.92	998 781 644.42
收到其他与经营活动有关的现金	40 006 280.43	33 240 104.85[①]
经营活动现金流入小计	838 652 272.35	1 032 021 749.27
购买原材料、商品接受劳务支付的现金	468 163 735.38	562 976 057.46
支付的职工薪酬	193 674 277.06	190 538 775.79
支付的税费	96 607 179.08	59 378 566.03
支付其他与经营活动有关的现金	88 893 804.72	80 234 524.88
经营活动现金流出小计	847 338 996.24	893 127 924.16
经营活动产生的现金流量净额	-8 686 723.89	138 893 825.11

① 表示含收到的税费返还款79 867.33元。因为，小企业在现金流量表上一般不单独设置收到的税费返还款项目，发生时都并入收到其他与经营活动有关的现金项目内。

表10-16　现金流量表（间接法节选）　　　　　（单位：元）

补　充　资　料	2014年金额	2013年金额
将净利润调节为经营活动的现金流量：		
净利润	156 906 209.90	134 975 692.56
加：资产减值准备	6 672 096.81	6 199 039.18
固定资产折旧	23 642 806.92	19 305 424.49

(续)

补 充 资 料	2014 年金额	2013 年金额
无形资产摊销	2 712 940.83	2 504 348.09
长期待摊费用摊销	786 822.72	
处置固定资产、无形资产和其他长期资产的损失（收益以"–"号填列）	544 503.98	1 495 231.09
财务费用（收益以"–"号填列）	1 676 854.71	1 278 361.56
递延所得税资产减少（增加以"–"号填列）	–929 772.48	–3 451 756.19
存货的减少（增加以"–"号填列）	39 788 043.78	–214 425 591.25
经营性应收项目的减少（增加以"–"号填列）	–169 293 471.08	–39 602 267.26
经营性应付项目的增加（减少以"–"号填列）	–71 193 759.98	230 615 342.84
经营活动产生的现金流量净额	–8 686 723.89	138 893 825.11

从表 10-15 和表 10-16 来看，直接法下的经营活动产生的现金流量净额与间接法下的经营活动产生的现金流量净额是相同的。

在表 10-15 的直接法下，2013 年的流入量明显大于流出量，现金净流量为正数；但 2014 年流入量小于流出量而出现了负数。2014 年经营活动产生的现金流量出现负净额，具体原因是什么？直接法也只能告诉我们流入量小于流出量了。

但是，间接法现金流量表显示了净利润与经营活动产生的现金流量净额之间的关系或差异：2013 年，净利润小于经营活动产生的现金流量净额，但 2014 年的净利润超过了当年的经营活动产生的现金流量净额。从净利润到经营活动现金净流量这个过程，至少有 10 个项目导致两者出现差异。请读者参照"财务会计"课程中净利润与经营活动现金流量净额之间关系的具体分析。

10.5 财务报表分析

10.5.1 财务报表分析概述

1. 财务报表分析的含义

财务报表分析是以财务报表为主要依据，运用一系列科学方法及评价标准，系统地对企业的偿债能力、营运能力、盈利能力以及成长能力等方面进行分析和评价。其主要目的是使报表使用者在了解企业过去和现在的基础之上，准确地预测企业未来的发展状况，以便做出正确的决策。因此，财务报表分析是财务管理的一个重要方面。

2. 财务报表分析的作用

由于财务报表只是将一个企业的财务状况、经营成果以及现金流量方面的数据列举出来，其格式和指标是按全体信息使用者的一般要求设计的，并不能满足特定使用者对会计信息的需求。通过对财务报表的系统分析，能全面反映出企业的偿债能力、营运能力、盈利能力以及成长能力等多方面情况，即在原有基础上挖掘出更深层、更有利于会计信息使用者决策的财务信息。由此看来，财务报表分析的根本作用在于为报表使用者提供更有用的决策信息。由于不同的报表使用者对企业的财务信息有着不同的需求，因此财务分析也体现出不同的目的和作用。

（1）对于企业的投资者而言，通过财务分析能够充分了解该企业的盈利能力和竞争能力，以便其做出转让股份、继续持有还是追加投资的决策。因此这部分信息使用者更加关注企业是否存在破产的风险、盈利水平的高低以及未来的发展前景如何。

（2）对于企业的债权人而言，通过财务分析能全面掌握该企业资产流动性水平的高低及其偿债能力的强弱，以便了解债权的安全程度，以便其做出按时收回贷款、应收账款以及放宽信用政策等决策。一般情况下，短期债权人最关心的是企业资产变现能力的强弱，而企业的长期债权人除了关心企业资产的流动性外，更加关注企业的举债能力、盈利水平及其竞争能力。

（3）对于企业的经营者而言，通过财务分析能够了解企业的经营变化状况，以便找出变化的原因，做出维持或改善目前经营策略的决策。这部分信息使用者在了解宏观经济环境的同时，更加关注企业本身的经营风险、财务风险、资产的营运能力、盈利能力及竞争能力等所有微观信息。

（4）对于国家政府部门而言，通过财务分析能够了解企业的纳税比例、职工工资水平等状况，以便发现企业是否存在偷漏税等行为，了解企业的经营业绩，并制定相应的法规与政策，更好地履行宏观调控职能。

3．财务报表分析的不足

财务报表分析是通过对企业过去和现在的财务状况、经营成果以及现金流量情况的分析，发现当前存在的问题，并合理预测企业未来的发展趋势，最终达到为报表使用者提供可靠决策依据之目的。但也因财务报表的规范性及其真实公允性、报表分析者的主观因素、参照标准的科学性以及企业自身的特殊情况等因素，致使财务报表分析有时也显得力不从心。

（1）财务报表的规范性及其真实公允性问题。对外公开的三张主要财务报表均是按照国家统一会计制度的要求设计的，这使得某些企业的特殊方面不能在报表上准确地反映出来，使得财务分析时会出现或多或少的误差。

财务报表是会计的最终产物，会计有其特定的原则和假设，例如历史成本原则，使得财务报表并不能真正反映企业资产的当前价值；稳健性原则，要求在不确定情况下尽量高估负债和费用、低估资产和收入，这也使得财务报表存在缺陷；会计分期假设，要求将某些成本费用人为地进行跨期摊提，致使成本费用的确认不够准确、财务报表的公允性可能存在问题；币值稳定假设，使得财务报表不能真实反映企业在物价飞速变动时的真实状况。此外，某些会计政策的采用具有选择性，通常情况下，企业会选用对自己有利的会计政策，甚至为了利用某些有利的会计政策人为地造假，致使财务报表严重失真。

（2）财务报表分析者的主观因素。由于不同的财务报表分析者有着不同的业务素质、不同的经验、不同的分析能力，拥有不同的信息资料，关注的侧重点也不同，对风险等的看法也存在差异，致使其分析结果具有较大的主观性。

（3）参照标准的可比性。财务分析的参照标准通常有目标标准、行业标准、历史标准和公认标准，奋斗目标是否合理、同行业不同企业可能在选择会计政策等方面存在差异、现在与过去相比经营环境的变化等，都可能使参照标准可比性不够。

（4）企业自身的特殊情况。各个企业的微观环境并不相同，例如各企业可能处于其不同的生命周期，有的企业可能处于创业期，而有的企业可能处于衰退期等；各企业可能面临不同的经营风险等。若进行分析时不充分了解这些差异，也可能得出错误的分析结果、做出不适当的评价。

10.5.2 财务报表分析的方法

财务分析的常用方法主要有比较分析法、比率分析法以及因素分析法三种。

1. 比较分析法

比较分析法是指将某项财务指标与性质相同的指标标准进行对比，揭示企业财务状况、经营成果以及现金流量的一种分析方法。在这一分析方法中，较重要的是参照指标标准的选择。常用的有：

（1）目标标准。它主要是指企业预定的目标，如计划指标、定额指标等。这些指标一般是根据其影响的主、客观因素来制定的。通过对企业实际指标与目标指标的比较，找出、分析差异的原因，有利于企业经营策略的改善，最终达到提高经济效益的目的。

（2）行业标准。它是指以企业所在行业的某些特定指标的数值作为分析时比较的标准，它可以是绝对数，也可以是相对数。实际运用中，主要采用的行业标准有：①与同行业的先进水平指标进行比较；②与同行业平均水平指标进行比较。将企业实际指标与同行业指标进行比较，有利于揭示该企业与同行业间的差距，也有利于找到该企业在同行业中的定位。

（3）历史标准。它是指以企业过去经营过程中的某些指标作为分析时比较的标准。它同样可以是绝对数，也可以是相对数。实际运用中，主要采用的历史标准有：①与历史先进水平指标进行比较；②与历史同期指标进行比较。将企业实际指标与历史指标进行比较，有利于揭示企业经营状况等的发展趋势，便于确定企业处于生命周期（一般包括初创、成长、成熟、衰退四个阶段）的哪个阶段，并制定相应的经营策略。

（4）公认标准。它又称绝对标准，是指被普遍接受和公认的标准，在任何时候、任何行业等都适用。实际运用中，这类指标并不多，因为大多数财务指标是要受外部经营环境、行业、国别等因素影响的。若采用绝对指标去分析一个企业的财务状况、经营成果或现金流量，易做出不公正的评价。

2. 比率分析法

财务报表中两个具有重要关系的数字之间的比值称为财务比率。因此，比率分析法是指利用一系列有意义的财务比率揭示企业财务状况、经营成果以及现金流量的一种分析方法。它是财务分析中运用较为广泛的一种方法。

由于比率分析法是用相关项目的比率作为指标来揭示其间的内在联系的，相对比较分析法而言，可以使某些指标在不同规模的企业之间进行比较，甚至有的指标能在一定程度上超越行业界限进行比较。此外，比率分析法的计算也相对简单，还可根据决策者的需要增加某些有用的比率，提高分析评价的准确度，运用相对较灵活，计算结果也容易判断。但在具体运用这一方法时，应注意对比指标的口径一致性与对比项目的相关性。比率分析方法中常用的财务比率有：

（1）相关比率。相关比率是指同一时期财务报表及有关会计资料中两项相关数值的比率，例如流动比率、存货周转率、净资产收益率等。这类比率包括反映偿债能力的比率、反映营运能力的比率以及反映盈利能力的比率等。

（2）动态比率。动态比率是指财务报表中同一项目不同时期的两项数值之间的比率，例如主营业务收入增长率、净利润增长率、经营活动现金流入量增长率等。这类比率又分为定基比率和环比比率两类，可分别从不同角度揭示某项财务指标的变化趋势和发展速度。因此这类比率主要用来反映企业成长能力和发展趋势的比率。

（3）结构比率。结构比率是指会计报表中某项目的数值与各项目总和的比率，例如主营业务利润与利润总额之间的比率等。这类比率主要用于揭示部分与整体的关系，通过不同时期结构比率的比较还可以揭示其变化趋势。这类比率包括反映企业资产的结构、利润的结构、收入的结构等。

3. 因素分析法

因素分析是依据分析指标和影响因素间的关系，从数量上确定各因素对指标的影响程度。由于在企业的经济活动中，某些综合性指标往往是受多种因素的影响而发生变动的。例如某企业主营业务收入发生了变动，可能是由于销售数量发生了变动，也可能是由于销售价格发生了变化，更可能是二者同时发生变化引起的结果。主营业务利润的变动，不仅要受主营业务收入的影响，还要受到主营业务成本、营业税金及附加等因素的影响，但各个因素的影响程度有多大，可采用因素分析法求解。

由此可见，通过因素分析法可以从数量上测算出各因素对某一具体指标的影响程度，有利于决策者抓住矛盾的主要方面、提出有效的管理措施、更加准确地对其做出评价。因素分析法也大量用于企业管理者进行内部分析管理。

因素分析法又可具体分为以下几种，但实际工作中通常是将下列方法结合起来使用的：

（1）差额分析法。例如对固定资产净值发生变化的原因进行分析时，可将其分解为固定资产原值的变化与累计折旧的变化两部分。

（2）指标分解法。例如在对净资产收益率的变化原因进行分析时，可将其分解为总资产净利率和权益乘数两部分。

（3）连环替代法。即依次用实际值替代标准值，测定各因素对财务指标的影响程度。例如影响成本降低的因素分析。

（4）定基替代法。即分别用实际值替代标准值，测定各因素对财务指标的影响程度。例如标准成本差异的分析。

具体实践运用中，应采用何种分析方法，一般要结合实际取得的资料数据、被分析单位的历史等多方面的因素进行选择，通常是将上述几种财务分析方法结合起来使用。关于因素分析法的详细内容，读者可以参阅"财务分析"方面的教科书。

10.5.3 初创企业财务分析

企业处于不同的寿命阶段所呈现的财务特征各不相同。企业在初创阶段，需要投入大量的资金用于固定资产购置、推销产品等，现金流出量大，而由于市场未能打开，销售收入往往较小,现金流入不足,此时主要靠股东投入的资本来应对,由于市场前景不明往往很难获得银行信贷资金,也因为没有信用积累而难以获得商业信用。度过艰难的初创期后,企业进入了快速增长期,此时销售收入快速增加,存货和应收账款大大增加,销售费用和管理费用也会大幅增加,企业有望实现盈亏平衡,在资金方面能够获得适当的商业信用,风险资本家或者对企业有上下游关系的一些厂家愿意投入资金。企业进入成熟期后,收入和利润稳定,获取银行信贷资金已经十分容易,企业也会向股东派发现金股利。

在对创业期企业进行财务分析时,应结合该类企业的特点、决策者关注的侧重点以及能够获取的资料等因素选择具体的分析方法和进行比较的指标参照物。例如在选择指标的参照物时,因创业期企业的历史数据不充分,所以较少采用历史标准,而往往采用目标标准和行业标准。对于财务分析方法以及比率指标的选择,具有更大的灵活性。具体讨论如下:

1. 偿债能力分析

企业的债务按是否在一年(或长于一年的一个营业周期)内偿还分为流动负债和长期负债,相应地可分为短期偿债能力和长期偿债能力分析。

(1)短期偿债能力分析。短期偿债能力是财务报表使用者尤其是债权人关注的重点,即使盈利等能力不错,但短期偿债能力太弱,也会导致企业破产,即"蓝字破产"(红字在会计上表示亏损,账面上虽为蓝字即盈利,也可能因不能偿还到期债务而债权人又不同意让步而破产。西方国家将这种现象称为"Black Crisis")。经营者和债权人都应高度重视对短期偿债能力的分析。短期偿债能力与资产的流动性以及营运资金的多少密切相关,对其分析通常采用流动比率、速动比率、现金比率和负债现金流量比这四个指标进行评价。

1)流动比率。流动比率是指企业流动资产与流动负债的比率。其计算公式为:

$$流动比率 = \frac{流动资产}{流动负债}$$

【例 10.1】 为了便于说明,本节各项财务比率的计算将主要使用 A 公司(创业期企业)作为实例,该公司201×年12月31日的资产负债表、201×年度的利润表及现金流量表如表10-17、表10-18 和表10-19 所示。

表10-17　资产负债表　　会企01表

编制单位:A公司　　　　201×年12月31日　　　　　　　　(单位:元)

资产	行次	年初数	期末数	负债和所有者权益	行次	年初数	年末数
流动资产:				流动负债:			
货币资金	1		677 740	短期借款	68		92 000
短期投资	2			应付票据	69		
应收票据	3			应付账款	70		308 000
应收股利	4			预收账款	71		
应收利息	5			应付工资	72		200 000
应收账款	6		19 500	应付福利费	73		48 000
其他应收款	7		5 000	应付股利	74		
预付账款	8			应交税金	75		3 406
应收补贴款	9			其他应交款	80		1 000

（续）

资　　产	行次	年初数	期末数	负债和所有者权益	行次	年初数	年末数
存货	10		769 500	其他应付款	81		90 000
待摊费用	11			预提费用	82		
一年内到期的长期债权投资	21			预计负债	83		
其他流动资产	24			一年内到期的长期负债	86		
流动资产合计	31		1 471 740	其他流动负债	90		
长期投资：							
长期股权投资	32			流动负债合计	100		742 406
长期债权投资	34			长期负债：			
长期投资合计	38			长期借款	101		348 000
固定资产：				应付债券	102		
固定资产原值			1 690 000	长期应付款	103		
减：累计折旧	40		219 000	专项应付款	106		
固定资产净值	41		1 471 000	其他长期负债	108		
减：固定资产减值准备				长期负债合计	110		348 000
固定资产净销				递延税项			
工程物资	44			递延税款贷项	111		
在建工程				负债合计	114		1 090 406
固定资产清理	46						
固定资产合计			1 471 000	所有者权益（或股东权益）			
无形资产及其他资产				实收资本（或股本）	115		20 000 000
无形资产	51		12 000	减：已归还投资	116		
长期待摊费用	52			实收资本（或股本）净额	117		2 000 000
其他长期资产	53			资本公积	118		
无形资产及其他资产合计			120 000	盈余公积	119		
				其中：法定公益金	120		
递延税项：				未分配利润	121		-27 666
递延税款借项	61			所有者权益（或股东权益）合计	122		1 972 334
资产总计	62		3 062 740	负债和所有者权益（或股东权益）总计	135		3 062 740

表 10-18　利润表　　会企 02 表

编制单位：A 公司　　　　　　　　201×年 12 月　　　　　　　　（单位：元）

项　　目	行　次	本月数	本年累计数
一、营业收入	1		1 600 000
减：营业成本	2		1 100 000
税金及附加	3		9 860
销售费用	4		200 000
管理费用	5		261 000
财务费用	6		40 000
资产减值损失	7		

（续）

项 目	行 次	本月数	本年累计数
投资收益（损失以"-"号填列）	8		
二、营业利润（亏损以"-"号填列）			-10 860
加：营业外收入			
减：营业外支出			16 806
三、利润总额（亏损总额以"-"号填列）			-27 666
减：所得税费用			
四、净利润（净亏损以"-"号填列）			-27 666

表 10-19 现金流量表 会企 03 表

编制单位：A 公司　　　　　　　　201×年　　　　　　　　（单位：元）

项 目	行 次	金 额
一、经营活动产生的现金流量：		
销售商品、提供劳务收到的现金	1	1 580 500
收到的税费返还	3	
收到的其他与经营活动有关的现金	8	75 480
现金流入小计	9	1 655 980
购买商品、接受劳务支付的现金	10	1 000 500
支付给职工以及为职工支付的现金	12	550 000
支付的各项税费	13	8 740
支付的其他与经营活动有关的现金	18	9 000
现金流出小计	20	1 568 240
经营活动产生的现金流量净额	21	87 740
二、投资活动产生的现金流量：		
收回投资所收到的现金	22	
取得投资收益收到的现金		
处置固定资产、无形资产和其他长期资产所收回的现金净额	25	
收到的其他与投资活动有关的现金	28	
现金流入小计	29	
购建固定资产、无形资产和其他长期资产所支付的现金		1 810 000
投资所支付的现金		
支付的其他与投资活动有关的现金		
现金流出小计	36	1 810 000
投资活动所产生的现金流量净额		-1 810 000
三、筹资活动产生的现金流量：		
吸收投资所收到的现金	38	2 000 000
借款所收到的现金	40	440 000
收到的其他与筹资活动有关的现金	43	
现金流入小计	44	2 440 000
偿还债务所支付的现金	45	
分配股利、利润或偿付利息所支付的现金	46	40 000

（续）

项　目	行　次	金　额
支付的其他与筹资活动有关的现金	52	
现金流出小计	53	40 000
筹资活动产生的现金流量净额	54	2 400 000
四、汇率变动对现金的影响	55	
五、现金及现金等价物净增加额	56	677 740

$$\text{A 公司的流动比率} = \frac{1\,471\,740}{742\,406} = 1.98$$

A 公司的流动比率表明，该公司每 1 元的短期负债，有 1.98 元的流动资产可作为变现偿付的保障。一般认为流动比率最低应维持在 2 这个水平，即流动资产应保持在流动负债的 2 倍较为理想，可保证足够的短期偿债能力。由于这一公认标准并未在理论上得到证实，还不能成为一个统一的标准，因为不同的行业以及同一行业的不同时期，对流动比率的要求是存在差异的。如制造行业的流动比率一般不应低于 2，但电力行业的流动比率只处于 1 的水平可能经营得已很不错。

对于创业期企业来说，计算出的流动比率，只有与同行业的平均流动比率进行比较，才能知道这一比率是高还是低。但这一比较并不能解释流动比率为什么高或低，要找出其过高或过低的原因还必须分析流动资产和流动负债所包括的内容以及具体经营情况等因素。一般情况下，营业周期、流动资产中的应收账款和存货的周转速度是影响流动比率的主要因素。

2）速动比率。流动比率虽然可以用来评价流动资产总体的变现能力，但人们（尤其是短期债权人）还希望获得比流动比率更进一步的有关变现能力的比率指标，于是又提出了速动比率。

速动比率是指企业速动资产与流动负债的比率，又称酸性试验比率。其计算公式为：

$$\text{速动比率} = \frac{\text{速动资产}}{\text{流动负债}}$$

公式中的速动资产是指不需要变现或变现能力极强、可以很快用来偿还流动负债的流动资产，包括货币资金、短期投资、应收票据、应收账款、预付账款以及其他应收款等。这是因为，短期投资可以在证券市场上很快变现，应收、预付款项也可在较短时间收回。而存货及待摊费用则不应列为速动资产，因存货存在周转速度慢、减值风险大等问题，因此不包括在速动资产之内；待摊费用几乎不能变现，更不应该列为速动资产。所以，为了计算简便，通常把流动资产扣除存货及待摊费用后的剩余部分视为速动资产。

$$\text{A 公司的速动比率} = \frac{1\,471\,740 - 769\,500}{742\,406} = 0.95$$

假如同行业的平均速动比率为 0.9。从上述的计算结果可以看出，A 公司的速动比率高于同行业平均水平，短期偿债能力还是不错的。速动比率比流动比率更能准确合理地反映企业的资产流动性及其短期偿债能力。通常认为速动比率为 1 较为正常，低于 1 的速动比率被认为是短期偿债能力偏低。这仅是一般的看法，因为行业不同、企业所处的生命周期不同，速动比率会有很大的差异，没有统一标准的速动比率。如采用大量现金销售的企业，几乎没有应收账款，速动比率大大低于 1 是很正常的；在准备进行大额投资前，会有较多的货币资金，速动比率可能会远远大于 1。对于创业期企业，计算出的速动比率，也只能与同行业水平相比较，并分析出现差异的原因。在运用这一比率进行分析时还应注意：速动比率越高、说明企业短期偿债能力越强，但并不是越高越好，否则会因为资金闲置而给企业带来较高的机会成本。作为管理者应在财务安全性与收益性之间进行权衡来确定本企业理想的速动比率。

3）现金比率。从上述两个比率的计算分析可以看出，流动比率之关键在于存货与应收款项的变现能力，速动比率之关键在于应收账款的变现能力。假如在存货以及应收款项的变现能力都受到质疑时，考核企业短期偿债能力的最好指标则为现金比率。现金比率是指广义现金资产与流动负债之的比率，又称为即付比率。其计算公式为：

$$现金比率 = \frac{货币资金 + 短期投资}{流动负债} \times 100\%$$

$$A 公司的现金比率 = \frac{677\ 740}{742\ 406} \times 100\% = 91.29\%$$

与前两个比率相比，现金比率显得更为保守，能更直接地反映企业的短期偿债能力。大多数情况下，流动负债一般不会在同一时点要求偿还，也不一定要求必须用现款偿还，因此，企业在考虑财务风险与收益之后，完全没有必要保持与流动负债大致相当的现金类资产。一般认为现金比率维持在 20%以上就可以了，但这也不是一个绝对的标准，应结合企业所处的行业特点等因素来分析，例如金融行业，其债务大多数要求用现金偿还，因此应保持较高的现金比率。

对于创业期企业而言，计算出的现金比率同样应结合同行业平均水平进行分析。假设 A 公司同行业现金比率的平均水平为 0.4，根据计算结果及同业水平可以看出，A 公司的现金比率偏高，达到了同业水平的 2 倍，显示出极强的短期偿债能力。在此基础上应进一步分析找出其偏高的原因，若没有急需现款投资的项目，可以考虑偿还部分流动负债以降低财务风险及利息费用。

4）负债现金流量比率。负债现金流量比率是指当期经营活动产生的现金流量净额与当期流动负债净增加额的比率。这是一个从现金流量角度来反映企业短期偿债能力的指标。其计算公式为：

$$负债现金流量比率 = \frac{经营活动产生的现金流量净额}{当期流动负债净增加额} \times 100\%$$

公式中"经营活动产生的现金流量净额"来源于现金流量表。

$$A 公司的负债现金流量比率 = \frac{87\ 740}{742\ 406} \times 100\% = 11.82\%$$

众所周知，会计上计算的利润是以权责发生制为基础的，现金流量的计算是以收付实现制为基础的，有利润的年份不一定就有充足的现金偿还负债。因此，利用上述的负债现金流量比率，能反映出企业经营活动产生的现金流量净额能否跟得上流动负债的增加额度，从另一个角度反映了企业的短期偿债能力。

由于该指标除了与企业所处的行业相关之外,更重要的是与企业本身所处的生命周期息息相关。对于创业期企业来说,市场占有率一般较低、销量不大,致使经营活动产生的现金流量净额较少,因此,这一生命周期的企业该比率值可能很小,甚至为负。随着企业进入成长期和成熟期,这一比率值会逐渐上升。由此看来,A 公司的负债现金流量比率较小,是符合创业期企业特点的。

实际工作中,对企业短期偿债能力进行分析时,通常将上述四个指标结合起来进行分析,当然还应尽量取得一些表外的信息资料,如企业的信誉度等,以便考核企业临时举债的能力,进一步分析其偿债能力以及抗风险的能力。

(2)长期偿债能力分析。长期偿债能力表明企业对债务的承担能力和偿还债务本金及利息的能力。对于长期负债,企业可以长期使用,西方国家往往将其视为长期资本的一部分。企业举借长期负债有利于扩大企业的生产经营和发展,但同时也增大了企业的资金成本与财务风险。长期偿债能力的强弱是反映企业财务安全和稳定程度的重要标志。对于企业长期偿债能力的分析一般采用的指标有资产负债比率、产权比率、有形净值债务比率、已获利息倍数及到期债务本息偿付比率。

1)资产负债率。资产负债率也称负债比率,是指企业全部负债总额与全部资产总额的比率,表示在企业全部资金来源中,从债权人方面取得数额所占的比重。该指标用于衡量企业利用负债进行生产经营的能力,也是体现企业财务风险的重要标志。其计算公式为:

$$资产负债率=\frac{负债总额}{资产总额}\times 100\%$$

$$A\ 公司的资产负债比率=\frac{1\ 090\ 406}{3\ 062\ 740}\times 100\%=35.60\%$$

由于各分析主体与企业间的利益关系不同,往往会因不同的利益驱动而从不同的角度来评价资产负债比率。

对于企业债权人而言,他们最关心的是债权的安全程度,也就是能否按期收回本金和利息。如果股东享有的所有者权益部分与企业资本总额相比,只占较小比重,则企业的风险将主要由债权人承担,这对债权人来说是不利的。因此,他们希望资产负债率越低越好,企业偿债就越有保证,其债权收回的可能性越大。

对于企业所有者来说,企业通过举债筹集的资金与股东投入的资金在生产经营中发挥着同样的作用,因此,企业所有者关注的是全部资本利润率(即 ROA)是否超过借入款项的资本成本率。在企业所得的全部资本利润率超过因借款而付出的资本成本率时,所有者得到的利润就会增加;相反,全部资本利润率低于因借款而付出的资本成本率时,则对所有者不利,因借入资本而超过其所带来收益的利息要用所有者的利润份额来弥补。因此,站在所有者的立场,全部资本利润率高于借入款项资本成本率时,负债比率越大越好。

从企业经营者角度来看,应将资产负债比率控制在适度水平上。由于债务成本的税前扣除和杠杆收益功能,任何企业均不可避免地要利用债务进行经营,但负债超过一定程度时,则不能为债权人所接受,致使企业的后续贷款难以获得。同时,随着负债的增加,企业的财务风险会不断加大,进而危及所有者权益资本的安全和收益的稳定,也会动摇投资者对经营者的信任。因此,经营者利用债务时,既要考虑其带来的收益,又要考虑因其而带来的风险，审时度势，找出一个最优的平衡点。

通过上述分析，企业资产负债比率还没有一个公认的标准。在对创业期企业进行分析评价时，应结合同行业平均水平、目标资本结构以及投资前景来考虑。假如 A 公司同行业的平均资产负债比率为 50%，从 A 公司的资产负债比率来看，相对于行业水平来说较低，这可能与其举债能力弱、发展前景不稳定等特点相关。从新创企业看，其负债率一般很低，大多在 30%以下，主要是固定资产抵押借款形成的。而在成熟期才可能在 50%～70%之间，那时各种举债手段都会使用，如银行信用借款和担保借款、商业信用（会计上反映为应付账款、应付票据、其他应付款等）、发行债券向公众举债等。

2）产权比率。它又称为负债与所有者权益比率，是指企业负债总额与所有者权益总额的比率。其计算公式为：

$$产权比率 = \frac{负债总额}{所有者权益总额} \times 100\%$$

$$A 公司的产权比率 = \frac{1\,090\,406}{1\,972\,334} \times 100\% = 55.29\%$$

产权比率实际上是资产负债比率的另一种表现形式，只是表达得更为直接、明显，更侧重于揭示企业财务结构的稳健程度。同时，这一指标也表明了债权人投入的资本受到所有者权益保障的程度以及所有者权益对偿债风险的承受能力。产权比率越低，表明企业的长期偿债能力越强，债权人承担的风险越小。但当这一比率过低时，所有者权益比重过大，则可能意味着企业失去了充分发挥负债财务杠杆的大好时机。

由于产权比率与资产负债比率具有共同的经济意义，两个指标可以互相补充，对于 A 公司这一比率的分析可以参见对资产负债比率的分析。

3）有形净值债务比率。有形净值债务比率是企业负债总额与有形净值的比率。有形净值是指所有者权益扣除无形资产和长期待摊费用后的余额，即所有者具有所有权的有形资产的净值。其计算公式为：

$$有形净值债务比率 = \frac{负债总额}{所有者权益 - 无形资产 - 长期待摊费用} \times 100\%$$

$$A 公司的有形净值债务比率 = \frac{1\,090\,406}{1\,972\,334 - 120\,000} \times 100\% = 58.87\%$$

有形净值债务比率实际上是一个更谨慎、更保守的产权比率，它较为准确地反映了在企业清算时债权人投入的资本受到所有者权益保障的程度。该指标之所以更为谨慎，是因为它没有考虑无形资产及长期待摊费用的价值，这些资产不一定能用来还债，为谨慎起见一律视为不能偿债，将其从分母中扣除。从长期偿债能力来看，该比率越低越好。其他方面的分析与产权比率相同。

4）已获利息倍数。它又称利息保障倍数，是指企业息税前利润（利息费用加上税前利润）与所支付利息费用的倍数关系。其计算公式为：

$$已获利息倍数 = \frac{息税前利润}{利息费用}$$

$$A 公司的已获利息倍数 = \frac{-27\,666 + 40\,000}{40\,000} = 0.31$$

站在债权人的立场，要向企业进行债权投资，不仅要关注资产负债等比率、考核企业借入资本占全部资本的比例等，还要计算已获利息倍数。这一指标是从企业的获利方面考察其长期偿债能力，该指标的重点是衡量企业支付利息的能力，没有足够的息税前利润，利息的支付就会发生困难。已获利息倍数越高，表明企业对偿还债务的保障程度就越强。

运用这一指标进行分析评价时，应注意，由于目前我国财务报表上未将"利息费用"单列，一般用利润表上的"财务费用"代替，这并不准确，因为利息费用是指本期发生的全部应付利息，不仅包括财务费用中的利息费用，还包括计入固定资产成本的资本化利息。此外，由于到期债务是用现金支付的，而企业的利润是依据"权责发生制"原则计算出来的，这意味着企业当期的利润很高，但不一定有支付利息的能力。因此，具体运用时，应结合企业的现金流量指标进行分析评价。

创业期企业在运用这一指标时，除了注意上述问题外，还应考虑自身的特点，可能会因亏损致使该比率很小，甚至为负，说服力不是很强，只能作为评价的辅助指标。如 A 公司的这一指标就较低。

5) 到期债务本息偿付比率。到期债务本息偿付比率是一个以本期经营活动产生的现金流量净额来衡量偿还本期到期债务能力的比率，到期债务包括短期借款和长期借款等在内的本金和相关的利息支出。其计算公式为：

$$到期债务本息偿付比率 = \frac{经营活动产生的现金流量净额}{本期到期债务本金 + 现金利息支出} \times 100\%$$

对于外部报表使用者，公式中的分母很难准确获得，可根据资产负债表中本期"预收账款"减少额与"应付账款"减少额之和，再加上利润表中"财务费用"与现金流量表中"偿还债务所支付的现金"之和得到。

$$A公司到期债务本息偿付比率 = \frac{87\,740}{150\,000 + 40\,000} \times 100\% = 46.20\%$$

这一比率是用来衡量企业到期债务本金及利息可由经营活动创造现金支付的程度，比率越大，说明企业偿付到期债务的能力就越强。如果比率小于 1，说明企业经营活动产生的现金不足以偿付到期的本息，企业必须对外筹资或出售资产才能偿还到期债务。根据 A 公司的计算结果，这一比率的值很小，这主要是因其处于生产经营的第 1 年。

以上只是列举了最常用的一些指标，具体运用时，应把这些指标综合起来，并结合行业及企业本身的特点进行分析评价。此外，还应考虑到报表上所列资产的质量、长期经营性租赁以及或有事项等因素。

2. 营运能力分析

营运能力是指通过企业生产经营资金周转速度的有关指标所反映出来的企业资金利用的效率，它表明企业管理人员经营管理、运用资金的能力。企业生产经营资金周转的速度越快，表明企业资金利用的效果越好、效率越高，企业管理人员的经营能力越强。营运能力分析主要运用以下财务比率指标进行分析。

1) 应收账款周转率。应收账款周转率是反映应收账款周转速度的比率，有两种表示方法：

① 应收账款周转次数，它反映年度内应收账款平均变现的次数，计算公式为：

$$应收账款周转次数 = \frac{销售收入净额}{应收账款平均余额}$$

销售收入净额=销售收入-销售退回、折让和折扣

$$应收账款平均余额 = \frac{期初应收账款+期末应收账款}{2}$$

应收账款周转次数计算公式中的分子,从理论上说应为赊销收入净额,但赊销收入净额属于企业的商业机密,因此,这里用销售收入净额代替赊销收入净额。

② 应收账款周转天数,它反映年度内应收账款平均变现一次所需要的天数(即应收账款账龄),计算公式为:

$$应收账款周转天数 = \frac{360}{应收账款周转次数} = \frac{应收账款平均余额 \times 360}{销售收入净额}$$

公式中的360为一年的法定天数。应收账款平均余额中不扣除坏账准备。

应收账款周转率是分析企业资产流动情况的一项指标。应收账款周转次数多,周转天数少,表明应收账款周转快,企业信用销售严格。反之,表明应收账款周转慢,企业信用销售放宽。信用销售严格,有利于加速应收账款周转,减少坏账损失,但可能丧失销售商品的机会,减少销售收入。信用销售放宽,有利于扩大商品销售,增加销售收入,但应收账款周转会减慢,更多的营运资金会占用在应收账款上,还可能增加坏账损失。衡量应收账款周转率的标准是企业的信用政策。如果实际收账期与标准收账期有较大的不利差异,说明企业有过多的营运资金占用在应收账款上,而且可能发生较多的坏账损失。

2)存货周转率。存货周转率是反映存货周转速度的比率,有两种表示方法:

① 存货周转次数,它反映年度内存货平均周转的次数,计算公式为:

$$存货周转次数 = \frac{销货成本}{平均存货}$$

$$平均存货 = \frac{期初存货+期末存货}{2}$$

② 存货周转天数,它反映年度内存货平均周转一次所需要的天数,计算公式为:

$$存货周转天数 = \frac{360}{存货周转次数}$$

存货周转率是分析企业存货流动情况的一项指标。存货周转次数多、周转天数少,说明存货周转快,企业实现的利润会相应增加;否则,存货周转缓慢,往往会造成企业利润下降。存货周转加快,可能是由于商品适销、质量优良、价格合理,从而增加了销售数量;也可能是由于企业生产和存货政策变更。

3)获利能力分析。获利能力是指企业赚取利润的能力。获利能力分析就是分析企业当期或未来获利能力的大小。获利能力分析主要运用以下财务比率指标。

① 销售净利润率。销售净利润率是企业净利润与销售收入净额的比率,计算公式为:

$$销售净利润率 = \frac{净利润}{销售收入净额} \times 100\%$$

净利润=利润总额-所得税额

销售净利润率是反映企业获利能力的一项重要指标,这项指标越高说明企业从销售收

入中获取利润的能力越强。影响该指标的因素较多,主要有商品质量、成本、价格、销售数量、期间费用及税金等,分析时应结合具体情况作出正确评价,促使企业改进经营管理,提高获利能力。

② 资产净利润率。资产净利润率是企业净利润与资产平均总额的比率,计算公式为:

$$资产净利润率=\frac{净利润}{资产平均总额}\times100\%$$

$$资产平均总额=\frac{期初资产总额+期末资产总额}{2}$$

资产净利润率越高,说明企业全部资产的获利能力越强。该指标与净利润成正比,与资产平均总额成反比,分析工作应从这两个方面进行。

③ 资本收益率。资本收益率是企业净利润与实收资本(或股本)的比率,计算公式为:

$$资本收益率=\frac{净利润}{实收资本(或股本)}\times100\%$$

会计期间实收资本有变动时上公式中的实收资本应采用平均数,资本收益率越高,说明企业资本的获利能力越强,对股份有限公司来说意味着股票升值。影响这项指标的因素除了包括影响净利润的各项因素以外,还有一项重要因素,即企业负债经营的规模。在不明显增加财务风险的条件下,负债经营规模的大小会直接影响这项指标的高低,分析时应特别注意。

④ 净资产收益率。净资产收益率是反映所有者对企业投资部分的获利能力,也叫所有者权益报酬率或净资产利润率。其计算公式如下:

$$净资产收益率=\frac{净利润}{所有者权益平均余额}\times100\%$$

净资产收益率越高,说明企业所有者权益的获利能力越强。影响该指标的因素,除了企业的获利水平以外,还有企业所有者权益的大小。对所有者来说,这个比率很重要,该比率越大,投资者投入资本获利能力越强。在我国,该指标既是上市公司对外必须披露的信息内容之一,也是决定上市公司能否配股等进行再融资的重要依据。

⑤ 每股收益。普通股每股收益是指股份有限公司实现的净利润总额减去优先股股利后与已发行在外的普通股股数的比率,计算公式为:

$$每股收益=\frac{净利润-优先股股利}{发行在外的普通股股数}$$

该指标能反映普通股每股的盈利能力,便于对每股价值的计算,因此被广泛使用。每股收益越多,说明每股获利能力越强。影响该指标的因素有两个方面:一是企业的获利水平;二是企业的股利发放政策。

⑥ 市盈率。市盈率是普通股每股市价与每股收益的比率,计算公式为:

$$市盈率=\frac{每股市价}{每股收益}$$

市盈率比较高,表明投资者对企业的未来充满信心,愿意为每 1 元盈余多付买价。市盈率比较低，表明投资者对公司的前景缺乏信心，不愿为每 1 元盈余多付买价。一般认为，市盈率在 5 以下的股票，其前景暗淡，持有这种股票的风险比较大。不同行业股票市盈率的正常值是不相同的，而且会经常发生变化。当预期将发生通货膨胀或提高利率时，股票的市盈率会普遍下降；当我们预期企业利润将增长时，市盈率通常会上升。此外，债务比重大的企业，股票市盈率通常较低。

10.5.4 财务分析的局限性

财务主管在判断一个特定的财务指标是"好"还是"差"时以及在一系列指标的基础上形成对企业的综合性判断时也须小心谨慎，因为上述的分析只是基于有限的观察，由于下列因素的影响，我们需要慎重对待分析结论。

1. 财务信息本身的局限性

财务报告是财务信息的载体。由于财务信息本身的局限性，我们只能在一定的意义上使用财务报告数据，不能认为财务报告揭示了企业的全部实际情况。

财务信息以会计报表所提供的信息为主，会计报表信息反映的主要是企业能够用货币表现的经济活动，而非货币信息较少。有时非货币信息包含了影响企业成败的关键因素，例如，企业管理团队的状况。此外，货币计量假设币值不变，不按通货膨胀或物价水平调整，因此，按历史成本编制的财务报告不能反映企业资产的现行价值，也不能反映企业按现行成本与现行收入相配比的利润。

稳健原则要求预计损失而不预计收益，有可能夸大费用和损失，而少计收益和资产。

企业按年度（季度或月度）分期报告是短期的陈报，不提供反映长期潜力的信息。而另一方面，当企业一些重大事件发生时，又不能以财务报告的形式及时向使用者提供所需要的信息以便及时做出决策。

不同的企业对同一会计事项的账务处理可能会选择不同的会计政策，可能影响不同企业财务报告之间的可比性。例如存货计价方法、折旧方法、所得税费用的确认方法、对外投资收益确认方法等。虽然财务报告附注对会计政策的选择有一定的描述，但报告使用人未必能完成可比性的调整工作。

2. 财务报告的真实性问题

报告的真实性问题可从以下几方面反映：①财务报告所附的审计意见的类型及审计师的信誉；②要注意财务报告是否规范，不规范的报告，其真实性也应受到怀疑；③要注意财务报告是否完整；遗漏可能是故意的，由于不想讲也不能说假话，便有了故意遗漏；④要注意分析数据的反常现象，如无合理的反常原因则要考虑数据的真实性和一贯性是否有问题。

3. 比较基础问题

在比较分析时，必须要选择比较的标准，作为评价本企业当期实际数据的参照依据，否则不能说明其含义并得出结论。在财务分析中，常用的标准包括绝对标准、本企业历史数据、同业数据和计划预算数据等。对比较标准本身要准确理解，并且要在限定意义上使用分析结论，避免简单化和绝对化。

10.5.5 价值创造导向的财务分析框架构建

既然财务管理明确以企业价值最大化而非利润最大化为目标，因此，在开展财务分析时，分析企业的价值创造能力要比分析企业的盈利能力显得更为重要。为此，我们必须建立一套与财务管理目标相适应的财务分析框架体系，将财务理念贯穿财务分析全过程。

（1）分析企业盈利是否创造价值。会计利润的计算仅仅考虑债务资本的成本，没有考虑股权资本的成本，因此有利润未必创造价值。企业需要在会计利润的基础上进行适当的调整，然后扣除所有资本的成本，剩余的收益即是企业创造的价值。

（2）价值创造的途径分析。财务意义上的价值是未来现金流量的折现，企业现金流量主要源于三个方面：经营活动、投资活动和筹资活动。通过分析可以了解现金流量主要来自于什么活动，来自于哪一活动的现金流量的规模、可持续性对价值创造能力影响最大。

（3）价值创造的效率分析。让有限的财务资本更加勤奋有效地为股东创造财富是企业财务自始至终追求的目标，可以通过资本运转的速度分析企业价值创造的效率。

（4）价值创造过程的风险分析。收益与风险权衡是企业财务管理的基本理念，财务分析不仅要分析偿债能力以揭示财务风险，更要将财务杠杆利用程度与经营杠杆结合起来分析整体风险才能全面反映企业在为股东创造财富过程中所冒的风险程度。

【思考题】

1. 什么是资产负债表？它有什么作用？
2. 企业的财务分析意义何在？
3. 对于初创企业来说，现金流量重要还是利润重要？

附 录

附录 A 一元复利终值系数表 $F=(1+i)^n$

n	1%	2%	3%	4%	5%	6%	7%	8%	9%	10%	11%	12%	13%	14%	15%
1	1.0100	1.0200	1.0300	1.0400	1.0500	1.0600	1.0700	1.0800	1.0900	1.1000	1.1100	1.1200	1.1300	1.1400	1.1500
2	1.0201	1.0404	1.0609	1.0816	1.1025	1.1236	1.1449	1.1664	1.1881	1.2100	1.2321	1.2544	1.2769	1.2996	1.3225
3	1.0303	1.0612	1.0927	1.1249	1.1576	1.1910	1.2250	1.2597	1.2950	1.3310	1.3676	1.4049	1.4429	1.4815	1.5209
4	1.0406	1.0824	1.1255	1.1699	1.2155	1.2625	1.3108	1.3605	1.4116	1.4641	1.5181	1.5735	1.6305	1.6890	1.7490
5	1.0510	1.1041	1.1593	1.2167	1.2763	1.3382	1.4026	1.4693	1.5386	1.6105	1.6851	1.7623	1.8424	1.9254	2.0114
6	1.0615	1.1262	1.1941	1.2653	1.3401	1.4185	1.5007	1.5869	1.6771	1.7716	1.8704	1.9738	2.0820	2.1950	2.3131
7	1.0721	1.1487	1.2299	1.3159	1.4071	1.5036	1.6058	1.7138	1.8280	1.9487	2.0762	2.2107	2.3526	2.5023	2.6600
8	1.0829	1.1717	1.2668	1.3686	1.4775	1.5938	1.7182	1.8509	1.9926	2.1436	2.3045	2.4760	2.6584	2.8526	3.0590
9	1.0937	1.1951	1.3048	1.4233	1.5513	1.6895	1.8385	1.9990	2.1719	2.3579	2.5580	2.7731	3.0040	3.2519	3.5179
10	1.1046	1.2190	1.3439	1.4802	1.6289	1.7908	1.9672	2.1589	2.3674	2.5937	2.8394	3.1058	3.3946	3.7072	4.0456
11	1.1157	1.2434	1.3842	1.5395	1.7103	1.8983	2.1049	2.3316	2.5804	2.8531	3.1518	3.4786	3.8359	4.2262	4.6524
12	1.1268	1.2682	1.4258	1.6010	1.7959	2.0122	2.2522	2.5182	2.8127	3.1384	3.4985	3.8960	4.3345	4.8179	5.3503
13	1.1381	1.2936	1.4685	1.6651	1.8856	2.1329	2.4098	2.7196	3.0658	3.4523	3.8833	4.3635	4.8980	5.4924	6.1528
14	1.1495	1.3195	1.5126	1.7317	1.9799	2.2609	2.5785	2.9372	3.3417	3.7975	4.3104	4.8871	5.5348	6.2613	7.0757
15	1.1610	1.3459	1.5580	1.8009	2.0789	2.3966	2.7590	3.1722	3.6425	4.1772	4.7846	5.4736	6.2543	7.1379	8.1371
16	1.1726	1.3728	1.6047	1.8730	2.1829	2.5404	2.9522	3.4259	3.9703	4.5950	5.3109	6.1304	7.0673	8.1372	9.3576
17	1.1843	1.4002	1.6528	1.9479	2.2920	2.6928	3.1588	3.7000	4.3276	5.0545	5.8951	6.8660	7.9861	9.2765	10.7613
18	1.1961	1.4282	1.7024	2.0258	2.4066	2.8543	3.3799	3.9960	4.7171	5.5599	6.5436	7.6900	9.0243	10.5752	12.3755
19	1.2081	1.4568	1.7535	2.1068	2.5270	3.0256	3.6165	4.3157	5.1417	6.1159	7.2633	8.6128	10.1974	12.0557	14.2318
20	1.2202	1.4859	1.8061	2.1911	2.6533	3.2071	3.8697	4.6610	5.6044	6.7275	8.0623	9.6463	11.5231	13.7435	16.3665
21	1.2324	1.5157	1.8603	2.2788	2.7860	3.3996	4.1406	5.0338	6.1088	7.4002	8.9492	10.8038	13.0211	15.6676	18.8215
22	1.2447	1.5460	1.9161	2.3699	2.9253	3.6035	4.4304	5.4365	6.6586	8.1403	9.9336	12.1003	14.7138	17.8610	21.6447
23	1.2572	1.5769	1.9736	2.4647	3.0715	3.8197	4.7405	5.8715	7.2579	8.9543	11.0263	13.5523	16.6266	20.3616	24.8915
24	1.2697	1.6084	2.0328	2.5633	3.2251	4.0489	5.0724	6.3412	7.9111	9.8497	12.2392	15.1786	18.7881	23.2122	28.6252
25	1.2824	1.6406	2.0938	2.6658	3.3864	4.2919	5.4274	6.8485	8.6231	10.8347	13.5855	17.0001	21.2305	26.4619	32.9190
30	1.3478	1.8114	2.4273	3.2434	4.3219	5.7435	7.6123	10.0627	13.2677	17.4494	22.8923	29.9599	39.1159	50.9502	66.2118

(续)

n	16%	17%	18%	19%	20%	21%	22%	23%	24%	25%	26%	27%	28%	29%	30%
1	1.1600	1.1700	1.1800	1.1900	1.2000	1.2100	1.2200	1.2300	1.2400	1.2500	1.2600	1.2700	1.2800	1.2900	1.3000
2	1.3456	1.3689	1.3924	1.4161	1.4400	1.4641	1.4884	1.5129	1.5376	1.5625	1.5876	1.6129	1.6384	1.6641	1.6900
3	1.5609	1.6016	1.6430	1.6852	1.7280	1.7716	1.8158	1.8609	1.9066	1.9531	2.0004	2.0484	2.0972	2.1467	2.1970
4	1.8106	1.8739	1.9388	2.0053	2.0736	2.1436	2.2153	2.2889	2.3642	2.4414	2.5205	2.6014	2.6844	2.7692	2.8561
5	2.1003	2.1924	2.2878	2.3864	2.4883	2.5937	2.7027	2.8153	2.9316	3.0518	3.1758	3.3038	3.4360	3.5723	3.7129
6	2.4364	2.5652	2.6996	2.8398	2.9860	3.1384	3.2973	3.4628	3.6352	3.8147	4.0015	4.1959	4.3980	4.6083	4.8268
7	2.8262	3.0012	3.1855	3.3793	3.5832	3.7975	4.0227	4.2593	4.5077	4.7684	5.0419	5.3288	5.6295	5.9447	6.2749
8	3.2784	3.5115	3.7589	4.0214	4.2998	4.5950	4.9077	5.2389	5.5895	5.9605	6.3528	6.7675	7.2058	7.6686	8.1573
9	3.8030	4.1084	4.4355	4.7854	5.1598	5.5599	5.9874	6.4439	6.9310	7.4506	8.0045	8.5948	9.2234	9.8925	10.6045
10	4.4114	4.8068	5.2338	5.6947	6.1917	6.7275	7.3046	7.9259	8.5944	9.3132	10.0857	10.9153	11.8059	12.7614	13.7858
11	5.1173	5.6240	6.1759	6.7767	7.4301	8.1403	8.9117	9.7489	10.6571	11.6415	12.7080	13.8625	15.1116	16.4622	17.9216
12	5.9360	6.5801	7.2876	8.0642	8.9161	9.8497	10.8722	11.9912	13.2148	14.5519	16.0120	17.6053	19.3428	21.2362	23.2981
13	6.8858	7.6987	8.5994	9.5964	10.6993	11.9182	13.2641	14.7491	16.3863	18.1899	20.1752	22.3588	24.7588	27.3947	30.2875
14	7.9875	9.0075	10.1472	11.4198	12.8392	14.4210	16.1822	18.1414	20.3191	22.7374	25.4207	28.3957	31.6913	35.3391	39.3738
15	9.2655	10.5387	11.9737	13.5895	15.4070	17.4494	19.7423	22.3140	25.1956	28.4217	32.0301	36.0625	40.5648	45.5875	51.1859
16	10.7480	12.3303	14.1290	16.1715	18.4884	21.1138	24.0856	27.4462	31.2426	35.5271	40.3579	45.7994	51.9230	58.8079	66.5417
17	12.4677	14.4265	16.6722	19.2441	22.1861	25.5477	29.3844	33.7588	38.7408	44.4089	50.8510	58.1652	66.4614	75.8621	86.5042
18	14.4625	16.8790	19.6733	22.9005	26.6233	30.9127	35.8490	41.5233	48.0386	55.5112	64.0722	73.8698	85.0706	97.8622	112.4554
19	16.7765	19.7484	23.2144	27.2516	31.9480	37.4043	43.7358	51.0737	59.5679	69.3889	80.7310	93.8147	108.8904	126.2422	146.1920
20	19.4608	23.1056	27.3930	32.4294	38.3376	45.2593	53.3576	62.8206	73.8641	86.7362	101.7211	119.1446	139.3797	162.8524	190.0496
21	22.5745	27.0336	32.3238	38.5910	46.0051	54.7637	65.0963	77.2694	91.5915	108.4202	128.1685	151.3137	178.4060	210.0796	247.0645
22	26.1864	31.6293	38.1421	45.9233	55.2061	66.2641	79.4175	95.0413	113.5735	135.5253	161.4924	192.1683	228.3596	271.0027	321.1839
23	30.3762	37.0062	45.0076	54.6487	66.2474	80.1795	96.8894	116.9008	140.8312	169.4066	203.4804	244.0538	292.3003	349.5935	417.5391
24	35.2364	43.2973	53.1090	65.0320	79.4968	97.0172	118.2050	143.7880	174.6306	211.7582	256.3853	309.9483	374.1444	450.9756	542.8008
25	40.8742	50.6578	62.6686	77.3881	95.3962	117.3909	144.2101	176.8593	216.5420	264.6978	323.0454	393.6344	478.9049	581.7585	705.6410
30	85.8499	111.0647	143.3706	184.6753	237.3763	304.4816	389.7579	497.9129	634.8199	807.7936	1025.9267	1300.5038	1645.5046	2078.2190	2619.9956

附录 B 一元复利现值系数表 $P=(1+i)^{-n}$

n	1%	2%	3%	4%	5%	6%	7%	8%	9%	10%	11%	12%	13%	14%	15%
1	0.9901	0.9804	0.9709	0.9615	0.9524	0.9434	0.9346	0.9259	0.9174	0.9091	0.9009	0.8929	0.8850	0.8772	0.8696
2	0.9803	0.9612	0.9426	0.9246	0.9070	0.8900	0.8734	0.8573	0.8417	0.8264	0.8116	0.7972	0.7831	0.7695	0.7561
3	0.9706	0.9423	0.9151	0.8890	0.8638	0.8396	0.8163	0.7938	0.7722	0.7513	0.7312	0.7118	0.6931	0.6750	0.6575
4	0.9610	0.9238	0.8885	0.8548	0.8227	0.7921	0.7629	0.7350	0.7084	0.6830	0.6587	0.6355	0.6133	0.5921	0.5718
5	0.9515	0.9057	0.8626	0.8219	0.7835	0.7473	0.7130	0.6806	0.6499	0.6209	0.5935	0.5674	0.5428	0.5194	0.4972
6	0.9420	0.8880	0.8375	0.7903	0.7462	0.7050	0.6663	0.6302	0.5963	0.5645	0.5346	0.5066	0.4803	0.4556	0.4323
7	0.9327	0.8706	0.8131	0.7599	0.7107	0.6651	0.6227	0.5835	0.5470	0.5132	0.4817	0.4523	0.4251	0.3996	0.3759
8	0.9235	0.8535	0.7894	0.7307	0.6768	0.6274	0.5820	0.5403	0.5019	0.4665	0.4339	0.4039	0.3762	0.3506	0.3269
9	0.9143	0.8368	0.7664	0.7026	0.6446	0.5919	0.5439	0.5002	0.4604	0.4241	0.3909	0.3606	0.3329	0.3075	0.2843
10	0.9053	0.8203	0.7441	0.6756	0.6139	0.5584	0.5083	0.4632	0.4224	0.3855	0.3522	0.3220	0.2946	0.2697	0.2472
11	0.8963	0.8043	0.7224	0.6496	0.5847	0.5268	0.4751	0.4289	0.3875	0.3505	0.3173	0.2875	0.2607	0.2366	0.2149
12	0.8874	0.7885	0.7014	0.6246	0.5568	0.4970	0.4440	0.3971	0.3555	0.3186	0.2858	0.2567	0.2307	0.2076	0.1869
13	0.8787	0.7730	0.6810	0.6006	0.5303	0.4688	0.4150	0.3677	0.3262	0.2897	0.2575	0.2292	0.2042	0.1821	0.1625
14	0.8700	0.7579	0.6611	0.5775	0.5051	0.4423	0.3878	0.3405	0.2992	0.2633	0.2320	0.2046	0.1807	0.1597	0.1413
15	0.8613	0.7430	0.6419	0.5553	0.4810	0.4173	0.3624	0.3152	0.2745	0.2394	0.2090	0.1827	0.1599	0.1401	0.1229
16	0.8528	0.7284	0.6232	0.5339	0.4581	0.3936	0.3387	0.2919	0.2519	0.2176	0.1883	0.1631	0.1415	0.1229	0.1069
17	0.8444	0.7142	0.6050	0.5134	0.4363	0.3714	0.3166	0.2703	0.2311	0.1978	0.1696	0.1456	0.1252	0.1078	0.0929
18	0.8360	0.7002	0.5874	0.4936	0.4155	0.3503	0.2959	0.2502	0.2120	0.1799	0.1528	0.1300	0.1108	0.0946	0.0808
19	0.8277	0.6864	0.5703	0.4746	0.3957	0.3305	0.2765	0.2317	0.1945	0.1635	0.1377	0.1161	0.0981	0.0829	0.0703
20	0.8195	0.6730	0.5537	0.4564	0.3769	0.3118	0.2584	0.2145	0.1784	0.1486	0.1240	0.1037	0.0868	0.0728	0.0611
21	0.8114	0.6598	0.5375	0.4388	0.3589	0.2942	0.2415	0.1987	0.1637	0.1351	0.1117	0.0926	0.0768	0.0638	0.0531
22	0.8034	0.6468	0.5219	0.4220	0.3418	0.2775	0.2257	0.1839	0.1502	0.1228	0.1007	0.0826	0.0680	0.0560	0.0462
23	0.7954	0.6342	0.5067	0.4057	0.3256	0.2618	0.2109	0.1703	0.1378	0.1117	0.0907	0.0738	0.0601	0.0491	0.0402
24	0.7876	0.6217	0.4919	0.3901	0.3101	0.2470	0.1971	0.1577	0.1264	0.1015	0.0817	0.0659	0.0532	0.0431	0.0349
25	0.7798	0.6095	0.4776	0.3751	0.2953	0.2330	0.1842	0.1460	0.1160	0.0923	0.0736	0.0588	0.0471	0.0378	0.0304
30	0.7419	0.5521	0.4120	0.3083	0.2314	0.1741	0.1314	0.0994	0.0754	0.0573	0.0437	0.0334	0.0256	0.0196	0.0151

(续)

n	16%	17%	18%	19%	20%	21%	22%	23%	24%	25%	26%	27%	28%	29%	30%
1	0.8621	0.8547	0.8475	0.8403	0.8333	0.8264	0.8197	0.8130	0.8065	0.8000	0.7937	0.7874	0.7813	0.7752	0.7692
2	0.7432	0.7305	0.7182	0.7062	0.6944	0.6830	0.6719	0.6610	0.6504	0.6400	0.6299	0.6200	0.6104	0.6009	0.5917
3	0.6407	0.6244	0.6086	0.5934	0.5787	0.5645	0.5507	0.5374	0.5245	0.5120	0.4999	0.4882	0.4768	0.4658	0.4552
4	0.5523	0.5337	0.5158	0.4987	0.4823	0.4665	0.4514	0.4369	0.4230	0.4096	0.3968	0.3844	0.3725	0.3611	0.3501
5	0.4761	0.4561	0.4371	0.4190	0.4019	0.3855	0.3700	0.3552	0.3411	0.3277	0.3149	0.3027	0.2910	0.2799	0.2693
6	0.4104	0.3898	0.3704	0.3521	0.3349	0.3186	0.3033	0.2888	0.2751	0.2621	0.2499	0.2383	0.2274	0.2170	0.2072
7	0.3538	0.3332	0.3139	0.2959	0.2791	0.2633	0.2486	0.2348	0.2218	0.2097	0.1983	0.1877	0.1776	0.1682	0.1594
8	0.3050	0.2848	0.2660	0.2487	0.2326	0.2176	0.2038	0.1909	0.1789	0.1678	0.1574	0.1478	0.1388	0.1304	0.1226
9	0.2630	0.2434	0.2255	0.2090	0.1938	0.1799	0.1670	0.1552	0.1443	0.1342	0.1249	0.1164	0.1084	0.1011	0.0943
10	0.2267	0.2080	0.1911	0.1756	0.1615	0.1486	0.1369	0.1262	0.1164	0.1074	0.0992	0.0916	0.0847	0.0784	0.0725
11	0.1954	0.1778	0.1619	0.1476	0.1346	0.1228	0.1122	0.1026	0.0938	0.0859	0.0787	0.0721	0.0662	0.0607	0.0558
12	0.1685	0.1520	0.1372	0.1240	0.1122	0.1015	0.0920	0.0834	0.0757	0.0687	0.0625	0.0568	0.0517	0.0471	0.0429
13	0.1452	0.1299	0.1163	0.1042	0.0935	0.0839	0.0754	0.0678	0.0610	0.0550	0.0496	0.0447	0.0404	0.0365	0.0330
14	0.1252	0.1110	0.0985	0.0876	0.0779	0.0693	0.0618	0.0551	0.0492	0.0440	0.0393	0.0352	0.0316	0.0283	0.0254
15	0.1079	0.0949	0.0835	0.0736	0.0649	0.0573	0.0507	0.0448	0.0397	0.0352	0.0312	0.0277	0.0247	0.0219	0.0195
16	0.0930	0.0811	0.0708	0.0618	0.0541	0.0474	0.0415	0.0364	0.0320	0.0281	0.0248	0.0218	0.0193	0.0170	0.0150
17	0.0802	0.0693	0.0600	0.0520	0.0451	0.0391	0.0340	0.0296	0.0258	0.0225	0.0197	0.0172	0.0150	0.0132	0.0116
18	0.0691	0.0592	0.0508	0.0437	0.0376	0.0323	0.0279	0.0241	0.0208	0.0180	0.0156	0.0135	0.0118	0.0102	0.0089
19	0.0596	0.0506	0.0431	0.0367	0.0313	0.0267	0.0229	0.0196	0.0168	0.0144	0.0124	0.0107	0.0092	0.0079	0.0068
20	0.0514	0.0433	0.0365	0.0308	0.0261	0.0221	0.0187	0.0159	0.0135	0.0115	0.0098	0.0084	0.0072	0.0061	0.0053
21	0.0443	0.0370	0.0309	0.0259	0.0217	0.0183	0.0154	0.0129	0.0109	0.0092	0.0078	0.0066	0.0056	0.0048	0.0040
22	0.0382	0.0316	0.0262	0.0218	0.0181	0.0151	0.0126	0.0105	0.0088	0.0074	0.0062	0.0052	0.0044	0.0037	0.0031
23	0.0329	0.0270	0.0222	0.0183	0.0151	0.0125	0.0103	0.0086	0.0071	0.0059	0.0049	0.0041	0.0034	0.0029	0.0024
24	0.0284	0.0231	0.0188	0.0154	0.0126	0.0103	0.0085	0.0070	0.0057	0.0047	0.0039	0.0032	0.0027	0.0022	0.0018
25	0.0245	0.0197	0.0160	0.0129	0.0105	0.0085	0.0069	0.0057	0.0046	0.0038	0.0031	0.0025	0.0021	0.0017	0.0014
30	0.0116	0.0090	0.0070	0.0054	0.0042	0.0033	0.0026	0.0020	0.0016	0.0012	0.0010	0.0008	0.0006	0.0005	0.0004

附录 C 一元年金终值系数表 $F=[(1+i)^n-1]/i$

n	1%	2%	3%	4%	5%	6%	7%	8%	9%	10%	11%	12%	13%	14%	15%
1	1.0000	1.0000	1.0000	1.0000	1.0000	1.0000	1.0000	1.0000	1.0000	1.0000	1.0000	1.0000	1.0000	1.0000	1.0000
2	2.0100	2.0200	2.0300	2.0400	2.0500	2.0600	2.0700	2.0800	2.0900	2.1000	2.1100	2.1200	2.1300	2.1400	2.1500
3	3.0301	3.0604	3.0909	3.1216	3.1525	3.1836	3.2149	3.2464	3.2781	3.3100	3.3421	3.3744	3.4069	3.4396	3.4725
4	4.0604	4.1216	4.1836	4.2465	4.3101	4.3746	4.4399	4.5061	4.5731	4.6410	4.7097	4.7793	4.8498	4.9211	4.9934
5	5.1010	5.2040	5.3091	5.4163	5.5256	5.6371	5.7507	5.8666	5.9847	6.1051	6.2278	6.3528	6.4803	6.6101	6.7424
6	6.1520	6.3081	6.4684	6.6330	6.8019	6.9753	7.1533	7.3359	7.5233	7.7156	7.9129	8.1152	8.3227	8.5355	8.7537
7	7.2135	7.4343	7.6625	7.8983	8.1420	8.3938	8.6540	8.9228	9.2004	9.4872	9.7833	10.0890	10.4047	10.7305	11.0668
8	8.2857	8.5830	8.8923	9.2142	9.5491	9.8975	10.2598	10.6366	11.0285	11.4359	11.8594	12.2997	12.7573	13.2328	13.7268
9	9.3685	9.7546	10.1591	10.5828	11.0266	11.4913	11.9780	12.4876	13.0210	13.5795	14.1640	14.7757	15.4157	16.0853	16.7858
10	10.4622	10.9497	11.4639	12.0061	12.5779	13.1808	13.8164	14.4866	15.1929	15.9374	16.7220	17.5487	18.4197	19.3373	20.3037
11	11.5668	12.1687	12.8078	13.4864	14.2068	14.9716	15.7836	16.6455	17.5603	18.5312	19.5614	20.6546	21.8143	23.0445	24.3493
12	12.6825	13.4121	14.1920	15.0258	15.9171	16.8699	17.8885	18.9771	20.1407	21.3843	22.7132	24.1331	25.6502	27.2707	29.0017
13	13.8093	14.6803	15.6178	16.6268	17.7130	18.8821	20.1406	21.4953	22.9534	24.5227	26.2116	28.0291	29.9847	32.0887	34.3519
14	14.9474	15.9739	17.0863	18.2919	19.5986	21.0151	22.5505	24.2149	26.0192	27.9750	30.0949	32.3926	34.8827	37.5811	40.5047
15	16.0969	17.2934	18.5989	20.0236	21.5786	23.2760	25.1290	27.1521	29.3609	31.7725	34.4054	37.2797	40.4175	43.8424	47.5804
16	17.2579	18.6393	20.1569	21.8245	23.6575	25.6725	27.8881	30.3243	33.0034	35.9497	39.1899	42.7533	46.6717	50.9804	55.7175
17	18.4304	20.0121	21.7616	23.6975	25.8404	28.2129	30.8402	33.7502	36.9737	40.5447	44.5008	48.8837	53.7391	59.1176	65.0751
18	19.6147	21.4123	23.4144	25.6454	28.1324	30.9057	33.9990	37.4502	41.3013	45.5992	50.3959	55.7497	61.7251	68.3941	75.8364
19	20.8109	22.8406	25.1169	27.6712	30.5390	33.7600	37.3790	41.4463	46.0185	51.1591	56.9395	63.4397	70.7494	78.9692	88.2118
20	22.0190	24.2974	26.8704	29.7781	33.0660	36.7856	40.9955	45.7620	51.1601	57.2750	64.2028	72.0524	80.9468	91.0249	102.4436
21	23.2392	25.7833	28.6765	31.9692	35.7193	39.9927	44.8652	50.4229	56.7645	64.0025	72.2651	81.6987	92.4699	104.7684	118.8101
22	24.4716	27.2990	30.5368	34.2480	38.5052	43.3923	49.0057	55.4568	62.8733	71.4027	81.2143	92.5026	105.4910	120.4360	137.6316
23	25.7163	28.8450	32.4529	36.6179	41.4305	46.9958	53.4361	60.8933	69.5319	79.5430	91.1479	104.6029	120.2048	138.2970	159.2764
24	26.9735	30.4219	34.4265	39.0826	44.5020	50.8156	58.1767	66.7648	76.7898	88.4973	102.1742	118.1552	136.8315	158.6586	184.1678
25	28.2432	32.0303	36.4593	41.6459	47.7271	54.8645	63.2490	73.1059	84.7009	98.3471	114.4133	133.3339	155.6196	181.8708	212.7930
30	34.7849	40.5681	47.5754	56.0849	66.4388	79.0582	94.4608	113.2832	136.3075	164.4940	199.0209	241.3327	293.1992	356.7868	434.7451

(续)

n	16%	17%	18%	19%	20%	21%	22%	23%	24%	25%	26%	27%	28%	29%	30%
1	1.0000	1.0000	1.0000	1.0000	1.0000	1.0000	1.0000	1.0000	1.0000	1.0000	1.0000	1.0000	1.0000	1.0000	1.0000
2	2.1600	2.1700	2.1800	2.1900	2.2000	2.2100	2.2200	2.2300	2.2400	2.2500	2.2600	2.2700	2.2800	2.2900	2.3000
3	3.5056	3.5389	3.5724	3.6061	3.6400	3.6741	3.7084	3.7429	3.7776	3.8125	3.8476	3.8829	3.9184	3.9541	3.9900
4	5.0665	5.1405	5.2154	5.2913	5.3680	5.4457	5.5242	5.6038	5.6842	5.7656	5.8480	5.9313	6.0156	6.1008	6.1870
5	6.8771	7.0144	7.1542	7.2966	7.4416	7.5892	7.7396	7.8926	8.0484	8.2070	8.3684	8.5327	8.6999	8.8700	9.0431
6	8.9775	9.2068	9.4420	9.6830	9.9299	10.1830	10.4423	10.7079	10.9801	11.2588	11.5442	11.8366	12.1359	12.4423	12.7560
7	11.4139	11.7720	12.1415	12.5227	12.9159	13.3214	13.7396	14.1708	14.6153	15.0735	15.5458	16.0324	16.5339	17.0506	17.5828
8	14.2401	14.7733	15.3270	15.9020	16.4991	17.1189	17.7623	18.4300	19.1229	19.8419	20.5876	21.3612	22.1634	22.9953	23.8577
9	17.5185	18.2847	19.0859	19.9234	20.7989	21.7139	22.6700	23.6690	24.7125	25.8023	26.9404	28.1287	29.3692	30.6639	32.0150
10	21.3215	22.3931	23.5213	24.7089	25.9587	27.2738	28.6574	30.1128	31.6434	33.2529	34.9449	36.7235	38.5926	40.5564	42.6195
11	25.7329	27.1999	28.7551	30.4035	32.1504	34.0013	35.9620	38.0388	40.2379	42.5661	45.0306	47.6388	50.3985	53.3178	56.4053
12	30.8502	32.8239	34.9311	37.1802	39.5805	42.1416	44.8737	47.7877	50.8950	54.2077	57.7386	61.5013	65.5100	69.7800	74.3270
13	36.7862	39.4040	42.2187	45.2445	48.4966	51.9913	55.7459	59.7788	64.1097	68.7596	73.7506	79.1066	84.8529	91.0161	97.6250
14	43.6720	47.1027	50.8180	54.8409	59.1959	63.9095	69.0100	74.5280	80.4961	86.9495	93.9258	101.4654	109.6117	118.4108	127.9125
15	51.6595	56.1101	60.9653	66.2607	72.0351	78.3305	85.1922	92.6694	100.8151	109.6868	119.3465	129.8611	141.3029	153.7500	167.2863
16	60.9250	66.6488	72.9390	79.8502	87.4421	95.7799	104.9345	114.9834	126.0108	138.1085	151.3766	165.9236	181.8677	199.3374	218.4722
17	71.6730	78.9792	87.0680	96.0218	105.9306	116.8937	129.0201	142.4295	157.2534	173.6357	191.7345	211.7230	233.7907	258.1453	285.0139
18	84.1407	93.4056	103.7403	115.2659	128.1167	142.4413	158.4045	176.1883	195.9942	218.0446	242.5855	269.8882	300.2521	334.0074	371.5180
19	98.6032	110.2846	123.4135	138.1664	154.7400	173.3540	194.2535	217.7116	244.0328	273.5558	306.6577	343.7580	385.3227	431.8696	483.9734
20	115.3797	130.0329	146.6280	165.4180	186.6880	210.7584	237.9893	268.7853	303.6006	342.9447	387.3887	437.5726	494.2131	558.1118	630.1655
21	134.8405	153.1385	174.0210	197.8474	225.0256	256.0176	291.3469	331.6059	377.4648	429.6809	489.1098	556.7173	633.5927	720.9642	820.2151
22	157.4150	180.1721	206.3448	236.4385	271.0307	310.7813	356.4432	408.8753	469.0563	538.1011	617.2783	708.0309	811.9987	931.0438	1067.2796
23	183.6014	211.8013	244.4868	282.3618	326.2369	377.0454	435.8607	503.9166	582.6298	673.6264	778.7707	900.1993	1040.3583	1202.0465	1388.4635
24	213.9776	248.8076	289.4945	337.0105	392.4842	457.2249	532.7501	620.8174	723.4610	843.0329	982.2511	1144.2531	1332.6586	1551.6400	1806.0026
25	249.2140	292.1049	342.6035	402.0425	471.9811	554.2422	650.9551	764.6054	898.0916	1054.7912	1238.6363	1454.2014	1706.8031	2002.6156	2348.8033
30	530.3117	647.4391	790.9480	966.7122	1181.8816	1445.1507	1767.0813	2160.4907	2640.9164	3227.1743	3942.0260	4812.9771	5873.2306	7162.8241	8729.9855

附录 D 一元年金现值系数表 $P=[1-(1+i)^{-n}]/i$

n	1%	2%	3%	4%	5%	6%	7%	8%	9%	10%	11%	12%	13%	14%	15%
1	0.9901	0.9804	0.9709	0.9615	0.9524	0.9434	0.9346	0.9259	0.9174	0.9091	0.9009	0.8929	0.8850	0.8772	0.8696
2	1.9704	1.9416	1.9135	1.8861	1.8594	1.8334	1.8080	1.7833	1.7591	1.7355	1.7125	1.6901	1.6681	1.6467	1.6257
3	2.9410	2.8839	2.8286	2.7751	2.7232	2.6730	2.6243	2.5771	2.5313	2.4869	2.4437	2.4018	2.3612	2.3216	2.2832
4	3.9020	3.8077	3.7171	3.6299	3.5460	3.4651	3.3872	3.3121	3.2397	3.1699	3.1024	3.0373	2.9745	2.9137	2.8550
5	4.8534	4.7135	4.5797	4.4518	4.3295	4.2124	4.1002	3.9927	3.8897	3.7908	3.6959	3.6048	3.5172	3.4331	3.3522
6	5.7955	5.6014	5.4172	5.2421	5.0757	4.9173	4.7665	4.6229	4.4859	4.3553	4.2305	4.1114	3.9975	3.8887	3.7845
7	6.7282	6.4720	6.2303	6.0021	5.7864	5.5824	5.3893	5.2064	5.0330	4.8684	4.7122	4.5638	4.4226	4.2883	4.1604
8	7.6517	7.3255	7.0197	6.7327	6.4632	6.2098	5.9713	5.7466	5.5348	5.3349	5.1461	4.9676	4.7988	4.6389	4.4873
9	8.5660	8.1622	7.7861	7.4353	7.1078	6.8017	6.5152	6.2469	5.9952	5.7590	5.5370	5.3282	5.1317	4.9464	4.7716
10	9.4713	8.9826	8.5302	8.1109	7.7217	7.3601	7.0236	6.7101	6.4177	6.1446	5.8892	5.6502	5.4262	5.2161	5.0188
11	10.3676	9.7868	9.2526	8.7605	8.3064	7.8869	7.4987	7.1390	6.8052	6.4951	6.2065	5.9377	5.6869	5.4527	5.2337
12	11.2551	10.5753	9.9540	9.3851	8.8633	8.3838	7.9427	7.5361	7.1607	6.8137	6.4924	6.1944	5.9176	5.6603	5.4206
13	12.1337	11.3484	10.6350	9.9856	9.3936	8.8527	8.3577	7.9038	7.4869	7.1034	6.7499	6.4235	6.1218	5.8424	5.5831
14	13.0037	12.1062	11.2961	10.5631	9.8986	9.2950	8.7455	8.2442	7.7862	7.3667	6.9819	6.6282	6.3025	6.0021	5.7245
15	13.8651	12.8493	11.9379	11.1184	10.3797	9.7122	9.1079	8.5595	8.0607	7.6061	7.1909	6.8109	6.4624	6.1422	5.8474
16	14.7179	13.5777	12.5611	11.6523	10.8378	10.1059	9.4466	8.8514	8.3126	7.8237	7.3792	6.9740	6.6039	6.2651	5.9542
17	15.5623	14.2919	13.1661	12.1657	11.2741	10.4773	9.7632	9.1216	8.5436	8.0216	7.5488	7.1196	6.7291	6.3729	6.0472
18	16.3983	14.9920	13.7535	12.6593	11.6896	10.8276	10.0591	9.3711	8.7556	8.2014	7.7016	7.2497	6.8399	6.4674	6.1280
19	17.2260	15.6785	14.3238	13.1339	12.0853	11.1581	10.3356	9.6036	8.9501	8.3649	7.8393	7.3658	6.9380	6.5504	6.1982
20	18.0456	16.3514	14.8775	13.5903	12.4622	11.4699	10.5940	9.8181	9.1285	8.5136	7.9633	7.4694	7.0248	6.6231	6.2593
21	18.8570	17.0112	15.4150	14.0292	12.8212	11.7641	10.8355	10.0168	9.2922	8.6487	8.0751	7.5620	7.1016	6.6870	6.3125
22	19.6604	17.6580	15.9369	14.4511	13.1630	12.0416	11.0612	10.2007	9.4424	8.7715	8.1757	7.6446	7.1695	6.7429	6.3587
23	20.4558	18.2922	16.4436	14.8568	13.4886	12.3034	11.2722	10.3711	9.5802	8.8832	8.2664	7.7184	7.2297	6.7921	6.3988
24	21.2434	18.9139	16.9355	15.2470	13.7986	12.5504	11.4693	10.5288	9.7066	8.9847	8.3481	7.7843	7.2829	6.8351	6.4338
25	22.0232	19.5235	17.4131	15.6221	14.0939	12.7834	11.6536	10.6748	9.8226	9.0770	8.4217	7.8431	7.3300	6.8729	6.4641
30	25.8077	22.3965	19.6004	17.2920	15.3725	13.7648	12.4090	11.2578	10.2737	9.4269	8.6938	8.0552	7.4957	7.0027	6.5660

(续)

n	16%	17%	18%	19%	20%	21%	22%	23%	24%	25%	26%	27%	28%	29%	30%
1	0.8621	0.8547	0.8475	0.8403	0.8333	0.8264	0.8197	0.8130	0.8065	0.8000	0.7937	0.7874	0.7813	0.7752	0.7692
2	1.6052	1.5852	1.5656	1.5465	1.5278	1.5095	1.4915	1.4740	1.4568	1.4400	1.4235	1.4074	1.3916	1.3761	1.3609
3	2.2459	2.2096	2.1743	2.1399	2.1065	2.0739	2.0422	2.0114	1.9813	1.9520	1.9234	1.8956	1.8684	1.8420	1.8161
4	2.7982	2.7432	2.6901	2.6386	2.5887	2.5404	2.4936	2.4483	2.4043	2.3616	2.3202	2.2800	2.2410	2.2031	2.1662
5	3.2743	3.1993	3.1272	3.0576	2.9906	2.9260	2.8636	2.8035	2.7454	2.6893	2.6351	2.5827	2.5320	2.4830	2.4356
6	3.6847	3.5892	3.4976	3.4098	3.3255	3.2446	3.1669	3.0923	3.0205	2.9514	2.8850	2.8210	2.7594	2.7000	2.6427
7	4.0386	3.9224	3.8115	3.7057	3.6046	3.5079	3.4155	3.3270	3.2423	3.1611	3.0833	3.0087	2.9370	2.8682	2.8021
8	4.3436	4.2072	4.0776	3.9544	3.8372	3.7256	3.6193	3.5179	3.4212	3.3289	3.2407	3.1564	3.0758	2.9986	2.9247
9	4.6065	4.4506	4.3030	4.1633	4.0310	3.9054	3.7863	3.6731	3.5655	3.4631	3.3657	3.2728	3.1842	3.0997	3.0190
10	4.8332	4.6586	4.4941	4.3389	4.1925	4.0541	3.9232	3.7993	3.6819	3.5705	3.4648	3.3644	3.2689	3.1781	3.0915
11	5.0286	4.8364	4.6560	4.4865	4.3271	4.1769	4.0354	3.9018	3.7757	3.6564	3.5435	3.4365	3.3351	3.2388	3.1473
12	5.1971	4.9884	4.7932	4.6105	4.4392	4.2784	4.1274	3.9852	3.8514	3.7251	3.6059	3.4933	3.3868	3.2859	3.1903
13	5.3423	5.1183	4.9095	4.7147	4.5327	4.3624	4.2028	4.0530	3.9124	3.7801	3.6555	3.5381	3.4272	3.3224	3.2233
14	5.4675	5.2293	5.0081	4.8023	4.6106	4.4317	4.2646	4.1082	3.9616	3.8241	3.6949	3.5733	3.4587	3.3507	3.2487
15	5.5755	5.3242	5.0916	4.8759	4.6755	4.4890	4.3152	4.1530	4.0013	3.8593	3.7261	3.6010	3.4834	3.3726	3.2682
16	5.6685	5.4053	5.1624	4.9377	4.7296	4.5364	4.3567	4.1894	4.0333	3.8874	3.7509	3.6228	3.5026	3.3896	3.2832
17	5.7487	5.4746	5.2223	4.9897	4.7746	4.5755	4.3908	4.2190	4.0591	3.9099	3.7705	3.6400	3.5177	3.4028	3.2948
18	5.8178	5.5339	5.2732	5.0333	4.8122	4.6079	4.4187	4.2431	4.0799	3.9279	3.7861	3.6536	3.5294	3.4130	3.3037
19	5.8775	5.5845	5.3162	5.0700	4.8435	4.6346	4.4415	4.2627	4.0967	3.9424	3.7985	3.6642	3.5386	3.4210	3.3105
20	5.9288	5.6278	5.3527	5.1009	4.8696	4.6567	4.4603	4.2786	4.1103	3.9539	3.8083	3.6726	3.5458	3.4271	3.3158
21	5.9731	5.6648	5.3837	5.1268	4.8913	4.6750	4.4756	4.2916	4.1212	3.9631	3.8161	3.6792	3.5514	3.4319	3.3198
22	6.0113	5.6964	5.4099	5.1486	4.9094	4.6900	4.4882	4.3021	4.1300	3.9705	3.8223	3.6844	3.5558	3.4356	3.3230
23	6.0442	5.7234	5.4321	5.1668	4.9245	4.7025	4.4985	4.3106	4.1371	3.9764	3.8273	3.6885	3.5592	3.4384	3.3254
24	6.0726	5.7465	5.4509	5.1822	4.9371	4.7128	4.5070	4.3176	4.1428	3.9811	3.8312	3.6918	3.5619	3.4406	3.3272
25	6.0971	5.7662	5.4669	5.1951	4.9476	4.7213	4.5139	4.3232	4.1474	3.9849	3.8342	3.6943	3.5640	3.4423	3.3286
30	6.1772	5.8294	5.5168	5.2347	4.9789	4.7463	4.5338	4.3391	4.1601	3.9950	3.8424	3.7009	3.5693	3.4466	3.3321

参 考 文 献

[1] 中华人民共和国财政部会计资格评价中心. 财务管理[M]. 北京：经济科学出版社，2018.
[2] 陈国欣. 创业财务管理[M]. 天津：南开大学出版社，2016.
[3] 干胜道. 创业财务规划[M]. 北京：清华大学出版社，2005.
[4] 孙建文，冯勇. 创业财务管理[M]. 北京：中国轻工业出版社，2014.
[5] 王化成. 财务管理[M]. 北京：中国人民大学出版社，2017.
[6] 王艳茹. 创业财务[M]. 北京：清华大学出版社，2017.